21世纪高等教育会计通用教材
西京大信会计审计丛书　新高教精品教材系

会计审计职业道德（第二版）

Professional Ethics for Accountant and Auditor

叶陈刚　靳庆鲁　徐伟　主编
张荣刚　郭强华　戴鹏赞　李海涛　副主编

东北财经大学出版社
Dongbei University of Finance & Economics Press
大连

图书在版编目（CIP）数据

会计审计职业道德 / 叶陈刚，靳庆鲁，徐伟主编．—2版．—大连：东北财经大学出版社，2025.2．—（21世纪高等教育会计通用教材）．—ISBN 978-7-5654-5488-2

Ⅰ. F233；F239.2

中国国家版本馆CIP数据核字第20241F9C34号

东北财经大学出版社出版

（大连市黑石礁尖山街217号　邮政编码　116025）

网　　址：http://www.dufep.cn

读者信箱：dufep@dufe.edu.cn

大连天骄彩色印刷有限公司印刷　东北财经大学出版社发行

幅面尺寸：185mm×260mm　字数：458千字　印张：20

2025年2月第2版　2025年2月第1次印刷

责任编辑：王　莹　孔利利　责任校对：赵　楠

封面设计：原　皓　版式设计：原　皓

定价：52.00元

教学支持　售后服务　联系电话：（0411）84710309

如有印装质量问题，请联系营销部：（0411）84710711

西京大信会计审计丛书　新高教精品教材系列

编　委　会

序 言

习近平总书记对学校思政课建设做出重要指示，明确强调："要坚持以新时代中国特色社会主义思想为指导，全面贯彻党的教育方针，落实立德树人根本任务，坚持思政课建设与党的创新理论武装同步推进，构建以新时代中国特色社会主义思想为核心内容的课程教材体系，深入推进大中小学思想政治教育一体化建设。"党的十八大以来，以习近平同志为核心的党中央坚持把学校思政课建设放在教育工作的重要位置，新时代学校思政课建设走出了一条高质量的内涵式发展道路，思政课课程教材体系培根铸魂、启智增慧的育人功能得到充分发挥，思政课发展环境和整体生态发生全局性、根本性转变。在强国建设、民族复兴的新征程上，学校必须构建以习近平新时代中国特色社会主义思想为核心内容的课程教材体系，为培养更多让党放心、爱国奉献、担当民族复兴重任的时代新人提供坚实保障。

思政课是落实立德树人根本任务的关键课程。构建以习近平新时代中国特色社会主义思想为核心内容的课程教材体系，是贯彻党的教育方针的必然之举，是落实立德树人根本任务的应有之义，事关中国特色社会主义事业兴旺发达、后继有人，事关党和国家长治久安。

思政课是保证学校人才培养方向和培养质量的有力支撑。教育是国之大计、党之大计。培养什么人、怎样培养人、为谁培养人是教育的根本问题。构建以习近平新时代中国特色社会主义思想为核心内容的课程教材体系，是推进实施科教兴国战略、人才强国战略、创新驱动发展战略的基础性工程，对于引导广大青少年学生树立共产主义远大理想和中国特色社会主义共同理想，坚定中国特色社会主义道路自信、理论自信、制度自信、文化自信，奋力书写为中国式现代化挺膺担当的青春篇章具有重大意义。

思政课是提升思政课教材政治性时代性科学性可读性的内在要求。思政课课程教材集中体现党和国家意志，是育人的重要载体。近年来，思政课课程教材体系建设取得了突破性进展和显著成就；同时也要看到，面对新形势新任务，思政课课程体系有待完善，各类课程同思政课建设的协同效应有待增强，思政课教材的政治性、时代性、科学性、可读性有待提升，大中小学思政课一体化建设有待深化。培养让党放心、爱国奉献、担当民族复兴重任的时代新人，必须牢牢坚持正确的政治方向，将习近平新时代中国特色社会主义思想贯穿教育教学全过程和各环节。

思政课是发挥课程教材铸魂育人功能的关键举措。思政课是用党的创新理论铸魂育人的主渠道和主阵地。在整体布局与分科安排科学有序、学科学段环节全面覆盖、思想内涵充分阐释、学习要求循序渐进和螺旋上升的目标指引下，扎实推进习近平新时代中国特色社会主义思想进课程教材，能够充分激发广大青少年学生深学细悟笃行党的创新理论的积极性和主动性，有效引导广大青少年学生将习近平新时代中国特色社会主义思想内化于心、外化于行，争做这一思想的坚定信仰者、忠实践行者、接续奋斗者。

（资料来源：王易．把握思政课课程教材体系构建的根本遵循［N］．光明日报，2024-06-10）

第二版前言

社会经济发展历史表明，市场经济既是竞争经济，又是法治经济，同时还是伦理道德经济。中国经济体量不断增加，成为世界经济格局中的最重要的市场，企业之间的激烈竞争持续展开，利润维系着每一个企业的命运，企业应该通过诚实劳动、产品质量和优质服务获得利润。然而，有的经营者为了追求利润，不惜采取各种非法手段达到目的，例如，制假贩假、欺诈行骗、企业贿赂、行业垄断等不正当竞争行为；有的企业为了满足局部和个体利益实施财务欺诈和编制虚假会计报告，严重败坏了社会风气，极大扰乱了市场经济秩序。不正当竞争和会计假账的出现既损害了广大消费者和诚实经营者的正当权益，同时也使企业本身失去了社会的信任，会计审计公信力大打折扣，被客户抛弃，被大众谴责，情节严重的还将受到法律严惩，走上自毁之路。联合国第七任秘书长安南认为，由美国次贷危机引发的全球金融危机，本质上是华尔街金融寡头贪婪、欺诈和无知等企业伦理泯灭的结果。现如今，更多的投资者愿意把他们的资本投入社会责任感强的企业，即有道德的企业，这不仅会给投资者带来经济效益，而且会产生良好的社会效益，所以重视企业管理者及会计审计人员职业道德的培养，是实现经济价值和社会价值双赢的举措。

2022年10月16日党的二十大召开，开启了全党全国各族人民迈上全面建设社会主义现代化国家新征程。不忘初心、牢记使命，弘扬公平正义，彰显道德文化，推进民主法治，倡导社会责任与公民信用成为新时代的主旋律。党的二十大报告明确指出，“弘扬伟大建党精神，自信自强、守正创新，踔厉奋发、勇毅前行”，“坚定道路自信、理论自信、制度自信、文化自信”。加强思想道德建设。人民有信仰，国家有力量，民族有希望。深入实施公民道德建设工程，推进社会公德（民主法治）、职业道德（爱岗敬业）、家庭美德（忠诚责任）、个人品德（诚信友善）建设。推进诚信建设和志愿服务制度化，增强政治意识、大局意识、核心意识、看齐意识。协调推进全面深化改革、全面依法治国、全面从严治党，推动改革开放和社会主义现代化建设迈上新台阶。

“德治”是中国长期以来治国安邦的优良传统，创造并维系了光辉灿烂的五千年中华文明。从纵向的历史视角看，我国的会计审计职业道德及会计思想源远流长，2018年财政部颁布了《关于加强会计人员诚信建设的指导意见》，我们欣喜地看到会计审计人员诚信建设已经全面启动；从横向的视角看，国外也有较成熟的会计审计职业道德准则体系，管理及商务活动崇尚伦理道德已经成为全球性发展趋势，跨国企业、教育机构及政府都高举伦理道德旗帜。教育部新修订的会计（审计）专业本科教学方案，明确要求强化会计审计专业职业道德方面的教育和相关课程的开设。为了适应教学需要，本书分十三章全方位、多角度、深层次地对社会主义市场经济条件下会计、审计工作的道德现象及其规律性，即企业伦理行为与会计（审计）职业道德活动展开全面研究，以期科学地揭示会计（审计）职业道德的本质特征、职能作用及其变化发展的客观规律。本书在编写过程中，力求体现如下特点：

1. 资料丰富，信息量大

本书认为，伦理经济与法治经济同等重要，从而对伦理革命的地位做出重新诠释。在充分占有材料的基础上，本书采用案例研究法，介绍格力电器、华为公司、天元集团及大信事务所等成功案例，解剖康得新公司财务造假、英国零售巨头Tesco财务造假、康美药业财务欺诈等事件，阐释经济责任审计最新规定等制度法规以飨读者。每章中都配有内容丰富的网络实例，这些实例将极大地丰富本书的阅读信息量，从而为本书的理论阐述提供有力佐证。

2. 实践性强，数据翔实

为紧密联系第一线会计人员工作实践，受财政部会计司委托，叶陈刚教授带领团队开展“会计人员职业道德问卷”调查，并自2018年8月开始投放网络问卷。与此同时，向参加三大国家会计学院的培训学员发出了实地调查问卷，截至2019年4月30日共收回2 274份。问卷采取不记名方式。“会计人员职业道德规范问卷”共列示了34道题目，每道题目都有7个选项，描述了答题人目前如何看待会计人员职业道德规范行为。本书在此基础上提出了我国会计职业道德规范体系设计，阐述了会计职业道德管理的实践。

3. 体系完备，便于应用

本书将会计审计伦理细分为企业会计审计伦理道德发展及基本原则、单位负责人及公民会计道德规范、会计人员职业道德规范、注册会计师审计职业道德规范、国家审计及内部审计人员职业道德规范、经济责任审计与生态责任审计道德规范、会计审计法律责任、会计审计职业道德范畴与机制。本书角度新颖，内容构架也与国内外同类图书有所不同，着重体现依法治国与以德治国并举，会计法治与会计德治并重，加强会计审计职业道德建设，提高企业管理水平。此外，笔者密切联系中国政策动态，提出企业管理者必须借助伦理道德建立强有力的自律机制与他律机制，与法律法规相配合，以提高企业经营管理水平，提升单位会计审计人员的道德素养。本书理论充分，结合当下经济实践，具有宝贵的应用价值。

4. 风格活泼，易于教学

本书按照实证研究与规范研究相统一、定量分析与定性论述相结合的原则进行编写。在内容安排、体例设计、写作方法等方面，本书兼顾严肃和活泼，采取弹性的教学内容与学时安排，便于教师根据不同情况授课。同时，本书结合经济、管理、法律等专业的教学特点，每一章都配有学习目的与要求、导读、专栏、关键概念、复习思考题、练习题、案例分析题，便于学生课堂讨论，培养学生解决实际伦理道德问题的能力。

为了增强本书的可读性和信息量，我们广泛引用了报纸、杂志、电子时文和书籍文献的有关资料作为本书的专栏、导读和案例分析题，我们对被引用的各位作者（包括注明的和未注明的）表示感谢。特别感谢中国人民大学马克思主义学院教授、北京高校思想政治理论课高精尖创新中心王易主任，我们以王易教授在《光明日报》上发表的短文作为本书序言。同时，真诚感谢长期以来关心、帮助和支持作者学习、工作与生活的各位老师、领导、亲人、朋友、同事和同学们。

本书由国务院学位办审计专业学位教育指导委员会委员、中国注册会计师协会职业道德委员会委员、中国学位与研究生教育学会审计工作委员会副主任委员、《中国审计评论》执行主编、中国管理现代化研究会管理思想与商业伦理专业委员会副主任委员、大信会计师事务所审计研究院副院长、对外经济贸易大学国际商学院博士生导师、西京学院会计学院叶陈刚教授，上海财经大学会计学院院长靳庆鲁教授，湖北经济学院审计系主任徐伟副教授担任主编，西北政法大学副校长、博士生导师张荣刚教授，云南大学经济学院博士生导师郭强华教授，西京学院会计学院戴鹏赞教授，北京中路华会计师事务所有限责任公司高级合伙人李海涛副所长担任副主编。叶陈刚教授执笔第一章；对外经济贸易大学国际商学院黄冠华博士与孙歆惠博士执笔第二章；中国人民大学博士后叶志伟与北方工业大学经济管理学院刘桂春副教授执笔第三章；靳庆鲁教授执笔第四章；戴鹏赞教授与香港城市大学郭柳希会计硕士执笔第五章；北京化工大学叶淑林与山东青年政治学院王艳艳副教授执笔第六章；徐伟副教授执笔第七章；郭强华教授与北京工商大学商学院李金甜博士执笔第八章；浙江财经大学傅黎瑛教授与四川外国语大学商学院刘猛副教授执笔第九章；张荣刚教授执笔第十章；哈尔滨商业大学孟丽荣副教授与焦明雨执笔第十一章；西南政法大学商学院胡耘通教授与北京第二外国语学院武剑锋副教授执笔第十二章；李海涛副所长与东北大学秦皇岛分校裘丽博士执笔第十三章。

我们的目标是编写一本高水平的《会计审计职业道德》教材，但由于本书选题属于现代管理学科前沿课题，可供借鉴与参考的资料有限，撰写难度较大，加之时间紧、任务重，书中难免存在不妥或疏漏之处，敬请读者批评指正。

叶陈刚

2024年11月于北京

目 录

第一章 绪 论

【经典名言与感悟】

道可道，非常道。名可名，非常名。

道生之，德畜之，物行之，势成之。是以万物莫不尊道而贵德。道之尊，德之贵，夫莫之命而常自然。

人法地，地法天，天法道，道法自然。

上德不德，是以有德；下德不失德，是以无德。上德无为而无以为；下德为之而有以为。

上士闻道，勤而行之；中士闻道，若存若亡；下士闻道，大笑之，不笑不足以为道。

善者，吾善之；不善者，吾亦善之，德善。信者，吾信之；不信者，吾亦信之，德信。天道无亲，常与善人。

——《道德经》

老子

（约公元前 571—公元前 471 年）

韩愈

（768—824 年）

古之学者必有师，师者，所以传道受业解惑也。

——韩愈

为中国人民谋幸福，为中华民族谋复兴。

——“不忘初心、牢记使命”主题教育活动主题词

中华优秀传统文化源远流长、博大精深，是中华文明的智慧结晶，其中蕴含的天下为公、民为邦本、为政以德、革故鼎新、任人唯贤、天人合一、自强不息、厚德载物、讲信修睦、亲仁善邻等，是中国人民在长期生产生活中积累的宇宙观、天下观、社会观、道德观的重要体现，同科学社会主义价值观主张具有高度契合性。

——党的二十大报告

伦理比名利更重要，道德比金钱更重要，德商比智商更重要，做人比做事更重要！

——叶陈刚感悟

【学习目的与要求】

1. 了解提升会计审计职业道德水准的时代意义。
2. 理解道德、会计审计职业道德与伦理学的现实价值。
3. 理解中华美德与社会主义核心价值观的主体内容。
4. 明确社会公德与职业道德的定义及功能。
5. 把握会计审计职业道德的构成、功能与基本特点。

【导读】

初心滚烫，热血未凉——致敬国家审计人

提到审计人，你最先想到什么？是日复一日的案前查账、是不苟言笑的严肃面庞，还是上班路上的行色匆忙？在高校媒体记者走进审计一线暑期实践活动中，我们有幸近距离接触到审计署京津冀特派办的审计人，感受他们平凡而伟大的美。

敬业奉献之美

入职7年的审计人李青这样形容自己："我们是奋斗在审计一线的战士。""战士"二字，说起来容易，做起来需要不一般的坚毅。几天的走访让我们深刻体会到这句话的含义：光看看数字、听听汇报是做不好审计的，审计不能完全依赖查阅资料，更需要实地走访核查。比如在扶贫审计中下田头查看政策调整后百姓的收成，访农户核实补助资金的分配情况，上房梁查看光伏扶贫是否真正落到实处……

国家审计绝不是只翻账本，审计人更像一项庞大系统工程的监督员。他们用奉献精神诠释着最美审计人的形象。扶贫审计人胡伟回忆道，有一年寒冬，审计人员走访深山中的贫困户进行实地取证，为了保证证据的及时与完整，他们在深山中顶风冒雪跋涉4个多小时，争分夺秒，1人走访5户人家，终于在有限的时间内及时取回了关键性证据。还有一次下乡走访，因为乡内食堂条件有限，当天中午每人只有一碗白面条。冬天的严寒透过门帘缝隙侵入食堂，椅子冰冷得无法落座。奔波一上午的审计人员就站立端着碗解决了午饭，而后立刻以饱满的热情投入到接下来的审计工作中。

审计人的这份敬业精神令人钦佩，这种奉献精神感人至深。审计人的敬业奉献之美，蕴含着对"审计"二字的敬重，承担着对国家百姓的责任。他们哪怕自己苦一点累一点，也要把工作做到极致，让国家政策真正落实到百姓身上，让百姓感受到党和国家的温暖。

勤学善思之美

审计工作的一大特点是，无时无刻不充满挑战。每一个项目，每一天的工作，审计人都需要接触不同的事物，与社会各界人士打交道。90后审计人何旭告诉记者："刚入职的时候，时常会感到自己处于一种无知的状态，因为每天都要面对新事物，掌握新知识，经常感觉自己什么都不会，唯一让自己安心的就是更加积极主动地去学习。"他说："现在想想，正是这样的认知，才能促使自己不断提升自我，养成持续学习的习惯。"

何旭将审计人的这种学习意识概括为"好学，勤学，善学"。其实，这种持续学习的品质在每一位审计人身上都有所体现：老一辈审计干部虚心学习计算机技术，借助科技的力量推动审计；年轻审计人积极学习审计知识经验，一步步从青涩的职场新人"蜕变"为审计铁军……每一个审计项目都是一次学习，甚至与不同的人打交道也是一种学习。

用一位审计人的话说："如果不把被审计单位的东西学懂吃透，自己心里都觉得没有底气。"学无止境，转益多师。这种不断学习的精神，成就了审计人独特的"美"。

崇高温情之美

尽管"5+2""白加黑"是审计工作的常态，许多审计人在面对更加轻松、待遇更好

的职业时，依旧会选择坚守审计岗位。

本硕都是计算机专业、如今已在京津冀特派办工作14年的石岩峰表示，相比于自己同专业的大学同学，从事审计工作的自己在他们中间“工资的确不高”。“但这就要看个人追求了，”石岩峰说，“每个人的追求不一样吧。可能有些人追求更高的收入、更悠闲的生活；但对我来说，我所做的事情能够推动国家政策落实，能够让老百姓的生活得到切实改善，由此获得的内心喜悦与自我成就感，是多少钱都换不来的。”

审计青年小李也表示，“审计是一个让人良心安稳的工作”，从事审计职业带给自己一种“被需要的幸福”。审计人不是没有选择更轻松、更高薪职业的机会，恰恰相反，他们见过了大千世界的繁华，却依旧选择坚守审计。初心也好，信仰也罢，支持他们走下去的，一定不是物质层面的报酬。我更愿意将其理解为一种人性的光辉，一种脱离了小我利益与物质追求的崇高之美。

有选择就会有牺牲。忙碌的工作背后是与家人的聚少离多。但也正因相聚不易，审计人会更加珍惜与家人相处的时光。

工作上，他们是当之无愧的审计铁军，守护正义，顾全大局；生活中，他们是平易近人的普通人，热爱生活，侠骨柔肠。审计人不是机械的工作狂，而是和我们一样有血有肉的普通人，在他们坚强铠甲的背后，同样有温柔长情的牵挂。回到家中，他们是好父亲、好丈夫、好妻子、好儿女。如果说他们和我们有什么不同，那就是他们在小我幸福与国家利益之间，毅然选择以后者为重，而将自己的儿女情长，悄悄珍藏心底。

审计人的美是多种多样的，他们敬业乐业，为国家与人民的利益鞠躬尽瘁，不求回报；他们勤学善思，用行动与努力不断充实自我，更上一层楼；他们看过千帆过尽的繁华，却依然坚守滚烫质朴的初心；他们用一腔孤勇打磨百炼成钢，亦有三分柔情行至山高水长。

初心滚烫，热血未凉，他们对审计事业爱得深沉，对国家与百姓爱得深沉！谨在此向他们致敬——我们最美的审计人。

（资料来源：李忆箫．初心滚烫，热血未凉——致敬国家审计人［EB/OL］．［2018-08-28］．http：//finance.people.com.cn/n1/2018/0828/c1004-30254858.html.）

随着中国特色社会主义进入新时代，会计审计职业道德显得越来越重要，发挥着越来越大的作用，成为提高社会效益与企业绩效的重要影响因素。一般认为，市场经济在不同的时代、不同的国家与不同的社会制度中各有特色。不过，有两个特点是非常相似的，即市场优化配置资源与企业自主经营。这两个特点又是以人类共同的伦理价值观（如诚信与公平等）为基础的，会计审计职业道德存在于市场经济体系的发展过程之中。

党的二十大报告明确提出，建设具有强大凝聚力和引领力的社会主义意识形态。意识形态工作是为国家立心、为民族立魂的工作。广泛践行社会主义核心价值观。社会主义核心价值观是凝聚人心、汇聚民力的强大力量。实施公民道德建设工程，弘扬中华传统美德，加强家庭家教家风建设，加强和改进未成年人思想道德建设，推动明大德、守公德、严私德，提高人民道德水准和文明素养。弘扬诚信文化，健全诚信建设长效机制。坚持依法治国和以德治国相结合。

第一节　全面提升会计审计职业道德水准

一、市场经济体现为伦理道德经济

（一）市场经济是竞争经济、法治经济，更是伦理道德经济

1. 市场经济从本质上说是伦理道德经济、诚实信用经济

首先，市场经济体现为竞争经济，竞争的规则是公开、公平、公正，用以规范竞争者的行为活动。其次，市场经济体现为法治经济，通过对各种市场行为的立法、执法来规范市场秩序，以法律约束竞争者的行为。最后，市场经济体现为伦理道德经济，依靠义务、良心、荣誉、节操、人格等道德规范来建立友好关系，以确保社会成员的行为合法、合情、合理，从而提高全社会的诚信意识和信用水平。

【专栏 1-1】国务院发布社会信用体系建设规划纲要
阅读资料请扫描二维码。

2. 企业从事经营活动，必须遵循商业伦理，承担社会责任

《公民道德建设实施纲要》于 2001 年 9 月 20 日发布，明确提出了“爱国守法、明礼诚信、团结友善、勤俭自强、敬业奉献”20字的公民基本道德规范。党的十六届三中全会通过的《中共中央关于完善社会主义市场经济体制若干问题的决定》指出：“形成以道德为支撑、产权为基础、法律为保障的社会信用制度，是建立现代市场体系的必要条件，也是规范市场经济秩序的治本之策。”2024 年 7 月 1 日起施行的《中华人民共和国公司法》第十九条明确要求：“公司从事经营活动，应当遵守法律法规，遵守社会公德、商业道德，诚实守信，接受政府和社会公众的监督。”

3. 弘扬力行儒商理念，完善会计审计职业道德文化

国家兴亡，匹夫有责，政府公民、企业公民和普通公民唯有力行“仁义礼智信，信内求财；温良恭俭让，让中取利”的儒商理念，并配套广泛法治约束与从严从快惩处违法行为，方能提升会计伦理道德水准，完善公司治理与会计诚信文化，增加企业精神财富，切实履行社会责任，促进市场经济发展。

（二）市场经济“双刃剑”正负两方面的效应

1. 市场经济在发挥巨大正效应的同时，有其天然的负效应

市场经济在推动社会经济发展方面发挥着巨大正效应的同时，也有其天然的负效应。市场经济的竞争原则会刺激一些人的投机心理，使其做出不正当的竞争行为；市场经济中的等价交换原则会不自觉地渗透到人际关系之中，渗透到政党的政治生活和行政行为中，诱发权钱交易，导致以权谋私；市场经济中的适度投机行为的合法性导致某些人做出投机诈骗行为；市场经济中的价值取向在讲效益、讲盈利、讲激励时，也很容易使人滋生极端利己主义思想和自私行为，从而对爱国主义、社会主义和集体主义思想产生强大冲击。

2. 在经济管理中崇尚伦理道德是一种世界性发展趋势

市场经济这把“双刃剑”同时具有正负两方面的作用，市场经济主体应把握和发挥伦理道德与责任在市场经济中的调节作用，从而推动市场经济持续、稳定、协调发展。在经济管理中崇尚伦理道德是一种正确的世界性发展趋势。西方主要国家的市场经济发展了这么多年，遇到了不少问题，付出了沉重的代价，最终总结出一个规律：发展市场经济必须加强伦理教育。我国企业的社会责任问题也开始引起人们的关注，针对一些企业的欺行霸市、弄虚作假、制造伪劣产品、污染环境等社会责任缺失问题，企业应该担负起相应的社会责任逐渐成为人们的共识。[①]

3. 合乎伦理道德的企业行为是市场体系有效运作的现实基础

在市场经济中，如果买卖双方不能自由地交换，或是提供的产品和服务信息不准确，那么，人们就可能错误地购买某些劣质的产品和服务。而市场体系是按销售量来配置资源的，这样资源将会流向那些低劣的环节，使市场体系优化资源配置的运作失去效用，即出现“劣币驱逐良币”的现象。始作俑者就是在企业经营过程中发现的种种不合伦理的行为。

轻视企业伦理与社会责任，缺乏会计审计职业道德的约束，就可能导致市场经济的运行极不规范，企业之间的竞争不公平，进而演变成“官商权力经济”“虚假欺骗经济”“贿赂垄断经济”。反之，循规蹈矩、合法经营的企业最终在优胜劣汰的市场机制作用下会如鱼得水，不断发展壮大。因此，合乎伦理道德的企业行为是市场体系有效运作的现实基础。

二、崇尚企业伦理道德成为东西方经济社会一道亮丽的风景线

从 20 世纪六七十年代开始，社会各界崇尚伦理道德逐渐成为一种全球性发展趋势。东西方企业、教育机构及政府都高举伦理道德的旗帜，已成为东西方经济社会一道亮丽的风景线，东西方企业迎来了一个伟大的伦理道德时代。[②]在全球化进程中，因政治、经济、技术和文化环境变化而出现的新问题，如利益相关者和企业的伦理关系问题、现代企业跨国经营中的伦理问题、信息技术条件下的伦理问题与跨国公司假账问题等，越来越引起社会大众的重视。

1. 许多先进企业内部已逐步建立起严格的企业伦理制度和监督机制

在美国、日本及西欧各国，许多先进企业的内部已逐步建立起严格的伦理制度和监督机制。其主要表现为：这些企业的职能、地位、作用向伦理方面侧重，企业战略、决策与道德融合，企业高管、普通员工在企业实践活动中强烈感受到伦理道德的感召力和丰厚的社会回报。企业伦理道德的巨大力量以其“秩序与资源”的基本价值向这个时代充分展现出来，并显示出勃勃生机。有关权威机构对世界 500 强企业的调查与研究发现，其中近 90% 的企业都非常重视企业伦理与管理道德，有明确的伦理手册、伦理章程或管理伦理纲要，并制定成文的伦理准则来规范员工的行为。

① 张文贤，高伟富．高级财务会计理论与实务［M］．大连：东北财经大学出版社，2005.
② 王学义．企业伦理学［M］．成都：西南财经大学出版社，2004.

2. 不少企业中都出现了一种新职位——伦理主管（或称首席道德官）

国际企业打破经营观念中的偏见，把企业目标定位在追求利润与推动社会良性循环发展上，使企业能够长久、持续、协调地生存下去并且发展壮大。不少企业中都出现了一种新职位：伦理主管（Chief Ethics Officer，CEO），或称首席道德官。伦理主管（CEO）与我们常说的首席执行官（Chief Executive Officer，CEO）简写一致，这也意味着首席执行官首先应该是首席道德官。经营业绩一直不俗的大众、强生、惠普、微软、IBM 等企业，因成功践行企业伦理而受到业界广泛认可。美国微软公司的价值观为：正直诚实；对客户、合作伙伴和新技术充满热情；直率地与人相处，尊重他人并且助人为乐；勇于迎接挑战，坚持不懈；严于律己，善于思考，坚持自我提高和完善；对客户、股东、合作伙伴或者其他员工而言，在承诺、结果和质量方面都值得信赖。

三、全球商学院都重视商业伦理、社会责任与会计审计职业道德教学

1. 商业伦理学成为当今国际一流商学院引人注目的课程

1987 年美国证券交易委员会前主席约翰·沙德成为社会的焦点人物，他将 2 000 万美元捐赠给哈佛商学院时，倡议开设“管理决策与伦理价值”课程。商业伦理学现在已成为国际 MBA 教学中一门引人瞩目的课程，国际商学院联合会（The Association to Advance Collegiate Schools of Business，AACSB）关于商学院为毕业生提供知识和技能的规定的第一条就是要提供履行伦理和法律责任所需的知识和技能。全美最佳 10 所商学院 MBA 的 9 门核心课程，其中就包括商业伦理学。

现在，美国 90% 以上的商学院或管理学院及欧洲的绝大多数大学都开设了商业伦理学、管理与会计伦理道德、商业伦理与会计审计职业道德等方面的课程。尤其是国际一流商学院纷纷把商业伦理学相关课程作为 MBA 的核心课程之一，如哈佛商学院的“领导和企业社会责任”、宾夕法尼亚大学沃顿商学院的“伦理与责任”、斯坦福大学商学院的“伦理与管理”等课程都被列为 MBA 必修课。重视商业伦理教学成为世界各地的商学院、管理学院培养 MBA、EMBA 与 MPAcc 人才的一大特色。在国内外商学院的 AACSB、EQUIS 等各种认证中，商业伦理或企业伦理、企业社会责任与会计审计职业道德都是不可或缺的关键考核课程。

2. 商业伦理与会计审计职业道德教育受到高度重视

2018 年教育部高等学校会计学专业教学指导委员会把会计审计职业道德列为大学会计专业教育核心必修课程。2019 年 MPAcc 教育指导委员会也正式把商业伦理与会计审计职业道德列为会计专业硕士教育核心必修课程。商业伦理与会计审计职业道德教育受到社会各界、高校内外、广大师生前所未有的高度重视。会计审计职业道德是一门新兴的交叉学科，形成时间短，学科跨度大，发展还不够成熟。与 MBA 教学相比，在 EMBA 中开展会计伦理道德教学的时间更短，积累的经验更少，面临的问题更多，如何面向 EMBA 学员有效地开展商业伦理道德与社会责任相关课程的教学，仍需要有志于该学科教学与研究的专家学者不断探索。商业伦理与企业社会责任及会计审计职业道德逐渐成为我国众多院校 MBA、MPA、MPAcc 等经济管理类专业硕士教育与大学会计、审计、财务管理专业的核心课程或重要课程，我们迎来了商业伦理与企业社会责任及会

计、审计、职业道德教育的新时代。

四、有序竞争与社会信用管理机制构建

社会主义市场经济本应是以诚信为本的市场经济。然而，不讲信用已成为一大社会公害，有些企业为贪图一时的利益而失信，最终导致在激烈的市场竞争中失败。信用是人类文明的果实，没有信用，市场经济就不能正常运行，市场经济的法则就是奖励守信者、惩罚失信者。市场经济必然是法治经济，其内在的契约精神决定了市场经济中的个体一定要守规则，如果不守规则那就是单次博弈，不仅会给其他人带来更多的交易成本，而且会破坏市场经济的秩序，更有甚者，还会败坏市场风气与社会道德。

（一）规范市场行为必须履行契约、讲究信用

1. 启动全社会的企业与个人信用机制，建立信用档案

有契约而不履行，就是不守信。“信”是一种德行、一种道德规范。为了规范我国经济生活，当务之急是启动全社会的企业与个人信用机制，建立企事业单位及个人信用档案，为有序竞争创造条件。因为市场经济的本质就是信用经济，诚信问题不解决，我国经济体制的改革就难以为继，与国际规则接轨、防范金融风险更是一个遥远的话题。西方发达国家用了 150 多年的时间才建立起较为成熟的社会信用体系，我国正处于经济转轨最关键也是最艰难的时期，建立社会信用机制任重而道远。

2. 信任代表着一种社会交往模式，维护着社会公共生活

信任，作为一方对另一方的期待，本身就蕴含着一方对另一方的评价。信任是一种主体评价，代表着一种社会交往模式。在市场经济发达的社会，信用概念不是超功利，却又有信任、期待对方的含义。但这种信任要有一定的物质作保证，它同纯粹道德范畴的“信”的区别在于，它是从功能分析的视角去把握的。

在人类社会中，对他人的期待在社会公共生活中是所不可缺少的，否则公共生活不可能存在。这种期待的实现可以有两种方式：一种方式是通过外在机制来实现，即采取以法律和社会制裁的方式来强制实施某些规则。在这种情形下，期待总是比较容易获得回报的。另一种方式则是靠内在机制通过信任来实现的。但后者所起的作用是有限的。有时，无论是道德范畴意义上的信任还是经济学功能分析形成的信用，都会失灵，这时期待便会落空，即会产生信用危机。

（二）推进我国社会信用管理制度建设势在必行

1. 改善社会信用状况的关键在于有效的制度安排

在市场经济中，竞争似乎与信任格格不入。谁都对自己今后的命运缺乏信心，往往采取捞一把就走的心态。市场上充斥着以假充真、以次充好甚至一锤子买卖。竞争取胜变成欺诈取胜。如果竞争是健全而有序的，那么就应当以优质产品取胜，从而淘汰劣质产品。这样的竞争自然会同信任联系在一起，竞争与信任互相作用。企业信用的缺失和不足，不仅是企业自身发展的巨大障碍，而且直接影响社会主义市场经济的健康发展。然而，改善企业信用状况的关键在于有效的制度安排。

【专栏 1-2】古有陶朱公范蠡：草民逆袭成千古商圣

阅读资料请扫描二维码。

范蠡
（公元前 536—公元前 448 年）

2. 加强企业信用管理制度建设应成为社会信用管理体系建设的重中之重

推进我国企业信用管理制度建设，需要各部门密切配合，通力协作，制定各项政策措施，建立运行机制，完善运行环境。我国企业信用管理的核心制度应包括：抓好政府、企业、社会中介服务机构这三大主体的信用建设；以建立明晰的产权制度和个人信用制度为突破口，坚持法德并举；加强信用人才培育工程。这些是重要的制度安排，对建立企业信用管理制度发挥着关键作用。

五、治理会计审计贿赂，反腐倡廉，纠正企业不正之风

1. 近几十年来腐败现象呈现蔓延之势

社会主义市场经济建设的全面开展，给企业领域所进行的反腐败斗争带来了严峻挑战，也给企业领域治理会计贿赂、创廉洁风尚带来了新的课题。市场经济是一把“双刃剑”，在微观放开搞活和宏观转变调控方式、国有企业和非国有企业、农村和城市、内地和沿海、国内经济体制和涉外经济体制、中央和地方、政府与企业之间都存在着明显的差异和失调。在新旧体制交替、胶着的状态下，经济管理出现了大量的漏洞、摩擦和冲突。这不仅导致了经济秩序的矛盾和混乱，而且给各种腐败现象的滋生、蔓延以可乘之机，再加上政策、法规滞后，各种制度管理松散弱化，近几十年来腐败现象呈现蔓延之势，令人民群众痛心疾首，其主要表现有：

（1）从小范围趋向大范围；

（2）从基层趋向机关；

（3）由个体趋向群体；

（4）由暗地隐蔽趋向公开。

2. 国内外资本市场上市公司十大造假案简表

从国内外资本市场上市公司十大造假案（见表 1-1）可以看到，企业腐败、参与造假的危害巨大。

滋生腐败现象的原因众多。之所以呈现出蔓延之势，与公款流失有很大关系，而这些公款大多是经企业员工之手流入腐败分子手中的，从客观上助长了腐败之风。当然，公款流失的主要责任人是单位负责人，但与企业员工屈从压力、不坚持原则以迎合领导心意不无关系。

表 1-1　　国内外资本市场上市公司典型财务造假案

上市公司	会计师事务所	造假年份	造假手法	造假金额及经济后果
美国雷曼兄弟公司（158 年历史）	安永国际会计师事务所	2007—2008年	采用“回购 105”（Repo 105）或“回购 108”的会计手段粉饰账面	分别隐藏问题资产 390 亿美元、490亿美元、500亿美元
美国安然公司	安达信国际会计师事务所	1997—2000年	各类子公司和合伙公司数量超过 3 000个，虚夸收入和利润，隐藏的债务高达数十亿美元	利用关联交易共虚报 5.52 亿美元盈利
美国施乐公司	毕马威国际会计师事务所	1997—2000年	虚报营业收入和税前利润	虚报近 30 亿美元的营业收入和 15 亿美元的税前利润
意大利帕玛拉特公司	均富国际会计师事务所	1988—2003年	伪造文件虚报银行存款，然后以高估的资产举债；利用关联方和以设立投资基金的手段转移资金；利用衍生金融工具和复杂的财务交易掩盖负债	15 年间，帕玛拉特管理层通过伪造会计记录，以虚增资产的方法掩盖累计高达 162 亿美元的负债漏洞
科龙电器	德勤华永会计师事务所	2002—2004年	利用编制虚假银行收付款凭证、银行存款账簿记录、银行对账单等低劣手段，隐瞒每笔资金的转入转出，同时伪造企业印章，虚构科龙的销售收入，并且通过少提坏账准备、少计诉讼赔偿编制虚假报表	分别虚增利润 1.2 亿元、1.14 亿元、1.49亿元
金亚科技	广东大华德律会计师事务所	2014年	通过虚构客户、伪造合同、伪造银行单据、伪造材料产品收发记录、隐瞒费用支出等方式虚增利润	虚增营业收入 73 635 141.10 元，虚增营业成本 19 253 313.84 元，少计销售费用 3 685 014.00元，少计管理费用 1 320 835.10元，少计财务费用 7 952 968.46元，少计营业外收入 19 050.00元，少计营业外支出 13 173 937.58元，虚增利润总额 80 495 532.40元
振隆特产	瑞华会计师事务所	2012—2014年	通过虚增出口销售单价方式虚增各年利润；通过调节出成率、调低原材料采购单价以及未在账面上确认已处理霉变存货损失的方式虚增利润和存货	公司 2012—2014 年分别虚增利润 1 962.43 万元、2 863.19 万元、2 790.56 万元

续表

上市公司	会计师事务所	造假年份	造假手法	造假金额及经济后果
万福生科	中磊会计师事务所	2009—2011年	自编营业收入、营业利润、净利润分别为9.89亿元、1.28亿元及1.21亿元，若非造假，其真实业绩分别仅为5.29亿元、0.13亿元、0.2亿元，隐瞒了2012年上半年停产的事实；自买自卖、虚构客户	累计虚增收入7.4亿元左右，即利润、净利润中分别有90%、84%为造假
长春长生	致同会计师事务所	2018年	未按规定披露问题疫苗不符合标准以及停产和召回的相关信息；披露子公司产品有关情况的公告存在误导性陈述及重大遗漏；未披露被吉林省药监局调查的信息；违规披露狂犬疫苗GMP证书失效致主业停产以及该证书重新获取的情况；披露的2015—2017年年报及内部控制自我评价报告存在虚假记载	2017年期中检查发现其中1批次百白破疫苗效价指标不符合标准规定。该批次百白破疫苗共计25.26万支，预计实现销售收入约83.38亿元。问题疫苗严重危害接种人群身体健康和安全。问题疫苗事件使其2018年营业收入减少7亿元。长生公司于11月底摘牌，成为A股市场因重大违法强制退市第一股。长生公司被罚91亿元
康得新	瑞华会计师事务所	2019年	持续时间长、涉案金额巨大，康得新主要通过两种手段虚构收入：第一，通过关联方虚构销售业务，虚构大量应收账款；第二，通过虚构客户的采购金额进而虚构收入，在年报中隐瞒前五大客户和供应商，违法情节特别严重	账面虚增150亿元的现金，虚增利润119亿元
康美药业	中正珠江会计师事务所	2019年	中国证监会发布调查结果：康美药业披露的2016—2018年财务报告存在重大虚假。康美药业通过伪造、变造大额定期存单等方式虚增货币资金，将不满足会计确认和计量条件的工程项目纳入报表，虚增固定资产	其中2016年虚增货币资金225.8亿元，2017年虚增299.4亿元，2018年虚增361.9亿元，合计财务造假887亿元，成为A股史上资金额巨大的财务造假案之一

续表

上市公司	会计师事务所	造假年份	造假手法	造假金额及经济后果
瑞幸咖啡	安永国际会计师事务所	2019年	虚构获客量：瑞幸咖啡通过“跳号”的形式虚增销售量，即虚构顾客购买行为。 虚增净售价：由于大量优惠券和折扣的补贴行为，瑞幸咖啡的实际售价低于报告中的净售价，通过这种方式虚增了收入。 虚增广告费用：瑞幸咖啡夸大广告费用，以此来增加利润。 虚构现金流：管理者通过股票质押兑现了其持有的49%的股票，形成现金流以掩盖真实的财务状况	2020年4月2日，瑞幸咖啡发布公告，承认虚假交易22亿元人民币，股价暴跌80%
恒大地产	普华永道中天会计师事务所	2019—2020年	恒大地产2019年虚增收入2 139.89亿元，占当期营业收入的50.14%，虚增利润407.22亿元，2020年虚增收入3 501.57亿元，占当期营业收入的78.54%，虚增利润512.89亿元，导致2020—2021年间，恒大地产利用2019—2020年年报中的虚假财务数据向投资者公开发行5期合计208亿元的债券，存在欺诈发行行为	中国证监会依法对普华永道恒大地产年报及债券发行审计工作未勤勉尽责案作出行政处罚，依据《中华人民共和国证券法》规定，没收普华永道案涉期间全部业务收入2 774万元，并处以顶格罚款2.97亿元，合计罚没3.25亿元

资料来源：作者根据美国证券交易委员会网站、中国证监会网站、新浪网及和讯网相关资料整理。

第二节 中华美德与核心价值理念①

中华民族生生不息绵延发展、饱受挫折又不断浴火重生，都离不开中华文化的有力支撑。中华文化独一无二的理念、智慧、气度、神韵，增添了中国人民和中华民族内心深处的自信和自豪。中华民族传统美德是指中国五千年历史流传下来，具有影响，可以继承，并得到不断创新发展，有益于下一代的优秀道德遗产。概括起来就是中华民族优秀的道德品质、优良的民族精神、崇高的民族气节、高尚的民族情感以及良好的民族习惯的总和。它标志着中华民族的“形”与“魂”。它也是我国人民两千多年来处理人际关系、人与社会关系和人与自然关系的实践的结晶。

【专栏 1-3】关于实施中华优秀传统文化传承发展工程的意见

阅读资料请扫描二维码。

一、中华民族传统美德的时代价值

本着“古代存在，现代需要”及批判继承、整体优化、针对实效、知行统一等系列原则，中国伦理学会中华民族传统美德教育研究会理事长栾传大先生负责的中华民族传统美德教育研究课题组，从丰厚的中国古代道德资源中挖掘、选择，确定了中华民族传统美德基本德目：孝敬父母、尊师敬长、团结友爱、立志勤学、自强不息、谦虚礼貌、诚实守信、严己宽人、人贵有耻、见义勇为、整洁健身、求索攻坚、勤劳节俭、见利思义、敬业尽责、清正廉洁、爱国爱民、天下为公。这 18 条德目内容实在，目标明确，有利于全国各大中小学校开展德育教育，有利于这些学校的学生了解并掌握中华民族传统美德知识，弘扬并继承中华民族传统美德，提高真善美与假恶丑的道德判断能力，增强民族自尊心、自信心、自豪感和凝聚力，从而养成良好的文明道德习惯。

【专栏 1-4】《百孝篇》百善孝为先与 24 孝子图

阅读资料请扫描二维码。

中华民族传统美德倡导“格物、致知、诚意、正心、修身、齐家、治国、平天下”的人生理想的实现步骤和模式。这种为人处世的基本道德观念是人类进行物质生产活动和自身生存、发展的基本要求，也是人们共同生活的起码的行为准则。它反映了人类社会发展的客观要求，是人类社会道德关系具有科学性的优秀的遗产。

传统道德一般都是在社会稳定时发挥作用，而在社会剧烈变动时缺少用武之地，中华民族传统美德正所谓“治平尚德行，有事赏功能”。古人云：“以史为镜，可以知兴替。”历史证明，儒家伦理往往在太平盛世发挥它稳定社会、缓和矛盾、调节人际关系的社会功效。当代中国已进入稳定的和平发展时期，社会稳定、政治稳定是中国的大局。为实现构建和谐社会的宏伟目标，需要社会各方团结合作、共同努力。其中，道德建设无疑是重要的精神基石，是构建和谐社会的有力抓手。一个社会能否和谐，一个国家能否长治久安，

① 本节内容根据 360 百科搜索整理。

在很大程度上取决于全体社会成员的思想道德素质，道德建设水平是和谐社会的重要标志。

加强道德建设必须承继中华民族的传统美德。道德从来就是现实性与历史性的统一。社会主义道德不是无源之水、无本之木，而是民族文化的沃土，是传统美德的延续和升华。承继中华民族的传统美德，就是要以中华民族传统道德的背景为基础，把传统道德中的符合时代要求、有助于经济社会协调发展的内容承继下来，推广到全体人民中去。梁启超在《新民说》中说："中国要想建设一个新国家，必须先要有新民。新民是不同于旧时的中国人，必须具备几个条件，最必需的条件就是公德。"

在新的经济、政治、文化变革推动下，当今社会的道德结构发生了重大变化，出现了一些新领域、新趋势。进行道德建设既要大力继承和弘扬中华民族道德文化的优秀传统，也要学习和借鉴世界各国道德建设的优秀成果，还要激发人们与时俱进、开拓创新的精神，创造出适应社会主义市场经济发展要求的新道德、新观念。与此同时，我们还要发扬党在领导人民进行革命、建设和改革实践中形成的优良道德传统。中华民族传统美德规范、引导着人们的行为和精神追求，同时又在新时代人们的实践中不断丰富和发展，我们要继承和弘扬中华民族传统美德，就必须使之随着时代的发展而发展。

建设和谐社会，惠及全体人民，体现了人民群众的根本利益和共同心愿。和谐社会不会凭空而至，也坐等不来。构建和谐社会，人人有责。人是社会关系的总和，也是社会建设的主体。和谐美好的社会，需要脚踏实地的艰苦奋斗，需要全体人民的共同参与。每一位社会成员都各司其职，承担起自己的职业角色和社会角色，尽职尽责，做好本职工作；每一位社会成员都各尽其责，具有法律意识和诚信意识，自觉遵循社会规则、规章制度和公共秩序。人人有行动，人人有贡献，这样，我们的社会才能更快更好地实现和谐发展。

二、中华民族传统美德核心价值理念：仁、义、礼、智、信

"仁、义、礼、智、信"是中华民族传统美德的核心价值理念和基本要求。其带动整个社会道德体系的发展和社会道德水平的提升，在整个中华民族传统美德中具有重要地位。

中国是文明古国、礼仪之邦，重德行、贵礼仪，在世界上享有盛誉。自古以来，中华民族传统美德始终是中华民族赖以生存和发展的道德根基、思想基础、精神支柱和精神动力。中华民族传统美德的形成和发展已经有几千年的历史，从口头传承到文字记载，内容博大精深。但归纳起来，在历史典籍里加以明确，历朝历代基本形成共识的内容主要是"仁、义、礼、智、信"五个要素。当然，在传统道德方面还有很多表述，但大部分都包含在这五大要素之中，或者是这五大要素的延伸、丰富和发展。

1."仁"是指同情、关心和爱护这样的心态，即"仁爱之心"

关于"仁"，最早出自《尚书》。《尚书》中的"克宽克仁，彰信兆民"意思是说当年商汤用宽恕仁爱之德，明信于天下的百姓。"仁"最早的含义是"亲人"的意思，《说文解字》中说："亲，仁也。"其又说："仁，亲也。""仁"主要是指家庭成员之间、氏族亲人之间要"亲爱"，这种"仁爱"之情仅仅局限于家族亲属之间。随着历史演变，"仁"的含

义得到了进一步扩展，由“亲人”发展到了“爱人”。

老子说：“与善仁。”意思是与人交往要友爱、真诚、无私。孔子说：“志士仁人，无求生以害仁，有杀身以成仁。”这里“仁”已成为人生道德的最高境界，为了维护“仁”，可以杀身，即可以牺牲自己的生命来维护这一道德理念。由此可见，在“仁”的情感范围由家族扩展到社会的同时，道德内涵和道德地位也得到了进一步丰富和提升，成为中华民族传统美德的第一要素。

2.“义”是指正当、正直和道义这样的气节，即“正义之气”

“义”的原意是指人的仪表，是人们在人际交往中对亲密友谊、美好善良的追求。《说文解字》曾这样解释：“义，己之威仪也。从我羊。”意思是说，“义”是一个人的外在形象和内在涵养，我们崇尚羊的形象和涵养，要像羊一样温和、善良、美好。这里讲的“义”，主要是指一种美好、善良的情感和气节。羊在生活中从古至今都是六畜之首，羊肉是最美味的食材。古人在造字的时候，把“羊”用于最美好的事物。比如，羊与鱼构成了“鲜”，在中国人的心目中，羊和鱼都是非常鲜美的食材。

在中国文化中，许多美好的字眼如“美”“善”上面都有一个“羊”字，都是用“羊”作主要部首来构造的，这反映了人们对羊所具备的美好品质的追求，并将其作为国人应该追求的品行、应该提倡的道德。《说文解字》把“义”同“美”和“善”联系起来解释，“美”和“善”都是“羊”字头，“义”的繁体字也是羊字头。人强调“义气”，就是指这样一种美好善良的境界和正直正义的气节。孔子极为推崇“仁”德，提倡杀身成仁。而孟子非常推崇“义”德，说要舍生取义。“杀身”和“舍生”是相同的意思，有相同的境界，说明孟子是把“义”和“仁”放在同等重要的位置上来认识的。

我们讲中华民族传统美德主要是“仁、义、礼、智、信”五大要素，通常也简化为“仁义道德”，可见，在这五大要素里“仁”和“义”是最核心、最基本的两大要素。古人云：“仁则荣，不仁则辱”“由义为荣，背义为辱”，说明中华传统道德的荣辱观也是以是否做到“仁”和“义”为主要标准的。

【专栏 1-5】胡雪岩：帮助左宗棠收复新疆为国理财

阅读资料请扫描二维码。

胡雪岩

（1823—1885 年）

三、道德的历史起源与发展

（一）道德的历史起源

道德的起源问题一直为伦理学家所重视。历史上曾有一些伦理学家企图离开人类历史的发展和人们的社会实践，去观察和研究道德现象，寻找道德的起源。他们的观点大致可归纳为以下四类：

（1）认为道德来源于客观精神和上帝、佛、道、神。

（2）认为道德来源于人类天性、人类同情心等。

（3）认为道德来源于人的自然本性、感觉欲望。

（4）认为道德来源于动物世界。

（二）道德发展的五种历史类型

道德是社会经济发展的产物。道德会随着社会经济的变化发展而不断变化发展。人类社会迄今为止先后经历了原始社会、奴隶社会、封建社会、资本主义社会和社会主义社会五种社会形态，与此相对应，道德的发展也可划分为五种历史类型：原始社会道德、奴隶社会道德、封建社会道德、资本主义社会道德、社会主义社会道德。

（三）道德的特征功能

道德作为社会意识形态之一，具有与其他意识形态不同的特点。

（1）规范性。道德是调整人们之间以及个人与社会之间关系的行为规范。人本质上是社会人。人生活在世界上，要与他人、社会发生复杂的关系，人们在社会中的行为均是在一定的社会关系中做出的。作为行为规范的道德，就是指个人与社会应该建立一种什么样的关系，他对社会需要承担什么义务，在处理与他人的关系时应该遵守哪些原则，应该采取什么样的行动等。这些对人们的思想和言行起着一种规范性作用。

（2）非强制性。人与人之间的社会关系非常复杂，除了道德关系外，还有政治关系、经济关系、法律关系等。因此，调整人与人之间的关系，除了道德规范外，还有政治规范、法律规范和经济手段。但是，道德规范不像政治规范、法律规范和经济手段那样需要由政党、国家和经济部门专门制定，并由专门的机关监督执行。道德依靠社会舆论、传统习惯和人们的内心信念来维持和发挥作用，具有非强制性，是一种内化的特殊的规范调解方式。

（3）历史性。道德的历史，是指历史上各种人类道德的出现，都是当时社会经济状况的产物，并且总是与特定的历史阶段相适应，因而总是带有那个时代的社会内容、社会要求和社会特征。从历史发展进程看，人类经历了原始社会道德、奴隶社会道德、封建社会道德，现在正处于资本主义社会道德和社会主义社会道德阶段。

【专栏 1-6】晋文公重耳“退避三舍”，成就一代春秋霸主

阅读资料请扫描二维码。

（4）全人类性。道德的全人类性，就人类历史发展的全过程来说，是指不同时代道德体系之间有着共同的地方；就同一个时代和不同时代的社会关系来说，是指不同阶级或对立阶级道德之间有着共同的地方以及相互联系之处。历史上各种类型的道德体系都包含着全人类性因素，具有历史的继承性。

晋文公
（约公元前 697—公元前 628 年）

（5）社会实践性。道德具有广泛的社会实践性。道德是人类社会特有的现象，是人类有别于其他动物的根本标志。道德贯穿人类社会的始终。只要有人类社会的存在，就需要有调整人与人之间关系的道德规范。道德遍及社会生活的各个领域，渗透到人与人之间的关系中。道德是人类的实践精神，是人类把握世界的特殊方式，是人类完善、发展自身的社会实践活动。

（6）相对独立性。马克思主义伦理学认为，经济基础是第一性的，道德是第二性的，经济基础决定道德；同时又认为，道德同其他社会意识形态一样，一旦形成，便具有相对独立性。道德相对独立性的表现之一是道德与社会经济基础变化的不一致性；表现之二是道德意识的发展和社会经济发展水平的不平衡性；表现之三是道德有自身独立发展的历史过程，在自身发展过程中呈现出历史连续性和继承性。

第三节 职业道德的概念与功能

一、职业道德的含义

1. 职业道德的概念与含义

职业道德是在一定的职业生活中所应遵循的且具有自身职业特征的道德原则和规范以及分内应做工作的总和。职业道德规定人们“应该”做什么，“不应该”做什么，“应该”怎样做，“不应该”怎样做。换言之，职业道德是从道义上要求人们在其职业生活中以一定的思想、感情、态度、作风和行为去待人接物，明确工作任务，完成本职工作。

2. 职业道德与职业工作规范密切相关

何谓职业？职业是指人们在社会生活中所从事的对社会承担一定的职责，并作为自己主要生活来源的具有专门职能的工作。人们的职业生活作为一个历史范畴，并非从来就有，它是社会分工及其发展的结果，而职业分工的出现与发展，使职业道德的产生成为需要和可能。在此基础上，各职业团体通过其中有代表性的人物的言论和行为示范，逐步建立起各职业人员应遵守的职业道德。职业道德通过公约、守则、条例等形式，促使职工忠于职守，钻研业务和技术，完成工作和任务，服从秩序和领导，团结协作，推动各项事业的发展。

3. 职业道德的推行协调本职业内部和外部社会各方的关系

职业道德的推行，一方面可以协调本职业和社会各方的关系，满足社会各方对本职业的需要；另一方面可以协调本职业内部的相互关系，解决内部矛盾和纠纷，共同完成职业工作，履行职业责任。在我国，职业道德是社会主义道德体系的重要组成部分，是社会主义道德原则与规范在职业行为和职业关系中的特殊表现；同时又受社会公德的约束，体现社会公德的要求。近代西方研究职业道德的学科被称为职业伦理学，包括律师伦理学、教师伦理学、医生伦理学、科学伦理学、管理伦理学。本书研究企业领域中因企业活动所引起的会计伦理道德、社会责任及其发展变化的规律，即“会计审计职业道德”。

二、职业道德的特点

职业道德作为职业生活领域特殊行为的调节手段，具有以下特点：

1. 鲜明的行业性

职业道德和职业生活是密切相联的，它具有鲜明的职业和行业的特点。职业道德是人们在其职业活动过程中形成的特殊道德关系的反映。各行业都有自己特殊的道德规范、特殊的活动内容和特殊的活动方式。所以，行业性是职业道德最显著的特点。

2. 范围的有限性

职业道德的适用范围不是普遍的，而是特殊的、有限的。其约束对象是一定职业活动的从事者，超出这个范围，对他人行为就不具有调节作用。

3. 形式的多样性

由于社会分工的不同，人们所从事的职业多种多样，职业道德也呈现出多样性，以规章制度、工作守则、服务公约、公规民约等多种简明适用、生动活泼的形式教育或约束本职业的工作人员。

4. 稳定的连续性

由于职业道德与职业劳动、职业要求紧密结合，因此，它有稳定的连续性。这种稳定的连续性常常表现在世代相传的职业传统中，形成比较稳定的职业道德、职业心理和职业习惯。

三、职业道德的社会功能

1. 职业道德是推动物质文明建设的重要力量

为了建设物质文明，人类社会形成了严密的分工和协作关系。各行各业的分工和协作都直接或间接地影响着社会物质文明建设。怎样才能保证人们自觉地做好本职工作，为建设社会主义物质文明尽职尽力呢？职业道德起着特殊的、重要的作用。职业道德的基本要求是“忠于职守”。当人们确立了相应的职业道德观念，并将其转化为自己的信念、良知、义务和荣誉感，形成高尚的思想觉悟和精神境界时，就能比较正确地认识和处理个人与社会、本职业集体与其他职业集体之间的关系，在自己的岗位上尽职尽责地工作，国家和民族的物质文明建设就会硕果累累；否则，国家和民族的物质文明建设就会停滞不前。

2. 职业道德是形成和改造社会风尚的重要因素

社会风尚是人们精神面貌的综合反映，归根到底是现实社会关系的综合反映。职业道德要求人们在从事职业活动时，把正确认识和处理人与人之间的关系放在重要位置。一方面通过职业活动创造物质财富，另一方面为建设精神文明承担自己应尽的义务。各种职业都有特殊的权利和义务。如果人们有高尚的职业道德，能够正确地认识和使用自己的权利，履行自己的义务，遵循职业道德规范，那么就有可能在从事物质资料生产的同时，形成良好的社会关系和社会风尚；相反，如果人们不遵守职业道德，就有可能在从事物质资料生产的同时，形成尔虞我诈、制假贩假、不择手段、追逐名利等各种不良社会风尚。

3. 职业道德可以促使人们自我完善

一个人是否成才，是否对社会有贡献，主要依靠其在职业生活实践中的学习和锻炼。职业道德是人们职业生活的指南，对人们的思想和行为具有深刻和经常性的影响。职业道德规定了具体职业的社会责任，指导人们在具体的职业岗位上，确立具体的职业生活目标，选择具体的职业生活道路，形成具体的人生观和职业理想，培养具体的职业道德品质。

历史和现实生活告诉人们，一个人能否成才不在于是否有优越的客观条件，而在于是否有高尚的职业道德。有些很有才华的人之所以昙花一现，一个重要的原因是他们不注重职业道德修养；而一些本来资质平凡的人之所以能对人类社会有较大的贡献，其中重要的原因是他们长期注重职业道德修养。

第四节　会计审计职业道德特征与职能

一、会计审计职业道德的特征

会计审计职业道德，是在会计审计领域中因会计审计活动引起的道德现象，以及由此归纳出来的道德理论的总称，是从事会计审计工作的人员在履行职责活动中应具备的道德品质。它是调整会计审计人员与国家、会计审计人员与不同利益相关者以及会计审计人员之间的社会关系及社会道德规范的总和，是基本道德规范在会计审计工作中的具体体现。它既是会计审计人员要遵守的行为规范和行为准则，也是衡量会计审计人员工作好坏的标准。不难看出，会计审计职业道德与会计审计活动或者说与会计审计行为紧密相连，会计审计职业道德的特征也必然与会计审计工作的特征息息相关。我国社会主义初级阶段的会计审计工作有哪些特征呢？对于这个问题，我们应该分三个层次去认识。

1. 会计审计工作的一般特征

会计审计长期存在和发展的历史表明，会计审计与社会生产有着密切的联系，它是人们对生产活动进行管理的客观需要。从这个角度讲，会计审计工作具有如下特征：

（1）综合性。会计实质上是对劳动耗费和劳动成果进行的考核和控制；同时，会计借助于价值形式，即以货币为主要计量尺度，对价值和使用价值进行核算、监督，因而具有高度综合性。

（2）系统性。会计从时间上对每一项经济业务按顺序进行记录，从空间上对再生产过程中的各个环节进行严格的核算和控制，从而形成一个多层次、多单元、一环扣一环的以提供财务信息为主的经济信息系统，具有较强的系统性。

（3）广泛性。有经济活动的地方，都需要会计。会计无所不在、无处不在，涉及社会经济生活的各个方面、各种实体和众多单位，因此具有广泛性。

（4）效益性。会计审计工作的产生和发展是由节约劳动时间规律所决定的，其核心是加强经营管理，提高经济效益，是为了以最小的投入实现最大的产出。所以，效益性是会计审计工作的内在要求和根本目的。

（5）独立性。马克思认为，会计最初是“生产职能的附带部分”。后来，生产力发展到一定水平，出现了剩余产品，会计才从生产部门中分离出来，成为特殊的、专门委托的当事人的独立职能。会计审计工作具有相对独立性，它必须不受外来干预、客观如实地考核价值运动，实现对使用价值运动的控制，从而促使在生产过程中经济效益的不断提高。

2. 会计信息的质量特征

会计审计的目的是提供信息，帮助投资人和债权人做出正确的经营决策。满足这种需要，便成为组织会计核算、编制会计报告的基本目标。换言之，会计信息的有用性，即会计信息对经营决策的有用性，也就成为会计审计工作的焦点。为了更好地完成会计任务，实现会计目标，我们很有必要研究会计信息的质量特征。会计信息的质量特征是指提供给投资人和债权人等外部使用者的财务报表必须具备有利于管理和有助于决策的有机特征。

（1）会计信息的最高质量是“决策有用性”（Decision Usefulness）。决策有用性体现在信息的相关性和可靠性两个方面。相关性是指与决策有关，具有改变决策能力的特征，凡是相关的信息都必须具有预测价值、反馈价值和及时性；可靠性是指确保会计信息能防止偏差和免于错误，且能忠实反映其意欲反映的现象的质量特征，凡是可靠的会计信息都必须具有反映的真实性、一定的中立性和多次的可核实性。

（2）会计信息的次要质量是可比性和一致性。可比性是指可使信息使用者从两组或多组经济信息中区别其异同的质量特征。一致性是指一个独立的企业和会计个体在各个时期应使用类似的计量政策和方法，或不同的企业应使用相同的程序。会计报表所提供的信息还要受重要性原则和成本效益原则的约束。此外，提高会计信息的可理解性也很重要。会计信息的可理解性是信息质量和信息使用者之间的纽带。可理解性强的会计信息能扩大会计信息使用者的范围，提高会计信息的使用效益。会计信息质量特征的层次性要求是会计信息必须达到的最低要求。

3. 会计审计职业道德的具体特征

会计审计职业道德是从社会与经济生活的会计审计活动中提炼出来的，因而前述会计审计工作的特征必然会对会计审计职业道德的特征产生直接影响，并且会体现道德与职业道德的特征。会计审计职业道德的特征具体体现在以下几个方面：

（1）内容的一致性。一方面，在我国，由于实行生产资料公有制，会计审计工作成为社会经济工作的重要组成部分，会计审计人员的个人利益、职业利益和社会利益是一致的。这使会计审计职业道德和社会主义社会道德具有一致性，因此会计审计职业道德与共产主义道德也具有一致性。另一方面，在社会主义社会，会计审计人员受国家或集体的委托从事会计审计工作，故个人利益能在社会和人民需要中实现。因此，会计审计工作的目的与会计审计职业道德对会计审计人员的行为要求是一致的。

（2）法律的制约性。会计审计职业道德与会计审计法规有诸多职能上的区别。前者要求会计审计人员“应该怎么做”，是一种道德意识的内心的喜悦；而后者要求会计审计人员“必须怎样做”，是对禁止性后果的确认，是一种外在的强制力量。

应该看到，会计审计职业道德通过《中华人民共和国审计法》《会计基础工作规范》及其他规章制度被固定下来，从而也含有“必须这样做”的内在规定性。在会计审计工作中，如果不按“条例”“规范”等“必须这样做”，虽然算不上违法，但却是违纪，将受到同事和社会的批评、谴责，而且往往会受到组织的行政或经济处罚，这就属于对禁止性后果加以追究，从而使会计审计职业道德亦具有法律的约束性，当然并不是惩罚。

（3）稳定的连续性。会计审计职业道德在内容上与会计审计工作的要求和会计审计工作实践是紧密结合的。在长期的会计审计工作中，会计审计人员会形成一种比较成熟的职业品质，并且在一段较长的时间内，这种品质的性质和方向会保持不变。会计审计人员这种行为的稳定性决定了会计审计职业道德的连续性，这种连续性表现为世代的会计传统、会计习惯和会计风格，正是这种稳定的连续性使会计实现了由低级向高级、由不完善向完善的发展和演进。

（4）广泛的渗透性。从纵向来看，会计审计职业道德随着会计审计行为贯穿人类社会的始终，渗透到人类社会的各个发展阶段。随着生产的社会化程度越来越高，对会计审计行为的管理、控制也越来越重要，作为会计审计行为精神内核的会计审计职业道德也就越来越有倡导和推行的必要。从横向来看，会计审计职业道德渗透到同一历史时期的各个国家和地区，而不管这些国家和地区是社会主义性质还是资本主义性质。会计审计职业道德还渗透到各个工商企业、行政单位、事业团体以及其他独立核算的单位，并对这些单位的会计审计工作产生重大影响，从而形成会计审计人员的会计审计职业道德意识，培养他们的会计审计职业道德习惯，最终达到规范他们的会计审计职业道德行为的目的。

（5）经济的实践性。与其他道德相比，会计审计职业道德全面、深入、系统地扎根于社会经济生活基层的价值运动中，与社会经济实践活动总是密切地联系在一起；会计审计职业道德起源、总结于经济实践，又作用、运用于会计实践。从经济实践方面来说，会计审计职业道德是保证社会再生产过程有效运行的最有价值、最经济的工具，即可自发约束人们的心灵，使人们做出合理合法的行为。

从深层次来看，会计审计职业道德的终极目的是不断促进社会生产力的发展，实现社会经济实践活动的最佳经济效益。因此，会计审计职业道德的长久生命力在很大程度上就在于其具有其他道德所不具备的经济实践性，这也是会计审计职业道德具有重大社会作用（下面将详细论述）的根本原因。

二、会计审计职业道德的职能

1. 调节职能

对会计审计职业道德来说，调节是其基本职能。调节职能指的是会计审计职业道德具有纠正人们的会计审计行为和指导社会经济实践活动的功能。会计审计职业道德的调节职能以使企业和人们的经济行为实现由“现有”到“应有”的转化为目标。尤其是随着对外开放的不断深入，会计审计工作牵涉的关系更加多样化、复杂化，产生了许多新的矛盾，如中外合资企业中代表不同利益的会计审计人员之间的关系，经济责任制推行中的责任会计和财务会计之间的关系，乡镇企业、个体经营单位会计面临的问题和矛盾，现代会计审计工作的社会化、群众化和个人理财活动的关系和矛盾，宏观会计管理和微观会计管理的关系与矛盾，个人在会计改革中的独立思考与集思广益的关系与矛盾。

2. 导向职能

如上所述，会计审计领域存在着很多关系和矛盾。为了正确处理会计审计领域内外的各种关系，合理解决各种矛盾，必须明确方向，接受正确的指导。简言之，就是要有一个好“向导”。在社会经济生活中，会计审计职业道德就扮演着指导人们会计审计行为的“向导”角色。社会主义会计审计职业道德可以指导社会公民和会计审计人员自愿地选择有利于消除各种矛盾、调整相互关系的符合会计审计职业道德要求的行为。

同时，会计审计职业道德通过社会舆论和会计审计人员的职业道德表现影响和引导会计审计科学的发展方向。例如，被称为我国“会计泰斗”的潘序伦先生，出于对社会的高度责任感和道德义务，最初选择“人弃我取”的会计审计职业，依照孔圣人的教诲“民无信不立”，倡导立信会计审计职业道德精神，并身体力行，建立立信会计师事务所，创办立信会计学校，编辑出版立信会计丛书，为我国现代会计审计科学和会计审计事业的发展做出了杰出的贡献。

3. 教育职能

会计审计职业道德的教育职能是指会计审计职业道德通过制造社会舆论，形成会计审计职业道德风尚，树立会计审计职业道德榜样等方式，来深刻影响人们的会计审计职业道德观念和会计审计职业道德行为，培养人们的会计审计职业道德习惯和会计审计职业道德品质。其重大意义在于可以启迪人们的会计审计职业道德觉悟，培养人们践行会计审计职业道德行为的自觉性和主动性。

因此可以说，一方面，会计审计职业道德的教育职能是导向职能、调节职能的前提和基础；另一方面，会计审计职业道德教育职能的发挥是通过对人们的行为进行会计审计职业道德调节和会计审计职业道德导向来实现、检验的。

4. 认识职能

会计审计职业道德的认识职能，是指通过会计审计职业道德判断、会计审计职业道德标准和会计审计职业道德理论等形式，反映会计审计人员同他人、社会的关系，向人们指明会计审计人员在与现实世界的价值关系中的取向，提供进行会计审计职业道德选择的知识。

会计审计职业道德的可靠性在于：与其他道德一样，会计审计职业道德能够通过“评价—命令”的方式推动人们的会计审计行为从“现有行为”向“应有行为”转化，把握经济实践活动的客观必然性和历史发展的脉搏。

第五节　会计审计伦理学及其研究方法

一、研究道德的学科：伦理学——达到幸福的科学

伦理学是人类知识体系中的一个古老而又引人入胜的领域。公元前 5 世纪至 2 世纪的古代中国就有“人伦”“道德”“伦类以为理”等说法，并出现了《道德经》《论语》《墨子》《庄子》《孟子》《荀子》等具有丰富伦理思想的著作；秦汉之交，产生了“伦理”概念，出现了《孝经》《礼记》等伦理著作。但长期以来，中国的伦理学内容与哲学、政治教育结合在一起，直到近代才分化成独立的学科。

在古希腊荷马时代，德谟克利特和柏拉图开始了有关伦理道德的研究。公元前 4 世纪，古希腊哲学家亚里士多德在雅典学院讲授关于道德品性的学问，创造了新名词“Ethic”，即伦理学，写出了《尼各马可伦理学》等专著，从此以后伦理学作为独立的学科在欧洲不断发展。

关于伦理学的定义，历史上人们从不同角度做过多种解释和说明。亚里士多德认为，伦理学是研究善与善的终极目的即至善的科学。中世纪经院哲学家亚伯拉德认为，伦理学主要是研究心灵的善恶意向的科学。18 世纪的法国唯物主义者爱尔维修和 19 世纪的德国唯物主义者费尔巴哈都认为，伦理学是“达到幸福的科学”。黑格尔则认为伦理学就是法哲学。边沁和穆勒从功利主义角度出发，认为伦理学是“求得最大幸福之术”。此外，也有人认为伦理学是“人生理想之术”。

在中国伦理思想史上，中国古代的老子、孔子、孟子、庄子等圣人直至近代的康有为、梁启超、蔡元培等大师都把研究道德诸问题视作己任。他们有的认为道德学（即伦理

学）是关于人性善恶的学问，有的认为是关于人伦天理与伦常大道的学问，有的认为是王霸义利的学问或人生理想的学问。上述很多说法颇有价值，但都没有对伦理学的定义给出科学的回答。马克思主义伦理学认为，伦理学是通过对道德现象的全面研究，揭示道德关系的矛盾，指出道德的本质、特点、作用及其发展规律的科学。

"道德"二字最初是分开使用的。古人云"道者，路也"，即以"道"表示事物发展变化的规则和规律、做人做事的道理和规矩；"德者，得也"，古人把认识了"道"内得于己，外施于人，称为"德"。战国末期的荀子将二字连用，他在《荀子·劝学篇》中说："故学至乎礼而止矣，夫是之谓道德之极。"此后，道德就延续下来。在西方文化中，"道德"一词起源于拉丁语"摩里斯"，意为风俗和习惯，也有规则和规范、行为品质和善恶评价等引申义。在当今社会，道德是指在人类生活中特有的、由经济关系决定的、依靠人们的内心信念和特殊社会手段维系并以善恶进行评价的原则规范、心理意识和行为活动的总和。

在现实生活中，人们常常把"伦理"和"道德"两个概念混用，有时连在一起称为"伦理道德"，用以说明道德现象。之所以如此，是因为作为科学概念，两者有相互交叉的部分。伦理学包含道德规范的内容，这些内容与道德有直接联系。道德本身包含道德思想内容，这便是一种尚未展开的伦理学。但从科学研究的角度讲，两者不能混淆，必须严格区分：伦理学是研究道德的科学，道德则是伦理学研究的对象。在哲学上，人们将研究道德的伦理学称道德哲学。

二、会计审计伦理学

会计审计伦理学是研究会计审计职业道德的理论、实践与应用规律的学科，而会计审计职业道德则是会计审计伦理学的研究对象，会计审计职业道德规范体系是会计审计伦理学的主要研究内容。会计审计伦理学有两类：一类是规范会计审计伦理学——研究会计审计职业道德"应该或不应该"的问题；另一类是实证会计审计伦理学——研究会计审计职业道德"是或不是"的问题。规范会计审计伦理学以一定的价值判断为基础，提出某些标准，作为分析、处理管理问题的指南，确立管理理论的前提，作为制定管理政策的依据，并研究如何才能符合这些标准。实证会计审计伦理学大多是与事实间的客观关系相关的分析，回答"是什么"，是关于客观性的论述。它避开了价值判断问题，研究、确认事实本身，探讨管理运行客观规律与内在逻辑，分析管理变量之间的因果关系，还要对有关现象未来会出现的情况做出预测。

三、会计审计伦理学科体系构建对策

党的二十大报告指出，要"坚持依法治国和以德治国相结合"。深入实施公民道德建设工程，推进社会公德、职业道德、家庭美德、个人品德建设，激励人们向上向善、孝老爱亲，忠于祖国、忠于人民。会计审计职业道德建设是我国社会主义核心价值观与职业道德体系建设的重要组成部分，是社会主义市场经济健康发展的根本要求。

会计审计伦理学科体系可以通过图 1-1 所示的会计审计职业道德规范体系框架来体现。会计审计职业道德规范是根据会计审计职业的特点，对会计审计人员在社会经济生活中的会计审计行为所提出的道德要求，既是会计审计人员在履行其职责过程中应具备的道德品质的总体要求，又是调整会计审计人员与国家、不同利益群体或会计审计人员之间的社会关系的规范。这种道德规范是会计审计人员在长期会计实践活动中形成并通过一定的习惯方式固定下来的，是主观见之于客观并为大家所共同遵循的行为准则。会计审计职业道德体系的健全和完善也是一项系统工程。

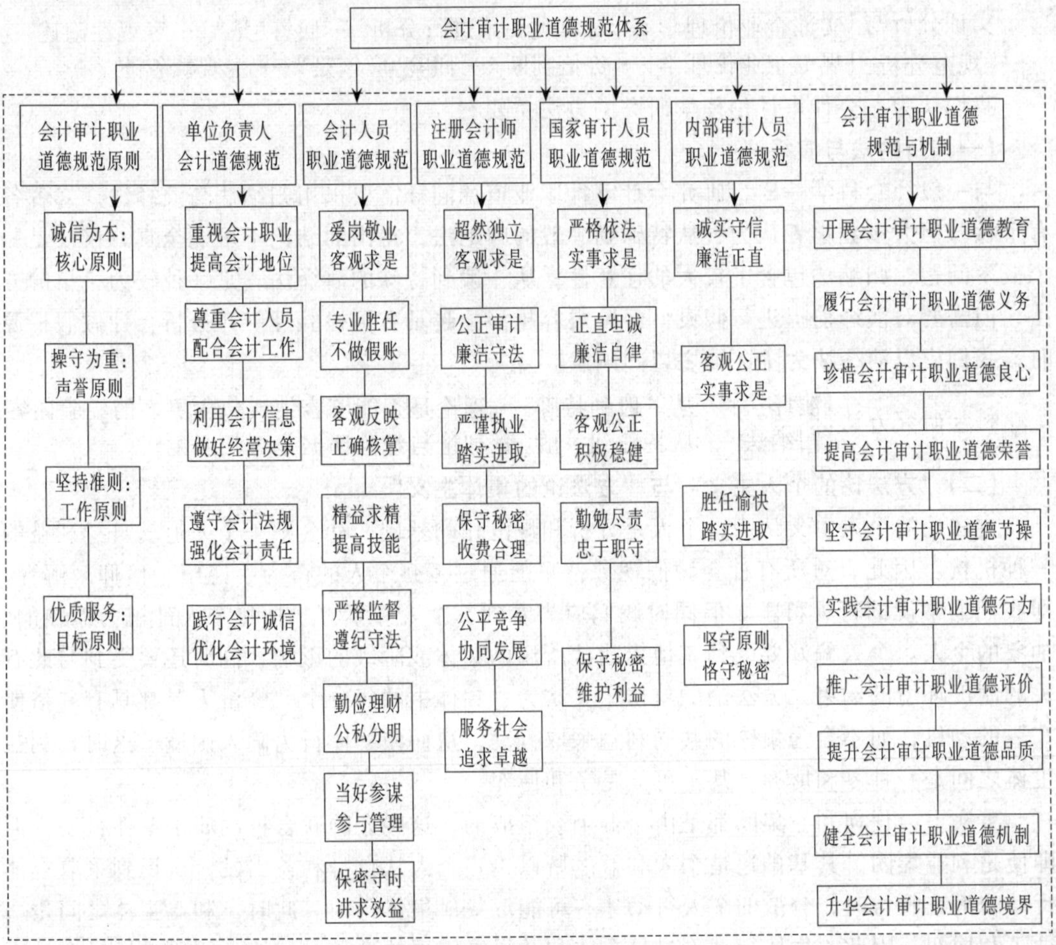

图 1-1　会计审计职业道德规范体系框架图

四、会计审计伦理学研究方法

研究会计审计职业道德时，要把规范分析与实证分析二者结合起来。规范分析要以实证分析为基础，实证分析也离不开规范分析的指导。越是具体的问题，越需要实证分析；越是带有决策性的问题，越需要规范分析。实证分析将探讨在社会中会计做假的原因，描述会计做假活动的特点，找出会计做假的规律；规范分析探讨会计做假行为对社会造成的影响和应采取的对策。这些都是形成会计审计职业道德的客观环境，会对会计审计职业道德产生重大影响。

就会计审计职业道德研究的内容而言，它关注社会经济生活中的效率与公平、独立与公正、契约与道德、信任与竞争、产权交易、宏观经济政策目标、个人消费行为、个人投资行为、经济增长的代价、合理的经济增长率等，进而研究它们对会计审计职业道德的影响，从伦理学的角度来探讨经济中的伦理道德问题，所以，它也是一门应用会计审计伦理学。又由于会计审计职业道德在一定程度上涉及社会体制（包括政治体制在内），因此，它又可能涉及政治体制改革中的一些敏感问题。实证分析与规范分析的关系如下：

实证分析与规范分析
- 实证企业伦理学 → 对客观关系进行分析 → 回答“是” → 客观性论述
- 规范企业伦理学 → 价值判断 → 回答“应该是” → 主观性叙述

我们认为，会计审计伦理学研究的方法主要有：

（一）归纳法与演绎法

与一般社会科学一样，研究会计审计职业道德同样需要采用归纳法与演绎法，二者各有千秋。但大多数学者认为，从特殊到一般的归纳法，得出的结论不可能全真，仅仅是一个概率问题，归纳法包含了较大的任意性；从一般到特殊的演绎法，是一种较为科学的方法，但需要对演绎前提进行假设。经验内容越多，越具有可检验性。在分析会计做假根源时，我们应以演绎法为主，辅之以归纳法。

科学研究方法
- 演绎法 → 从一般到特殊 → 理论是否能够容纳或包含更多的经验内容
- 归纳法 → 从特殊到一般 → 理论与经验证据是否相匹配

（二）“方法论的个人主义”与“方法论的集体主义”

方法论的个人主义认为：个人是分析和规范化的基础，社会则是个人追求自身利益的一种机构。因此，对所有社会做假现象，只能通过考察个人的行为、愿望、信仰来解释，即我们通常说的行为科学。但同时我们应当看到，个人并不等于把每个人都视为孤独的、抽象的个人。个人偏好要受到其他人或他所属的集体或阶级的影响，同时还要受到与此有关的制度环境的约束。方法论的集体主义认为，集体中的每一个“经济人”都具有“搭便车”的动机，而不会为集体的共同利益采取行动，从而使集体行为陷入困境。这时，利益主体之间是一种零和博弈，甚至可能是负和博弈。

事实上，任何利益集团都是由一群个人组成的，这些人的联合行动属于集体行动。但即使是利益集团，其基础还是个人利益。所以，当个人从自身利益出发，认识到采取集体行动的潜在收益时，分散的个人行动才有可能汇集成集体行动。此时，利益主体之间是一种正和博弈。因此，集体行动不过是个体利益得以实现的途径。诚然，假账是通过会计审计人员的手产生的，但它绝不是会计审计人员个人的产物。一般来说，会计审计行为不是个人行为，而是集体行为，是一个利益集团重复博弈的表现和结果，其代表人物应该是《会计法》规定的会计审计行为的法律责任主体，即单位负责人。

（三）成本-效益法（CB）

成本-效益法（Cost-Benefit）是分析会计做假动机时常用的基本方法。因为在市场经济条件下，“经济人”的行为取决于边际条件，即：

边际效益=边际成本

每个人的基本行为动机没有什么不同，都是追求效用最大化。个体行为的差异主要在于其净收益的差异，而这种差异来源于个人价值观的不同。对于同一事件，不同的人对效益和成本的主观评价是不同的。因此，需要分析个体行为的成本函数、收入函数与效益函数。

1. 会计审计行为的成本函数

成本是为了获得收益而付出的代价，包括给它带来负效应的各种因素。“经济人”具有随机应变、投机取利、用一切机会为自己谋取更多利益的倾向，因此除生产性支出外，还有来自别的“经济人”的经济行为。在市场交易中，就产生了度量、界定和保证产权（即提供交易条件）的成本，包括：

交易成本：
- 发现交易对象或寻找交易伙伴的成本
- 获得交易价格和讨价还价的成本
- 订立交易契约的成本
- 履行契约的成本
- 监督契约履行的成本
- 违约损失制裁的成本
- 维护交易秩序的成本

这些都表现为时间、脑力、体力的消耗，对实物形态的各种资源的消耗以及对货币财富的消耗，即人力成本、物力成本、财力成本。会计做假还有一种心理成本：

心理成本：
- 法律制裁
- 舆论谴责
- 良知自谴
- 名誉扫地
- 单位处罚

这些因素引发的心理成本因人而异。一般说来，拥有较好意识形态的人，往往是风险的厌恶者，其机会主义行为的心理成本较高；反之，则心理成本较低。因此，采取机会主义行为以谋私利，要冒种种风险：有的人面对相同的收益，会认为得不偿失，从而放弃机会主义行为；有的人则会认为有利可图，从而采取机会主义行为。其结果受心理成本影响而表现为做假的严重程度不同：过失、严重过失、违纪、违法直至犯罪。综上所述，会计审计行为的成本函数可以表述为：

$$C=\sum_{i=1}^{n}(BC_i)+\sum_{i=1}^{n}(PC_i)=\sum_{i=1}^{n}f_i(r, w, c)+\sum_{i=1}^{n}f_i(p, q, d) \tag{1-1}$$

式中：C（Cost）表示会计审计行为的总成本，BC（Business Cost）代表交易成本，包括消耗的人力成本 r、物力成本 w 及财力成本 c；而 PC（Psychological Cost）代表心理成本，数额由机会主义会计审计行为被查处的概率 p、会计审计行为发生次数 q 及处罚程度 d 等因素所决定，其意识形态的影响主要体现在心理成本上。

2. 会计审计行为的收入函数

收入是能够给“经济人”带来正效用的一切因素。收入用于满足生理需要、安全需要、社交需要和自我成就需要等方面的开支，其构成因素有：

收入因素：
- 物质因素 → 较低层次的需求 → 拥有较差意识形态人的偏好
- 精神因素 → 较高层次的需要 → 拥有较好意识形态人的偏好

$$R=\sum_{i=1}^{n}f_i(SR)+\sum_{i=1}^{n}f_i(MR) \tag{1-2}$$

式中：R（Revenue）表示会计审计行为的总收入；SR（Spiritual Revenue）代表精神因素收入，主要指各项精神奖励；MR（Material Revenue）代表物质因素收入，具体表现为各种实物形态收入。

3.“成本-效益”计量模型

无论成本还是收入，都将以效益得失的形式出现，因而都以个人保留价格的形式加以计量。会计做假成因分析主要采用“成本-效益”计量模型，它能够比较清楚地说明做假发生的根源。会计做假的利益驱动，就是按上述“成本-效益”模型计量出来的。“成本-效益”计量模型可表述如下：

$$E=\left(\sum_{i=1}^{n}P_i\right)/\left(\sum_{i=1}^{n}C_i\right)=\sum_{i=1}^{n}(R_i-C_i)/\left(\sum_{i=1}^{n}C_i\right) \tag{1-3}$$

而 $$\sum_{i=1}^{n}P_i=\sum_{i=1}^{n}(R_i-C_i) \tag{1-4}$$

式中：E（Effect）表示会计审计行为的效益；P（Profit）表示会计审计行为的利润。由于P=R-C，因而会计审计行为的“成本-效益”计量模型可以表示为公式（1-3）。

【关键概念】

道德（moral）

伦理学（ethics）

社会公德（social morality）

职业道德（professional ethics）

会计审计职业道德（professional ethics for accountant and auditor）

【复习思考题】

1. 简述提升道德、职业道德与会计审计职业道德水准的时代意义。
2. 什么是社会公德？怎样加强社会公德建设？
3. 社会主义核心价值观的主要内容包括哪些方面？
4. 何谓职业道德？职业道德有哪些功能与基本特征？
5. 简述会计审计职业道德的构成、功能与基本内容。

【练习题】

一、单项选择题

1. 精神文明建设的核心内容是（　　）。

A. 道德建设　B. 文化建设　C. 科技建设　D. 文明建设

2. 道德的性质取决于（　　）。

A. 社会经济　B. 科学技术　C. 知识水平　D. 社会共识

3. 下列不属于加强会计审计职业道德建设的重要性的是（　　）。

A. 培养企业“四有”新人　B. 提高会计审计人员道德水平

C. 有利于企业领域反腐倡廉　D. 提升企业职工自我意识

4. 下列不属于企业伦理学研究的方法论的是（　　）。

A. 归纳法与演绎法　　B. 成本效益法

C. 案例研究法　　D. 属性抽样法

5. 造就（　　）是企业伦理的归宿。

A. 道德的整体　　B. 道德的个体

C. 精神的整体　　D. 精神的个体

6. 一个社会能否和谐，一个国家能否长治久安，很大程度上取决于全体社会成员的（　　），较高的道德建设水平是和谐社会的重要标志。

A. 身体素质　　B. 道德素质　　C. 科技素质　　D. 文明文化

二、多项选择题

1. 会计审计职业道德按其适用范围可分为（　　）。

A. 企业经理职业道德　　B. 企业的社会道德

C. 企业会计审计人员职业道德　　D. 企业集体道德

2. 会计审计职业道德意识现象指（　　）。

A. 企业会计审计人员的道德思想　　B. 企业会计审计人员的理论体系

C. 企业会计审计人员的道德意识　　D. 企业会计审计人员的道德观点

3. 以下说法正确的有（　　）。

A. 道德关系是被经济关系决定的一种个人与个人、个人与社会之间的关系

B. 经济关系是随着道德关系的改变而改变的

C. 古人以"道"表示事物发展变化的规则、规律，做人做事的道理和规矩

D. 企业伦理通过激发道德想象、提高道德认识、整合道德管理、强化道德评价等手段培养企业中个人的道德推理能力，达到化解企业活动中存在的利益冲突的目的

4. 加强会计审计职业道德建设是培养企业"四有"新人的重要措施。"四有"包括（　　）。

A. 有理想　　B. 有文化　　C. 有道德　　D. 有修养

5. 企业公平、公开、公正、透明度、伦理责任与环境等构成企业伦理的（　　）。

A. 文化基础　　B. 思想基础　　C. 道德基础　　D. 制度基础

6. 个人层面的社会主义核心价值观有（　　）、敬业、（　　）、友善。

A. 爱国　　B. 爱岗　　C. 道德　　D. 诚信

三、判断题

1. 道德是通过人们的意识所形成的思想的社会关系，反映着人们社会关系的特殊方面。（　　）

2. 会计审计职业道德的可靠性在于：它能够通过"命令—评价"的方式推动人们的行为从"现有行为"向着"应有行为"转化。（　　）

3. 企业伦理学的研究范围限于企业领域职业道德规范。（　　）

4. 精神文明建设包括两大方面：思想道德建设和科学文化建设。（　　）

5. 企业伦理又称企业素质，是商品经济高度发达的产物。（　　）

6. 中华民族传统美德的核心价值理念是仁、义、礼、智、信。（　　）

【案例分析题】

传承精华　守正创新　同仁堂集团谱写高质量发展新篇章

2019年，中国北京同仁堂（集团）有限责任公司（以下简称“同仁堂集团”）提出“打造具有全球影响力的世界一流中医药大健康产业集团”的战略定位，确立高质量发展“三步走”战略。近年来，同仁堂集团坚持传承精华、守正创新，以改革创新管理联合驱动，推动企业不断焕发新活力、展现新作为，谱写中华老字号高质量发展新篇章。

从源头做起严控产品品质

建设高质量种植养殖基地。近年来，同仁堂集团相继制定中药材种植养殖高质量发展方案和中药材种植养殖基地建设管理办法等，组建供应链公司，专门负责中药材种植养殖与采购管理工作，加强与华润三九医药股份有限公司、山西振东制药股份有限公司等企业种植基地合作，获取高品质中药材。

全力以赴守护产品质量。同仁堂集团努力搭建“零缺陷”质量管理体系，2022年9月，北京同仁堂质量追溯数据中心正式揭牌。该中心是同仁堂“零缺陷”质量管理体系的重要组成部分，借助现代溯源技术，围绕药材种植基地建设、中药饮片炮制加工和中成药生产等环节开展智能化监管。消费者扫码即可查看北京同仁堂中药材“从田间到车间”的全流程信息。

发布中药材标准助力行业发展。2023年4月，同仁堂集团首批有机中药材标准在乌镇健康大会上发布，2023年6月，在湖北召开的同仁堂集团种植养殖基地建设大会上又发布64个品种的同仁堂中药材标准。为了让中医药服务更多用户，同仁堂还在建立符合国际标准且拥有中药特色的质量标准评价体系方面进行了一系列探索。

“绿色智造”推动现代制药升级

2023年12月27日，中国企业联合会和中国企业家协会发布“2023企业绿色低碳发展优秀实践案例”名单，北京同仁堂健康药业股份有限公司《绿色工厂建设与实施》案例入选。该项目按照“厂房集约化、原料无害化、生产洁净化、废水资源化、能源低碳化”原则进行厂房与产品设计，分布式光伏发电、景观风力发电、光储充一体化车棚和智慧能源管理平台等的应用，可实现全生命周期绿色发展。项目建成后，光伏年发电量可达303.9万千瓦时，每年可节约标准煤1 085吨、减少二氧化碳排放2 843吨，清洁能源自给率将达31.7%。近年来，同仁堂集团各生产基地持续推进节能降耗工作，践行“双碳”目标要求，已完成70多项各类技术改造项目，建设4个光伏发电项目，搭建6处地源热泵系统，每年可减少二氧化碳排放约7 000吨。同仁堂股份公司大兴分厂在污水处理站内新建除臭系统，大幅降低污水处理站运行过程中的恶臭气体排放浓度，从而进一步减轻污水对周边环境的影响。

同仁堂股份公司亦庄分厂通过改风冷涡旋式冷水机组为双冷高效螺杆式冷水机组、改2 000余组照明设施为LED节能灯等举措，有效降低能量消耗。

在智能制造方面，同仁堂集团积极探索数字化车间、数字化工厂建设。同仁堂股份公司大兴分厂正试点搭建传统制剂中成药数字智能生产车间，建设完成后可实现对生产设备的实时监控，对在线生产数据进行实时采集与分析。同仁堂科技公司20余条生产线全部实现自动化、智能化生产，唐山公司液体制剂项目引进国内先进口服液全自动连线生产线。同仁堂健康药业公司大兴生产基地“无人工厂”正加快建设。

创新驱动打造新质生产力

创新是第一动力。同仁堂集团成立企业科学技术委员会，加强创新体系建设，搭建同仁堂研究院、同仁堂博士后科研工作站和中药复方新药开发国家工程研究中心等科研平台，确定“新产品研发、新技术引进、临床研究”科研方向，构建“创新研发、高效服务、开放协同”的科技创新机制，持续围绕名优品种培育、经典名方开发、质量控制体系建设、产学研合作等进行科研攻关，取得一系列科研成果。

合作共赢是开放发展的重要内容。同仁堂集团已与北京中医药大学、南京中医药大学、北京大学医学部、中国中医科学院中药研究所、北京市科学技术研究院等近30家高校及科研机构开展合作，合作项目40多个。

以“守护健康”为目标推动转型升级，同仁堂集团进一步加大对保健食品、化妆品等的研发力度。“十四五”以来，同仁堂集团已开展大健康产品研发约400项，包括运动营养食品研究等。

时尚化年轻化推动品牌焕新

2019年，同仁堂集团组建同仁堂医养投资集团，推出“粹和康养”健康养老品牌，正式布局养老产业，发力功能性餐饮市场。至此，在战略布局上，同仁堂集团形成以工业制药为中心，以商业零售、健康养生、医疗养老、国际药业为支撑的“制药+”大健康产业格局，构建集种植养殖、制造、销售、康养、研发于一体的“制药+”大健康产业链条，致力于为群众提供个性化、精准化、高端化、全程化的全生命周期健康服务。

2023年8月，同仁堂健康药业公司知嘛健康正大中心店暨首家生活方式体验店在北京CBD开业。该店融合汽车文化与健康生活场景，将超级跑车发动机和座椅、脚下透明可视的超级赛道与中医馆、草本饮品、养生膳食进行跨界组合，形成多元化社交生活场景，成为年轻人的热门打卡地。这是同仁堂知嘛健康新零售自2019年以来开设的第12家店，汽车元素成为继咖啡元素之后同仁堂知嘛健康又一个吸引年轻人的亮点。

实施数字化战略，推动转型发展。实施电子商务“1+4”工程，打造数字同仁堂；推进零售药店连锁化标准化智慧化建设，打造线上线下融合发展的智慧药房，升级同仁堂服务。努力建立自有平台同仁堂官方云商城，积极探索5G和AI应用，不断提高线上市场竞争力。搭建“i同仁堂”线上线下一体化平台，赋能线下商业零售终端。

实施大品种战略，集中优势力量打造一批具有高市场认知度的产品。同仁堂股份公司打造“衍宗”“白凤”两大品牌形象，2023年七夕期间，在北京蓝色港湾国际商区举办线上线下联合活动。2023年冬季，同仁堂科技公司携手北京渔阳国际滑雪场开启冰雪嘉年华活动，通过线下活动传播品牌理念。

履行社会责任彰显企业担当

同仁堂集团一直用实际行动践行“同修仁德，济世养生”的企业理念，履行企业社会责任。

积极开展结对帮扶，同仁堂商业公司和同仁堂国药公司共同支持北京市房山区十渡镇卧龙村打造精品民宿工程；同仁堂科技公司助力内蒙古自治区兴安盟扎赉特旗新林镇打造中药材种植特色产业。同仁堂集团发挥资金、技术、人才优势，在推进乡村全面振兴中彰显责任担当。

此外，同仁堂集团积极参与全国妇联“家庭药箱进万家”“关爱宝宝健康成长”等活动；参与国家卫生健康委员会“暖灯行动”，依托种植基地建设，带动偏远乡村百姓增收致富；参与北京市卫生健康委员会老残家庭关爱行动，为行动不便的人们提供送药上门等服务。

（资料来源：中国北京同仁堂（集团）有限责任公司. 传承精华　守正创新　同仁堂集团谱写高质量发展新篇章［EB/OL］.［2024-01-24］. https://baijiahao.baidu.com/s?id=1788930989011915224&wfr=spider&for=pc.）

讨论问题：

（1）同仁堂的发展历史与目前状况如何？

（2）同仁堂成功的奥秘是什么？对我们有何借鉴价值？

第二章　我国会计审计职业道德发展历程

【经典名言与感悟】

大学之道，在明明德，在亲民，在止于至善。

古之欲明明德于天下者，先治其国。

欲治其国者，先齐其家；欲齐其家者，先修其身；欲修其身者，先正其心；欲正其心者，先诚其意；欲诚其意者，先致其知。

致知在格物。物格而后知至，知至而后意诚，意诚而后心正，心正而后身修，身修而后家齐，家齐而后国治，国治而后天下平。

君子先慎乎德。有德此有人，有人此有土，有土此有财，有财此有用。

德者本也，财者末也。

国不以利为利，以义为利也。

——戴德与戴圣编《礼记·大学》

西汉礼学家戴德

为天地立心，为生民立命，为往圣继绝学，为万世开太平！

——张载

张载（1020—1077年）

企业既有经济责任、法律责任，也有社会责任、道德责任。任何企业存在于社会之中，都是社会的企业。社会是企业家施展才华的舞台。只有真诚回报社会、切实履行社会责任的企业家，才能真正得到社会认可，才是符合时代要求的企业家。

——习近平总书记2020年7月21日在企业家座谈会上的讲话

精神比物质更重要、信仰比金钱更重要、诚信比知识更重要、选择比努力更重要！

——叶陈刚感悟

【学习目的与要求】

1. 了解我国古代会计审计职业道德思想。
2. 明确立信会计审计精神与潘序伦会计审计职业道德思想。
3. 掌握革命根据地时期与当代会计审计职业道德要求。
4. 知晓会计审计职业道德相关理论基础。

【导读】

现代著名会计学家和教育家潘序伦

被誉为“中国现代会计之父”的潘序伦先生，迎来130周年诞辰。潘序伦先生生前创办了上海立信会计金融学院、立信会计师事务所、立信会计出版社，以“三位一体”的独特担当，风行海内外，成为业界翘楚。他以仁者的担当、勇者的无畏和智者的拓展，更以深沉的家国情怀，为我国现代会计事业奠定了坚实基础，让中国人感受到了现代会计的魅力，也感受到一位知识分子拳拳的爱国之心。

潘序伦是一位具有爱国主义思想的教育家，强烈的爱国主义精神贯穿他一生的教育活动。起初，潘序伦同当时的进步教育家一样，主张“教育救国”，设想通过教育促进国家的独立富强，解决社会生计问题，使中华民族崛起于东方之巅。“九一八”事变进一步唤起了他的爱国热情，他逐渐认识到，只有国家民族的解放，才有民族经济与教育的发展，才能从根本上解决社会生计问题。因此，潘序伦响应中国共产党提出的建立和巩固抗日民族统一战线的号召，积极参加了抗日救亡活动和民主运动。他参与舆论宣传、募捐赈灾，慰问前线将士等活动，为《生活》周刊等进步报刊义务审计等，并从会计教育、会计实务、会计出版等各个不同层面，有效地促进了战时经济的发展；他还积极支持立信师生的进步活动，保护了爱国师生；在国民党撤离大陆之时，他坚持留在上海，所有一切，都说明潘序伦先生深沉的爱国情怀。

其间，潘序伦还在报刊上发表了大量言论，呼吁民众行动起来，齐心协力，全民抗战。笔者寻觅史料时，就发现潘序伦先生在抗日舆论场发表的作品，为数不少，如《义勇军赋怀》，发表在 1932 年 12 月 19 日《上海商报》，距今逾九十年，弥足珍贵：

“更不见当年暴秦势力莫与京，蚕食鲸吞肆兼并；又不见齐楚燕赵、日日纷争，坐令虎狼羽翼成。古今情事初不殊，大好河山强占据；异军苍头看突起，誓死抵抗无犹豫。白山黑水风凛凛，人乏饷糈马断饮；大呼杀贼向前进，转战不分昼与寝；冰天雪池寒澈骨，械弹两竭犹突奔；前扑后继胫膝没血，将军誓愿阵前殁。如此义勇气盖世，宁可秦越相坐视。匹夫兴亡与有责，投袂攖冠尚何俟。弦高犒师救郑国，输财助边汉卜式。今古人岂不相及？毋令后人笑我拙。吾闻海上花国选总统，敛钱将以饷义勇。须眉如何逊巾帼，对之能无增愧色。又闻救济难民特组游艺会，得资悉数酬赈灾。但冀解囊多慷慨，一举两得数善备。勿再观望与徘徊，同胞救国与乎来。”

文章合为时而著，歌诗合为事而作。面对强敌，在国难中，潘序伦与所有仁人志士一样，挺直腰杆，发出时代的正义之声。潘序伦不但创作发表了讴歌抗日部队的《义勇军赋怀》，呼吁大家节衣缩食，有钱出钱、有力出力，不要迷恋歌舞升平，不要沦为亡国奴；他还身体力行，参与了为马占山将军领导的东北义勇军及淞沪抗战募捐的活动。

潘序伦作为爱国的知识分子，其发愤创业之志，忧时爱国之情，溢于言表。这种忧患意识和爱国情怀，正体现了中国知识分子的优良品格。读潘序伦的著作，分明体会到时代的风云变幻和他的拳拳爱国之心。

（资料来源：罗银胜．一代宗师家国情［EB/OL］．［2023-09-11］．https://www.ccpph.com.cn/ccpph_syds/ccpph_dsydzx/202309/t20230911_369500.html.）

为了进行我国会计审计职业道德研究，本着“古为今用，洋为中用”的精神，首先应开展我国会计审计职业道德思想纵向历史分析和国外会计审计职业道德思想横向比较研究。从我国会计审计职业道德思想的历史演进看，尽管目前社会主义会计审计职业道德与以前各个社会形态的会计审计职业道德有着本质的区别，但某些规范要求又是历史上出现过的会计审计职业道德规范合乎逻辑的顺利发展，因而我国会计审计职业道德必须继承历史上具有积极意义的会计审计职业道德传统。

特别需要指出的是，在革命战争年代，中国共产党领导下的革命根据地的会计审计职业道德思想，以及潘序伦先生倡导的立信会计审计精神及会计审计职业道德思想，是现阶段我国会计审计职业道德研究的重要历史线索。这对开展我国会计审计职业道德研究、加快我国会计审计职业道德建设、创立我国会计审计伦理学学科体系是很有必要的。

第一节　我国古代会计审计职业道德思想

道德是由经济基础所决定的一种特殊的意识形态。先秦时期，儒家的创始人孔子认为，“仁”是儒家道德的最高标准，是儒家的最高精神境界。孟子则把“仁义”看作评价人们道德水平的最高准则。西汉时期的思想家、教育家董仲舒在继承了先秦儒家伦理思想的基础上，进一步提出将“三纲五常”作为道德准则和行为规范。而到了宋代，提倡将“八德”作为道德规范的主要内容。

在我国会计审计的历史长河中，由于生产力的进一步发展以及受一般社会道德规范的影响，作为社会意识形态之一的会计审计职业道德思想也在不断发展。《管子》多次讲“明法”，即按照国家所制定的规章制度和法律条文办事，这是对会计审计人员职业道德最基本的要求。

我国素有“礼仪之邦”的美称，有悠久漫长的历史和辉煌灿烂的文化。“仁、义、礼、智、信”已经成为我国人民普遍遵循、崇尚的行为准则。在长达数千年的会计审计历史进程中，作为社会意识形态之一的会计审计职业道德思想散见于各种史料中。史料中体现的坚持制度、正确记录、廉洁奉公、真实反映既是古代会计审计职业道德规范的内容，同时也是衡量会计审计人员职业道德品质的依据。

一、真实反映

《说文解字》云：“计，会也，算也。从言，从十。”又释“言”字，“直言曰言”，就是要求真实、无隐藏。这表明，古代“会计”一词的本义有不弄虚作假的道德要求。历史上，有些掌管财计、钱财的官员也确实身体力行。据《三国志・吕范传》载，“吕范典财计”，孙权年少时“私从有求，范必关白，不敢专许”，后来孙权继位掌权，“以范忠诚，厚见信任”。

二、正确记录

《说文解字》曰：“计”字“从十”，而“十”乃“数之具也”。会计有正确计算的要求。《孟子・万章下》载：“孔子尝为委吏矣，曰‘会计当而已矣’。”“当”就是要求会计审计人员真实、客观地记录已发生的各项经济事宜，不可少记，也不可多记，一定要正确无误。《秦律》中有“计毋相谬”之说，即要求记录正确，应该做到账实相符、账证相符、账卡相符、账账相符。

三、廉洁奉公

秦代的财计制度明确规定，会计审计人员必须廉洁奉公，不做违法乱纪之事，甚至把

“廉洁”作为评判财计官吏道德品性的重要标准。唐代理财家刘晏把廉洁奉公作为选拔任用会计审计人员的必备条件。《资治通鉴》称其“至于句检簿书，出纳钱谷，必委之士类，吏惟书符牒，不得轻出一言”。他本人以身作则，廉洁奉公，死后家产仅“杂书两本，朱麦数石而已”。会计管理财物，必须廉洁奉公，史书上留下了不少这方面的事例。《汉书·黄霸传》云，黄霸“使领郡钱谷计。簿书正，以廉称”。《宋史·沈伦传》曰，沈伦在太祖幕府为从事，“掌留使财货，以廉闻”。

四、坚持制度

《管子》多次讲“明法”，就是要求按规章制度、法令条文办事，这也是对会计审计人员职业道德最基本的要求。《辽史》载：大公鼎调任长春州钱帛都提点，“车驾如春水，贵主例为假贷，公鼎曰：‘岂可辍官用，徇人情?’拒之。颇闻怨詈语，曰：‘此吾职，不敢废也。’”《明史·周经传》云：周经掌户部，“内官传旨索太仓银三万两为灯费，持不与”。这种不惧流言蜚语，对口含圣旨的内侍、皇室公主乃至帝王本人都敢按章办事、刚直不阿的会计审计人员，实为可贵。

以上这些古代会计审计职业道德规范对我们研究当代会计审计职业道德是很有参考价值的，值得我们认真消化吸收。

第二节　潘序伦会计审计职业道德思想

一、潘序伦先生倡导的立信会计审计精神

我国现代会计的发展与潘序伦先生紧密相连。从 1928 年潘序伦先生创办立信会计师事务所、开办立信会计学校至今，已逾 90 载。几代立信人共同努力，造就了立信会计审计精神，形成了自己的办学特色，构建了立信会计审计事业模式。从职业道德的角度看，立信人体现出了自己的风范。

以上这些，使立信会计教育在我国会计教育领域拥有不可替代的地位和较大的影响。因此，总结、宣传立信会计审计精神，弘扬立信创始人潘序伦先生的会计审计职业道德思想，不仅对发展立信会计审计事业，而且对建设和完善我国会计审计职业道德都有积极意义。立信会计审计精神包括：

（一）爱国主义精神

爱国主义精神融于潘序伦先生的毕生事业之中。学生时代的潘序伦先后在美国取得哈佛大学企业管理学硕士学位和哥伦比亚大学政治经济学博士学位，于 1924 年毅然决然地回到祖国的怀抱。他胸怀“教育救国”“实业救国”的伟大抱负，先于 1927 年 1 月设立“潘序伦会计师事务所”，次年更名为“立信会计师事务所”，同年设立“立信会计学校”，并任校长，开始了我国近代会计教育积极大胆的探索。潘序伦先生的办学宗旨是：适应社会需要，培养财会人才，重在务实，振兴中华。

（二）无私奉献精神

潘序伦先生的一生都无私奉献给了祖国的会计审计事业。他创办会计学校、从事会计教育的目标是：“取之于社会，用之于社会；取之于会计，用之于会计，取之于学生，用

之于学生。”潘序伦先生全身心地投入会计审计事业的发展和会计教育工作中，无私奉献，个人索取甚少。潘序伦先生本人生活非常简朴，从不奢侈浪费，从不肯轻易购买新家具和新衣服。1980 年上海立信会计专科学校复办，潘序伦先生献出一生积蓄，设立潘序伦奖学金，将家存图书 2 000 余册捐赠给立信图书馆，将事务所挣得的资金和立信编译所出版的《立信会计丛书》的版税，全部投入会计教育中，作为购置教具、扩充校舍等基本建设费用。

（三）大胆革新精神

潘序伦先生被公认为我国会计泰斗。辛亥革命前，我国工商企业会计一直沿用古老的单式收付簿记法，对于西方的复式借贷簿记法，几乎无人知晓。随着社会生产力的发展，应用和推广新式会计的历史重任落在潘序伦和立信同仁的肩上。他们顺应当时生产发展的需要，以改良旧式会计、建立新式会计为己任，并大胆引进西方复式借贷簿记法，先后为许多工商企业进行了新式会计制度的设计；同时兴办会计学校，开展会计教育，传授西式会计知识，使新式借贷会计在中国蓬勃发展，从而开创了我国会计审计事业的新局面。

（四）艰苦创业精神

潘序伦先生创办立信会计师事务所和立信会计学校后，呕心沥血，悉心经营，事业不断发展壮大，虽然经济实力雄厚，但仍坚持“精打细算，勤俭办学”。潘序伦先生办学实属不易，虽是私立学校，但是收费很低，遇到有特殊情况的学生还要酌情减免学费，教职员工授课全靠学费支付，故不可能多聘请教员，大都请人兼课，不发工资仅给补贴，有的兼职教师一个教学周的课时多达二十几节，尽管收入甚少，但从无怨言。这与潘序伦先生以身作则是分不开的，他也常常授课、代课，但从不拿教薪，都是义务讲课。立信会计学校就是这样自力更生、艰苦奋斗创业成功的，这是立信的优良传统，是立信事业兴旺发达的传家宝。立信以最少的人力、物力消耗，获得了更大、更好的社会效益，为我国培养了数以千计的优秀会计人才。

（五）实事求是精神

会计是一门实用性很强的学科。会计的精髓，自始至终贯穿着一个“实”字。立信会计教育要求培养诚实可靠的会计人才，学员不仅要有扎实的会计知识和技能，而且要发扬踏踏实实的作风。潘序伦先生在办学实践中反复突出“实”字，格外重视每门课程的实务练习，还给学生创造模拟实践的机会，然后再安排学生到工商企业进行现场实习。平常要求学生注意练习珠算、外语、习字等基本功，并反复训练。这种重视实践、不断进行实践锻炼的教学模式，不仅使学生加深了对会计专业知识的理解和掌握，而且使学生提高了会计专业实用技能，受到用人单位的普遍欢迎。

（六）敬业守信精神

会计审计工作的根本要求是一个“真”字，即会计数据真实、可靠、可信，绝不能弄虚作假。潘序伦先生的敬业精神集中表现为忠于会计审计事业务必立信：“信以立志，信以守身，信以处世，信以待人，毋忘立信，当必有成。”

潘序伦先生认为，立信是做人的重要准则，同时也是会计审计职业道德。他把信用看作会计审计事业的生命线，“立信，乃会计之本。没有信用，也就没有会计”，这是潘序伦先生敬业精神的深刻体现。

【专栏 2-1】得黄金百斤，不如得季布一诺

阅读资料请扫描二维码。

如果一个人失去信用，就会弄虚作假，徇私舞弊，以致身败名裂。更为严重的是，会危害他人与单位，给社会和国家造成不可估量的损失。因此，潘序伦先生一生看重“真”与“信”，他常说，会计审计人员得 99 分也不算合格，只有 100 分才算合格，原因在于财务会计账目容不得半点差错和遗漏。

潘序伦先生在严谨的治学过程中，处处体现出了敬业精神。立信会计学校考试及格分数线定在 70 分，而不是 60 分。立信会计学校的学生如果在考试中作弊，必定会被开除，概不例外。因为在学校作弊，到工作单位就会发展成弄虚作假，这样会害人害己，危害社会。

以上六种精神，既是潘序伦先生的个人思想，又是立信人的立信会计审计精神。立信会计审计精神是一种具有优良传统的会计务实精神，不仅具有鲜明的会计职业特色，而且体现着强烈的时代气息。现代会计审计人员应该永远珍惜这种精神，并将立信会计审计精神发扬光大。

二、潘序伦先生的会计审计职业道德思想

1933 年，潘序伦先生在为《立信会计季刊》撰写的《中国之会计师职业》一文中，从多方面论述了会计师的职业道德：“夫学识经验及才能，在会计师固无一项可缺，然根本上究不若道德之重要性。因社会环境，千变万化，利诱威胁，无所不及。会计师苟无强固人道德观念，则在执行职务之际，存在可以代人舞弊，存在可以为己舞弊。然会计师之为职业，实为工商企业保障信用而设，苟有不道德行为，而自丧其信用，则此项职业，即失去根本存在之理由，违背国家社会期望之愿意，可不慎哉。”潘序伦先生将会计审计职业道德集中归纳为四条：“一曰公正，二曰诚信，三曰廉洁，四曰勤奋。”

事实上，会计审计工作是原则性很强的工作，格外强调真实可信，不得弄虚作假，更不允许存在假账与错账。潘序伦先生在给立信会计学校毕业生的纪念册中题词道：“若孔圣有言：去食去衣，无信不立，则因以立信为建国之首务矣。若退而言会计，则立信为尤要。信苟不立，虽良法美意，必基石稳固而后可以尽其功能。此虽常言，实为先圣之所昭示，昭并日月，愿与请同学拳拳服膺而信守也。”期望之情，溢于言表，诚信之言，力透纸背，感人肺腑，后人谨记。

潘序伦先生在其半个多世纪的会计审计工作中，始终强调以信德为中心的会计审计职业道德，并身体力行。1983 年，潘序伦先生在第四期《财务与会计》杂志上就此课题发表论文《谈谈会计审计人员的职业道德》。

对会计审计人员职业道德问题的研讨，直至晚年，潘序伦先生仍然没有停止，而且见解更加深刻。1983 年，在上海会计学会年会上，他深有体会地指出，会计审计人员必须

树立职业道德。他认为：会计审计人员的职业道德应该包括品德、责任和业务技术三个方面的内容。他说，品德方面应该做到：守纪守法，以身作则；坚持原则，廉洁奉公；忠诚老实，毋忘立信。责任方面是指会计审计工作要按政策办事，按计划办事。业务技术方面的要求是记账、算账、报账都做到百分之百正确。后来，这篇演讲发表在同年的《财务与会计》杂志第四期上，引起很大反响。此后，他又在《武汉财会》杂志上撰文，充实了这一内容。

第三节　革命根据地与当代会计审计职业道德要求

一、革命根据地会计审计职业道德要求

早在革命根据地时期，中国共产党就注意到会计审计职业道德建设。1932 年《江西省第一次苏维埃大会——财政与经济问题的决议案》规定：理财工作必须“严禁一切浪费”。这充分体现了中国共产党对会计审计人员职业道德的最初要求。在革命战争年代，中国共产党面对经济困难，提出了“艰苦奋斗，勤俭节约”的理财方针。毛泽东同志指出，“发展经济，保障供给，是我们的经济工作和财政工作的总方针”。毛泽东同志还指出，“自己动手，克服困难”“节省每一个铜板为着战争和革命事业，为着我们的经济建设，是我们的会计制度的原则”。

革命根据地的会计审计工作有着严格的会计制度和严明的财务纪律，具体规定有：

（1）把收钱、管钱、支配的各个机关分开；

（2）把各级收入、开支划给各系统管理，使各项收支有章可循；

（3）确定会计科目，规定各项目的名称和范围，使之一目了然，彼此相符；

（4）制定预算规划，无预算者不给钱；

（5）统一簿记、单据，确定计价方法，账目要有凭证，账簿格式或大小一致；

（6）规定交接制度，防止交卸、接管中间的舞弊和损失。

当时，革命根据地的会计审计人员依靠严格遵守会计制度和规定，使管理工作走上了正轨。

在革命战争时期，武装斗争是革命的主要形式，第一线是战场，这使得有些后方的同志轻视经济工作（包括会计审计工作），纷纷要求上前线。陈云同志批评了这种想法，他要求财政经济干部要树立当家理财的事业心，要有主人翁态度。他说：“我们是‘掌柜’态度呢，还是出纳态度？每一个同志、局长、科长、科员，都要有‘掌柜’态度、当家的态度，应该把责任心提高到这个程度。”周恩来同志要求财会人员对待工作要专、精、广。苏区财会人员积极响应党的号召，提高业务水平，健全财会工作机构，明确财会职责分工，认真勤奋工作，并大胆改革旧式簿记。

二、我国会计人员职业道德要求

进入 20 世纪 90 年代，我国会计界加速会计改革。1993 年，我国颁布并实施了《企业会计准则》和《企业财务通则》，且用 13 个行业会计制度取代了以前几十个行业会计制度；2000 年，我国颁布并实施了统一的《企业会计制度》；2006 年，我国发布了新的企业

会计准则体系。1996年，财政部在《会计基础工作规范》第二章第二节中规定了我国会计人员应遵循的“会计人员职业道德”。

【专栏 2-2】会计人员职业道德
阅读资料请扫描二维码。

三、中国注册会计师职业道德基本准则

改革开放40多年来，伴随着我国社会主义现代化建设事业的全面推进，我国注册会计师审计、政府审计、内部审计等事业获得了长足的进步和迅速的发展。注册会计师职业道德是对从事民间审计或社会审计的注册会计师及相关从业人员提出的专业道德要求。在我国现实经济生活中，注册会计师职业道德是在统一的社会主义道德指导和影响下形成的，体现了集体主义原则和全心全意为人民服务的精神。注册会计师职业道德本质的特殊性主要体现在审计职业对注册会计师职业道德品质和道德行为的特殊要求方面。

（一）中国注册会计师职业道德守则的制定历程

中国注册会计师协会自1988年年底成立以来，一直非常重视注册会计师的道德标准建设和道德教育。1992年，中国注册会计师协会发布了《中国注册会计师职业道德守则（试行）》。1996年12月26日，经财政部批准，中国注册会计师协会颁发了《中国注册会计师职业道德基本准则》，并于1997年1月1日起施行，以代替《中国注册会计师职业道德守则（试行）》。

2002年6月，中国注册会计师协会发布了《中国注册会计师职业道德规范指导意见》。2009年10月14日，我国财政部发布了《中国注册会计师职业道德守则》（以下简称《职业道德守则》），并自2010年7月1日起实施，以全面规范注册会计师的职业道德行为。《职业道德守则》是在认真总结以往职业道德实践经验，吸收借鉴新修订的国际职业会计师道德守则的基础上制定的，既体现了中国的国情，又实现了我国与国际职业道德守则的趋同。

2009年出台的《职业道德守则》由两大部分组成：第一部分是《中国注册会计师职业道德守则》，包括《中国注册会计师职业道德守则第1号——职业道德基本原则》（8章31条）、《中国注册会计师职业道德守则第2号——职业道德概念框架》（5章27条）、《中国注册会计师职业道德守则第3号——提供专业服务的具体要求》（10章48条）、《中国注册会计师职业道德守则第4号——审计和审阅业务对独立性的要求》（18章182条）、《中国注册会计师职业道德守则第5号——其他鉴证业务对独立性的要求》（15章84条）；第二部分是《中国注册会计师协会非执业会员职业道德守则》（9章56条）。

【专栏 2-3】中国注册会计师职业道德守则第1号——职业道德基本原则
阅读资料请扫描二维码。

（二）中国注册会计师职业道德守则的基本要求

1. 中国注册会计师职业道德守则的目标与依据

中国注册会计师职业道德守则的目标是规范注册会计师职业行为，提高注册会计师职

业道德水准，维护注册会计师职业形象。中国注册会计师职业道德守则的制定依据是《中华人民共和国注册会计师法》和《中国注册会计师协会章程》。

2. 注册会计师应当履行相应的社会责任，维护公众利益。

3. 注册会计师在所有的职业活动中应当遵循诚信原则。

4. 注册会计师在所有的职业活动中应当遵循客观和公正原则。

5. 注册会计师在执行审计和审阅业务以及其他鉴证业务时应当保持独立性。

6. 注册会计师应当获取和保持专业胜任能力，保持应有的关注，勤勉尽责。

7. 注册会计师应当履行保密义务，对在职业活动中获知的涉密信息保密。

8. 注册会计师应当维护职业声誉，树立良好的职业形象。

【专栏 2-4】当好公共资金“守护神”

阅读资料请扫描二维码。

第四节　我国审计职业道德准则

一、审计机关审计人员职业道德准则

2010 年 9 月 8 日，审计署在其网站公布了修订后的《中华人民共和国国家审计准则》。修订后的审计准则自 2011 年 1 月 1 日起施行，其共分 7 章，包括总则、审计机关和审计人员、审计计划、审计实施、审计报告、审计质量控制和责任、附则。

新的审计准则旨在规范和指导审计机关和审计人员执行审计业务的行为，保证审计质量，防范审计风险，发挥审计保障国家经济和社会健康运行的“免疫系统”功能。《中华人民共和国国家审计准则》第二章中明确论述了国家审计人员职业道德：审计人员应当恪守严格依法、正直坦诚、客观公正、勤勉尽责、保守秘密的基本审计职业道德。

（1）严格依法就是审计人员应当严格依照法定的审计职责、权限和程序进行审计监督，规范审计行为。

（2）正直坦诚就是审计人员应当坚持原则，不屈从于外部压力；不歪曲事实，不隐瞒审计发现的问题；廉洁自律，不利用职权谋取私利；维护国家利益和公共利益。

（3）客观公正就是审计人员应当保持客观公正的立场和态度，以适当、充分的审计证据支持审计结论，实事求是地进行审计评价和处理审计中发现的问题。

（4）勤勉尽责就是审计人员应当爱岗敬业，勤勉高效，严谨细致，认真履行审计职责，保证审计工作质量。

（5）保守秘密就是审计人员应当保守其在执行审计业务中知悉的国家秘密、商业秘密；对于执行审计业务取得的资料、形成的审计记录和掌握的相关情况，未经批准不得对外提供和披露，不得用于与审计工作无关的目的。

【专栏 2-5】审计机关审计人员职业道德准则

阅读资料请扫描二维码。

二、内部审计人员职业道德规范

为了适应我国内部审计的最新发展，更好地发挥内部审计准则在规范内部审计行为、提升内部审计质量方面的作用，中国内部审计协会对 2003 年以来发布的内部审计准则进行了全面、系统的修订。经中国内部审计协会第六届常务理事会审议通过，中国内部审计协会发布公告（2013 年第 1 号）《中国内部审计准则》，自 2014 年 1 月 1 日起施行。其中《中国内部审计准则第 1201 号——内部审计人员职业道德规范》明确了以下内容：内部审计人员在从事内部审计活动时，应当保持诚信正直；内部审计人员应当遵循客观性原则，公正、不偏不倚地做出审计职业判断；内部审计人员应当保持并提高专业胜任能力，按照规定参加后续教育；内部审计人员应当遵循保密原则，按照规定使用其在履行职责时所获取的信息。

【专栏 2-6】中国内部审计准则第 1201 号——内部审计人员职业道德规范
阅读资料请扫描二维码。

第五节　会计人员职业道德问卷调查分析

一、样本设计与调查问卷说明

为紧密联系一线会计人员工作实践，我们（组长为叶陈刚教授）受财政部会计司委托开展“会计人员职业道德”问卷调查，并自 2018 年 8 月开始投放在线网络问卷。与此同时，向参加三大国家会计学院培训的学员发出了实地调查问卷，截至 2019 年 4 月 30 日共收回 2 274 份。问卷采取不记名方式，同时在问卷中声明不追究任何责任，参加答卷人员按诚信原则如实填写自己的想法。会计人员职业道德规范问卷共列示 34 道题，每道题都有 7 个选项，描述了答题人目前如何看待会计人员职业道德规范行为。回答问卷的被调查人员分布在全国各地，包括东部、西部以及中部（如图 2-1 所示）。

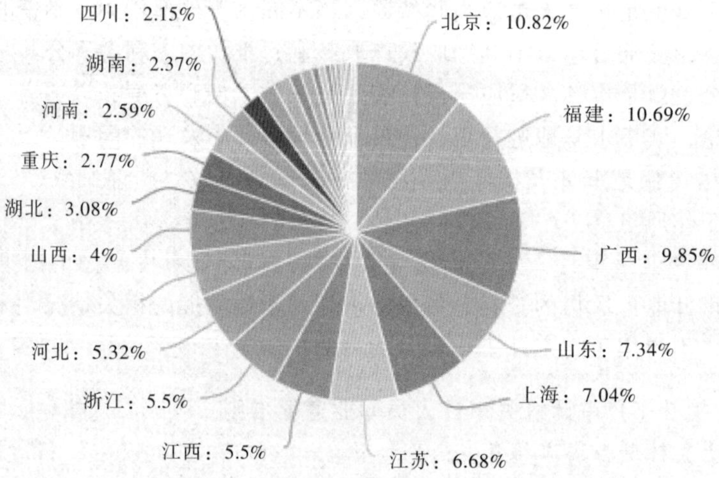

图 2-1　问卷调查对象地区分布

调查问卷受访者所在的国内地区有 31 个，包括河北、山西、辽宁、吉林、黑龙江、江苏、浙江、安徽、福建、江西、山东、河南、湖北、湖南、广东、海南、四川、贵州、云南、陕西、甘肃、内蒙古、广西、宁夏、新疆 25 个省份与自治区，北京、重庆、天津、上海 4 个直辖市，以及香港和澳门 2 个特别行政区。此外，还包括 39 个来自美国、英国的国外调查问卷受访者。

样本量最大的地区是北京，总共有 246 个样本，占比为 10.82%；其次为福建和广西，样本量依次为 243 和 224。样本量少于 10 的地区有吉林（7）、黑龙江（6）、宁夏（6）、甘肃（6）、香港（6）、贵州（3）和澳门（1）。因此，这次问卷调查具有地域广、方式活、回答快、统计准等特点，具有较强的代表性。

这次问卷调查的对象主要是一线的会计从业人员，同时还包括高等院校教授专家、会计师事务所的注册会计师。从单位性质分析，本次问卷所涉及的组织大致有四个分类，分别是政府行政管理部门、事业单位、国有企业以及民营企业。占比最大的是国有企业，占了约 2/5 的样本量；事业单位与民营企业的占比类似，都在 1/5 左右；政府行政管理部门的占比最少。从所述行业来看，问卷关于行业的分类比较简单，主要列出了制造业和金融业。在所有样本中，制造业企业占 17.59%，金融业企业占比为 6.33%，其他类型的企业占比为 75.94%，说明行业分布较广。从行政级别与工作岗位来看，本次问卷覆盖了从会计从业的基础岗位到高级职务，能够较为全面地反映各级会计人员的道德观（见表 2-1）。

表 2-1　　问卷调查对象基本信息

项目	类型	样本数	百分比
性别	男	1 063	46.75%
	女	1 211	53.25%
单位性质	政府行政管理部门	230	10.11%
	事业单位	620	27.26%
	国有企业	1 025	45.07%
	民营企业	399	17.55%
单位行业	制造业	400	17.59%
	金融业	144	6.33%
	其他	1 730	76.08%
行政级别	司厅局级或大型企业高层	130	5.72%
	处级、大型企业中层或中型企业高层	660	29.02%
	科级或中小型企业高层	847	37.25%
	基层及其他	637	28.01%
工作岗位	财会基层人员	403	17.72%
	中层主管经理	1 026	45.12%
	高层管理人员（CEO、CFO、总会计师）	522	22.96%
	其他	323	14.20%

续表

项目	类型	样本数	百分比
受教育程度	大专及以下	112	4.93%
	大学本科	1 244	54.71%
	硕士研究生	844	37.12%
	博士研究生	74	3.25%
会计专业职称	初级职称	137	6.02%
	中级职称	620	27.26%
	高级职称	1 385	60.91%
	无	132	5.80%
会计资质	CPA	664	29.20%
	其他资质	964	42.39%
	无	646	28.41%

二、问卷回答与会计职业道德的反思

（一）会计人员职业道德问卷

通过这次调查，我们获得了 2 274 份关于会计人员职业道德的回复问卷，问卷描述了答题人目前如何看待会计人员职业道德规范行为。问卷结果显示，认为“会计弄虚作假与违法审计报告对社会经济生活危害巨大”的受访者占比 93.8%，其中非常赞同这一观点者占比 47.58%，说明绝大部分会计从业人员能够意识到不道德的执业行为具有负面的经济后果。在受访者中，认同“我能够拒绝编制虚假财务报表，不屈服外界因素阻挠”的受访者占比 78.19%，回答不确定的受访者占比 16.45%，说明会计从业人员尽管能意识到虚假财务报表的危害，但是在执业过程中仍然面临一定压力。在“各级领导和同事会鄙视编制虚假财务报表的行为”问题中，受访者的回答占比高的前两项分别为“不确定”（35.09%）和“比较赞成”（18.91%）；在“本人对我国会计人员履行会计职业道德充满信心”问题中，占比高的前两项分别为“比较赞成”（31.22%）和“不确定”（19.35%）。这说明一线的会计从业人员认为自身所处的职业道德环境仍有进一步强化和拓展的空间。我们通过问卷调查分析，发现市场环境下有四种不公平的经济表现阻碍了我国会计人员职业道德建设发展。

1. 权力经济

权力者用手中之权同企业做交易，借助“关系”“批文”“差价”获得不义之财。企业靠权力之助等“寻租”行为而破坏市场经济活动中的起点公平，从而不用通过公平竞争就轻易获得非法利润。这种经济不公正属于“政商勾结”和“权钱交易”，需要从体制上解决。

2. 人情经济

人情经济或称经济“人情化”，是指以人伦、人情为中介，在权力者的协助下，干预经济过程以中饱私囊，于是就出现了金融领域里的“人情贷款”，企业与企业之间的人情供给、人情销售，企业内部用人方面的裙带、故旧关系，导致企业生产研发效率与市场资源配置效率双低。

3. 地方保护主义经济

地方保护主义经济只关注地方利益、部门利益，而不顾国家和全局利益，搞地区封锁和部门垄断。

4. 短视经济

个人功利行为泛滥表现为忽视长远的、全局的、可持续发展利益，而专注于挣快钱。短视经济行为既有道德上的短缺，又有体制上的原因。做假就是短视经济的突出表现。

（二）单位负责人与公民会计道德观念问卷

单位负责人与公民指的是会计从业人员之外的利益相关者（政府监管部门、公司管理层等）。建立和宣传正确的会计职业道德规范与观念，能够形成科学的会计认识，自觉践行合理合法的会计行为。通过这次调查，我们得到 2 274 份企业总会计师关于社团组织与公民会计职业道德规范的回复问卷。

通过对此次问卷调查结果的分析，可以得出如下结论：第一，大部分被调查者对会计职业道德有基本的认识，清楚会计职业道德对会计工作、会计信息质量的作用与影响。第二，大部分被调查者对会计职业道德的现状至多是基本满意，认为会计职业道德的保障机制并不十分健全，但是大部分人可以主动去提高会计职业道德质量，小部分人仍然不能客观公正地审视会计职业道德。第三，对会计职业道德影响最大的是管理层意图与企业战略，说明大部分被调查者普遍认同其被管理层施压会影响他们的判断，这也解释了部分人不能客观公正、不受影响地践行会计职业道德的原因，而这恰恰需要会计人员职业道德、公司治理结构与内部控制的完善度来提供合理保证。

此外，本次调查发现会计人员对自身职业的认同度并不高，如第 17 题“本人从事当前的财会职业让我在亲友面前很有面子”，只有 46% 左右的受访者给出了正面的积极回答。与此同时，有关“单位负责人与公民”的第 2~11 题，绝大多数受访者希望进一步改善会计从业环境。调查结果支持营造良好的组织伦理氛围的结论。浓厚的组织伦理氛围、良好的伦理决策环境能够增强会计人员的控制信念，即赋予他们对自身行为更多的控制权，更加自主地进行伦理决策。营造组织伦理氛围包括制定组织伦理准则、设立如公司伦理委员会等类似性质的组织伦理机构、提供如伦理求助热线等解决员工伦理困境的途径等。

【专栏 2-7】会计人员职业道德的问卷调查结果

阅读资料请扫描二维码。

【关键概念】

立信会计审计精神（Lixin accounting auditing spirit）

潘序伦会计审计职业道德思想（Pan Xulun thinking of professional ethics for accountant and auditor）

会计审计人员职业道德（professional ethics for accountant and auditor）

【复习思考题】

1. 简述我国古代会计审计职业道德思想。
2. 立信会计审计精神包括哪些方面?
3. 潘序伦会计审计职业道德思想有哪些内容要求?
4. 革命根据地会计审计职业道德要求体现哪些特点?
5. 现阶段我国会计审计职业道德有哪些基本要求?
6. 会计审计职业道德有哪些相关理论基础?

【练习题】

一、单项选择题

1.“信以立志，信以守身，信以处事，信以待人，毋忘立信，当必有成”体现了会计职业道德中的（　　）精神。

A. 艰苦创业　　B. 无私奉献　　C. 大胆革新　　D. 敬业守信

2. 下列各项中，不属于《中国注册会计师职业道德守则》要求的是（　　）。

A. 注册会计师应当遵守职业道德守则，履行相应的社会责任，维护公众利益

B. 注册会计师应当遵循诚信、客观和公正原则，在执行审计和审阅业务以及其他鉴证业务时保持独立性

C. 注册会计师应当熟悉本单位的生产经营和业务管理情况，运用掌握的会计信息和会计方法，为改善单位内部管理、提高经济效益服务

D. 注册会计师应当履行保密义务，对职业活动中获知的涉密信息保密

3.（　　）是会计职业道德准则变迁的重要表征。

A. 国际趋同　　B. 利益冲突　　C. 全面发展　　D. 维护公众利益

4. 我国（　　）选择会计审计人员的最重要标准是“廉洁奉公”。

A. 明朝　　B. 宋朝　　C. 秦朝　　D. 唐朝

二、多项选择题

1. 我国古代会计职业道德思想包括（　　）。

A. 真实反映　　B. 正确记录　　C. 廉洁奉公　　D. 坚持制度

2. 立信会计精神要求包括（　　）。

A. 爱国主义精神　　B. 无私奉献精神

C. 敬业守信精神　　D. 实事求是精神

3.《会计基础工作规范》要求会计人员办理会计事务应该（　　）。

A. 实事求是　　B. 遵从领导指示　　C. 客观公正　　D. 凭主观判断

4.2009 年 10 月 14 日，我国财政部发布了（　　）。

A.《中国注册会计师职业道德守则》

B.《中国注册会计师协会非执业会员职业道德守则》

C.《中国注册会计师职业道德基本准则》

D.《企业会计制度》

5. 职业道德准则框架从会计职业道德准则的内容来看，主要包括的内容有（ ）。

A. 职业道德原则　　B. 职业道德威胁情形

C. 职业道德基本原则　　D. 职业道德威胁防范

三、判断题

1.《孟子·万章下》载："孔子尝为委吏矣，曰'会计当而已矣'。""当"就是要求会计记录、计算一定要正确无误。（ ）

2. 潘序伦先生将会计职业道德集中归纳为四条："一曰公正，二曰诚信，三曰廉洁，四曰勤奋。"（ ）

3. 注册会计师应当遵守职业道德守则，履行相应的社会责任，维护自身利益。（ ）

4. 内部审计人员在履行职责时，不需要做到正直和勤勉。（ ）

5. 我国注册会计师行业监管客观存在多头监管、选择性监管、监管尺度不一及行政处罚多于民事责任追究等诸多问题。（ ）

6. 我国国家审计人员在审计国有企业的过程中，不用保持独立性。（ ）

【案例分析题】

立信会计师事务所的前世今生

立信会计师事务所由中国会计泰斗潘序伦于 1927 年在上海创建，是中国最早建立和最有影响的会计师事务所之一。潘序伦（1893—1985 年），又名秩四，江苏宜兴丁蜀镇人，中国民主同盟盟员，1923 年获哈佛大学硕士学位，1924 年获哥伦比亚大学博士学位，是中国现代杰出的会计专家和教育家。生前历任立信会计师事务所主任会计师、立信会计专科学校校长和名誉校长、立信会计图书用品社社长、中国会计学会和上海市会计学会顾问、上海市社联顾问等职。20 世纪三四十年代，潘序伦还曾出任国民政府财政部会计局副局长、经济部常务次长，但为时极短。纵观他的一生，他是发展我国会计审计事业和培养我国会计人才的先驱，有人称其为"现代会计学宗师、职业教育之楷模"，还被誉为"中国会计之父"。20 世纪一二十年代，随着实业救国思想的产生，中国民族工商业快速发展，独立的注册会计师职业在我国应运而生。鉴于当时国内除了大型银行外，采用新式簿记和会计制度的工商企业为数极少，而且会计界的许多人士都有改革旧式账簿的要求，1927 年 1 月，潘序伦先生辞去了所有职务，在上海创办了"潘序伦会计师事务所"。

20 世纪以来，在我国会计界最早倡导诚信思想、大规模开展诚信教育的当属潘序伦先生。潘序伦先生认为"立信是做人的重要准则，同时也是会计的职业道德，忠于会计审计事业务必立信。立信，乃会计之本。没有信用，也就没有会计"。这是他对敬业精神的深刻表达。在回忆录中，潘序伦先生有一段发人深省的肺腑之言："我认为会计师的信誉很要紧，可以说是会计师业务的生命力，所以我把我的事务所改名为立信，就是要取得社会的信誉。但是，资本家委托会计师办事，总希望对他们有利。这样，有个别会计师就造假账或出具不真实的证明书以迎合某些委托人的要求，从而取得会计师业务。但是，这种业务我所是绝对不接受的，我宁可放弃这种委托，这样，当时看起来似乎是吃亏了，但日子一久，我就会给社会人士留下一种印象，立信是信得过的，是可靠的，反而会引来大批的业务。”潘序伦先生说过：当一个人真正相信诚实是一种美德时，做了诚实的事，就会觉得内心是愉快和满足的；凡是做了虚伪的事，就会感到极大的痛苦和不安。潘序伦先生一生看重“真诚”与“信用”，几十年来，他始终身体力行、率先垂范，这方面的言行举不胜举，至今读来，仍让我们有振聋发聩之感。

立信会计师事务所是1949年前中国会计界中影响最深、规模最大的会计师事务所，为1949年中国四大会计师事务所之首。实践中潘序伦深切感受到，开展会计师业务，首先必须取信于社会。为此，1928年他取了《论语》中“民无信不立”之意，将“潘序伦会计师事务所”更名为“立信会计师事务所”，并以建立信用、争取他人对注册会计师的信任为事务所的第一主旨。潘序伦提出了“信以立志、信以守身、信以处事、信以待人、毋忘立信、当必有成”的“立信”准则，将其作为办理各项会计审计业务的训条，要求立信会计同仁共勉。

当时事务所的业务对象主要是新兴的民族工商业和中外合办企业，如南洋兄弟烟草公司、申新纱厂、永安纱厂等，还有不少公营工商企业和人民团体也委托事务所办理各项业务，如邮政储金汇业总局、中国红十字会等。潘序伦在业务活动中特别注重信誉和公道，加上他学兼中西，拥有许多如顾准、李鸿寿、管锦康这样的财会精英，因而承办业务的效率与质量俱佳。立信会计师事务所迅速在社会上确立起良好的声誉，承接的各类业务数量大增。随着人员的增加，办公场所也不断扩大，几次迁移后，到1936年2月搬到浙江兴业银行大楼办公时，全所已有成员50余人，租赁房屋10余间，分设有计核、信托、法律、文书、编辑和总务6个科，10年中承办的各种案件达4 000余件，另设有一所立信会计学校。从1939年起，桂林、重庆、南京、广州、天津等地也先后设立了分所。

在立信会计师事务所设立初期，潘序伦先生深深感受到，一定要改良企业会计制度和训练会计专业人员。为此，他从这两方面着手：一方面附设了会计补习学校，另一方面自行编译会计书籍，并开设图书社，把事务所、学校和图书社三者结合起来，经过几十年的不懈奋斗，逐渐形成享誉全国、影响巨大的会计师业务、会计教育、会计出版三位一体的立信会计审计事业。与此同时，在潘序伦先生的周围汇聚了许多学有专长的知识分子（包括自由职业者），立信成为旧中国会计审计事业的一块绿洲。中华人民共和国成立以后，随着国家推行计划经济，注册会计师业务趋于停滞，立信会计师事务所的业务逐渐萎缩，最后事务所全面停业。1986年，立信会计师事务所复办，下设审计业务部、国际业务部、审核部、技术部、培训部、管理咨询部，并与多家商业银行、证券公司、期货经纪公司、保险公司、大型国有及民营企业保持良好的审计业务关系。

2010年12月，立信会计师事务所改制成为本土第一家特殊普通合伙会计师事务所。立信依法独立承办注册会计师业务，具有证券期货相关业务从业资格。2010年，立信获得首批H股审计职业资格。经过九十余年的长足发展，立信在业务规模、执业质量和社会形象方面都取得了国内领先地位。自2001年起，立信在全国会计师事务所签发国内上市公司审计报告数量排行榜上一直位列第一；经中注协全国前百家会计师事务所综合评价排名统计，立信2002—2010年度连续成为行业翘楚。

2000年，立信加入国际网络，提前实现了专业服务与国际接轨，并扎实培养了一批国际化人才。2009年，立信加入BDO国际会计网络，通过与境外成员所的交流，锻炼、巩固和发展了立信跨境业务的经验与优势。2000—2013年，经中华人民共和国财政部批准，立信又相继在北京、杭州、深圳、厦门、宁波、大连、重庆、无锡、珠海、佛山等地设立分所，立信在打造本土最具核心竞争优势的专业服务机构的同时，逐步完善和实现战略布局。为顺应国际资本市场一体化发展趋势，立信人正以诚信和专业铸就着民族品牌。

立信现有从业人员7 000余名，其中执业注册会计师超过1 500人。总部设在上海，设有7个专业委员会，以及审计业务部、国际业务部、银行业务部等与业务相关的部门。现有客户遍布全国各地，其中上市公司近300家，IPO公司300余家，外商投资企业2 000余家，并为银行、证券公司、期货经纪公司、保险公司、信托公司、大型央企及国有集团公司与民营企业提供审计及相关业务。立信的成功源于专业品质，依靠优秀人才的加盟。立信充分认识到人才对构架事务所核心竞争力的关键作用，视员工为推动企业成长与发展的原动力，秉承以人为本的精神，为员工创造各种能充分施展他们才能的条件，使每一位员工都能在和谐的环境中尽其所能，使立信成为每一位员工成就理想、实现人生价值的最佳选择。

（资料来源：①360百科．立信会计师事务所［EB/OL］．［2020-01-01］．https：//baike.so.com/doc/5430223-5668478.html．②立信会计师事务所官网，http：//ns2.bdo.com.cn/JoinUs/Default.aspx. 题目为本书主编所加）

讨论问题：

（1）是什么使得立信取得了国内领先的地位？

（2）潘序伦先生会计审计职业道德思想对加强商业伦理与会计审计职业道德建设有何价值？

第三章　国际会计审计职业道德比较探析

【经典名言与感悟】

世界上最快乐的事，莫过于为理想而奋斗。哲学家告诉我们，“为善至乐”的乐，乃是从道德中产生出来的。为理想而奋斗的人，必能获得这种快乐，因为理想的本质就含有道德的价值。

——苏格拉底

吾爱吾师，吾更爱真理！

——亚里士多德

人在追求自身物质利益的同时要受道德观念的约束，不可伤害他人，而要帮助他人，人既要“利己”也要“利他”，道德与正义对社会乃至市场经济的运行至关重要。自爱、自律、劳动习惯、诚实、公平、正义感、勇气、谦逊、公共精神以及公共道德规范等，所有这些都是人们在前往市场之前就必须拥有的。

——亚当·斯密（Adam Smith，《道德情操论》）

最近的财务危机始于美国，但是其影响却是全球性的。它使我们受到很多谴责——缺乏公司治理和内部控制、会计和审计准则不足、无效的企业模式以及会计师和审计师自身的问题等等。然而我经常想，最终的罪魁祸首不正是职业道德的沦丧吗?

——国际会计师联合会（IFAC）前总干事 John Gruner

职业道德是整个会计师行业的基础。会计师行业的职业道德守则是可以被教会、可以学得会的，应该成为整个行业的“公约”。

——国际会计师职业道德准则理事会（IESBA）主席斯达沃斯·汤马达基斯

德比财更重要，义比利更重要，理比法更重要，道比术更重要！

——叶陈刚感悟

【学习目的与要求】

1. 了解国际会计职业道德准则体系。
2. 分析英国会计职业道德规范体系。
3. 明确美国会计职业道德规范体系。
4. 理解法国会计职业道德规范体系。

【导读】

郭婷婷会见普华永道全球主席

2024 年 9 月 19 日，财政部副部长郭婷婷应约在财政部会见普华永道全球主席康慕德(Mohamed Kande)。

康慕德对普华永道中天恒大地产项目审计违法行为深感痛心，表示普华永道全球支持普华永道中天坚决服从、完全遵守财政部做出的行政处罚决定。普华永道全球将会同普华永道中天制订全面整改计划，坚决改正不足之处，切实提高审计质量。康慕德表示，普华永道对中国经济的持续增长和长期发展充满信心，希望利用专业特长和全球网络资源优势，为中国吸引外资和对外投资合作等方面提供更好服务。

郭婷婷对普华永道尊重监管、接受处罚的态度表示肯定，希望普华永道提高认识、吸取教训，严格遵守中国法律法规，采取有效措施加大整改力度，坚持“诚信为本、质量为上”，不断提升执业水平。郭婷婷强调，财政部坚持依法行政，对包括“四大”在内的所有在中国执业的会计师事务所一视同仁、平等对待。财政部将持续强化财会监督，加大对会计师事务所执业质量监督检查力度，对违法违规行为依法处理处罚，维护财务审计秩序，促进注册会计师行业健康发展。郭婷婷表示，中国将持续营造市场化、法治化、国际化一流营商环境，希望普华永道继续在中国改革开放和高质量发展中发挥积极作用。

监督评价局、会计司、国际经济关系司、中国注册会计师协会有关负责同志参加会见。

（资料来源：监督评价局．郭婷婷会见普华永道全球主席［EB/OL］．［2024-09-30］．https：//jdjc.mof.gov.cn/gongzuodongtai/202409/t20240930_3944915.htm）

随着会计职业全球化与会计准则国际趋同的加快，国际会计职业道德准则已然成为一项重要的制度安排。作为具体负责会计职业道德建设任务的国际组织，国际会计师联合会（International Federation of Accountants，IFAC）在会计职业道德准则变迁中发挥着重要作用。其主要致力于促进会计职业道德在世界范围内的趋同和协调，制定高质量的国际职业准则，如国际审计准则、国际会计教育准则、国际会计师职业道德守则以及国际公共部门会计准则等。

第一节　国际会计职业道德准则体系概述

为契合研究需要，本书主要基于 IFAC 对会计职业道德准则的发展、对相关准则合约的变迁予以系统回顾和梳理。

一、西方的诚信观

在西方古代的诚信道德观中，“信”是对上帝的内心态度、信念和依赖。德国古典哲学家康德把“诚实”看作实践理性的基本法则和绝对命令。黑格尔认为不守约是个人特殊意志对普遍意志的破坏，是不法。西方的诚信大多和“上帝”“善”“普遍规律”“绝对命令”等概念联系在一起，是一个具有道德至上性的范畴。西方古代诚信道德观可以追溯到两个源头：一个是基督教文化中的诚信道德观，一个是契约伦理。通过对参考文献的研究发现，西方近现代将诚信作为道德规范与我国社会中的基本含义和要求是相近的，即尊重事实、实事求是、真诚无欺、信守诺言。这就要求会计人员在进行会计工作的时候，能真实地反映经济活动，尊重事实，实事求是，不要伪造或者编造经济活动、会计数据。

在商品经济比较发达的西方社会，人们在商品经济交往中产生了承诺、约定和契约等，逐步有了诚信道德的观念和原则。西方的契约论为会计诚信的研究提供了新的切入点。从契约的角度来研究会计，即两个或者两个以上的行为主体之间，在诚信、平等、自愿的前提下，通过特殊的会计方法，为改进各自的经济状况或经济预期所达成的关于经济流转的协议或约定。

契约精神是西方文明社会的主流精神，是现代文明的基石，是自由平等基础上的守信精神。没有契约，就没有信用，也就没有和谐。契约的基本前提之一就是诚信原则，如果没有诚信作为保障，那么契约就等于一纸空文。学习契约精神，逐渐使诚信真正成为每一个会计人员的自觉意识和基本品质，成为企业以及全社会共同遵循的准则。西方的诚信观对会计人员职业道德建设具有重要意义。

二、国际会计职业道德准则的总体框架

IFAC 职业道德准则框架的确立最早可追溯至 1996 年《职业会计师道德守则》（Code of Ethics for Professional Accountants）的颁布，后期通过对守则的不断修订，职业道德准则框架已经趋于完善和成熟。从会计职业道德准则的内容来看，主要包括职业道德原则、职业道德威胁情形与职业道德威胁防范三部分内容。其中：（1）职业道德原则分为正直（Integrity）、客观性（Objectivity）、专业胜任能力及应有的谨慎（Professional Competence and Due Care）、保密（Confidentiality）与职业行为（Professional Behavior）五部分。（2）职业道德威胁情形分为：当会计师及其家庭成员与其他利益相关时所产生的自身利益威胁（Self-interest Threats）；当会计师需要对以前的判断进行重新评估审视时所产生的自我评价威胁（Self-review Threats）；当会计师因过分推崇某种观点或立场而损害客观性时所产生的过度推介威胁（Advocacy Threats）；当会计师因密切关系而对他人利益予以同情时产生的密切关系威胁（Familiarity Threats）；当会计师因面临威胁而影响执业时所产生的外界压力威胁（Intimidation Threats）。（3）职业道德威胁防范则包括法律体系、监管体系以及执业活动中的保障措施等（刘玥等，2014）。

从职业道德的适用范围来看，职业道德准则可根据适用对象划分为适用于所有的会计师、仅适用于执行公共业务的会计师与仅适用于受雇的会计师三部分，具体内容包括：（1）守则的一般应用是准则框架中第一部分的内容，它适用于所有的会计师，该部分包含导言、基本原则与应用基本原则的概念框架法。其中，导言部分强调，注册会计师的责任是对公众利益负责，而不是为了满足某个客户或雇主的需要；基本原则是为了达到职业目标而必须遵循的原则；概念框架法则是会计师应用原则的具体方法，它要求会计师根据概念框架法对基本原则加以应用，而不是在规则导向法下对具体规则的机械遵循。（2）适用于执行公共业务的会计师的职业道德规范是准则框架中第二部分的内容，具体包括会计师在执业活动中所面临的威胁与防护、业务约定、利益冲突、第二次意见、收费和其他类型的佣金、职业服务的推销、礼物与赠品、客户资产的保管、目标和独立性等。（3）适用于受雇会计师（受雇于工业部门、商业部门、政府部门或教育部门的职业会计师）的职业道德规范是准则框架中第三部分的内容，具体包括会计师所面临的威胁与防护、潜在的冲突、信息的表述与报告、专业胜任能力、财务利益与诱因等（陈汉文、韩洪灵，2009）。

概括说来，从准则内容与框架结构来看，IFAC 职业道德准则可分为基本原则（第一部分）和基本原则指导下的具体规则两部分内容（第二部分与第三部分），主要采用“风险辨识”—“保障措施”—“风险控制”的思路，试图在世界范围内确立一个可供会计师

或审计人员参考的基本解释框架。

三、国际会计职业道德准则的变迁

由于IFAC发展历史较短，其职业道德准则的变迁轨迹较为明晰。本书按照职业道德准则框架初步形成、完善发展再至国际趋同的思路，将其准则变迁过程划分为以下几个阶段。

（一）起步探索阶段：准则框架形成之前（1996年之前）

国际审计指南是IFAC成立后较早制定的有关职业道德准则的制度，与美国注册会计师协会（AICPA）颁布的《职业行为准则》不同，该准则并不具有强制性，其旨在通过统一的准则来强化会计专业的协作，提高世界各国在审计业务上的一致性（黄履申、杨继良，1983）。1982年，IFAC下设的教育委员会（Education Committee）发布了《职业后续教育指南》，该指南涉及目标、指南范围、职业后续教育程度等10个方面的内容，并且在其职业后续教育目标部分，对职业会计师的专业胜任能力加以限制和要求：（1）职业教育需要保持并提高会计职业人员所拥有的技术知识和专业技能；（2）职业教育要帮助会计人员应用新技能，评估其对客户、雇主及自身工作的影响，并且不断满足外界的责任要求和期望；（3）向社会提供合理保证，即会计职业人员应具有为客户提供服务所需的技能。

在该阶段，囿于IFAC成立初期组织规模和社会影响力较小，组织体系尚不完善以及准则制定的导向多以审计业务为主，IFAC对会计职业道德准则变迁的推动作用略显乏力，但是IFAC的初期探索在一定程度上满足了业界形成一个统一组织的迫切需求，为后来国际会计职业道德准则的制定、变迁奠定了基础。

（二）初步形成阶段：准则框架基本形成（1996—2004年）

为协调国际会计职业道德规范，IFAC在1996年颁布了《职业会计师道德守则》，并先后于1998年和2001年对该守则进行了修订。直至21世纪初期，随着公司倒闭风潮愈演愈烈，社会公众对财务报告与会计职业的信心急剧下降，诸多国家开始考虑重新恢复投资者对财务报告的信心。为适应国际环境的变化趋势，加快高质量的会计教育标准的制定进程，IFAC在2003年通过了对现行组织监督体系的改革方案。方案要求，在继续发挥IFAC对国际会计师职业道德监管作用的同时，强化社会公众的监督，并通过成立IFAC监督小组、领导小组及公众利益监督委员会来维护公众利益，增强审计独立性和组织权威性。2004年，IFAC发布了修订会计师道德守则的征求意见稿，其主要内容与现有审计职业道德准则框架基本一致，在此不再赘述。至此，国际会计职业道德准则框架初步形成。

（三）全面发展阶段：准则框架最终确立（2004—2014年）

2013年，IFAC下设的国际会计师职业道德准则理事会（IESBA）修订了国际会计师职业道德守则中关于利益冲突和违反守则要求的条款。IESBA强调，利益冲突可能产生一系列道德问题，准则修订通过更为具体的要求和更为全面的指导，为职业会计师识别、评估和管理此类冲突提供支持，确保其在利益冲突的条件下保持客观。同时，根据违反守则要求的情形，对会计师行为，尤其是在准则独立性层面提出更高的要求和反制措施。比如，对违规行为带来的利益关系予以暂停、终止或消除。

而且，为了向职业会计师提供更为稳健实用的指导，IESBA 于 2014 年公布了《建议对准则部分修订的征求意见稿：解决信息陈述与违背基本道德准则的压力》，该意见稿旨在解决两大问题：一是会计人员在生成财务报告时，对经济交易事项进行忠实陈述的责任问题；二是违背基本道德准则的压力。具体说来，道德准则的修订变化主要在于：明确了会计师陈述财务信息的责任，进而从误导性信息中抽离出来，并对公众利益负责；对会计师面临的可能导致违反基本道德准则的压力给予指导。

此外，为进一步强化《职业会计师道德守则》的独立性，IESBA 在 2014 年还提出了关于加强对某些非担保服务条款道德规范的建议，具体包括：对审计客户提供非担保服务时的管理责任予以澄清，废除了“允许审计公司在紧急情况下向公共利益实体的审计客户提供记账和税务服务”的规定，并根据《改善职业会计师道德规范结构》，从提高准则的清晰度、可用性与可执行性的视角，对会计师道德标准的具体施行进行了强化。

（四）国际趋同阶段：利益冲突的消除（2014 年至今）

国际趋同是会计职业道德准则变迁的重要表征，更是职业道德准则全面发展以来，IFAC 组织成员或非组织成员与国际准则从“接轨”到“趋同”的关键节点。为加快准则的趋同化，IFAC 开始致力于推动国际准则的采用和执行，鼓励组织成员遵守成员义务声明。2015 年 IFAC 在 G20 峰会上提交了关于“全球一致，有效监管”等四大方面的 12 条建议。建议指出，作为会计职业基础的报告、咨询和道德规范是有效治理的关键，并且呼吁所有国家和地区采用并实施以下原则或准则：《国际财务报告准则》（IFRS）、《国际审计准则》（ISAs）、国际会计师职业道德准则理事会发布的《职业会计师道德守则》中所规定的审计师独立性要求、《国际公共部门会计准则》（IPSASs）。

同时，职业道德准则在国际趋同阶段仍面临诸多准则条款与会计师执业活动之间的利益冲突问题。随着职业会计师执业活动的深入，IESBA 发现，囿于来自上级主管、董事或单位内部其他人员的压力，职业会计师在向客户提供专业服务时，往往会做出或遇到违反或疑似违反法律、法规的行为。为最大限度地保障公众利益，继 IESBA 在 2012 年 8 月首次对《对涉嫌违法行为的应对》发布征求意见稿之后，2015 年 5 月，IESBA 第二次就国际会计师职业道德守则中与会计师应对违反法律、法规行为相关的规定发布征求意见稿。修订后的国际职业道德准则要求会计师遵循以下目标：（1）遵守诚信的基本原则；（2）敦促管理层，并纠正、弥补或减轻违规行为的经济后果；（3）进一步采取行动。在会计师责任上主要表现为识别问题、解决问题，并判断是否采取进一步行动，如向有关部门披露、从合约关系中退出等（汪怡杉，2016）。

2018 年 4 月，IESBA 发布了新修订的国际职业会计师道德守则（以下简称新守则）。新守则对现行守则进行了全面改写，除了结构调整之外，新守则还整合了 IESBA 过去四年来在职业道德标准建设方面的重要成果，更清晰地规范了职业会计师应该如何处理职业道德和独立性问题，具体内容包括：

（1）新守则的篇章结构由引言、要求和应用材料三部分构成，并在“要求”部分明确职业会计师应当履行的一般义务或具体责任；“应用材料”部分用于提供相关背景信息、解释、行动建议或考虑事项、示例以及其他指引，以帮助职业会计师更好地遵守要求。

（2）分别对审计师、工商业界职业会计师以及审计师执行审计和审阅业务、其他鉴证业务的情形下，如何运用职业道德概念框架提供了具体指引，并明确要求在运用职业道德概念框架时对新获取的信息以及情况的变化保持警觉，从而强化了职业道德概念框架。

（3）整合“防范措施”项目的最新成果，使守则中规定的防范措施能够与职业道德不利影响更好地匹配起来。

（4）针对职业会计师遇到违反职业道德基本原则的压力时如何处理的情形，增加了相关指引或对原有规定进行修订，新准则于 2019 年 6 月 15 日生效。

值得注意的是，IESBA 在 2019—2023 年工作计划建议稿中，以“在动态和不确定的世界中提升道德”为主题，通过对职业怀疑、向审计客户提供非担保服务以及审计公司的费用收取等问题加以厘定，进一步对审计、会计人员提出更高质量的道德标准。在某种程度上，这也是未来国际会计职业道德准则变迁的主要方向和重要驱动。

四、国际会计职业道德准则的现状与评价

随着 IFAC 对国际会计职业道德准则的不断完善与发展，其准则已然成为影响最为广泛和深远的行业标准，并为世界范围内的职业会计师提供了一个较为统一的执业参考。就目前职业道德准则现状（准则变迁的频次、数量和复杂程度）而言，准则框架已经过渡至平稳期。同时，在新形势下，职业道德准则还具有以下几个方面的特点：

一是职业道德准则的国际趋同化。IFAC 制定职业道德守则的目的在于为世界各国职业道德准则的制定提供一个样板，并要求当该准则与各成员的准则发生冲突时，以 IFAC 职业道德守则为准，同时，组织成员所采用准则的严格程度不得低于 IFAC 标准。因此，国际准则的趋同化特点贯穿职业道德准则变迁的始终。二是职业道德准则制定的原则导向。从准则内容上来看，IFAC 职业道德准则主要基于“威胁—保障”的路径，为组织成员提供了一个公认程度较高的基本框架，即通过识别可能存在的威胁，提供与之相适应的降低或消除威胁的防范措施；从准则刚性程度来看，IFAC 职业道德准则的一个显著特点是非强制性，一方面缘于 IFAC 对各成员并不具有法律上的约束效力，另一方面是因为准则制定过程仍以概念框架法为主。因此，目前对职业道德准则的制定主要以原则为导向。三是机遇与挑战并存，准则变迁任重道远。随着国际资本市场的高度发展，社会公众对会计师职业道德的期望达到空前状态，这在一定程度上有利于提高道德准则的国际认同。此外，鉴于业务环境的复杂化，各成员国在法律、规则与惯例上的差异，使得准则变迁面临诸多挑战，这也要求准则制定要进行全面统筹，切实提高准则的前瞻性。

【专栏 3-1】IESBA 新修订国际会计师职业道德守则

阅读资料请扫描二维码。

第二节　英国会计职业道德规范体系分析

作为会计从业人员在活动执行中所应遵循的道德原则和行为规范的总和，会计职业道德在本质上是一种会计行为规范机制，它通过会计业务或会计活动中的一系列行为准则、道德规范、法律法规、团体章程等约束性条款来维系会计从业人员与社会公众的隐性契约

关系。因此，会计职业道德是保证会计服务质量、稳定社会经济秩序与维护社会公众利益的重要因素。本书以资本市场较为发达、会计理论体系较为成熟的英国为例，对其会计职业道德建设情况予以描述和分析。

一、英国会计职业团体背景介绍

英国是最早推行工业革命的国家之一，经济高速增长催生了最早以公允价值计量的会计模式，使会计在经济中的作用加大、从业人数剧增，会计职业道德开始受到关注。1974年英国和爱尔兰六大会计职业团体（ICAEW、CIMA①、ACCA、CIPFA、ICAS、ICAI）共同组建会计职业团体协商咨询委员会（The Consultative Committee of Accountancy Bodies，CCAB），作为其在国际上的代表和组织协调机构。

会计职业团体协商咨询委员会的职业道德小组（CCAB.Ethics Group）负责协调委员会成员机构之间有关道德指导的活动，并就道德问题与监管机构和标准制定者进行联络。其主要内容包括：与审计实务委员会（Auditing Practices Board）讨论审计师独立事宜、应国际会计师职业道德准则理事会（International Ethics Standards Board for Accountants，IESBA）的要求将独立性指南用于鉴证业务，以及执行新守则。该组织会定期发布针对专业会计师的道德困境案例研究和其他指导。

在 CCAB 的指导下，英国各会计职业团体纷纷制定本行业的职业道德规范，共同构建完整的会计职业道德规范体系。特许公认会计师公会（ACCA）建立了自身的职业道德规范；英格兰及威尔士特许会计师协会（ICAEW）、爱尔兰特许会计师公会（ICAI）和苏格兰特许会计师协会（ICAS）由 1990 年成立的特许会计师职业道德联系委员会（CAJEC）协调制定会计职业道德规范，两套规范分别是《职业道德指导》（CAJEC）和《职业行为守则》（ACCA）。这些职业道德规范经历很长时间并不断修订充实，具有较强的操作性。

二、英国会计职业道德守则的制定和主要内容

（一）英格兰与威尔士特许会计师协会（ICAEW）

英格兰与威尔士特许会计师协会（ICAEW）的道德守则适用于所有成员、学员、附属公司和成员公司的雇员，并适用于所有成员公司的专业和商业活动，无论是有偿的还是自愿的。

英格兰与威尔士特许会计师协会（ICAEW）的特许会计师应表现出最高的职业行为标准并考虑公众利益。特许会计师的道德行为在确保公众对财务报告和商业惯例的信任以及维护会计职业的声誉方面起着至关重要的作用。该守则为会员提供道德指引，协助他们履行这些义务。其《道德准则》是基于 IFAC 2009 年出版的国际道德标准委员会职业会计师道德准则，并经 IFAC 批准使用的。ICAEW 于 2011 年 1 月 1 日起开始修订 2006 年 9 月 1 日至 2010 年 12 月 31 日实施的《道德准则》及自 2006 年 9 月 1 日起实施的职业道德指南。

ICAEW 自 2013 年 1 月 1 日起修订《道德准则》第 241 条，以反映英国金融服务监管

① 英国特许管理会计师协会（CIMA）于 2011 年 3 月宣布脱离会计职业团体协商咨询委员会（CCAB）。因此，自 2012 年以来会计职业团体协商咨询委员会（CCAB）共有 5 个成员机构。

局（FSA）新的投资业务制度。此外，自2017年1月1日起修改《道德准则》第290条引自财务报告理事会（FRC）审计师独立性，以反映2016年这些要求的变化。其主要内容如下：

《道德准则》列明五项基本原则，指导成员的行为：（1）正直；（2）客观性；（3）专业胜任能力及应有的谨慎；（4）保密；（5）职业行为。成员有责任评估遵守这些原则造成的威胁，并在面临严重威胁时采取保障措施。该守则的部分章节涵盖了可能遇到威胁的情形，并建议或要求成员在某些情况下采取特定的行动。

（二）特许公认会计师公会（ACCA）

ACCA规则手册是ACCA的规章、法规、道德和行为准则的最终指南，它要求ACCA成员、学员和公司均要遵守规则手册的内容。所有新加入的学员和成员都要签署一份将遵守ACCA的规章制度和道德行为准则的承诺书。ACCA规则手册在符合监管发展和政策要求的条件下定期更新，每年1月出版。ACCA采用由IESBA发布的《职业会计师道德守则》。ACCA的《道德和行为准则》（CEC）对其所有成员和学员都具有约束力，并提出了五项基本道德原则，为解决道德问题提供了框架，见表3-1。

表3-1 **ACCA会计人员职业道德规范框架**

序号	框架类型	具体内容
1	正直	所有职业和业务关系都是坦率和诚实的
2	客观性	不允许偏见、利益冲突或不当影响凌驾于职业或商业判断之上
3	专业胜任能力及应有的谨慎	具有一定程度的专业知识和技能，确保客户或雇主根据当前实践、立法和技术的发展，并根据适用技术和专业标准，获得专业服务
4	保密	尊重获得保密信息的职业和业务关系，并且在没有特定授权的情况下，不得向第三方披露任何此类信息，除非有法律或专业权利或义务披露
5	职业行为	遵守相关法律、法规，避免任何有损职业声誉的行为

2018年7月1日生效的ACCA的《道德和行为准则》（CEC）分为四部分：

第一部分：适用于所有专业会计师。其确立了会计师职业道德的基本原则，并提供了专业会计师应适用的概念框架：①确定对遵守基本原则的威胁；②评估发现的威胁的重要性；③应用保护措施。必要时采取保护措施，消除威胁或将其降到可接受的水平。

在确定任何威胁是否在可接受的水平上时，ACCA成员应该考虑一个合理和知情的第三方是否可能得出结论，权衡当时会计从业人员所能获得的所有具体事实和情况，即遵守基本原则不受损害。

第二部分和第三部分描述了概念框架如何应用于某些情况。它们提供可能适用于解决遵守基本原则而面对的威胁的保障措施的例子，描述无法采取保障措施应对威胁的情况，因此，应避免造成威胁的情况或关系。

第四部分则专门适用于英国从事破产业务的专业会计师。

（三）英国特许公共财务会计师公会（CIPFA）

英国特许公共财务会计师公会（CIPFA）期望成员遵循其发布的道德规范要求，不遵循可能导致按其纪律处分计划（CIPFA Disciplinary Scheme）对成员采取行动。专业会计师应当将职业道德规范要求作为其履行业务时应该遵守的基本原则。

英国特许公共财务会计师公会（CIPFA）于 2006 年 5 月 25 日通过该道德规范，其修订版自 2011 年 1 月 1 日起生效。它适用于所有成员、附属机构和学员。其道德规范被分成三个部分：

第一部分：道德规范的一般应用，此部分适用于全部会员和学员。它讲述了道德规范的基本原则，并解释了如何理解。

1. 介绍和基本原则：会计职业的一个显著标志是它为公众利益担负责任，因此，专业会计师的责任不仅仅是满足个别客户或雇主的需要。为了公众利益，专业会计师应当遵守本规范，如果法律或法规禁止专业会计师遵守本规范的某些部分，专业会计师应遵守本规范的所有其他部分。

2. 专业会计师应当遵守 CIPFA 会计人员职业道德规范框架，见表 3-2。

表 3-2　CIPFA 会计人员职业道德规范框架

序号	框架类型	具体内容
1	正直	在所有职业和商业关系中都要坦诚
2	客观性	不允许偏见、利益冲突或不当影响凌驾于职业或商业判断之上
3	专业胜任能力及应有的谨慎	维持一定水平的专业知识和技能，以确保客户或雇主在目前实践、立法和技术发展方面获得专业服务，并依照可适用的技术和专业标准勤勉做事
4	保密	尊重因职业和业务关系所取得的保密信息，因此，除非基于法律和职业权利或义务需要披露，否则不应向没有恰当和特定权限的第三方披露任何此类信息，也不能将信息用于专业会计师或第三方的个人利益
5	职业行为	遵守相关法律、法规，避免任何有损职业声誉的行为

第二部分适用受雇于事务所的所有会员。英国特许公共财务会计师公会（CIPFA）认为此原则和道德指南适用于受雇于国家审计机构或框架合同的公司。其中包括：（1）介绍；（2）职务任命；（3）利益冲突；（4）补充性意见；（5）收费和其他薪酬类型；（6）市场化专业服务；（7）礼物和款待；（8）保管客户资产；（9）客观性——所有服务；（10）独立性——审计和审阅业务；（11）独立性——其他鉴证业务。

第三部分适用于工商业界的专业会计师，此部分适用于许多成员：包括那些受雇于当地政府机构、国家卫生服务局（NHS）以及在中央政府、国家审计机构、志愿者部门和企业工作的专业会计师。在事务所执业的专业会计师也可以在此部分找到与他们相关的特殊情形。此部分包括：（1）介绍；（2）潜在利益冲突；（3）信息准备和报告；（4）表现出足够的专业技能；（5）财务利益；（6）受到引诱的情形等。

（四）苏格兰特许会计师协会（ICAS）

苏格兰特许会计师协会（ICAS）道德守则适用于 ICAS 的所有成员、附属机构、学员、会员公司或附属公司的雇员。ICAS 所属专业会计师有责任考虑公众利益，维护会计职业的声誉，个人私利不能凌驾于这些责任之上。该守则为专业会计师提供道德指导，帮助他们履行这些义务。如果不遵守本守则，专业会计师可能会受到《国际会计准则》第

13章所列的纪律处分。其道德守则主要基于国际会计师职业道德准则理事会（IESBA）的准则，自2011年实质性修订后生效。2014年主要针对涉及破产从业人员的部分进行了修订，2017年重新修订，经国际会计师职业道德准则理事会批准自2017年11月1日起生效。

1.2017年重新修订的主要内容

（1）法律灰色地带规则：介绍了IESBA关于专业会计师遇到其客户或雇主存在实际或可疑“法律灰色地带规则”的情形时应如何处理（分别在守则新章节225和360）。就《NOCLAR指南》的目的而言，与专业会计师有关的法律及法规是指对财务报表的重要项目有直接影响或对本组织运作有根本性影响的法律及法规。NOCLAR条款有关实际或疑似不遵守法律、法规的报告不优先于地方法律、法规。如果当地法规与守则规定有冲突，专业会计师必须遵守当地法规。因此，在英国反洗钱法律、法规下，专业会计师必须始终关注可能构成“泄露”的信息披露。

“法律灰色地带规则”对所有专业会计师都是一样的，即他们应该对问题做出反应，而不是视而不见。然而，由于专业会计师的特殊角色和级别不同，法律灰色地带规则的要求也不同，按专业会计师分类并分别确定具体责任。专业会计师的四个分类包括：审计人员、在事务所工作的专业会计师、在工商业界工作的高级专业会计师和在工商业界工作的其他专业会计师。审计师和高级专业会计师在业务上承担更大的责任。

（2）道德勇气：道德守则第100.5条的修订，以确立“道德勇气”是一种促进因素——一种基本的定性特征——有助于专业会计师遵守基本原则。

为了确保遵守基本原则，专业会计师需要一个基本的定性特征——“行为道德的勇气”。对专业会计师来说，“勇气”是按照基本原则行事的需要，尤其是在面临个人不良后果风险的情况下。专业会计师需要勇敢地面对道德困境；当专业会计师面临道德困境时，需要有勇气承认困境，对解决困境所需的道德行为做出理性判断，然后采取相应的行动。

2. 2017年重新修订后的主要结构和内容

ICAS道德守则具有以下基本原则：（1）正直；（2）客观性；（3）专业胜任能力及应有的谨慎；（4）保密；（5）职业行为。这五项原则适用于全部专业会计师。ICAS道德守则提供了专业会计师应该确保遵守基本原则的概念框架。这个概念框架要求专业会计师运用他们的职业判断去鉴别和评估对遵守基本原则造成的威胁，运用保障措施消灭威胁或将其降至可接受的水平。ICAS道德守则分为四部分，依次为道德守则的一般应用、适用于在事务所工作的成员、适用于在工商业界工作的成员、适用于清算破产从业人员。

三、对英国会计职业道德规范建设的评价

（一）总则及基本原则

英国各会计职业团体的道德准则基本趋同，可概括为两个特点：第一，基本原则的内容完全相同，甚至文字方面也只有很小的差别，集中体现为正直、客观性、专业胜任能力及应有的谨慎、保密、职业行为5项基本原则。第二，非主体性内容的相似，主要是职业道德规范的实施范围、实施方式及其他相关规则与国际会计师职业道德准则理事会

（IESBA）的准则在历次修订之后逐渐趋同。

（二）职业道德规范的性质

英国的会计职业道德规范具有显著的职业团体规范性质，即由职业团体制定、颁布，约束同业会员的行为，对不合格者予以督导和专业性惩罚。中国的注册会计师职业道德规范有所不同，其基本准则第一条明确提出，制定注册会计师职业道德规范有其法律依据——《注册会计师法》。就是说，尽管注册会计师职业道德规范是由中国注册会计师协会制定的，但都有其赖以生存的法律依据。中英职业团体的不同在地位上也有明显体现。英国的会计职业团体都是经特许的行业性民间组织，而中国注册会计师协会是在财政部管辖之下具有半官方性质的一个职业团体。这也决定了中国会计职业道德规范的“职业团体自律性和法规强制性并存”的混合性质。

（三）职业道德内容与可操作性

英国会计职业道德涉及会计师在执行专业活动中的一切技术性或非技术性行为，其规范的指南文本有几十万字之篇幅。中国的会计职业道德基本准则主要内容包含四个方面：职业品德、职业纪律、专业胜任能力以及职业责任。由于英国各大会计团体职业道德规范已经有很长的历史，几经修订充实，因此，具有较强的可操作性。而中国现行的规范还只是基本准则，因而在短时间内似乎不应对其操作性加以挑剔。

综上所述，我们可以得到以下启示：第一，必须尽快制定职业道德之具体准则或实施细则，加快注册会计师职业道德规范建设；第二，注意处理好基本准则与具体准则的关系，特别是在相关内容方面，要把可操作性放在十分重要的位置上加以考虑。

【专栏 3-2】英国零售巨头 Tesco 案件——财务造假路径探秘（上）

阅读资料请扫描二维码。

第三节　美国会计职业道德规范体系分析

一、美国会计职业道德准则的总体框架

美国会计职业道德准则的形成与发展由来已久[①]，纵观其职业道德准则的变迁，因为会计师职业团体层出不穷，有关职业道德准则的成文规定也不尽相同。从会计实践来看，美国注册会计师协会（AICPA）、管理会计师协会（IMA）及财务会计准则委员会（FASB）等承担了会计职业道德建设的主要任务。美国早期的会计职业道德准则框架主要根据注册会计师职业行为规则、管理会计师道德行为标准与财务经理道德规则划分为原则与行为规则两部分。其中，原则部分主要强调会计人员内在的道德追求，以会计责任与义务为核心；而行为规则部分则注重社会公众对会计职业个人不当行为的防范，主要以限制性或禁止性条款为主。

此后，部分学者对美国会计职业道德的研究开始转向对 AICPA 发布的《职业行为准则》（Code of Professional Conduct）的关注（韩洪灵、陈汉文，2007；柳木华，2009；谭

① 1896 年，纽约州通过了美国历史上首部有关注册会计师的立法，注册会计师的合法身份得到认可，这表明，当一个行业正式向某个职业转化时，其中一个重要的潜在前提是：该行业已经拥有自身的职业道德守则。

艳艳，2012）。从美国审计职业道德准则的适用对象和范围来看，其中有诸多部分对其他会计从业人员依然适用，甚至在某种程度上，两者并无质的差异。因此，本书以比较全面和具体的《职业行为准则》为视角，在此基础之上，实现对美国会计职业道德准则变迁的分析。

从 1988 年发布到定期修订至 2014 年，《职业行为准则》已然成为美国会计职业道德准则框架的重要基础。从框架结构来看，《职业行为准则》分为职业行为原则（Principle of Professional Conduct）、职业行为规则（Rule of Professional Conduct）、行为规则解释（Interpretation of Rules of Conduct）与职业道德裁决（Ethics Rulings）四部分（如图 3-1 所示）。

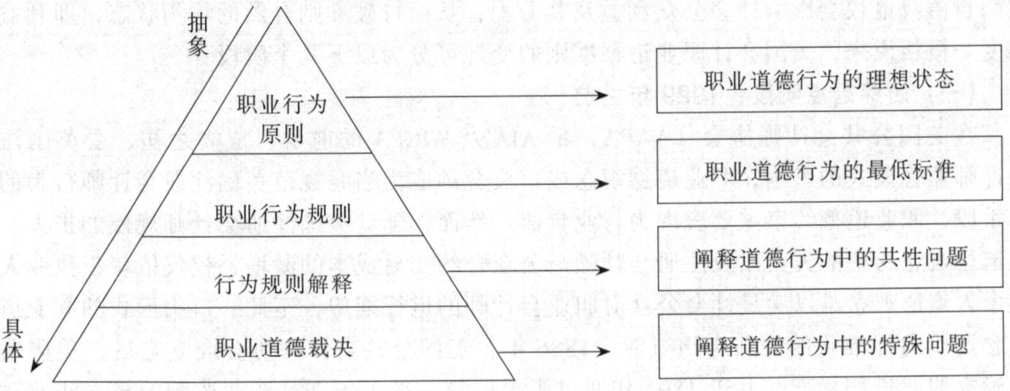

图 3-1 AICPA《职业行为准则》框架

准则结构的具体内容如下：

（1）职业行为原则是准则中第一部分的内容，包括责任、公众利益、正直、客观与独立、应有的职业谨慎、服务范围与性质。该原则是对职业人员应具备的品质与应承担的责任所做出的一般性规定，它表示职业道德行为的理想状态，具有不可操作性和非强制性的特点。

（2）职业行为规则是准则中第二部分的内容，由规则应用公告、审计、管理咨询服务、税务处理与复核服务等 15 条具体的且具有强制性的规则组成。这些行为规则以行为原则为基础，通过对职业人员提出特定而具体的执业要求，以执业行为的最低要求来保证行业服务质量，而且，非执业人员同样需要遵循其中的大部分规则。作为《职业行为准则》的核心，它代表职业道德行为的最低标准，具有一定的强制性和可操作性。

（3）行为规则解释是准则中第三部分的内容，它是对行为规则中专业术语的具体说明，规定了行为规则的约束范围和适用性。尽管行为规则条文的措辞较为严谨规范，但因为不同职业人员的信息理解力参差不齐，因此，行为规则解释主要是针对某些准则共性问题的实质内涵进行的进一步解读。值得注意的是，由于行为规则解释不具备强制性，执业人员在必要时必须说明背离解释的正当理由，并根据规则解释对执业过程中的不当行为进行修正。

（4）职业道德裁决是准则中第四部分的内容，它是 AICPA 针对某些特殊情况所做的解释说明，使之更为详尽具体。道德裁决部分涉及的问题往往不具有普遍性，仅仅是对行为规则及规则解释在具体情形下的应用总结，它代表着职业道德行为的特殊问题。职业道德裁决部分尽管不具备强制性，同样要求执业人员根据特定的解释对执业行为进行纠偏（陈汉文、韩洪灵，2009）。

二、美国会计职业道德准则的变迁

目前，关于美国会计职业道德准则发展阶段的划分并未得出一致性结论，从职业道德准则的变迁起源来看，其发轫于20世纪初。在本质上，合约变迁的过程是道德准则产生、更替与扬弃的演化过程，是多种社会力量共同作用的结果，包括行业自律、政府管制及社会公众对注册会计师行业的期望差距等。究其根本，主要源于注册会计师在职业判断中存在的自由裁量权会影响社会公众利益及其分配，从而打破准则合约的均衡状态，即利益关联度。概括说来，美国会计职业道德准则的变迁可分为以下几个阶段：

（一）萌芽起点阶段：1929年之前

在美国公共会计师协会（AAPA，系AIA及AICPA的前身）成立之初，受英国注册会计师监管模式的影响，职业道德观念或口头合约成为当时规范美国注册会计师行为的重要手段，职业道德约束主要表现为行业自律。然而，随着美国注册会计师规模的扩大、职业道德观念约束的失灵以及注册会计师与公众合约交易成本的激增，仅仅依赖于执业人员的个人道德观念难以满足社会公众对职业会计师的道德期望，至此，口头形式的职业道德观念逐步向标准化的公共合约过渡。1886年，美国公共会计师协会成立之后，美国便准备确立职业道德标准，并于1896年通过了美国第一部关于会计职业监管的成文法《对公共会计师职业的监管》。

1906年，AAPA建立了第一个正式的职业道德委员会，用以制定职业道德标准，其标志着会计职业界的道德准则从对一般道德概念的理解、内心的体悟、训诫性的言辞正式转向合约标准化的轨道，在其章程的“其他”章节部分，提出了两项有关职业道德的规定：（1）禁止会员允许非会员以会员的名义执业；（2）禁止会员向外行支付或收取佣金和回扣。1907年，AAPA将“职业道德”单独从行为准则中分离出来，并新增了三条有关职业道德的规定，并且每条规定均以“会员不得”为开头，从而对会计人员的行为加以限定，即会员不得从事与职业不相容的工作；会员不得未经AAPA会员适当的介入或监督而证明审计工作；会员不得在商业广告中使用注册审计师或类似的公共审计师名称，或允许任何组织使用这样的名称，由国家法律授权的除外（陈汉文、韩洪灵，2005）。

然而，AAPA五项准则合约条款的制定也引发了一场有关“是否需要制定成文准则”的大讨论。遗憾的是，囿于诸多压力（社会地位、地方保护主义及制度偏颇），AAPA五项准则合约难以为继，“地区性专家”计划逐渐取代行业自我管理，这也使政府管制最早介入注册会计师职业道德准则合约的变迁。1917年，AAPA更名为美国会计师协会（AIA），并发布了第一份较为全面的职业道德准则合约，为以后的合约重签奠定了基础。该合约包括八条行为准则，具体内容包括：（1）AIA头衔的使用，即如果会计公司的个别合伙人不是协会会员，则不得称该公司是美国注册会计师协会的会员；（2）会员不得故意对反映事实严重失真或严重漏记的财务报表提供鉴证；（3）会员不得让其他非合伙人、雇员、协会会员以自己的名义执行业务；（4）会员不得向外行支付或收取佣金和回扣；（5）会员不得兼任与公众会计师不一致的职业；（6）会员不得在缺乏严格督导的条件下对财务报告进行鉴证；（7）会员不得在未通知协会的条件下，参与对会计实务产生重要影响的立法游说活动；（8）会员不得“挖掘”其他会员的用户，侵犯其他会员业务（中国注册会计师协会，2004）。由此可见，该阶段对会计师职业行为的规范逐步由执业个人内在的道德自律过渡到外部禁止或限制性准则的约束，其职业道德准则的刚性程度不断强化。

（二）初步探索阶段：1929—1970 年

第一次世界大战后，工商业的地位和重要性得到了空前提高，政府对工商业采取的“自由放任”态度在一定程度上也放松了对注册会计师行业的管制，这种状态一直持续到 1929 年美国经济危机前夕。毋庸置疑，经济危机对美国股票市场的重创与政府对审计行业的漠视态度不无关系，在一系列重大审计失败案爆发之后，美国成立了证券交易委员会（SEC）用以保护投资者的利益。证券交易委员会的成立实现了对注册会计师行业正式的双重管制，进而使得职业道德准则合约的变迁充满了“政府催生”的色彩。此后，为规避政府的直接干预、保护公众利益、提高服务质量，AIA 于 1940 年对职业道德准则进行了一系列的重大修订，并将之前的准则追加至 15 项。随着第二次世界大战后的重建，资本市场在 20 世纪 60 年代再次迎来了快速发展的“春天”。1962 年，AICPA（系 ASCPA 与 AIA 合并后的命名）通过了新的职业道德准则，对协会会员从（1）协会会员与客户及公众的关系；（2）技术标准；（3）营销惯例；（4）操作实务；（5）与协会会员之间的关系 5 个方面对职业行为进行了规范。随后，AICPA 于 1966 年将有关职业道德的准则增至 21 项，并新增了 15 条相关的解释意见（任明川，2010），美国职业道德准则变迁的“规则型”特征初见端倪。

（三）基本雏形阶段：1971—2001 年

20 世纪 70 年代是美国职业道德准则变迁的重要里程碑，职业道德行为准则的雏形基本形成。随着“诉讼爆炸”与审计失败的频发，AICPA 准则重述特别委员会对职业道德准则进行了广泛检查和修订，并积极建立行业自律监管机制，如通过成立公共监督委员会（PAO）进行同业互查等来提高注册会计师的独立性和审计质量。此外，在 20 世纪 70 年代初，为进一步落实和推广会计职业道德监管准则，AICPA 还与美国各州达成了《职业道德规范联合实施方案》（Joint Ethics Enforcement Program）。该实施方案要求：对违反职业道德准则的会员，可以由 AICPA 或各州注册会计师职业团体对其做出处罚；而对于重大违规事项，则由 AICPA 进行处理。根据 AICPA 对道德制裁的定义，AICPA 会对违反职业道德准则的会员处以 2 年的资格暂停甚至资格取消的处罚，在暂停期间，会员不得在任何书面材料上确认自己的 AICPA 会员身份，不得参与选举或担任 AICPA 委员，而且，道德委员会还可以责令成员在资格中止期间完成指定的职业继续教育任务。

在职业道德准则雏形的形成阶段，其制度变迁的特点突出表现为以下三个方面：（1）在技术特征上，实现了道德准则合约从“平面”结构向“立体”结构的转变；（2）在政策目标上，提出了职业道德概念，注重服务质量和职业形象的提升；（3）在影响效应上，为美国本土及其他国家在审计或会计职业活动中的道德准则制定提供了良好的示范。

20 世纪 80 年代，美国资本市场得到了长足发展，而投资者对注册会计师的期望亦水涨船高。1983 年，AICPA 成立了注册会计师职业行为特别委员会，重新对现行职业道德准则与社会经济环境的相关性和有效性进行审视，重申了职业界对行业服务和职业行为所能达到的最高水准的承诺，极大地提高了职业道德准则合约与职业环境的契合度。之后，AICPA 注册会计师职业行为特别委员会发布了最终报告《适应环境变化，重构职业行为准则，促进职业完善》。从 AICPA 注册会计师职业行为特别委员会对职业道德准则的修订侧重来看，主要涉及制订能够系统监督从业活动的新方案；更新道德规范，强调诸如正直、客观、胜任能力等正面目标；建立独立审计师及非独立审计师的后续职业教育制度，以及从 2000 年起加入 AICPA 的条件至少为 150 个大学教育学分或本科及以上学历等限制性内容。

1988 年，AICPA 对职业道德准则进行了全面修订，并将其更名为职业行为准则。职业行为准则又分为职业行为准则原则与职业行为准则规则两部分。1992 年，AICPA 再次对职业行为准则进行了修订，修订后的职业道德框架仍为原则、规则、释义和裁决四部分，其中行为原则部分包括：恰当的职业判断、以公众利益为重、高度的正直、客观性和避免利益冲突、应有的谨慎、决策时遵守职业道德原则。行为规则部分包括：独立性、正直与客观、一般行为规则、遵守技术规范、遵守会计原则、客户私密、或有收费、有损职业声誉的行为、广告、佣金和介绍费、执业的形式与组织。至此，以“具体规则”为导向的注册会计师职业行为（道德）准则雏形初步形成。

（四）全面发展阶段：2002—2014 年

安然事件之后，世界各国掀起了对本土职业行为准则进行全面审查的浪潮，并重新评价了注册会计师制度安排的合理性，同时，将原来以“具体规则”为导向的行为准则体系推向了更加全面和详尽的空前状态。美国于 2002 年颁布的《萨班斯-奥克斯利法案》直接将对注册会计师行业的监管转至准政府管制模式，职业行为准则开始进入全面发展阶段。

值得注意的是，以“具体规则”为导向的准则体系及其“机械遵循”模式因刚性过度且缺乏一定的灵活性，使得现行准则制定导向饱受诟病，因此以概念框架为导向的准则体系及其基于原则的行动指南逐渐回归。2004 年，AICPA 职业道德执行委员会发布了《独立性准则之概念框架》，该框架对独立性准则制定的基本原则、独立性风险的识别及降低的分析方法进行了解释，同时，它也是美国注册会计师职业道德准则向概念框架法准则合约变迁的重要表征。

2007 年，AICPA 职业道德执行委员会发现，审计师在向客户或雇主提供专业服务时，可能会面临阻碍其实现基本原则目标的具体威胁，而行为准则并不能考虑到每种具体威胁的情形及消除威胁的方法。基于此，AICPA 在遵循原有基本原则的基础之上，提出了多种类似于独立性概念框架所描述的威胁消除措施，并将框架的适用范围延伸至专业服务行为中的所有人员，同时提出：当执业人员做出有关道德决策而原准则中尚未明确解释的，如成员通过保障措施无法消除威胁或者将其控制在可接受水平，甚至无法实施保障措施时，成员应拒绝或中止特定的专业服务。2014 年 12 月 15 日，经全面修订的职业行为准则开始正式实施。

（五）成熟完善阶段：2015 年至今

近年来，AICPA 对职业道德准则的修订主要集中在执业活动的实务领域，尤其是之前尚未涉及或悬而未决的问题；相反，对原则性内容的修订、补充却较为鲜见。2015 年，AICPA 在其公共实务领域的概念性框架中，从职业、法律与管理的视角针对职业道德提出了预防性制度，分别包括职业人员独立性与道德准则的教育和培训要求；职业人员独立性与道德准则的继续教育要求，以及提供有关道德准则咨询的专业资源，如相关热线等。相比对有关会计职业道德准则的补充，在该阶段，更多的是对审计师职业行为的规范。

三、对美国会计职业道德准则变迁的评价

从职业道德准则（以审计职业道德准则为主）的变迁过程来看，现有行为准则框架主要表现为以下几个方面的特征：（1）准则制定的路径依赖性。随着职业行为准则日臻完善和具体，后期对准则的修订主要建立在原有概念框架的基础之上，因此，准则合约的变迁在某种程度上是一种自我强化和修正的过程。（2）准则内容的环境相关性。准则内容每次的修订重点往往与经济环境（如经济危机）、业务环境（准则适用性）等内外部环境的变化高度契合，所以，职业行为准则变迁一方面源于自上而下的制度自适应性需求，另一方面是外部环境压力或外生力量倒逼的产物。（3）行业自律与政府管制并存。对职业道德的约束一般分为内部监督与外部监督两个方面，社会公众对执业人员道德期望的提升使职业道德准则变迁中的"政府催生"色彩愈发明显，政府参与不仅加快了准则合约的变迁进程，还促进了准则制度的逐渐趋同化和影响效应的扩大化。（4）技术特征的不断转换。近年来，职业行为准则的制定仍以具体规则为导向，通过不断定义准则中的专业术语、对具体准则的适用范围和特殊情形进行解释，体现了准则由抽象到具体的逻辑层次，特别是在审计独立性的准则制定中尤为突出。

四、美国会计人员职业道德现状

目前，从美国会计与审计职业道德准则框架的最终确定形式来看，两者基本相同，主要以 AICPA 发布的职业行为守则为基础，当适用范围未进行明确限定或存在显著差异时，大部分审计职业道德准则对其他会计从业人员依然适用。本书认为，对美国会计人员职业道德现状的分析可从三个层面进行把握：（1）从框架结构来看，美国会计职业道德准则同样可分为职业行为原则、职业行为规则、行为规则解释与职业道德裁决四部分，由一般性原则及原则指导下的具体规则（准则）共同构成，进而形成由行业自律、政府管制与社会监督齐抓共管的会计行为规范机制。（2）从准则制定的来源来看，可以根据会计职业道德建设任务的具体承担者（美国注册会计师协会、管理会计师协会等组织）来评价不同会计从业人员在职业道德要求、执业方式层面的差异性。（3）从准则制定的方向来看，与审计职业道德相似，风险导向理念开始逐步渗入到会计职业道德准则的制定中。而且，从近两年职业道德准则的内容方面来看，随着职业行为准则的制定朝着更加精细化、具体化的方

向发展，审计职业道德准则与会计职业道德准则开始呈现出一定的区分度，尤其是审计职业道德准则的制定更为突出，见表 3-3。

表 3-3　**美国会计职业道德规范**

	注册会计师职业行为准则	管理会计师职业行为准则	其他财务会计从业人员
	AICPA	IMA	FASB
一般性原则	责任、公共利益、正直、客观与独立能力、服务范围与性质等	职业胜任能力 保密责任 正直的品行 客观性原则	真诚与正直、保证所提供信息的客观与公允、遵守各项法规、尽力履行职责、保密要求、不断提高专业技能、避免失信行为
行为规则	行为规则主要包括会计从业人员的执业方式、在执业活动过程中可能存在的风险威胁，以及在具体情形下消除或减弱威胁的措施等，根据职业环境的变化，其相应的行为规则会在一般性原则的基础之上进行适时修订		

【专栏 3-3】英国零售巨头 Tesco 案件——财务造假路径探秘（下）
阅读资料请扫描二维码。

第四节　法国会计职业道德规范体系分析

法国是一个经济大国，其国有经济在国民经济中占重要地位。但与英、美两国相比，法国实行的是有一定政府干预的资本主义市场经济体制，即提倡政府对市场经济的干预和宏观调控。此外，法国的资本市场相对不发达，企业的融资渠道也比较单一，银行业的主营业务仍然是传统的储蓄、贷款，开展次贷业务的并不多，可以说较之英、美等国，法国的政治经济环境与我国更为接近。本书对法国会计职业道德法规和准则进行框架性介绍，以期能起到“他山之石，可以攻玉”的作用。

法国特许会计师委员会是国际会计师联合会（IFAC）的成员，因此法国会计从业人员遵循 IFAC 下属的国际会计师职业道德准则理事会（IESBA）和法律规定的道德守则。法国会计职业实行“准入制”，即针对法国会计法律、法规的特点及要求，专业人员必须遵守不同的道德准则，才能在法国从事会计工作。法国自 2007 年颁布《会计人员职业道德守则》（以下简称《道德守则》）以来，其会计职业道德相关法律经过历次修改，最新的架构为相关法律条款与职业道德守则相结合。一方面，会计法律、法规对职业道德的主体对象进行强制性规定：“本章的规定构成公共会计专业人员的道德守则，它们也适用于实习会计师和雇员，还适用于会计师事务所和管理与会计协会。”另一方面，利用职业道德守则对会计职业道德进行进一步详细的补充。

一、法国会计人员职业道德守则框架

从法国会计人员职业道德守则的具体内容来看，无论职业是以自由还是联合的形式存在的，其道德准则都是一样的。其大体上可以分为三类：一般义务、对客户的义务以及对协会和对命令的义务。

1. 一般义务，是法国会计人员职业道德守则对全体从业人员的基本要求

（1）能力、良知和正直

该义务要求专业人员以敬业、正直的态度开展各项活动，并且要不断更新其知识储备，同时也需要为其合作者提供不断改进的服务质量以履行相关职责。这一关于良知与正直的要求受承诺的约束（《道德守则》第 143 条）：“我宣誓基于良心和正直的态度从事我的职业，并在我的职业生涯中尊重并严格执行法律的要求。”正直还源自严格遵守道德规则，严格遵守义务及规章制度。

（2）独立（《道德守则》第 145 和第 146 条）

此项义务已逐渐被视为专业会计师职责的重要组成部分，其重要性主要体现在它要求专业人员及其合作者不基于任何偏见和利益冲突而完全独立地完成各自的任务。为避免会计师职业和职能间的利益冲突，特依据 1945 年 9 月 19 日法令第 22 条所述，制定了职业会计师不能从事的职业和职能清单。此外，客户与其任何合作的专业会计师之间的财务、专业或个人关系均可被视为在其业务中妨碍其诚信和客观性的要素。

（3）专业性保密

会计专业人员应承诺对客户提供的任何信息或听取的信息进行专业保密。然而，任何公开的信息都不受该项条款的约束。此外，法院传票有权对该保密誓言条款予以抗辩，法国法律对这一问题尤其重视，如果任何行政当局需要通过行政权力获取任何信息，则专业会计师被许可提供法律条文中所提到的信息。但是当双方之间产生辩护时，则会计专业人员有权拒绝申辩，从而履行其遵守保密承诺的义务。

（4）任务书

任务书是委托人与专业会计师或其公司之间订立的合同，它界定了合同中每个实体的权利和义务，同时，它还定义了任务的自然属性和延展内容。为了避免任何可能产生的误解，任务书的措辞必须非常专业、恰当而严谨。

（5）宣传和挨家挨户推销

根据《道德守则》第 152 条的规定，任何传播行为都必须谨慎行事，不应试图以任何形式背离规定专业人员的独立性、尊严性或改变其专业形象的条款。此外，其传播的信息必须保证准确无误，不得存在任何可能导致误解或需进行对照比较的因素。根据州议会的决议，挨家挨户的推销在法国是不被允许的。因此，不通过专业会计服务的正式渠道而接近客户的行为是不被允许的。如不得不如此，则必须依据第 152 条法令实施。

2. 对客户的义务，明确了法国会计从业人员对服务对象应尽的义务

（1）对律师的义务

尽管告知和劝告其委托人可能超越了职业会计师的责任，但他仍有义务履行该项职责。这项职责不仅适用于与会计有关的事项，同时也适用于其他领域，如税收系统、综合管理，甚至是对于某些合同的订立，职业会计人员都有义务对该责任予以履行。对律师的义务可分为四类：告知义务、告诫义务、请求义务（duty to demand）以及拒绝义务（duty to refuse）。

（2）任务终止

在通常情况下，职业会计师应按照其在委任书中所承诺的职责和期限履行其义务。当

承诺的任务无法完成时，在具备合理解释和不损害客户利益的前提下，职业会计师有权终止任务。他有责任向他的委托人报告任何能够影响其会计职业独立性的事件。同时，职业会计师也有责任对客户所有的文件和档案予以留存。在归还档案和文件时，建议职业会计师列出他所保存的所有文件和档案的清单并予以对照。职业会计师亦有权对其中一些文件予以复制，作为后期产生争端时举证的需要。

（3）费用

业务产生的咨询费由委托人和职业会计师依据双方团体间一致或不一致的意见标准自由商讨确定。它不能根据一个财政年度的利益数额而固化，应当根据实际情况予以调整；同时，它必须以书面形式呈现在任务书中。它可以固定费率的形式体现，也可以按照在工作上所花费的时间予以收取。

对于从属于会计学管理协会的业务，除会员费外，客户需按业务的深入程度和履行程度进行费用的支付。然而，有些任务可以依据目标收取报酬，这些任务不属于会计人员行使权力的范围，因此也不应参与执行“国际会计准则”。当具备以下条件时可以依此执行：按目标计算的费用必须包括在承诺书或背书当中；必须存在已确立好的发票原则，并至少确定其计算方法（不一定是其数额）；它们必须与尽职调查费用相挂钩并且不能成为专业人员获取报酬的唯一方式。

①费用争端问题。《道德守则》第 159 条对费用纠纷的解决提供了指导意见。即使在产生费用纠纷的情况下，如案件的审核期间，新会计也不得以任何理由拒绝对客户进行管理，但不存在拒绝服务的风险。这一规则于 1996 年 2 月 29 日由竞争、消费者事务和欺诈管制总局进行了重申。因此，必须强调的是，无论任何案件（合法妨碍的情况除外），特许会计师在接受客户的委托后，都不得以任何理由拒绝该客户的档案，如有困难，可随时将所遭遇到的困难情况告知区域市政局知晓。

②收费方案。2008 年 6 月 17 日关于民事诉讼时效期限改革的第 2008-561 号法律将支付费用的诉讼时效期限由 30 年缩短至 5 年。此外，时效期限还可依据双方所达成的合同协议予以调整，最短期限不得低于 1 年，最长期限不得超过 10 年。《民法典》第 2224 条规定，这一期间从权利持有人知道或应当知道使他能够行使权利的事实之日起算。这是一个“不固定”的起点，因此应鼓励双方在保存文件时持极为慎重的态度（见第 2 点，2.2，在任务结束时保存文件）。同时，《民法典》第 2232 条也规定了从权利产生时起 20 年为最后期限。

（4）调解和仲裁

从伦理的角度来看，职业会计师有义务向其委托人建议诉诸调解或仲裁程序，或按照其客户的提议进行选择。这一义务的提出源自 2012 年 3 月 30 日《道德守则》第 159 条中使用的“试图使接受”等表述，紧随其后的是“同样的义务对专业会计人员同样适用”。

调解的目的是通过消除职业会计人员与其委托人之间的误解，并重建二者之间的信任，使得双方达成意见一致的协议。仲裁是《民事诉讼法》第 1442 条及其后规定的程序，该条款允许在不诉诸法院的情况下解决争端。当事人委托仲裁员的任务在争端发生之前，在任务书中插入仲裁条款，或一旦出现争议，双方可参照仲裁缔约双方声明所接受的区域市政局的仲裁及收取费用的规定。

3. 对协会的职责和对命令的责任

（1）对协会的职责

《道德守则》第 141 条中所提及的主体之间应互相帮助和礼貌相待。他们应避免发布任何伤人的言论、展现任何恶意的态度、发表任何公开或私下的文章、采取任何可能损害其同事处境的步骤或伎俩。此外，职业会计师还受到义务和普通法的约束，即不得通过欺诈手段对授权人进行不正当竞争，尤其是在职业会计师之间进行文件追回或合作的情况下。因此，在对客户的文件进行具体干预的情况下，职业会计师必须避免不公平竞争。在他的任务开始之前，他可以书面形式向专业人士做出礼貌的通知，并告知其仅限于技术干预，而不应当对已完成的工作做出不礼貌的判断或评论。职业会计师应当遵循以下原则：不要轻视客户，不要主观地在客户的头脑中制造模糊概念，不要人为制造与专业人士提出的观点相悖的论点。

客户可以自由选择他想与之共事的职业会计师，这样客户可以在职业会计师之间进行选择和转换。然而很少有人尊重这种态度。根据 2012 年 3 月 30 日《道德守则》第 163 条的规定，新会计人员必须向前任会计人员发送道德书以询问可能需要支付的任何费用。

如果有涉及客户转移的纠纷，则专业人士可要求区域市政局主席进行调解或仲裁（《道德守则》第 161 条）。如果最后一次调解或仲裁仍以失败告终，则他们可以上法庭就这件事做出裁决。

客户偷猎是指公司通过模仿竞争对手的品牌、方法和产品，诋毁其客户和/或前景，对竞争对手造成伤害，从而吸引顾客的行为。当产生员工偷猎行为，并导致企业组织混乱时，该行为便成为不公平竞争的根源。

会计师事务所雇员的雇佣合同可包括一项非竞争条款，该条款必须符合以下几个标准：

①不侵犯工作自由；

②不超过集体协议规定的期限（3 年）；

③必须包括经济补偿；

④在时间和空间上限制它的作用。

（2）职业会计师之间的合作

在所面临的情景相同的情况下，职业会计师之间的合作是有可能存在的，而这种合作往往是通过外包实现的。客户投资组合可以在职业会计师之间进行出售和转换，就像其可以在法国租赁一样。

对于这最后一种特殊处置，需要：

①在合同中包括一项关于顾客选择自由的条款，该条款必须得到保障；

②出租人在租赁管理期间将其主要资本注册登记在订单中。事实上，由于无法证明自由职业者的地位，他不能继续拥有自由基金，从而将其置于租赁管理之中。因此，出租人将不得不继续支付定额和退休金，并购买 CPP 保险。

（3）临时行政

如果一名会计师死亡或暂时丧失执行其专业活动的能力，除非有最终暂停处罚的说明，区域委员会主席可应专业人员的要求或与他达成协议，由该专业人员担任会计师，或由税务机关委派注册会计师，以确保其临时更换。

这种替代是一项自由的协会任务。但是，当任务的重要性得以保证时，可以规定替代赔偿。在这种情况下，赔偿协议必须首先提交给区域议会批准。如果因该职业会计师停职或其会计师事务所停业而缺席，则由区域市政局实施临时行政管理。临时行政程序的开始时间，将在纪律处分成为最后裁决（不可上诉）之日确定。

在这方面，该命令的区域理事会主席必须致函被停职的专业人员，以获得关于他当前任务的信息，任命临时行政长官，并将其任命通知被停职的专业人员。区域理事会主席或临时行政管理人员需向被停职的专业人员发出通知，通知他们暂时停职以及提供临时行政管理人员的姓名，从而客户可以选择接受或不接受先前委托给被暂时停职的专业人员的任务由行政管理人员代替执行。

（4）保留文件

如果不支付费用，专业人员只可保留自己所做的工作（资产负债表、年度账目），而不能保留客户提供的文件。

职业会计师必须做到：事先已用尽所有可能的调解方式、以挂号信通知客户，并确认其行使保留权、向区域理事会主席报告导致他行使留用权的合同纠纷。

二、法国会计人员职业道德守则的特色

通过对法国会计法规体系的梳理，不难发现法国会计职业道德法规与守则具有以下两个特点：

（一）政府在法规体系的建立中起着主导作用

在法国，虽然职业团体对会计法规内容的丰富做出了积极的贡献，但是会计职业道德法规的建立和执行却是在法国政府的主导下进行的。

第一版的《会计总方案》就是由法国政府成立的、隶属于法国财政部的会计准则制定委员会完成的，此后对《会计总方案》和会计职业道德守则的各种修订也离不开政府的支持和组织，其推广和应用也得益于政府以法律形式要求的强制执行。

此外，法国政府于2009年1月以法令的形式宣布通过合并会计准则制定委员会和会计规范委员会来成立一个新的机构——会计准则委员会，该委员会致力于会计法规的制定和完善，推动会计理论和会计方法的研究，并在法国财政部的邀请下，参与国际会计准则在法国推广和应用的讨论研究。虽然该委员会的成员大多来自民间团体，但是仍然受到政府的影响：其理事会中拥有一个来自行政法院的顾问、一个来自最高法院的顾问和一个来自审计法院的顾问。

（二）会计职业团体起着举足轻重的作用

在法国，虽然会计职业团体发表的意见的效力位于最基层，但是这些意见却在法国会计法规体系的建立和完善中起着举足轻重的作用。他们提出的意见或解释通常都会被法令所认可并采用，最典型的一个例子就是1999年《会计总方案》的改写，虽然法令的颁布是由政府来执行的，但是其主要改写者就是一个会计职业团体——会计规章委员会。而且此后陆续对《会计总方案》进行的修订，也来自会计准则委员会、注册会计师协会、国家审计师协会等的意见。

此外，在实务操作中，这些会计职业团体发表的各种指导意见和对法律法令的解释也

得到了广泛的认可和采用。例如，国家审计师协会撰写的《审计师职业道德守则》就以法令的形式于2005年被纳入《商法》中，而其撰写的《审计师执业指南》虽然没有以法令的形式使之强制执行，但是却在实务中成为审计师的工具书，甚至进入了大学课堂让学生学习。而法国会计职业界如此重要地位的形成并非偶然，是由法国独特的文化造就的。

在法规的形成过程中，由于政府并不是该领域的专家，因此只能寻求会计职业人士的帮助。在政府的推动下，法国会计职业界在会计法规制定过程中的地位得到明显提升。在英、美等国，会计法规往往来源于行业自律，会计人士需要想尽办法提高影响力，让自己的意见得到社会的认可；而在法国，会计人士的意见一开始就是在政府的鼓励下发表的，无须进行自我宣传，所以法国的会计职业界在会计法规的制定中享有其他国家的会计人士无法比拟的优势地位。

【专栏3-4】中美会计监管比较（节选）

阅读资料请扫描二维码。

【关键概念】

国际会计师联合会（International Federation of Accountants，IFAC）

《职业会计师道德守则》（Code of Ethics for Professional Accountants）

美国注册会计师协会（American Institute of Certified Public Accountants，AICPA）

管理会计师协会（The Institute of Management Accountants，IMA）

英格兰及威尔士特许会计师协会（ICAEW）

【复习思考题】

1. 国际会计职业道德准则的总体框架包括哪些内容？
2. 如何看待国际会计职业道德准则的不断完善与发展？
3. 美国会计职业道德建设有哪些举措？
4. 英国会计职业道德建设有哪些经验值得我们学习？
5. 法国会计职业道德建设对我国有怎样的启示？

【练习题】

一、单项选择题

1. 国际会计师联合会的英文缩写是（　　）。

A.IESBA　　B. IFAC　　C. IFRS　　D. ISAs

2. 与（　　）有关的法律及法规是指对财务报表的重要项目有直接影响或对本组织运作有根本影响的法律及法规。

A. 专业心理咨询师　　B. 专业审计师

C. 专业金融师　　D. 专业会计师

3. 对职业会计师来说，（　　）是按照基本原则行事的需要，尤其是在面临个人不良后果风险的情况下。

A. 职责　　B. 勇气　　C. 责任　　D. 信心

4.（　）是法国会计职业道德守则对全体从业人员的基本要求。

A. 一般义务　　B. 对客户义务　　C. 对协会义务　　D. 对命令义务

5.（　）被视为职业会计师职责的重要组成部分，它的重要性主要体现为要求专业人员及其合作者不基于任何偏见和利益冲突而完全独立地完成各自的任务。

A. 能力　　B. 良知　　C. 独立　　D. 正直

6.（　）是委托人与职业会计师或其公司之间订立的合同，它界定了合同中每个实体的权利和义务，还定义了任务的自然属性和延展内容。

A. 协议书　　B. 审计报告　　C. 财务报告　　D. 任务书

7.（　）的目的是通过消除职业会计师与其委托人之间的误解，并重建二者之间的信任，使得双方达成意见一致的协议。

A. 仲裁　　B. 调解　　C. 法律　　D. 法规

8. 在（　）的推动下，法国会计职业界在会计法规制定过程中的地位得到明显提升。

A. 行业协会　　B. 会计师事务所　　C. 外部审计　　D. 政府

9. 在法国，虽然（　）发表的意见的效力位于最基层，但是这些意见却在法规体系的建立和完善中起着举足轻重的作用。

A. 政府　　B. 议会　　C. 审计师　　D. 会计职业团体

10.（　）是会计从业人员在活动执行中所应遵循的道德原则和行为规范的总和。

A. 会计职业道德　　B. 审计道德　　C. 法律　　D. 法规

二、多项选择题

1. 国际会计师联合会在会计职业道德准则变迁中发挥着重要作用，其主要致力于制定高质量的国际职业准则，如（　）。

A. 国际审计准则　　B. 国际会计教育准则

C. 国际会计师职业道德守则　　D. 国际审计道德准则

2. 会计职业道德通过会计业务或会计活动中一系列（　）等约束性条款来维系会计职业人员与社会公众的隐性契约关系。

A. 行为准则　　B. 道德规范　　C. 法律法规　　D. 团体章程

3. 英国于 2017 年 1 月 1 日修订的《道德准则》列明的五项基本原则包括（　）。

A. 正直　　B. 客观性

C. 专业胜任能力及应有的谨慎　　D. 职业行为

4. NOCLAR 按专业会计师分类并分别确定具体步骤，其中分类包括（　）。

A. 审计人员　　B. 在事务所工作的会计师

C. 在工商业界工作的高级会计师　　D. 工商业界工作的会计师

5. 修订后的国际职业道德准则要求会计师遵循的目标包括（　）。

A. 遵循诚信的基本原则　　B. 加强内部控制

C. 进一步采取行动　　D. 敦促管理层

6. 在新形势下，国际会计职业道德准则具有的特点包括（　）。

A. 职业道德准则的国际趋同化　　B. 职业道德准则制定的原则导向

C. 降低代理成本　　D. 机遇与挑战并存

7. 从会计实践来看，(　　) 等承担了会计职业道德建设的主要任务。

A. 美国注册会计师协会　　B. 管理会计师协会

C. 财务会计准则委员会　　D. 内部审计师协会

8. 从美国职业道德准则的变迁来看，现有行为准则框架表现为 (　　)。

A. 准则制定的路径依赖性　　B. 准则内容的环境相关性

C. 信息技术的升级　　D. 行业自律与政府管制并存

9. 英国各会计职业团体的道德准则基本趋同，其特点可概括为 (　　)。

A. 基本原则的内容完全相同　　B. 原则不同

C. 导向不同　　D. 非主体性内容的相似

10. 法国会计从业人员遵循 (　　) 和 (　　) 的道德守则。

A. 职业道德准则委员会　　B. 审计师协会

C. 国际道德准则会计师委员会　　D. 法律规定

三、判断题

1. 会计人员在进行会计工作的时候，要真实地反映经济活动，尊重事实，实事求是，不要伪造或编造会计数据。(　　)

2.IFAC 职业道德准则框架的确立最早可追溯至 1996 年《职业行为准则》的颁布。(　　)

3. 契约的基本前提之一就是诚信原则。(　　)

4. 国际趋同是会计职业道德准则变迁的重要表征。(　　)

5. 业务环境的复杂化以及各成员国在法律、规则与惯例上的差异，不利于提高道德准则的国际认同。(　　)

6. 会计职业道德在本质上是一种会计行为规范机制。(　　)

7. 会计职业道德是保证会计服务质量、稳定社会经济秩序与维护社会公众利益的重要因素。(　　)

8. 在确定任何威胁是否在可接受的水平上时，ACCA 成员应该考虑一个合理和知情的第三方是否可能得出结论。(　　)

9. 法国经济的高速增长催生了最早的以公允价值计量的会计模式。(　　)

10. 职业会计师应当将职业道德要求作为其履行义务时应该遵循的基本原则。(　　)

【案例分析题】

安然-安达信：双安不安 自毁前程

2001 年，美国华尔街明星企业纷纷倒闭，道·琼斯股票指数、纳斯达克股票指数和标准普尔 500 指数屡创新低，股市投资者损失惨重，公众信心接连遭受打击。2001 年 1 月，曾在《财富》杂志全球 500 强中名列第七的美国能源超级大企业安然公司对外公布：公司 1997—2000 年度虚报盈利 5.91 亿美元，增列 6.28 亿美元负债，直接导致投资者信心崩溃。在不长的时间内，安然公司股价从最高超过 90 美元、股票市价超过 630 亿美元，一路狂跌至股价不足1美元，连续30个交易日其股价都徘徊在摘牌底线的1美元左右，安然公司股票被摘牌。同年12月2日安然公司正式向纽约联邦地方法院申请破产保护，破产清单所列资产达631亿美元。安然公司破产后，受害者遍及全球，其股票投资者损失惨重，血本无归。贷款给安然公司的华尔街金融公司、欧亚各银行承受了至少50亿美元的损失。美国著名的信用评级公司——标准普尔估计，与安然公司债务相关的证券商遭受了63亿美元的损失。2006年10月23日，安然公司前首席执行官52岁的杰弗里·斯基林被美国休斯敦地区法院判刑24年零4个月，法院还判处他名下的4 500万美元财产用以还债，这位曾经的商业巨子付出了倾家荡产的代价。

而当初伴随着安然公司破产倒闭，全球五大会计师事务所之一、创立于1913年的安达信国际会计公司也遇到巨大麻烦，遭遇严重的诚信危机，进而引发全球会计行业强烈地震。在安然公司成立后的16年里，安达信一直担任安然公司的独立审计师。在2001会计年度，安达信的业务收入为93.4亿美元，其中有5 200万美元的收入来自安然公司，而其中有2 700万美元是管理咨询业务收入，只有2 500万美元是审计鉴证收入。很显然，安达信担任安然公司的独立审计师可谓扮演了双重角色：外部审计师和内部审计师。因此，安达信的审计失去了独立性，无法做到公正。正如美国《商业周刊》评论员所说："一只手做账，另一只手证明这只手做的账。"这样，怎能不出假账？

2001年12月，安达信CEO约瑟夫·贝拉迪诺在国会作证确认，安达信在安然公司的财务会计问题处理上判断失误。在收到美国证券交易委员调查安然公司财务与会计违规问题的传票后，2002年1月10日，安达信发表简短声明，承认其负责安然公司审计工作的前主审计师大卫·邓肯曾召开了一个紧急会议，组织力量迅速销毁上万份与安然破产有关的文件，而邓肯则说他是接到安达信的律师的指令后才这么做的。销毁文件的做法违反了会计业内的最基础审计原则。美国司法部以"妨碍司法调查罪"将安达信告上法庭。美国休斯敦联邦大陪审团裁定安达信销毁安然文件、妨碍司法调查罪名成立。令人吃惊的是，两家申请破产的大公司美国环球电讯公司和世界通信公司的独立审计师也是安达信。2001年安达信因为其他客户做假账而被罚款1.17亿美元。2000年，安达信在对废品管理公司（Waste Management Inc）的审计中因违反美国一般公认会计原则（US GAAP）和不正当行为，被美国证券交易委员会处以4.57亿美元的罚款，由Waste Management Inc与安达信共同承担。

总之，安达信因诚信缺失导致近百年美名毁于一旦，最终自毁前程。美国东部时间2002年8月31日，安达信国际会计公司正式宣布退出审计行业，这家拥有89年辉煌历史的世界著名会计公司因为"安然事件"付出了昂贵的代价——被迫黯然关门。

（资料来源：叶陈刚.公司治理层面的伦理结构与机制研究［M］.北京：高等教育出版社，2006：51）

讨论问题：

（1）安达信对安然公司审计失败的根本原因是什么？

（2）安达信对安然公司审计失败的案件带给我们哪些启示？

第四章 会计审计职业道德原则

【经典名言与感悟】

孔伋，字子思

（公元前 483—公元前 402 年）

陶行知

（1891—1946 年）

天命之谓性，率性之谓道，修道之谓教。

君子中庸，小人反中庸。

君子之道，辟如行远必自迩，辟如登高必自卑。

子曰："舜其大孝也与！德为圣人，尊为天子，富有四海之内。宗庙飨之，子孙保之。"

子曰："故大德，必得其位，必得其禄，必得其名，必得其寿。故大德者必受命。"

诚者，天之道也；诚之者，人之道也。

诚者，不勉而中，不思而得，从容中道，圣人也。

诚之者，择善而固执之者也。

博学之，审问之，慎思之，明辨之，笃行之。诚则明矣，明则诚矣。

——子思《中庸》

千教万教教人求真，千学万学学做真人。

——陶行知

在全社会弘扬劳动精神、奋斗精神、奉献精神、创造精神、勤俭节约精神，培育时代新风新貌。

——党的二十大报告

弘扬诚信文化，健全诚信建设长效机制。发挥党和国家功勋荣誉表彰的精神引领、典型示范作用，推动全社会见贤思齐、崇尚英雄、争做先锋。

——党的二十大报告

真君子爱吉财，取之当守正道，才是君子爱财，取之有道。

利他是最大的利己、最好的利己与最智慧的利己。

——叶陈刚感悟

【学习目的与要求】

1. 了解诚信为本，是会计审计职业道德的核心原则。
2. 明确操守为重，是会计审计职业道德的声誉原则。
3. 理解坚持准则，是会计审计职业道德的工作原则。
4. 坚定优质服务，是会计审计职业道德的目标原则。

第一节 诚信为本：核心原则

诚信，即诚实、诚恳、信用、信任。它包括两层含义：一是要以信用取信于人；二是对他人要给予信任。“民无信而不立”。诚实守信，是为人处世的基本准则，也是会计审计工作的根本。《中华人民共和国会计法》（以下简称《会计法》）要求“规范会计行为，保证会计资料真实、完整，加强经济管理和财务管理，提高经济效益，维护社会主义市场经济秩序……”[①]就是对会计审计诚信的高度概括，就是诚信会计的根本。

会计审计是诚信行业。如果会计审计失之诚信，弄虚作假，欺诈舞弊，会计审计关系得以存在的基础就会随之坍塌，会计审计行业的生命也就随之完结。所以在市场经济不断发展和不断完善的今天，更应加强会计审计诚信道德教育。诚信是会计审计工作的根本，是会计审计行业发展的基石。

一、诚信建设是我国市场经济的最基础建设

（一）诚信建设是提升市场经济各方主体核心竞争力的法宝

诚实守信是市场主体增强核心竞争力、实现可持续发展的竞争方略和经营之道。“诚信有价”与“诚信无价”看似反义词，实系同义词，都蕴含着诚信的双重含义：巨大的诚信价值与沉重的失信代价。从正面看，诚信是资本，诚信创造价值，诚信品牌会给市场主体带来溢价。诚信理应成为现代资本市场的通行证。与失信者相比，诚信者交易成本更低，市场机会更多，市场份额更大，融资渠道更广，社会形象更好。因此，诚信溢价具有正当性、合法性和可操作性。从反面看，失信者最终要付出沉重代价。有些商人缺乏正确的荣辱观，利欲熏心，唯利是图，见利忘义。有些商人热衷于活学活用三十六计和厚黑学，而将资本市场的法律与伦理抛之脑后。此种做法虽能图利一时，但行之不远。

（二）诚信建设的好坏关系到我国市场经济改革与发展的成败

经过改革开放40多年的不懈努力，我国社会主义市场经济体制虽已建立，但仍不完善。社会主义市场经济本应是诚信为本的市场经济，而非尔虞我诈、坑蒙拐骗的市场经济；诚信化、法治化、透明化与市场化是我国深化资本市场改革的基本方向，并以诚信化为主导。“市场经济首先是信用经济，信用经济必须是法治经济”。但在我国资本市场中仍存在道德严重滑坡、“劣币驱逐良币”的混乱现象。形形色色的欺诈行为（包括但不限于上市公司及其“董监高”的虚假陈述以及券商对客户的误导交易）、不公平交易行为（内幕交易、操纵市场、控股股东与上市公司之间严重不公允的关联交易）、上市公司恶意不分红、市场专业人士（含保荐人、资产评估机构、会计师事务所和律师事务所）的助纣为虐等失信“毒瘤”直接侵蚀着我国资本市场的肌体。要进一步推进我国资本市场的改革，促进我国资本市场的可持续健康发展，必须大力加强资本市场诚信建设。

（三）诚信建设是落实依法治国、建设社会主义法治国家的重要组成部分

大国崛起的历史就是法治国家崛起的历史。法治国家无不是诚信大国。法治国家必须

---

① 2020年《中华人民共和国会计法》（修订版）。

弘扬诚信文化。而资本市场诚信水准的高低是衡量一个国家或地区法治状况优劣的核心指标。完善的法治有助于捍卫诚信、制裁失信；诚信环境的改善也会加快推进市场经济法治化进程。失信背信行为不仅损害了善意市场主体（包括债权人、投资者与消费者）的民事权利，而且损害了社会公共利益，亵渎了法治的尊严，侵蚀了诚信原则和公序良俗，滋生了超越于法律规则的潜规则。资本市场欺诈根源于某些落后文化的影响，不仅严重污染了诚实守信的资本市场文化，而且严重阻碍了法治国家的建设进程。因此，为真正建设社会主义法治国家，必须大力加强资本市场诚信建设。

（四）诚信建设是落实以人为本的科学发展观、构建社会主义和谐社会的重要内容

从我国历史看，和谐盛世都是诚信文化彰显、夜不闭户、路不拾遗的时代。没有诚信，就没有和谐社会。当前资本市场中的失信现象颠覆了和谐共赢的阳光盈利模式，培植了单赢独享的阴暗盈利模式，人为制造了市场主体之间的利益冲突与不信任因素，提高了市场主体之间交易与合作的成本，降低了公众投资者的幸福指数。有些市场主体不仅欺诈普通投资者，更欺诈离退休人员和低收入人群等弱势投资者，既不道德，又不厚道，更不合法，屡屡触犯众怒。例如，有些金融机构恶意误导离退休人员把养老的储蓄存款转成高风险的金融投资产品，导致某些老年人血本无归。

（五）诚信建设是全球化背景下提升国际软实力的战略举措

我国是历史文明古国，“言必信，诺必践”的传统文化源远流长。我国企业在贯彻“走出去”战略、对外开展贸易与投资等商事活动中的一言一行直接影响着外国资本市场伙伴、消费者和东道国政府对我国商人和民众诚信度的评价。遗憾的是，我国涉足海外资本市场的商人良莠不齐，部分在海外上市的公司因财务造假而遭受东道国监管者的调查和谴责。任何一家中国企业、任何一位中国公民的失信行为都会引发国际社会对中国、中国人乃至海外华人的诚信的株连效应。为打造诚信中国品牌，改善国际形象，维护国家利益和民族利益，必须加强在资本市场上的诚信建设。

2020 年 11 月 25 日李克强总理在国务院常务会议上明确指出：“要通过推进社会信用体系建设，加强诚信建设、营造公平诚信的市场环境和社会环境。”①总之，大力加强市场经济诚信建设具有重大的经济意义、政治意义、法治意义、社会意义、国际意义与文化意义。资本市场诚信体系建设是一个庞大复杂的系统工程，需要政府有关部门、市场主体、行业协会和广大投资者等社会各个层面的共同努力。其中，制度建设尤其是法治建设是最为重要的一环。

二、提升失信成本，实现违法零收益、负收益

市场经济主体均是经济人。趋利避害、追求财产利益最大化是商人的本性。目前，美国资本市场的诚信状况整体高于我国市场的主要原因在于美国建立了更为全面的诚信保障制度，包括惩罚性赔偿机制、集体诉讼制度、受害投资者的维权激励机制、专业律师、廉洁高效的行政监管与司法救济系统。

在美国，资本市场欺诈行为虽可为失信者带来暂时小利，但失信者要付出远远高于收

① 2020 年 11 月 25 日李克强总理在国务院常务会议上的讲话。

益的法律代价，如庞氏骗局和麦道夫骗局的最后结局。美国资本市场秩序的维护离不开惩罚性赔偿制度的巨大惩罚、赔偿和教育三大功能。奸商为谋取小利可能会支付数亿美元的赔偿金，不仅使其颜面尽失，而且在经济上得不偿失。除了受害者足够的维权动力外，以风险代理收费为主要盈利模式的美国律师行业也发挥了积极作用。既然受害者聘请律师时不付分文，律师仅在原告胜诉时收费，受害者当然愿意在风险为零、收益无限的预期下，聘请律师维权到底。实际上，在美国，有投资者、消费者权益受损，律师往往主动上门，甚至在报纸上刊登广告，号召受害者委托其伸张正义。与其说是受害者请律师，不如说是律师“请”受害者。美国有一则妇孺皆知的笑话：一旦有交通事故发生，第一时间赶到事故现场的人是律师，记者、警察和急救医生往往尾随律师而到。

假如在一个市场体系中，违法和违规的造假者和失信者获得的收益远远超过其所付出的成本，包括经营成本、法律成本以及其他经济成本，在这些巨大利益和不对称成本的驱使下，无视商业伦理原则和社会责任的经营者或者管理者会竞相效仿。这可能会导致市场上契约精神严重缺失，守法合规的经营者不能获得正常的利润，而那些非法经营的不诚信商家使得质量低下、假冒伪劣商品充斥市场，他们在获取非法利润的同时，还导致劣币驱逐良币。在会计审计领域同样会出现这种现象，出具虚假会计报告的管理者做高公司市值套现离开；出具虚假审计报告的审计师事务所获得更多的市场份额和收入。受害的商品使用者和信息使用者无法从造假者处获得赔偿，因为举证难度高、诉讼成本大，即使获得了证据，查处了造假和不诚信的公司，其面临的处罚也没有威慑力，承担的经济责任小，同时也不构成重大刑事责任，就如同隔靴搔痒。

由于法律的滞后性，某些失信者和违规者的刑事责任和民事责任被追究和执行的比例较低。例如，在证券市场中，早期制度体系不完备，投资者由于公司管理者造假和信息违规行为产生的损失并不能通过代理诉讼形式直接获得补偿，由于取证的复杂性和投资者损失计算和量化的难度较大，法院系统并未就证券市场中失信人的过失导致投资者损失提供明确的支持。即使少数重大案件被侦破和处罚造假者，也未能对投资的损失予以确认。

在原有的民事赔偿体系下，法院对造假者的刑事责任处理比民事责任处理成本更低。其未能充分认识到资本市场中失信者对市场经济体系的危害。失信者既要承担惩罚性赔偿责任，又要对守信者遭受的损失承担补偿性赔偿责任。补偿性赔偿的范围既包括财产损失，又包括精神损失；财产损失既包括直接损失，又包括间接损失；而直接损失又包括原始的直接损失与派生的直接损失（如法院收取的案件受理费、律师收取的律师费等）。值得注意的是，惩罚性赔偿请求权并不排除受害投资者的精神损害赔偿请求权。基于以人为本的主流价值观，某些受害者的精神损害赔偿金额有可能超过财产赔偿金额。因此，人民法院既要旗帜鲜明地保护受害投资者的惩罚性赔偿请求权，也要保护受害投资者的补偿性赔偿请求权（包括精神损害赔偿请求权）。[①]

在行政机构处理违规和失信案件时，许多失信人和造假者对行政执法抱有侥幸心理。为降低违法收益、提高违法成本，建议立法者进一步提高对失信者行政处罚的法定幅度，

① 刘俊海．夯实商业诚信根基的法治改革建议（下）［J］．中国法律，2012（4）．

建议把资本市场中的市场禁入制度的适用范围扩展至资本市场中的重要参与者。市场禁入者既包括控股股东、实际控制人、董事长和总经理，又包括副董事长、董事、副总经理、监事等高级管理人员和中级管理人员。市场禁入是行政权力对违法行为人执业资格的限制和剥夺，行政处罚具有专业性和效率性，由主管的市场监督和监管机构直接给予处罚和裁决。对具有专业技术资格的直接责任人员（如理财师、保荐代表人、律师、会计师、资产评估师等）应建立相应的市场禁入制度，对那些严重违法和给公众利益造成重大损失的失信人的处罚应为终身禁入。①

要建立规范有序和完善的资本市场，必须严明法治，用重典。我国已经确立罪刑法定主义。为建立健全常态化打击资本市场犯罪行为的法治环境，在 2020 年 3 月开始施行的修订的《中华人民共和国证券法》和刑法中，对严重违规和失信的管理者及其他中介组织人员的法律责任加重并入刑；把严重违反诚信原则、主要以欺诈手段谋取不法利益的各种资本市场行为入刑定罪，进一步提高现有失信犯罪的法定量刑幅度。加大对责任人的处罚力度，提高罚款倍数、罚款金额，以“欺诈发行”为例，《中华人民共和国证券法》修订前的处罚金额是募集资金的 5%，而修订后则是募集资金的一倍；再举个“虚假陈述”的例子，修订前顶格处罚是 60 万元，修订后则是 1 000 万元。承担资产评估、验资、验证、会计、审计、法律服务等职责的中介组织人员故意提供虚假证明文件，情节严重的，处 5 年以下有期徒刑或者拘役，并处罚金。此外，还要充分考虑犯罪分子的主观恶性、犯罪手段、犯罪行为对市场诚信秩序的破坏程度、恶劣影响等。对于失信犯罪的累犯、惯犯，共同犯罪中的主犯，造成投资者损失金额巨大的犯罪分子，要坚决依法严惩，罪当判处死刑的，要坚决依法判处死刑；要扩大财产刑的适用范围，彻底剥夺犯罪分子非法获利和再次从事失信犯罪的资本。②

民事责任、行政责任与刑事责任并非互相孤立、毫无联系。三者有机地统一于投资者权益保护这根主线中，只不过侧重点不同而已：民事责任发生于横向法律关系中作为平等主体的投资者和其他市场主体之间；行政责任（行政处罚）发生于纵向法律关系中作为不平等主体的监管者和市场主体之间；刑事责任则是国家对市场主体犯罪行为最严厉的制裁。刑事责任的制裁与教育功能虽然不同于补偿功能，但有助于提高违法者的犯罪成本，阻遏失信违法犯罪行为，最终惠及社会公众。对于资本市场中的失信行为，既要依法追究行政责任和刑事责任，更要依法追究民事责任。要严厉打击失信违法犯罪行为，就必须强调三大法律责任并行不悖，不能相互替代，从而践行会计诚信，优化会计环境。

三、会计从业人员贯彻诚信为本原则的内在要求

世界 500 强企业之一的默克公司（Merck）曾经投入巨资开发生产一种根本不能赚钱的产品，却让很多深受一种病痛折磨的人们摆脱了痛苦，这是典型的基于商业伦理道德的选择。经过 7 年的研究和无数次的临床试用，默克公司终于开发出供人体服用的治疗河盲症的新药，默克公司专门和世界卫生组织合作，共同出资成立了一个委员会，负责将这些

① 刘俊海．夯实商业诚信根基的法治改革建议（下）［J］．中国法律，2012（4）．
② 刘俊海．夯实商业诚信根基的法治改革建议（下）［J］．中国法律，2012（4）．

药品安全地送到发展中国家的病人手里，并且保证这些药品不回流到黑市移作他用。到1996年，这个委员会通过和多个国家的政府机构以及志愿组织合作，将治疗河盲症的特效药送到了几百位病患手中，解除了他们的痛苦，使易感人群免受河盲症的威胁。有人曾问，默克公司为何投入巨资开发生产一种根本不能赚钱的产品，默克公司主席魏格洛斯的回答是，当公司发现一种药品可能用来治疗一种足以把人折磨疯的病痛时，唯一符合商业伦理的选择就是：去开发这种产品。

创立于1669年的北京同仁堂给我们的启示就是仁者无敌，诚信常青；仁德诚信铸造了同仁堂金字招牌，今日同仁堂集团名列全国医药企业50强之首，成为中华民族医药产业的骄傲。张瑞敏倡导的“真诚到永远”的海尔理念取得巨大效益就是诚信成功的生动典范。党的十六届三中全会通过的《中共中央关于完善社会主义市场经济体制若干问题的决定》明确提出“增强全社会的信用意识，政府、企事业单位和个人都要把诚实守信作为基本行为准则”。

“诚”是指诚实，“信”是指信用、信誉、信念。诚与信是中华民族的传统美德。中国古代思想家十分重视这两种德行，认为是人的安身立命之本。诚与信是紧密相连的，凡是真正的诚实之举，本身就显示着信用，也肯定能得到他人的信任；而真正守信的行为，本身就是当事人诚意的反映，所以在评价人的行为时，人们往往将诚与信连用。在人们的实际生活中，诚信一直作为基本的道德准则。欺诈、投机取巧的行为总是为人所不齿。竞争是市场经济条件下人活动的主要方式，而诚信同样是评价竞争行为的道德准则。

竞争行为中的“诚”一般具有以下三方面含义：一是凭自己高质量的产品、技术、信息、服务参与竞争，而不是搞花拳绣腿、哗众取宠。这样的“诚”表现为用自己的诚实劳动和努力工作去获取利益。二是以诚待人（包括竞争对手）。这表现为遵守市场的基本规则，通过正当的竞争手段去取得竞争优势。三是以诚待事，即以充分的诚意对待自己所从事的事业。企业或个人参与市场竞争，既是检验自己的生产、经营与管理手段，又是自己的事业得以延续和发展的一种方式，而不是为竞争而竞争。这个意义上的“诚”体现为一种敬业精神。总之，如果把竞争视为发展自己、体现自身价值的方式，就会以真正的“诚”对待竞争。

如果说“诚”在竞争中更多地体现为主体的一种道德观念和精神境界，那么“信”在竞争中更多地体现为一种为人处世的态度和作风。两者互为映射，前者是后者的基础，后者是前者的反映。只要以诚待人，以诚为事，就一定能以信取人，以信成事。这样，在竞争活动的各个环节中，如生产经营、产品质量、市场营销、企业洽谈、履行合同及服务方式等，就能本着诚信原则，开展公开、公平、公正的竞争。

我们将“信”诠释为“信用”、“信誉”和“信念”，实际上是说明“信”在竞争活动中所展示的不同精神境界。“信用”是最一般层次的境界。在具体的竞争行为中，信用只是表现为一定的活动方式和行为态度，即表现为行为的客观状况。

讲究信誉则更多地依靠资本市场参与者的清醒意识和自觉行动，即资本市场参与者为了自己的良好信誉而恪守信用。在市场竞争中，资本市场参与者的良好信誉本身就是一笔无形的资产。对信誉的追求表明资本市场参与者认为竞争活动不仅仅在于自己获取正当利益，更重要的是要展示自己良好的形象和为人处世的品格，把求利和做人结合起来。

信念是"信"中最高层次的境界。信念不仅体现了资本市场参与者充分的自觉性，而且表明了其明确的价值目标。资本市场参与者恪守信用原则，其动机不应是出于业务的需要和功利的考虑，甚至不应仅仅是为了顾及自己的形象和信誉，而是出于他内心深植的信念，是信念的外化。

四、诚实守信：会计从业人员之根本要求

对广大的会计从业人员来说，坚持诚信为本的原则就是要立足会计实践，力行诚实守信。如果把诚信二字分开要求，我们认为，"诚"相对于会计从业人员至少有三层内容：

（1）忠诚于自己所承担的事业，热爱本职工作；

（2）诚恳善待与自己工作有关和无关的人们；

（3）热诚勤勉地做好本职工作，精益求精，追求卓越。

对应的，"信"相对于会计从业人员至少也有三层内容：

（1）讲究信用，信守诺言，实话实说；

（2）树立信誉，创建品牌，提高知名度，让公众信服；

（3）像相信自己一样相信同行和他人。

从整体看，诚信品质的内容包括良好的商业道德和企业操守、完善的信息质量和优质服务。所以，完全可以说，诚信是会计从业人员立业之根本。诚信建设是一项庞大的系统工程，需要多方面的共同努力。但无论如何，外因只是变化的条件，内因才是变化的根本。从这个意义上讲，会计从业人员的道德诚信素质将对资本市场诚信建设产生决定性影响。

为贯彻诚信为本原则，作为资本市场主要参与者的企业，应具备优秀企业的诚信品质，其内在要求包括：

（一）笃信虔敬态度

在讲究公平与效率的市场经济中，会计从业人员要想得到社会及人们的尊重和信任，必须对自己所从事的职业、对社会交往的规则持一种笃信虔敬的态度。会计从业人员要靠对本职工作的敬业精神和职业能力来获得社会的尊重、信任。会计从业人员诚心诚意地怀着笃信虔敬的态度对待本职工作，工作就会更有效率，也会产生更多先进的思想。本职工作有效率、有成果，自然会有社会信誉。会计从业人员个人信用首先是一种对"诚信为本"原则的敬畏精神，把"诚信为本"原则看成自己安身立命之基础。其次体现在工作、个人信贷、个人消费以及个人与他人、银行等交往时的恪守态度之中。

（二）企业经营判断与责任能力

作为应具备的素质，诚信并非仅指人们的人品和情操意义上的信任，更主要的是对企业经营判断及责任能力的信任。在市场经济中，社会所要求的"诚信"是以企业经营判断及责任能力为基础的。企业经营判断与责任能力简单地说就是会计从业人员负责任地执行企业业务的判别能力。会计从业人员仅有企业诚信意义上的责任感还不够，还需要具备企

业经营判断与责任能力。我们到市场上买商品，首先不是看经营者是否老实忠厚，而是看商品和服务本身是否令人满意；银行和金融机构在货币、资本市场上开展信贷活动，首先不是看客户人品是否端正，而是考察其是否具有偿还能力；财务、会计及审计机构在发布财务信息、提交审计报告时，首先不是看其有多少资格证书以及品德如何，而是看其能否严格控制质量，坚决不做假账，出具真实客观的财务、会计及审计报告，不断提高企业经营判断与责任能力。

【专栏 4-1】康美药业的巨额利润之谜
阅读资料请扫描二维码。

第二节　操守为重：声誉原则

操守为重，更应该从会计审计人员自身做起，首先是恪尽职守，执行《会计法》，规范会计行为；执行会计制度，保证会计审计信息的真实、完整；坚持原则，敢于同违法乱纪的行为做斗争。其次要真实反映，对会计核算的内容实事求是，不夸大，不缩小，不隐瞒，不歪曲，老老实实，决不弄虚作假，独立、客观、公正地反映会计信息。再次要提高会计审计工作水平，除了对经济活动中的会计审计信息进行真实的记录和反映之外，还要进行事前预测、计划，事中控制、检查和事后分析、考核等，以此向经营管理的各个领域和环节渗透，对经济活动的合理性、合法性和有效性进行核算和监督，真正发挥会计的职能作用。

保持正直客观的操守是会计从业人员具备诚信品质的首要要求。正直是社会公众信赖会计从业人员的一个关键品质因素，但这种品质很难评价，因为会计从业人员的疏忽或失误，可能是无意的，也可能是缺乏正直品质；而企业大案要案更多的是因当事会计从业人员缺乏正直品质而共同舞弊造成的。客观指的是会计从业人员在执业时保持不偏不倚的公正态度的能力。由于这种态度包括个人的意识活动，因此对客观性的评价主要基于在弄清事情来龙去脉的过程中观察到的会计从业人员行为。应该看到，正直和客观是无法准确度量的。然而，作为为人的首要品质，会计从业人员必须牢记在心，并付诸企业实践活动中。

在社会主义市场经济条件下，建立以诚信为核心的道德秩序，首先要求会计从业人员具备公正平等意识。如果会计从业人员没有追求公正平等的意识，就不可能有对诚信的强烈要求；没有公正平等的参与，就不可能有公正平等的交易，就不可能有企业权利和企业责任相对应的契约，诚信为本原则也就不可能得到贯彻执行，这样的经济也就不是信用经济、伦理经济，也不是健康和可持续发展的经济。

一、客观的操守

目前，会计审计信息失真严重，一个很重要的方面是会计审计人员在处理会计业务、编制会计报表时不能遵循客观的原则，有的是出谋划策，有的是被逼无奈，有的是积极配合。过去的“书记成本，厂长利润”“拍板利润”和现在的“账是怎么算的”“技术处理”，都与客观原则相违背。技术处理，无外乎在具体准则、会计处理方法、会计科目的选用，以及会计要素的确认、计量、记录上弄虚作假、掩盖问题，欺骗外部信息使用者。

特别是一些上市公司，为了取得上市资格，为了增股、配股、“圈钱”，不惜血本弄虚作假，表现出了高超的技术处理能力，极具隐蔽性。在这些单位，那些所谓的“技术高、公关强”的会计审计人员颇受重用，而那些“丁是丁、卯是卯，不栽花、光种刺”的会计审计人员则被束之高阁、打入冷宫。

客观是会计职业意志的具体表现。有了这种职业意志、这种崇高的职业精神，在会计审计工作中才能做到坚持原则、照章办事，才能做到“舍得一身剐，敢把皇帝拉下马”，才能做到“手提万贯，一尘不染”，才能做到“糖弹打不中，美酒泼不进”。

二、公正的操守

当分配利益和负担时，当制定和执行政策时，当群体成员间相互合作或竞争时，当人们因为做错了事情而受到惩罚时，当人们因为他人的原因遭受损失得到补偿时，往往会涉及公正、公平问题。公正（justice）与公平（fairness）常常不加区分，有人认为公正涉及的是更为严肃的事情。也有人认为，公平的概念更为基本。有关公正的问题包括分配公正、交易公正、程序公正、惩罚公正、补偿公正，下面逐一进行讨论。

（一）分配公正

分配公正的基本原则是：相同的人应该受到相同的对待，不同的人应该受到不同的对待。但是，这个原则过于笼统，它并没有告诉人们哪些差异可以合理构成区别对待的基础。究竟哪些差异与分配利益与负担有关，存在着不同的看法。

1. 平均分配

平均主义者视平均分配为公正。但是这种分配制度也存在严重缺陷：第一，人与人之间的能力、智力、品德、需要、欲望等千差万别，人与人之间并不相同。第二，没有把需要、能力、努力等因素考虑进去，是不恰当的。这样，很可能造成吃“大锅饭”，导致社会生产率和效率降低。

2. 按贡献分配

一些学者认为，一个人获得的利益与他所做的贡献成比例才是公正的。社会或群体的利益分配原则应该是：利益应该按照每个人对社会、群体、任务的贡献大小进行分配。在工作独立性较强的群体中，成员一般希望按贡献大小支付报酬。按贡献分配，成员之间的合作程度会下降，甚至会形成竞争，人们不大情愿分享资源和信息。但是，按贡献分配也面临一个重要的难题就是如何衡量一个人的贡献大小。

3. 按需要和能力分配

按需要和能力分配的原则是：应该根据人的能力分配负担，根据人的需要分配利益。充分发挥人的潜力是有价值的，因此应按照一个人尽可能提高生产能力的方式分配工作，通过工作产生的利益应该用于促进人类的幸福和福利。

在决定如何在成员之间分配利益和负担时，确实需要考虑需要和能力。多数人都同意，应该把个人放在最能发挥其长处的岗位上，应该帮助迫切需要帮助的人。但是，这一分配原则也受到了批评。首先，根据这一原则，工作努力程度与报酬之间没有任何联系，干多干少一个样，没有必要多干，导致员工失去了努力工作的动力。其次，根据个人的能力而不是自由选择来分配工作，个人自由受到了限制。如一个人有能力成为一名优秀的研究员，但他却想当公务员，按能力分配工作，他只能做研究员。一个人需要得到一个面包，但他想要一瓶啤酒，按需要分配利益，他只能接受面包。

4. 罗尔斯的分配观

在约翰·罗尔斯（John Rawls）的《正义论》中，有一个重要的理论“无知之幕”(Veil of Ignorance)。无知之幕是一种对特定道德问题判断的方法，过程是做以下思想实验：从对本人在社会秩序中特长、爱好与位置无知的原初状态出发，思考问题。无知之幕遮住了一个人社会合作对其利弊的知晓，然后决定社会中对权利、位置和资源的分配原则。罗尔斯认为这样才能保证任何人都不会在选择原则时由于天然机会的结果或社会环境中的偶然事件而有利或不利。这个概念是为了在分配社会合作的原则正义与否时抹除一己之私而创造的。

约翰·罗尔斯要求人们采用“无知之幕”的思维方式来寻求分配公正原则。

约翰·罗尔斯认为，当且只有当符合下列原则时，利益和负担的分配才是公正的：

原则一：每个人对与所有人所拥有的最广泛平等的基本自由体系相容的类似自由体系都应有平等的权利。

原则二：社会和经济不平等应该这样安排，使它们：①给处于最不利地位的人提供最大的利益；②给所有人提供均等的机会。

原则一称为平等原则；原则二的第一部分称为差别原则，原则二的第二部分称为机会均等原则。当原则一与原则二产生冲突时，原则一优先，即平等权利优先；当原则二的两部分产生冲突时，第二部分优先，即机会均等优先。

（二）交易公正

个人与个人之间、组织与组织之间、个人与组织之间在不断地发生交易，交易必然产生权利与义务，双方权利和义务的保障取决于契约规范。契约规范是保证个体信守诺言的一种途径，使得企业活动得以开展。

托马斯·加兰特将规范契约的伦理规则概括为以下四条：

（1）双方必须对契约的性质有充分的了解。

（2）任何一方都不能向对方提供有意歪曲的事实。

（3）任何一方都不能被强迫签订契约。

（4）契约不能约束双方从事不道德行为。

（三）程序公正

程序公正的基本特征大致有以下五点：

（1）普惠性。每一个社会群体、每一个社会成员的尊严和利益都应当得到有效的维护，任何一个社会群体和社会成员尊严和利益的满足都不得以牺牲其他社会群体和社会成员的尊严和利益为前提条件。

（2）公平对待。公平对待包含两层含义：第一层含义是，在处理同样的事情时，应当按照同一尺度，如果有所差别，也应当是因事而异，而不能因人而异。第二层含义类似于法律界所说的“无偏袒地中立”，即“与自身有关的人不应该是法官”，解决纠纷者应当保持中立，结果中不应包含纠纷解决者的个人利益。

（3）多方参与。在制定法律和重要的公共政策时，必须让多方人员参与，尤其是要给相关社会群体充分的参与和发表意见的机会，使其能够充分地表达自己的意见，维护自己的利益。

(4) 公开性。公开性主要体现在利益相关者对信息知晓权的平等性方面。在制定和实施政策的过程中，利用信息不对称，对其他社会群体进行各种类型的欺骗和误导，而信息缺乏一方难以做到有效参与，无法得到公平对待，程序公正也就无从谈起。

(5) 科学性。程序公正还包含一些技术方面的要求，一般包括两个方面的内容：其一，相关信息充分、准确；其二，应当有必要的评估机制和修正机制。

(四) 惩罚公正

惩罚公正关心的是对一个做错事情的人怎样惩罚才算公正的问题，就是指犯同样或同等程度错误的人应该受到同样或同等程度的惩罚。但是必须考虑可以免除或减轻道德责任的情况。免除或减轻道德责任的条件就是谅解条件。谅解条件分为三大类型：

(1) 缺少行为可能性条件。

(2) 缺少必要认识条件。

(3) 缺少必要自由条件。

(五) 补偿公正

一个人伤害了另一个人，则加害者有义务给受害者某种补偿。补偿多少才合适呢？这是一个较难回答的问题。有人认为，补偿的量应等同于加害者有意使受害者遭受的损失的量。可是，有些损失很难计量，例如，一个人诽谤他人，使他人名誉受损，这个损失怎么计量？有的损失根本无法弥补，如失去生命或失去双睛，在这种情况下我们只能要求加害者至少给受害者或其亲属以物质补偿。

怎样才能做到客观公正？

一是要保持会计审计人员从业的独立性。独立有实质上的独立和形式上的独立两层含义。前者是指会计审计人员在从事会计审计工作时应当不受个人或外界因素的约束、影响和干扰，保持客观公正的工作态度；后者是指会计审计人员应当保持适当独立的身份，如财务利益上的独立，实行回避制度、内部稽核制度或控制制度等。

二是要保持客观公正的从业心态。会计审计人员要时刻保持客观公正的工作态度，遇事三思而后行，不能分远近亲疏。对发生的任何一项经济业务或会计事项，都要看看是不是符合制度规定、手续是不是齐全。对于那些需要判断、估计才能处理的事情，要不带任何偏见或感情色彩，就事论事，不能“以貌取人”“看客下菜碟”。

【专栏 4-2】会计人员“主动”向税务机关多缴税

阅读资料请扫描二维码。

三、廉洁的操守

为了做到严格监督，会计审计人员必须培养自己具有公正、客观的品质和忠于职守的精神，从国家和人民的利益出发，以有关政策和法规为标准，不带任何成见和偏见地去开展会计审计工作。实施严格监督，更为重要的是会计审计人员必须从自己做起。其具体要求是：

（1）自觉遵守财经纪律和经济法规，严于律己，大公无私，不谋私利。

（2）积极主动地宣传解释财经法规和制度，使有关会计审计人员了解、掌握并自觉遵守。

（3）在工作中严格把守关口，从实际出发，善于区别各种情况，宽严结合；进行严格监督，最后必须落到实处。

（4）积极支持促进生产，搞活流通，开发财源的一切合理、合法开支，坚持抵制并揭发违反财经纪律、偷税漏税、铺张浪费、假公济私、行贿受贿、贪污盗窃等不道德的行为，不怕打击报复，维护会计审计人员的尊严，忠实地执行法律所赋予的权利和义务，以促进社会主义建设的发展。

（5）廉洁清正。廉洁是我国各族人民的光荣传统。清正廉洁是民间广为流传的包公、狄仁杰、海瑞等清官的优秀品质，是毛泽东、刘少奇、朱德和周恩来等老一辈无产阶级革命家的优良作风，长期以来为我国人民所赞颂和敬仰。

在市场经济条件下，上述五点廉洁的操守是会计审计人员正确执行国家经济法规、政策和制度，履行企业职责的基本保证，是社会主义企业道德的重要标志，是衡量会计审计人员是否称职的重要尺度，是会计审计人员最起码的道德品质。具体而言，会计审计人员怎样做到廉洁的操守呢？

（1）洁身自爱，切忌以权谋私。会计审计人员要培养洁身自好、自尊自爱、不贪不占的高尚品德，就应该珍惜自己的会计审计人员身份，重视自己的品质、荣誉、情操。人要“老老实实做人，认认真真做事，明明白白获取”，彻底放弃“金钱至上、货币万能”的没落人生哲学。惩治、清除腐败是党和国家当前面临的重大任务，在企业领域就是要防止以权谋私。

（2）保护公共财产神圣不可侵犯。广大会计审计人员应深刻认识到自己管理的财产是社会主义的公共财产。我们知道，大陆法系强调社会利益至上性，而英美法系强调个人利益至上性。我国宪法明确规定“社会主义的公共财产神圣不可侵犯”。爱护公共财产是每个公民应尽的道德义务。会计审计人员理所当然应该成为履行这一义务的模范。这也是会计审计人员对祖国、对人民和社会主义事业忠诚、热爱的体现。会计审计人员要把好“关”，守好“口”，绝不容许任何人以任何借口和任何方式挥霍浪费、侵吞人民的公有财产，要与化公为私、损公肥私、盗公利私的行为进行坚决的斗争。

（3）自我约束，严禁舞弊贿赂。自我约束，又称自我控制，简称自觉性，是指一个人对自我思想和个人行为的内在的、内化的管理、约束和控制的能力与水平。一个人的自觉性体现在政治思想自觉性、道德情操自觉性、文化素质自觉性和职业工作自觉性等诸多方面。自我约束就是要求每个会计审计人员严格按照企业道德规范的基本要求，对自己的思想观念和行为活动加以反思、检查及分析，促使自己的企业道德境界不断上升到更高的层次。

（4）加强学习，培养廉洁清正的高尚道德品质。会计审计人员要想具备廉洁清正的高尚道德品质，就必须加强学习，自觉提高思想觉悟和道德水准。原因在于，一个人廉洁清正的道德品质不会与生俱来，也不可能从他人处获取。唯有通过长期的自觉学习、深刻的自我改造和复杂的社会实践，方能锤炼出这种优秀品质。

四、自律的操守

会计监督工作的重点应该是根据党和国家对经济工作的要求来保证经济工作沿着正确的轨道运行，不断提高经济效益，因此，会计监督工作者要围绕这个重点，抓住经济活动中的重要环节，开展监督工作。

（1）要积极参与经营决策的研究和制定工作。过去在计划经济条件下，企业的生产经营活动是通过上级部门下达计划进行的，企业只向计划负责，而不过问经济效益，也不具有真正的自主权，财会工作只能起到记账和出纳作用。在市场经济体制下，特别是《会计法》颁布以来，企业成为社会经济活动的主体和市场主体，实行自主经营、自负盈亏，这就要求企业必须有正确的经营决策，并且随着市场的不断变化而及时调整决策。经营决策调整，必须充分利用会计资料和其他相关资料，尽可能地作适时的定量分析和科学预测，准确的资料是正确决策的主要依据。

（2）要积极参与经营管理。一个单位的生产经营管理是否合理，产品结构、原料消耗等是否适当，怎样才能以最少的投入获得最大的经济效益，离不开会计的核算与监督。同时，在深化改革中，尤其是已经被证明有效的管理模式，要大胆地提出建议性意见，努力改变财会工作者的单纯业务观念和忙于应付的被动局面。

（3）要积极发挥把关作用。目前在国家经济政策尚不健全并存在执行不力的情况下，个别领导立足于单位的小天地，无视财经纪律的现象到处可见：有的为了“创政绩，捞选票”，往往置国家政策、纪律于不顾，长期私设“小金库”，任意挥霍国家财产；有的为了搞福利，谋私利，随意侵吞，违法违纪，类似问题都是非常有害的，是与会计职责格格不入的。财会人员决不能睁只眼、闭只眼，必须予以坚决纠正。

第三节　坚持准则：工作原则

社会主义会计审计职业道德的一个重要准则就是在严格遵守国家法律、法规和规章的前提下，开展会计审计工作。在社会主义制度下，国家的法律、法规和规章充分体现了社会的整体利益。严格遵守法律、法规和规章，就是对社会整体利益的维护。同时，在社会主义条件下，又存在个人、集体、国家等不同主体的不同利益要求。会计审计人员应当为自己所服务的单位理好财，维护单位的合法利益。依法理财原则的确定正是社会的整体利益和单位的个别利益在会计审计职业道德观念上的集中反映。依法理财作为会计审计职业道德的基本原则，其主要内容可归纳为：

一、把国家的整体利益放在首位

无论在什么情况下，决不做对国家、对民族有害的事情。国家利益就是人民的整体利益。把国家利益放在首位，具体表现为把遵纪守法作为自己理财工作的出发点，凡是违反法律、法规的事都不能做，也反对、抵制他人违反法律和法规。做到依法理财，就是要处理好为国家利益服务和为单位利益服务的关系。会计审计人员应在严守法律、法规的前提下维护单位的利益，不能为单位的利益损害国家的利益，也不能因此而忽视了单位的合法利益。在为单位理财的过程中，要正确处理单位整体利益与个人利益的关系。从总体上说，单位的整体利益与个人利益是一致的。但在实际生活中，单位的整体利益和个人利益也会产生矛盾。会计审计人员在理财工作中，不允许任何人因个人利益损害单位整体利益，应按政策来合理协调两者的关系，使之达到和谐统一。

要坚持国家利益原则，会计审计人员首先要通晓并遵守国家、专业团体及本公司的各项有关规定：开展会计审计工作应遵循的基本法律《会计法》；针对会计审计人员自身条件所提出的基本准则“公司的人员行为守则”等；会计审计人员处理经济业务需遵循的标准，如财政部颁布的《企业会计准则》、证监会关于信息披露方面的规定、公司的内部控制制度等。由于这些规定是会计审计人员能够履行好其职能的重要保证，因此会计审计人员应熟知这些规定，以便在工作中能够自如地加以运用。

二、用法律维护自身正当坚持准则的权利

在现代经济生活中，任何个人及经济组织都必须遵守法律的规定，企业的各种经济行为更是如此。会计机构和会计审计人员做好本职工作是其应有的职能，是法律所赋予的权力。但来自企业内外的利益冲突及权势威胁给会计审计人员造成了较大压力。因此，会计审计人员在遵守法律、法规的同时，也需要完善的自我保护机制。例如，我国在 2000 年 7 月 1 日之前施行的《会计法》第四条规定：“单位领导人领导会计机构、会计人员和其他人员执行本法。”可见，会计审计人员是在单位领导人的领导下进行工作的。在一般情况下，会计审计人员不得不服从于领导的意图。而某些企业领导人钻法律的空子，为了追求小团体利益，粉饰业绩、谋取私利等。会计审计人员对这种事情只能“睁一只眼，闭一只眼”了。我们不能因此认定会计审计人员缺乏职业道德，因为他们的权力被“领导”了，被“限制”了。

随着经济体制改革的深化，逐步完善的会计法律、法规将给予会计审计工作强有力的法律支持。我国于 2000 年 7 月 1 日开始实施的新《会计法》第五条规定：“会计机构、会计人员依照本法规定进行会计核算，实行会计监督。任何单位或个人不得以任何方式授意、指使、强令会计机构、会计人员伪造、变造会计凭证、会计账簿和其他会计资料，提供虚假财务会计报告。”

《会计法》第四十六条还规定：“单位负责人对依法履行职责、抵制违反本法规定行为的会计人员以降级、撤职、调离工作岗位、解聘或者开除等方式实行打击报复，构成犯罪的，依法追究刑事责任；尚不构成犯罪的，由其所在单位或者有关单位依法给予行政处分。对受打击报复的会计人员，应当恢复其名誉和原有职务、级别。”这两项法律条款有力地保证了会计机构、会计审计人员的合法权益，使会计机构、会计审计人员从一定程度上摆脱了单位负责人的非正常干预，必要时可拿起法律武器保护自己。

用人制度的缺陷等问题，会使法律在具体实施过程中遭遇阻力而不能充分发挥其效力。这更加说明外部环境的净化对会计审计职业道德建设的必要性。为此，我们应当加强廉政建设，加大对违法违纪行为的惩治力度，真正做到“有法必依，违法必究，执法必严”。

三、对异常事项持续保持应有的关注

除了必须具备上述业务能力外，会计从业人员还必须掌握必要的技术规范或者技术标准。这种技术标准是会计从业人员在工作程序和工作方法等方面应当遵守的技术标准，需要会计从业人员在执业过程中“三思而后行”。

会计从业人员不得对未来事项可实现程度作出保证。企业根据有关规定或为了业务上的需要，经常会编制一些前景财务资料，如下一年度的盈利预测、资本预算、现金流量预测等。前景财务资料的重要特征是它所涉及的业务是未来的事项，是以企业在未来和可能的行动中或许会出现结果的假设为基础而编制的，而且假设从性质上讲有很大的主观性，需要在很大程度上运用判断、分析方法。在应用专业知识和技能时，会计审计人员应当合理运用职业判断。会计审计人员应当保持应有的关注，遵守法律、法规、会计准则和相关制度的规定，勤勉尽责，认真、全面、及时地完成工作任务；对公司财务会计信息和经营活动的异常情况保持应有的职业敏感性和警惕性，发现财务信息和经营活动的异常，应及时分析和报告，保证会计信息真实，维护企业和利益相关者的利益。

【专栏 4-3】世界通信公司财务欺诈案的发现
阅读资料请扫描二维码。

第四节　优质服务：目标原则

“没有规矩，不成方圆”。干会计这一行也是如此。“规矩”是什么？“规矩”就是会计审计人员从事会计审计工作应遵守的行为规范或具体要求，包括一系列的会计法律、法规和政府规章。遵纪守法是会计审计职业道德规范中的重中之重。会计审计工作涉及社会经济生活的方方面面，必须以会计法律、法规和规章为准绳，正确处理国家、集体和个人三方的利益关系，把好财务收支合法性、合规性的关口，依法理财；必须具备高度的政治责任感，时刻保持清醒头脑，既不助纣为虐，又不监守自盗，做到立于潮头而不倒。

会计基础工作是会计审计工作的基本环节，也是经济管理工作的重要基础。会计基础工作的好坏，直接关系到财务信息的真实性、合法性。为了增强会计审计人员的敬业意识与职业荣誉感，首先要加强会计基础工作，建立规范的会计审计工作程序，使会计审计人员依法行事，发扬求真务实的精神，树立严谨的工作作风，保证会计审计信息披露质量，提高会计审计公信力。

（1）各单位要加强会计审计人员业务学习，更新会计专业理论知识，不断提高会计审计人员的业务素质，这是实施会计审计工作规范的基础。组织财会人员认真学习《会计法》和财政部制定的《会计基础工作规范》，提高思想认识，端正工作态度，在实际工作中自觉、认真地贯彻执行《会计基础工作规范》。

（2）加强职业道德教育，提高会计审计人员的工作责任感，使会计审计人员做到爱岗敬业，具有高度的事业心，保证国家财经制度的贯彻实施，保护国家财产的安全完整，确保会计审计工作符合国家规定的质量标准。坚持原则，忠于职守，业务精湛，精心理财；掌握现代会计理论，提高实际操作技能，培养精细严谨、一丝不苟的职业习惯；实事求是，提供真实、可信的会计资料，客观反映财务收支全貌；以身作则，模范遵守国家财经纪律和财会规章制度；严格监督，认真履行相关义务，敢于同一切违反国家财经纪律和财会法规制度的行为做斗争。

（3）科学设置会计岗位，合理分配会计审计人员，理顺岗位之间的协作与制约关系，使会计审计人员各司其职、各尽其责，保证会计审计工作正常有序运行。企业可以根据自身的生产经营特点和管理要求设置不同的会计审计工作岗位。一般来讲，可以设置会计机构负责人或者会计主管人员、出纳、财产物资核算、工资核算、成本费用核算、财务成果核算、资金核算、往来核算、总账核算、稽核、档案管理等岗位。会计审计工作可以一人一岗、一人多岗或者一岗多人，但有些关键岗位不得兼任，如出纳岗位与会计岗位不能是同一人。完善的岗位职责必须保证：

①审核岗位，根据国家制定的财会法规制度以及企业发展计划和经费预算安排，对企业经济活动实施会计监督。严格审核每一张原始凭证的各项内容以及经办人员的签名和部门领导签署的审批意见等。对原始凭证进行严格审核和监督，是对会计审计信息质量实行源头控制的重要环节，是实施会计监督的第一道关口。

②出纳岗位，应严格执行国务院《现金管理暂行条例》和银行结算制度，根据经审核无误的原始凭证办理收支业务。对外收款必须开具收据，付款必须有付款凭证。现金做到日清月结，账实相符；认真核对银行存款日记账与银行对账单，未达账项及时清理，并定期与总账核对。

③制单岗位，根据审核无误的原始凭证确定经济业务性质和分类并填制记账凭证，按现行会计制度规定，正确使用会计科目。

④记账岗位，负责全面记录和反映单位经济业务，对大量分散的数据或资料进行归类整理，逐步加工成有用的会计审计信息，作为编制会计报表的重要依据；应当按照国家统一会计制度的规定和企业会计业务的需要设置总账、明细账、辅助账，及时准确地核算、记录每一笔经济业务。月末、年终将总账与明细账、库存现金、银行存款、有价证券以及财产物资进行核对，以确保账账相符、账实相符。

⑤财务报表岗位，负责编制财务报表，这是对会计核算工作的全面总结，也是及时提供合法、真实、准确、完整会计审计信息的重要环节。财务报表根据登记完整、核对无误的总账、明细账和其他有关资料编制，做到数字真实、计算准确、内容完整、说明清楚。

⑥工资核算岗位，负责设置和管理人员工资明细账，根据核定的人数及时核实记录工资、基金的增减变动情况，并负责向上级有关部门报批，同时接受有关部门委托办理各种扣款事项并造册发放工资。

⑦稽核岗位，根据国家统一制定的财会法规制度以及会计基础工作的要求，认真复核原始凭证、记账凭证、会计账簿、会计报表的合法性、真实性、准确性、完整性，发现问题及时指出，予以纠止，严格把好会计监督最后关口。

因此，在会计机构内部和会计审计人员中建立健全岗位责任制，定岗定员，明确分工，各司其职，各尽其责，相互协作，相互制约，有利于会计审计工作程序化、规范化、制度化，有利于落实岗位责任并鼓励会计审计人员钻研分管业务，提高工作效率和工作质量，完善内部制约机制，实现会计审计人员队伍整体素质的提高和会计审计工作的全面规范化。

【专栏 4-4】华为公司财务核算系统进化

阅读资料请扫描二维码。

【关键概念】

诚信为本原则（honest code of honor principle）

操守为重原则（attention to moral principle）

坚持准则原则（insist upon the principle）

优质服务原则（principle of high quality service）

【复习思考题】

1. 诚信为本原则有哪些要求？
2. 操守为重原则包括哪些内容？
3. 在会计执业工作中，会计审计人员如何坚持准则？
4. 优质服务原则对会计审计人员有何要求？

【练习题】

一、单项选择题

1. 会计审计人员的诚实应该是对（　　）负责，提供真实可靠的财务会计报表信息和资料。

A. 社会公众　　B. 企业

C. 会计审计信息的使用者　　D. 政府管理机构

2. 在我国现实的市场环境中，部分企业不诚信的主要原因是（　　）。

A. 法治不完善　　B. 违法成本低

C. 企业管理者法治观念淡薄　　D. 企业面临巨大的竞争压力

3. 我国现阶段市场禁入的主体不包括（　　）。

A. 控股股东　　B. 董事长　　C. 总经理　　D. 会计师

4. 在企业经济活动中，违反合同法律、制度，企业主体承担的责任是（　　）。

A. 民事责任　　B. 行政责任　　C. 刑事责任　　D. 社会责任

5. 在企业产品和服务竞争中，（　　）是不诚信行为。

A. 遵守市场规范　　B. 夸大自身产品的功能

C. 保证产品质量统一　　D. 按时提供合同所订立的产品数量

6. 会计审计人员在工作中的客观性原则是（　　）。

A. 处理会计业务时遵循经济活动客观规律

B. 会计准则的要求

C. 是现实经济活动的要求

D. 法律制度规范的体现

7. 会计审计人员的独立性表现为（　　）。

A. 工作独立　　B. 态度独立　　C. 实质性独立　　D. 责任独立

8. 单位会计审计人员应该保护公共财物不受侵犯，公共财产不包括（　　）。

A. 国有财产　　B. 公益资金　　C. 财政资金　　D. 公司资金

9. 会计审计人员坚持准则在工作中就是遵守和执行（　　）。

A. 国家会计法　　B. 公司法

C. 企业会计准则和制度　　D. 企业管理制度

10. 会计审计人员从事的工作是一项专业性和技术性较强的工作，其需要掌握会计审计、财务金融、经济法律和（　　）等知识。

A. 生产管理　　B. 人事管理

C. 税收法律　　D. 国际贸易与营销

二、多项选择题

1. 单位负责人的诚信有助于企业经济行为的（　　）和（　　）。

A. 法治化　　B. 规范化　　C. 有序化

D. 提高经济效率　　E. 优化企业资本结构

2. 企业的诚信文化有利于（　　）。

A. 市场经济发展　　B. 建设法治国家　　C. 完善法治环境

D. 提高资源配置效率　　E. 政府宏观管理

3. 下列机制属于企业诚信保障制度的有（　　）。

A. 惩罚性赔偿机制　　B. 集体诉讼制度

C. 受害投资者的维权激励机制　　D. 信用管理制度

E. 行政监管制度

4. 在经济活动中，守信一方财产受到损失，可以获得的赔偿有（　　）。

A. 惩罚性赔偿　　B. 补偿性赔偿　　C. 相关财产损失

D. 直接损失　　E. 间接损失

5. 在市场竞争中，企业之间的诚实经营包括（　　）。

A. 公平原则　　B. 公正原则　　C. 公开原则

D. 公信原则　　E. 透明原则

6. 企业在经济活动中分配利益和承担责任时，公正的操守表现为（　　）。

A. 分配公正　　B. 交易公正　　C. 决策公正

D. 程序公正　　E. 惩罚公正

7. 罗尔斯要求人们采用“无知之幕”的思维方式寻求分配公正，其原则包括（　　）。

A. 所有人拥有最广泛平等的权利　　B. 给予最不利的人最大利益

C. 给予最有利的人最小利益　　D. 平等原则优于差别原则

E. 差别原则优于机会均等原则

8. 会计审计人员在工作中的廉洁表现有（　　）。

A. 严于律己　　B. 不谋私利　　C. 严格监督

D. 原则性与灵活性结合　　E. 开源节流

9. 会计审计工作在公司中具有辅助性和支持性，其根本目标是为企业提供优质服务。要保证会计审计工作质量，会计审计人员应当（　　）。

A. 提高专业能力　　B. 培养专业素养　　C. 强化职业道德

D. 有效履行岗位职责　　E. 把握最高管理者的意图

10. 企业高层会计审计人员在工作决策中应（　　），实现会计审计人员的工作目标。

A. 区分国家利益和公司利益　　B. 区分集体利益和个人利益

C. 维护个人正当权利　　D. 服从公司领导的意见

E. 具有本职工作的专业胜任能力

三、判断题

1. 会计审计人员在一切会计审计工作中都应遵循诚实守信的原则。（　　）

2. 会计审计诚信危机产生的根源主要是市场自由竞争和唯利是图。（　　）

3. 公司会计主管人员对公司会计报表和其他会计资料的真实性负责。（　　）

4. 诚信文化能够为企业经济活动提供更有力的竞争优势。（　　）

5. 为了公司的经济利益，会计审计人员可以对经济活动的性质及会计政策做主观判断。（　　）

6. 当企业管理者的违法成本远远小于违法收益的时候，企业管理者可能违反诚信原则。（　　）

7. 失信者的民事责任中“谁主张，谁举证”的传统证据规则有利于受害投资者在法律诉讼中获胜。（　　）

8. 在诚信和企业利益相冲突的环境下，企业在不损害他人利益的情况下可以灵活处置，以企业利益为重。（　　）

9. 诚信是社会秩序正常运转的基本规律和法则。（　　）

10. 企业在交易活动中未能明确告知对方自身的产品功能和缺陷，属于不诚信行为。（　　）

【案例分析题】

康美药业财务造假案

因涉嫌虚开增值税发票超过百亿元，ST康美（600518.SH）于5月下旬被税务部门立案稽查。

企业基本资料

康美药业股份有限公司，简称“康美药业”。1997年，由民营企业家马兴田创立于广东省普宁市，当时称“广东康美药业有限公司”，是药品、中药饮片、中药材和医疗器械等供销一体化的大型民营医药企业之一。

造假动机

造假收益大大高于造假成本，这是上市公司造假的根本原因和动力。当上市公司出现现金流危机时，为了获得更多的银行融资、股票市场再融资，很多公司选择造假以达到目的。其实在上市这种形式出来之前，或者公司上市之前，大部分业绩造假都是把盈利改成亏损，用来逃避税收。

上市、风投的形式出现后，业绩造假才出现多报利润的情况。多报利润就要多缴税。但是由于上市后市盈率的乘数效应，假设市盈率为20，多报1亿元利润，就可以多增加20亿元市值，股价就会上扬。

康美药业造假途径

1. 使用虚假银行单据虚增存款

从事财会工作的人应该都知道，银行存款在众多会计科目中，是最不容易造假的；然而，“康氏兄弟”却“联合”造假逾400亿元，实在令人震惊（康美药业299亿元、康得新122亿元）。

企业在对银行存款核算的时候，一般会获取到两类银行提供的单据，即银行业务回单和银行对账单。随着信息技术的发展，银行付款大都使用网银，现在普通消费者大都是移动支付，就更别说企业了。现在企业的所有银行回单及对账单都直接通过网银自行打印来获取，而且一项业务的银行回单可以通过网银客户端无限制地打印多份。

当前，企业大部分打印机使用的都是黑白打印模式，回单上的银行签章也是黑白电子章，所以，只要稍微懂点PS技术，这类单据很容易伪造，即使不伪造，也可以多打印几份银行回单放在虚构的业务后面作为附件。笔者认为康美这么大的企业，业务量和银行流水应该都很多，因此造假人员的工作量也很大。

2. 伪造业务凭证进行收入造假

对于生产制造类企业，收入就等于销售单价、销售数量的乘积，销售单价从销售合同、客户框架合同或是销售订单中抓取；销售数量取数于运输单、客户签收单等单据。康美药业2017年度虚构收入88.98亿元。虚构这么多收入对应的销售数量巨大，也就意味着通过运输单、客户签收单造假是很难实现的。然而，通过伪造销售合同，造假成本就低了很多。简单地私刻一个章，不需要第三方的协议或是找一个有关联关系的公司协助，就可以虚构巨额的销售收入。这种造假在会计界屡见不鲜。

怎么被发现的？

上市公司每年都要审计，审计后才能向证监会提交年报。康美药业造假应该最先被会计师事务所发现，但是恰恰相反，为其服务近20年的会计师事务所正中珠江却没有发现，其现在正接受证监会调查。正中珠江服务10年以上的中顺洁柔、中山公用等老客户前仆后继地宣布与正中珠江解约，正中珠江“人设崩塌”。

据说是做投资分析的机构于2018年10月在公众号上发表了一篇文章，对康美药业的资金真实性、经营现金流、存货等问题表示质疑。随后康美药业股价触及跌停，并连续跌停，致使康美药业发布了澄清公告。随着康美药业2018年年报的披露，事情终于浮出水面，300亿元银行存款说没就没了。回头看，康美药业股价下跌了70%，这事儿怪谁呢？怪康美药业的股东吗？怪投资者吗？

作为市场上最专业的参与者之一，交易所的问询函基本上是打蛇七寸，因此小伙伴们务必要看问询函的回复。交易所和证监会的很多人是火眼金睛。实际上，康美药业和康得新都是在问询函的回复上露出了马脚：对于“大存大贷”的问题，公司根本解释不了。

真实的业务数据

像康美药业这样的上市公司，业务量巨大还造假，它自己能清楚地知道自己的实际营收吗？像这样的大公司，财务人员应该分很多组，包括运营、报表、审计等部门，如此造假估计连财务总监都不知道真实业务情况。如果拿不出真实的业务数据，财务总监就没有存在的意义。通常，造假账的公司也应该有两份数据，即有两套账，真实的数据由内部人使用。

根据《会计法》的规定，企业发生的各项经济业务均应当依法设置会计账簿，统一登记核算，不得违反《会计法》与税法的规定私设会计账簿进行登记核算，情节严重的将承担刑事责任。

（资料来源：财税有道．康美药业造假，财务人员其实离犯罪很近［EB/OL］．［2019-05-31］．https：//www.sohu.com/a/317832009_120149723）

讨论问题：

（1）该案例中的财务人员及管理者违反了哪些会计审计职业道德原则？

（2）如果你是公司财务总监，你应该如何做？如果你是普通财务人员，发现公司每天的数据造假，你应该如何做？

第五章　单位负责人与公民会计道德规范

【经典名言与感悟】

曾子

子曰：夫孝，德之本也，教之所由生也。

身体发肤，受之父母，不敢毁伤，孝之始也。

立身行道，扬名于后世，以显父母，孝之终也。

夫孝，始于事亲，中于事君，终于立身。

夫孝，天之经也，地之义也，民之行也。

故不爱其亲而爱他人者，谓之悖德。

不敬其亲而敬他人者，谓之悖礼。

孝悌之至，通于神明，光于四海，无所不通。

——曾子《孝经》（公元前505—公元前435年）

弟子规　圣人训　首孝悌　次谨信　泛爱众　而亲仁　有余力　则学文。

父母呼　应勿缓　父母命　行勿懒　父母教　须敬听　父母责　须顺承。

——李毓秀《弟子规》

中华民族历来重视家庭。正所谓"天下之本在家"。尊老爱幼、妻贤夫安，母慈子孝、兄友弟恭，耕读传家、勤俭持家，知书达礼、遵纪守法，家和万事兴等中华民族传统家庭美德，铭记在中国人的心灵中，融入中国人的血脉中，是支撑中华民族生生不息、薪火相传的重要精神力量，是家庭文明建设的宝贵精神财富。

——习近平总书记2016年12月12日在会见第一届全国文明家庭代表时的讲话

百善德为本，敬老孝当先。大孝大顺，中孝中顺，小孝小顺，不孝不顺。

万事不顺皆因不孝！要想顺利就得尽孝！为国尽忠乃大孝！

——叶陈刚感悟

【学习目的与要求】

1. 明确委托代理、信息不对称与会计假账的关系。
2. 熟悉会计假账与财务舞弊的道德治理对策。
3. 重视会计职业，提高会计地位。
4. 能够利用会计信息，做好经营决策。
5. 自觉践行会计诚信，优化会计环境。

【导读】

格力，时刻践行社会责任

近些年来，在不断自主创新的同时，格力人时刻把属于自己的社会责任记在心中，为国家、为社会、为全人类做研发，一直积极践行企业的社会责任，坚持诚信经营，维护客户利益，为社会提供优质产品和服务，热心公益，努力回馈社会，做一位优秀的企业公民。

积极纳税，履行企业最重要的社会责任

一直以来，中国企业普遍乐于宣传自己销售了多少产品，抢占了多少市场份额，实现了多少营业收入和盈利，却很少主动提及向国家纳了多少税。事实上，中国有很多企业都在想方设法地“合理避税”。

而董明珠认为，诚信纳税是企业社会责任的最重要表现，衡量一个企业社会价值大小最重要的硬性指标就是纳税金额。从这个层面来说，纳税越多的企业，创造的社会财富越多，同时也承担了更多的社会责任。

2013 年，珠海格力电器股份有限公司实现营业总收入 1 200.43 亿元，同比增长 19.91%；实现归属于上市公司股东的净利润 108.71 亿元，同比增长 47.31%，成为中国首家净利润、税收双双超过百亿元的家电企业。而 2014 年，格力营业总收入突破 1 400 亿元，纳税再次超过 100 亿元，连续 13 年位居中国家电行业纳税榜榜首。

关爱弱势群体，投身公益事业

城市里的环卫工人，在炎热难耐的夏季很容易中暑，不能及时补水也让他们的工作更加难熬。自 2014 年 7 月 1 日起，格力在全国近 3 万家专卖店启动了“一杯水清凉一座城——环卫工人爱心加水点”的公益活动，为奋斗在一线的环卫工人送上清爽，同时还在店内安排休息区，让来加水的环卫工人能够享受格力空调带来的凉意。

这是继格力 2013 年开展“爱行动·清凉季·圆你一个清凉心愿”“关爱的哥的姐，赠送健康饮水”等社会公益活动后又一次将爱洒到城市里那些最可爱、可敬，又容易被忽略的人群中。

作为家电行业的领导者，格力一直致力于倡导企业的社会责任，包括对社会边缘群体和弱势群体的关爱。自 1991 年公司成立之日起，累计为社会各项慈善事业捐款捐物逾 1 亿元，资助数十万的贫寒学子，向白血病患者伸出援手，为低收入者或家庭负担过重者免费提供空调。董明珠坦言：“能力越大，对社会的责任也越大。能够为最需要帮助的群体提供一些支持，是我们分内之事。”

（资料来源：肖云颖．格力，时刻践行社会责任［N］．人民日报，2015-09-14）

会计审计职业道德环境随着市场经济的发展而不断改善。人们对市场经济与道德及责任之间的关系有两种截然不同的观点：一种观点认为，市场经济本身既不包含又不需要考虑道德问题，从某种意义上讲，它自身的特性恰恰是以“非道德”为前提的。另一种观点认为，经济行为只是人类生活的一部分，不能把它与人类生活的其他部分全然割裂开来。因为企业的任何经济行为都无法完全摆脱其基本行为方式和价值观念的影响。

第一节　委托代理、信息不对称及会计假账

现代企业如何处理与利益相关者（即股东、董事会、监事会、员工、顾客、供应商、竞争对手、社会组织、政府团体）及自然环境的关系，形成现实的企业伦理与社会

责任问题，表现为可经验证的企业行为[①]。我们不能完全像“正统的”微观经济学那样，将企业真实经济生活中的不确定性抽象为生产函数；同理，由于企业作为经济实体的社会存在，其经营理念的选择及对利益相关者的伦理道德尺度也不能视为企业的“外部性”问题。

一、会计行为的道德划分

对于会计行为，从道德角度可分为会计道德行为与会计失德行为。会计道德行为是符合伦理、道德、诚信的会计职业行为，一般也是会计合法行为，会计合法行为大多是会计道德行为，而极少数会计合法行为不一定合乎道德的要求，进而表现为会计失德行为，如没有达到违法处罚标准的小假账行为。会计违法行为肯定是会计失德行为，而小额会计失德行为一般不违法。因为法不及众，法难罚小，但影响社会风气。

中外资本证券市场少数公司诚信缺失严重，将上市作为圈钱的手段，为此不择手段炮制假账，虚构盈利，蒙骗公众，谋取私利，不少知名上市公司因巨额造假纷纷破产倒闭，对社会、国家和公众以及企业自身造成巨大伤害。因此，很有必要对会计失德行为与会计假账成因展开分析。

各种各样的道德观念对人们的思想产生不同的影响，从而导致各种行为的出现，会计失德行为时有发生。俞安畅在《缺乏会计职业道德的几种表现》(《财务与会计》，1987年第9期）一文中针对会计失德行为归纳出十种表现。

会计失德行为的直接后果是企业伦理道德环境的恶化。出现上述会计失德行为，有多方面的原因。从主观原因上看，受个人经历、水平、思想和认识上的限制；从客观原因上看，受历史条件、社会风气和周围环境等诸多因素的影响。本书的主要目的就是通过对企业伦理与社会责任道德理论的研究，宣扬和倡导会计道德行为，抵制、批评和谴责会计失德行为。

二、信息不对称：“委托代理”失灵对会计假账的分析

（一）委托代理的运行机制

1. 民众与国家公共权力的第一层委托代理关系

无论是政府还是具体官员，其掌握与运作的公共权力都不是他们自己所拥有的，而是全体民众所拥有的，并在隐含有契约的条件下，以委托代理的方式将公共权力委托给政府或政府官员负责实施与执行。

2. 民众与官员多层委托代理关系

官员成为公共权力的终极执行者，使广大民众与政府之间的公共权力初始委托代理链较长。因此，才更容易导致民众与官员之间的公共权力委托代理关系失灵，这就有可能出现腐败，出现做假，导致会计失德行为的发生。

---

① 企业行为，按工作性质可分为生产行为、营销行为与会计行为等；从道德角度可分为企业道德行为与企业失德行为。企业道德行为肯定是企业合法行为，企业合法行为大多是企业道德行为，而极少数企业合法行为不一定合乎道德的要求，进而表现为企业失德行为。当然，企业违法行为肯定是企业失德行为。

（二）委托代理运行失灵

1. 完全信息条件下委托代理的特征

委托代理前提假设：
- 都具有“经济人”的本性，并且是充分理性的。
- 都具有无限计算能力。
- 都具有信息完全性。
- 都没有机会主义倾向。
- 彼此讲究信用。

2. 信息不对称代理失灵

将上述前提假设放宽，则会出现完全相反的情况。

假设条件放宽：
- 信息是不完全的，谁拥有的信息多，谁就具有潜在的优势。
- 双方都是有限理性与有限计算能力。
- 双方都具有机会主义倾向。

委托代理失灵产生的条件是对公共权力代理者的惩罚程度轻和概率低，以及代理者在失灵条件下获得的收益大和成功的概率较高。

委托人对公共权力代理人的监督不力，是因为：

（1）监督成本过大。由于代理的链条延长，增加了公共权力的执行监督成本。

（2）监督者机会主义行为。监督者的机会主义倾向重，不求有功，但求无过。

上述两条中，关键是第二条。委托代理链条长，监督成本增大，监督者本身也没有积极性，即便监督成本为零，监督者也不会进行监督。

（三）制度上的漏洞

1. 高度集权制下的委托代理关系

在高度集权制的计划经济中，代理人被组织在一个金字塔形的中央集权制度下。在任何一个经济实行中央集权管理的国家，集权统治下的活动都不是完全协作的，代理人面对的激励和全局利益也不完全兼容：

代理人面对的激励与全局利益不兼容：
- 当信息传到最上层时，大量信息已经丢失或扭曲。
- 信息的加工和处理费时费力。
- 上级不能完全控制下级的活动。
- 级别较低的有多个上级。
- 上级的计划脱离下级实际。

2. 计划经济体制下的腐败、做假

（1）个人腐败做假与组织做假。以企业为例：第一，企业的成功取决于做假者能给它的好处；第二，企业成员的奖金取决于上级对企业是否成功的判断；第三，违规代理人的奖金份额很大，组织做假的诱因就会很大。如果某厂上级主管的升迁和任职期限长短取决于该厂的业绩，那他更有可能这样做。这种非法交易对双方都有利。当双方的交易对象是各自的剩余产品时，这种交易能提高整个经济的生产效率，这时上下级往往会共同直接做假。

（2）高级个人做假。在中央集权体制下，越靠近金字塔的顶部、级别越高的代理人权力越大，并且由于人力资本的稀缺，级别越高，职位越稳固，加上职位越高越不容易监督，因此，级别越高做假的机会越多，且级别越高做假的危害越大，而级别最高做假更容易，因为权力顶端缺乏权力制衡。所以，制止做假必须辅以权力制衡作为保障。

（3）会计做假的隐蔽性。在高度集权的计划体制下，企业和政府机关内部是如何运作的，局外人无从知晓，也根本不可能去查个清楚。这使得做假活动似乎除了参与者以外，几乎就没有见证人了，这就大大降低了做假被发现的可能性。

（4）做假惩罚与风险。做假活动的风险取决于做假者的职位和他被指控有做假行为时所面临的选择的多少。实际上，做假者的职位越高，他的预期成本就越小，做假被发现后被指控惩处的风险及概率就越小，做假者也就乐于做假。

三、会计假账供求曲线分析

会计做假的诱因取决于查处率高低和做假收益大小。查处率与诱因呈负相关关系，做假收益与诱因成正相关关系。设定查处率是一个常量，做假诱因直接依赖于做假收益的变动，及市场上做假行为的供求关系。

（一）会计假账的计量模型

对做假者来说，做假花费的时间和精力、躲避被查处惩罚也是进行做假所付出的成本。做假以后，心理负担也是一种成本。因为做假吃不好、睡不好，整日提心吊胆，这当然是一种代价。不做假账所带来的心安理得，或是上级信任、群众拥护，也是无形收益。而包括会计人员在内的相关当事人决定是否做假，可按下列公式计算：

$$C=C_1+C_2+C_3=C_1+C_2+M'\cdot P_r \tag{5-1}$$

而

$$C_3=M'\cdot P_r \tag{5-2}$$

$$R=r(1-P_r) \tag{5-3}$$

式中 C 表示做假总成本，C_1 代表会计做假者受贿的钱财物，C_2 代表会计做假者需要耗费的脑力、体力与时间成本以及由此引发的联系费用和机会成本，C_3 代表假账曝光后必须付出的代价与成本，P_r 表示做假账被查处的概率，M′表示做假账被查处受民事追究的经济处罚与受刑事处罚而关押造成的人力、财力和物力损失，R 表示做假者的私人收益，r 表示会计做假受贿谋取的私利。我们发现：

R 与 r 成正比关系，而与 P_r 成反比关系。

当 $R\geqslant C$，即为做假者选择会计造假的前提条件；反之，$R<C$，不必做假。从理论上看，理性做假者一般会把做假程度决定在做假带来边际收入大于边际成本之上。

会计做假已经成为一个市场，现在分析这个市场供求双方的结构。

供方是竞争型的，需方是完全垄断型的。在一个集团组织中，权力结构呈金字塔形，上级制约下级，下级服从上级。虚假信息的供方需要付出的成本包括：支付必要的费用，消耗时间及精力、做假后可能受到的处罚。

（二）会计假账的供求关系分析

我们把做假者对做会计假账行为的需求视为单位需求，要么购买一个单位，要么不购买，所以可用图 5-1 表示会计市场的假账需求曲线图。

$$D_i=\begin{cases}1 & 若\ Z\leqslant Z_i\\ 0 & 若\ Z>Z_i\end{cases}$$

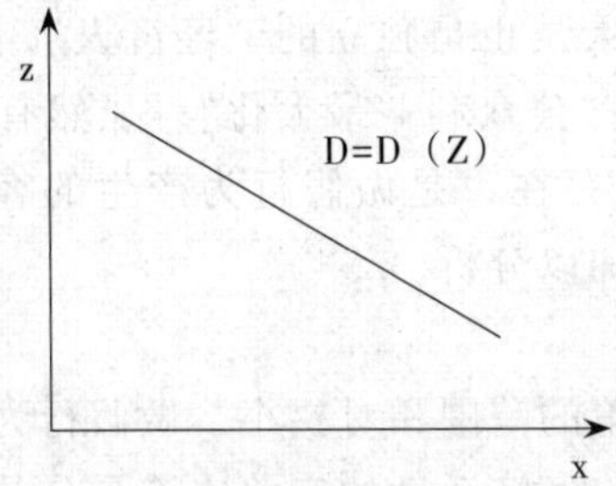

图 5-1　会计市场的假账需求曲线图

这里 D_i 表示第 i 个单位对会计假账的需求数量；Z_i 表示第 i 个单位对会计假账的需求成本，或者是愿意支付价格；Z 表示均衡价格。加总所有单位对会计假账的需求函数可以得到会计市场的假账需求曲线图。在图 5-1 中，横轴 x 表示会计假账的需求数量，纵轴 z 表示会计假账的需求成本。当会计假账的需求成本低，查处风险低，会计假账的需求数量就会增加。也就是说，会计假账的需求数量与会计假账的需求成本成反比，从形状看表现为一条向右下倾斜的直线。

在当今会计制度日趋严格的情况下，美国大公司会计假账数量日渐增多，从而表明中外资本证券市场上存在着对会计虚假信息数量的巨大需求。

对会计假账的供给来说，假账的目标是追求会计假账的净收益最大化。我们把每个单位的供给加总起来，就可以得到会计市场的假账供给曲线图。在图 5-2 中，横轴 x 表示会计假账的供给数量，纵轴 z 表示会计假账的供给价格。

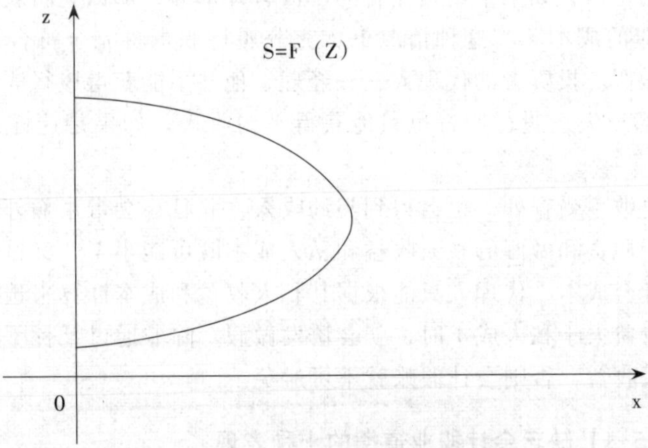

图 5-2　会计市场的假账供给曲线图

惩处力度、查处的概率及做假收益与做假成本的相互关系，是最终决定是否做假的三大因素。惩处力度和查处的概率大，会使人理性意识到做假成本太高而作出不做假的行为抉择。做假的充分条件是做假收益大于做假成本。加大打假力度，会使得做假成本升高，从而制止做假行为的产生和发展。最根本的办法，还是加快体制改革步伐，尽快建立市场经济新秩序，把更多的事情交由市场自身去完成。同时要降低决策层的“含金量”。

四、会计假账丛生的行业成因分析

下面我们从管理伦理学的角度，对会计假账丛生的成因进行具体分析。

包括会计人员在内的公职人员也是独立的“经济人”，如果要求公职人员将“个人利益最大化”的目标函数修正为“公众利益最大化”，显然有悖于经济人的基本假定。公共决策与决策人私人利益矛盾的存在，是做假行为产生的客观基础。我们采用“成本-效益”法对会计做假的预期效用加以分析。

1. 现行体制上的原因

在私有制经济中，公共决策的范围相对狭小，做假行为的客观基础也相对较小。在公有制经济中，不仅政府直接参与经济活动的有关决策是公共决策，而且除个人消费之外的一切经济决策，包括生产、投资、资源配置、收入分配和产品销售等，都普遍地具有公共决策的性质，因此，都可以成为滋生腐败、做假的土壤和温床。所以，公有制经济比私有制经济有着更为广泛的产生腐败和做假的客观基础，存在着更广泛的做假市场供求。因此，专家建议走“小政府、大社会”之路，把更多的事情交给市场这只“看不见的手”，是解决腐败和做假的根本出路之一。

2. 会计人员自身的原因

从“经纪人”角度来研究，如果做假不能给会计人员带来任何利益，为什么要去做假呢？做假在于谋求私人收益，以及局部和地区及单位利益。这些利益不仅包括会计人员目前获得的各种有形的经济利益和无形的满足，还包括履行职责可望得到的各种预期收益，如利润、市场份额、权势、工资、晋级等。

3. 代理人的“收益-成本”比较

企业是市场的主体，如果市场是完备的，没有外部性，那么它将获得履行职责的所有收益，并承担相应的成本。在这种情况下，充分履行职责将完全符合当事人的利益，因此，他没有必要做假。投资者的代理人——经理，他并不能获得履行职责的全部收益，也不承担渎职的全部损失，履行职责也只能获得契约收入。如果是这样，他也没有做假的必要。

如果做假、腐败不受查处，也会得到契约收入，并且还会带来额外的做假收益。代理人（总经理）履行职责和做假的私人收益和私人成本既可能小于、又可能大于其行为所带来的社会收益和社会成本。代理人只能根据其私人收益和成本计算来选择自己的行为。当做假带来的私人收益大于私人成本时，就会诱发做假。除非通过某种手段使做假者承担的私人成本超过私人收益，否则会计假账就不可避免。

【专栏 5-1】缺乏会计职业道德的十种表现

阅读资料请扫描二维码。

第二节 会计假账与财务舞弊的道德治理对策

会计假账与财务舞弊产生的原因是多方面的，获取上市资格、避免被摘牌退市等是上市公司出现财务舞弊的动机，而信息不对称、公司治理结构不完善、外部监管与处罚不力等则为会计假账与财务舞弊提供了机会，同时职业道德缺失使舞弊者找到了合理化的借口。因此，会计假账与财务舞弊行为的道德治理对策也要多种手段并用，才能达到标本兼治的目的。

一、完善公司治理机制

为了有效防范上市公司会计假账与财务舞弊行为发生，上市公司应该建立健全有效的内部治理机制。

（一）完善上市公司股权结构

我国上市公司国有股占绝对优势，董事会及经理人员通常受到行政干预的影响，形成内部人控制的局面，中小投资者股权分散，难以形成对大股东的制约。为了扭转这种股权结构，进而改善公司治理机制，应具体考虑以下两点：

第一，积极推进国有股减持政策，设计国有资本逐步退出的方案，在考虑二级市场承受能力、不影响其稳定运行的前提下降低国有股比例，并相应提高中小股东在公司决策与管理中的参与度。

第二，鼓励机构投资者作为股东进入企业，使股权结构多元化。机构投资者多为专业化人员，可以对所投资的公司实行有效的监督，而且机构投资者的决策方式和投资理念有助于提高公司治理决策的科学性。在减持国有股的同时，可以逐步鼓励非银行金融机构长期持股并参与公司治理，进而提高会计信息披露的质量。

（二）明确各职能机构的权利和责任

完善上市公司治理机制，应明确上市公司股东大会、董事会、监事会和经理层的权利及责任，使其各负其责、相互独立、相互制衡，以形成有效并相互制约的管理机制，消除“内部人控制”的现象。其主要应从以下几个方面着手：

第一，规范独立董事的选聘机制。首先，应降低内部董事的比例，防止董事会被内部董事控制。同时应改变独立董事的提名制，确保董事真正成为公司股东特别是中小股东利益的代表，在独立董事的提名任命上应该实行大股东回避制度，并明确大股东和中小股东各自对独立董事的推荐比例。其次，对独立董事的选用应改变之前的名人效应原则，对选用条件制定更严格的标准，以确保独立董事有胜任本职工作的能力、时间和精力。

第二，规范独立董事的权利与责任，并完善相关的法律制度。应根据《公司法》及中国证监会等部门制定的有关法规使独立董事的权利和责任更加明确。

第三，完善独立董事的激励机制。比如，制定针对独立董事的股权激励制度，提高其工作积极性，以使独立董事能更加专心于本职工作。

第四，强化监事会的监督职能。目前我国上市公司监事会的成员基本上由职工代表、党团组织人员组成或由控股股东、管理层提名选举产生，专业化程度较低且内部人现象严重。而且上市公司对独立董事和监事会的职责划分不明确，经常造成相互推诿的局面，这严重削弱了监事会的作用。因此，有必要加强上市公司监事会的职能，可从以下两方面进行完善：一方面，应建立更加健全的监事选任制度，对监事的任命程序、任职资格、人员构成等做出明确细致的规定，防止董事会或经理层直接任命监事的行为，从而避免监事会被董事会牵制。而且应在上市公司监事会中引入适当比例的独立监事，以增强监事会的独立性。另一方面，应强化监事会职权。监事会的职权范围是它的生命，我国监事会的作用发挥不好的原因之一就是其职权范围的模糊和狭窄。监事会的职权具体包括财务检查权、职务监察权、损害行为纠正请求权、罢免建议权等，通过对这些权力的加强，监事会能更好地发挥监督作用。

（三）完善审计委员会制度

上市公司应成立审计委员会，使其作为独立的第三方在注册会计师与公司管理层之间形成隔离带，以提高上市公司会计信息的质量，减少财务舞弊行为。大量的经验证据显示，独立的审计委员会确实有助于提高外部审计的独立性和财务报告质量。根据COSO舞弊财务报告研究，出现舞弊的公司有25%未设立审计委员会，在设立审计委员会的舞弊公司中，大部分审计委员会成员没有会计任职资格或没有在会计或财务岗位的工作经验。

由于审计委员会具有独立性，因此不存在舞弊动机，故由审计委员会负责外部审计师的选聘工作，可有效防止经理人的“意见采购”；而且由于审计委员会的人员具有专业性，因此可由审计委员会负责内部审计工作，同时也能保证内部审计的独立性。另外，独立权威的审计委员会可以通过对内部治理结构的健全和完善，营造一个适合注册会计师进行审计的良好公司环境，进而解决“独立审计不独立”的问题。这不仅增强了注册会计师审计的独立性并保证了审计信息的真实性，而且可以解决公司治理中的“所有者缺位”“内部人控制”等问题。另外，在现行公司治理结构下，审计委员会和监事会并行可作为我国上市公司会计监督模式的一种选择。审计委员会和监事会的结合可以在一定程度上弥补治理结构和内部控制的缺陷，它们是一种互补关系，审计委员会应以对董事会所有重大决策的公正性与科学性监督为主。

具体而言，上市公司设立审计委员会，应将其作为一个与董事会相独立的平行机构。该委员会成员代表股东利益，直接对股东负责，并由股东选聘和激励，委员会成员全部由独立董事构成且至少有一位财务专家。审计委员负责聘用和监督注册会计师，决定注册会计师的审计报酬及支付形式，被聘用的注册会计师定期向审计委员会报告重大会计事项。此外，审计委员会的权利还包括行使内部审计权、解聘注册会计师、设计内部控制制度、质疑董事会决策等。

二、加强外部审计独立性审查鉴证

（一）全面规范会计师事务所的轮换制度

除了设立独立的审计委员会外，还可以通过实行注册会计师定期轮换制度，达到增强注册会计师审计独立性的目的，防止上市公司与会计师事务所互相勾结、共同舞弊问题的出现。会计师事务所与被审计单位长期合作难免会有经济业务等方面的相关牵连，所以在审计准则中应明确实行严格的会计师事务所强制轮换制度。美国《萨班斯-奥克斯利法案》（2002）规定，会计师事务所的主审合伙人，或者复核审计项目的合伙人，为同一审计客户连续提供审计服务不得超过5年，否则将被视为非法。这一规定的实际意义是，会计师事务所负责某一审计客户审计的合伙人在对该客户的审计工作达到一定时间以后必须轮换，以避免审计合伙人与审计客户合作时间过长而影响其独立性。

中国注册会计师协会在2002年发布的《中国注册会计师职业道德规范指导意见》中也有类似的规定，“会计师事务所应定期轮换审计项目负责人和签字注册会计师”。但我国至今还未对最低轮换期限做出明确规定，所以应对此期限予以规范，以取得相应的治理效果。同时，会计师事务所的轮换范围应扩大到关联方，即一个会计师事务所轮换后不得在规定的时间内负责原客户关联方的审计工作，否则会大大降低轮换制度的效果，这个期限也是规范的轮换制度所必须明确的。

（二）引进同业互查制度，以提高审计质量

同业互查制度是美国注册会计师行业的一种自律模式，目标是确定被复核的会计师事务所是否按照质量控制准则的要求来设计审计质量控制制度及遵循的程度，复核人要对被检查的会计师事务所出具书面报告，并针对存在的问题提出改进意见。我国也可以引进同业互查制度，由证监会要求执行上市公司审计业务的会计师事务所每隔 3 ~ 5 年接受强制性的同业互查。这样不仅能够促进不同会计师事务所之间的业务交流，而且可以帮助被审核的会计师事务所认识到自身的缺陷，提高其财务报告的审计质量，同时也可以激励和督促审计人员加强自身的专业胜任能力。

（三）引入会计监察委员会保证审计独立性

我国对上市公司会计信息的监管存在重叠现象。财政主管部门、税收主管部门、金融主管部门、证券监管部门、国家审计部门等都对上市公司会计信息有法定监管权，由此导致了各监管部门之间职责不清，并且出现了监管部门为上市公司谋求私利的倾向。美国《萨班斯-奥克斯利法案》（2002）指出，会计监察委员会的设立目的在于“监督证券法律制度下上市公司的审计及相关事项，以保证其向公众投资者提供准确、独立的审计报告，保护投资者利益，促进公共利益”，并规定，所有从事上市公司审计业务的会计师事务所都必须按照会计监察委员会的要求向会计监察委员会注册，否则不得从事上市公司审计业务。

同时，各会计师事务所应向会计监察委员会提交年度报告，包括工作总结等内容。为了保证会计监察委员会运转的经费需要，该法案还授权会计监察委员会对每一个会计师事务所进行评估并收取注册费和年费。会计监察委员会可以更好地保证外部审计的独立性，所以我国也应引进类似的会计监察委员会制度，以监督上市公司审计业务是否公正，进而规范审计市场秩序，解决监管重叠问题。

三、推行法务会计，加大财务舞弊处罚力度

现行的预防财务舞弊的机制主要有内部控制和外部审计。完善的内部控制制度能在一定程度上发现在审计过程中被忽视的侵占资产舞弊，以保证会计信息准确可靠、资产安全完整。但由于内部控制本身的局限性，经常会出现管理层凌驾于内部控制之上实施舞弊的问题。而外部审计更多关注的是导致被审计单位的会计报表及相关资料不能公允表达的重大舞弊，忽视了不影响会计报表公允表达的其他舞弊行为。另外，我国关于舞弊处罚的法律规定相对模糊，司法审判的过程也缺乏相应依据，并且忽视了相应的民事处罚。所以治理财务舞弊的机制还存在着重大缺陷，因此应引入法务会计制度，使内部控制、独立审计和法务会计共同构成一个有效的财务舞弊控制系统。

法务会计，是指把法律知识和会计知识相融合，通过对舞弊事件的调查，在法庭上提供专家证词，从而使财务舞弊案件的处理更加及时有效。法务会计不同于审计，二者的区

别见表 5-1。

表 5-1　　　　法务会计与审计的区别

范畴	法务会计	审计
关注点	已知舞弊或怀疑存在舞弊的领域 使舞弊者承认	财务报表的公允性 内部控制质量
方法	审问、重建损失、百分之百地检查目标文件	抽样，分析性复核 确定基于重要性水平的测试范围
范围	从公司财务报告舞弊到离婚案件中在法庭上隐瞒资产的行为	经常性财务报表审计
最终产品	收集法律证据并总结 出庭提供专家证词	财务报表和内部控制的审计意见
基础技术要求	面谈——倾听 会计余额重建 计算机重建（计算机案件） 出庭——提供专家证词工作	客观性 收集和分析证据 会计、审计、面谈、计算机审计等

提供法务会计服务的主体是注册法务会计师，他们在反舞弊工作中取得了显著的成绩。因此，我国应建立法务会计师制度，规范法务会计师的职业行为，保证法务会计师的执业质量，明确法务会计师的执业责任，实现法务会计准则与其他相关准则、惯例及法规的协调，维护法务会计师的职业信誉，促进法务会计师素质的提高。

在加强法务会计建设的同时，还应加大财务舞弊处罚的力度。首先，应加大对上市公司管理层的惩罚力度，在法律责任处罚的基础上加重参与舞弊的高层管理者的民事赔偿责任和刑事责任，将财务舞弊所造成的责任和损失由投资者转移到操控舞弊行为的高层管理者身上，提高其财务舞弊成本，也对其他上市公司潜在的财务舞弊起到震慑作用。其次，应加大对审计人员的惩罚力度，通过审计市场改革和行业监管创新，并完善处罚制度，使审计人员意识到若参与舞弊必会受到法律严惩。此外，应通过增加惩处压力和舞弊风险达到减少审计舞弊发生的目的。

四、加强诚信教育，树立职业道德

产生会计假账与财务舞弊的原因不仅在于各种制度的不完善，而且在于个人道德标准的缺失。法律只会对表象上的违法行为进行管束和惩处，而道德的缺失唯有依靠道德标准的提升方能从根本上使人自律和服从他律。所以，为减少会计假账与财务舞弊的发生，我国需要通过加强诚信教育使职业道德要求内化为从业人员的自觉行动，使其成为会计从业人员一种内在的精神力量。

职业道德教育应该是全方位的，重点应包括企业管理层、以监督上市公司为职责的政府监管机构官员以及市场监管机构工作人员，如会计师事务所、证券公司、律师事务所、资产评估事务所的员工等，他们本应作为上市公司会计假账与财务舞弊的披露者和鉴证者，但是其中许多人却成了炮制会计假账与财务舞弊人员的同伙。要加强职业道德教育，使他们意识到在利益面前道德更加重要，从而树立职业道德，践行岗位操守。

会计人员要赢得并保持公众对他们的信任，最好、最正确的方法就是遵循高质量的职业道德标准，做到“诚信为本，操守为重，坚持准则，不做假账”。只有市场各参与者都弘扬“诚信为本、操守为重”的道德风范，才能使制度、规范落到实处，才能防范财务舞弊行为的发生。具体来看，可以通过加强管理机构和社会舆论的监督、深化教育改革、加强高校的德育教育、建立健全选拔和激励约束机制、加强会计人员继续教育、提高会计人员的整体素质和业务素质等办法来强化职业道德教育。

五、完善舞弊审计机制

我国现行审计制度是以研究和评价被审计单位内部控制制度的健全、有效性为基础，依据被审计单位内部控制制度的可靠程度，决定实质性测试的性质、时间和范围的一种审计制度。这种审计模式在一定程度上可以减少审计程序错误的发生，但它有其局限性，因为该审计制度是以健全、有效的内部控制制度能减少舞弊发生这一假设为前提的，如果上市公司的管理者凌驾于内部控制之上，使内部控制失效，那么这个前提假设就是不成立的。

考虑到现行审计模式的缺陷，我国应发展和完善舞弊审计机制，其审计流程应在原有模式的基础上进行若干延伸。具体来说，如在审计开始之前，审计小组采用头脑风暴法讨论舞弊的可能性和舞弊可能采取的方式；适当设计延伸性审计程序，实施一些补充和特殊的审计程序；收集关于舞弊风险的信息并修改审计计划等。

【专栏 5-2】健全会计人员守信联合激励和失信联合惩戒机制

阅读资料请扫描二维码。

第三节　重视会计职业，提高会计地位

对企事业单位负责人与公民（尤其是与会计工作发生联系的人们，特别是企事业单位负责人、总裁等治理层、管理层和实际控制人及企业法人）来说，强调会计的社会道德观念核心问题是宣传并建立正确的会计观念，端正并形成科学的会计认识，不给会计人员发出做假账的指令，不组织员工集体做假账，自觉践行合理合法的会计诚信，营造良好的会计环境。为此，企事业单位负责人与公民应明确会计的社会道德观念与要求。

一、会计是一种古老而又现代的职业

当前，社会上对会计的认识仍然停留在原始观念上，在普通人的心目中，虽不敢武断地说会计可有可无，但大都认为会计人员整天不外乎就是与“一二三四五六七，一把算盘一支笔”打交道，会计工作只不过是“打打算盘数数钞，写写数字填填表”，既无学问，也无所作为。这种传统观念严重束缚着会计事业的发展，最终必将有碍于社会和企业经营管理水平的提高。

（一）会计的产生与发展源远流长

会计是一种古老而又现代的职业，会计学是一门古老而又年轻的学科。会计的发展历史表明，“当近代会计以它较为完善的科学形象，在社会经济领域的管理工作中发挥重要

作用的时候，人们开始为树立它的尊严做了种种努力。此后，那种普遍存在的陈腐的轻视会计的思想，已作为一种没落的思想被抛进了历史的垃圾堆。自此，对这一学科的公正评价替代了无理的责难。”德国伟大诗人歌德的诗中写道：“复式簿记是人类智慧的结晶，是伟大的发明。”15 世纪以来，包括数学家、哲学家、法学家在内的专家、教授、学者为创建会计学说做出了重大贡献。从复式簿记着手，对会计学科进行深入细致的研究，成为整个世界的行动①。

马克思在《资本论》第二卷论述流通费用的性质时深入分析了簿记，精辟概括了会计的地位和作用，即“过程的控制和观念的总结”，并断言“作为对过程的控制和观念总结的簿记（即会计），对资本主义生产，比对手工业和农业的分散生产更为必要；对公有生产，比对资本主义生产更为必要”②。历史的进程也正是如此。无论是封建社会的宫廷会计与家计，还是资本主义社会的企业会计与政府会计，其重要地位如受到重视，则生产发展，国泰民安；反之，如其重要地位被忽视，则生产萧条，天下大乱。

（二）现代会计较之传统会计又有了质的飞跃

20 世纪 40 年代管理会计产生并成为一门独立的学科之后，会计逐渐显示出其控制与参与决策的功能。当今，会计更是重要，会计信息是企业最完整、最系统、最综合、最准确从而最重要的信息资源。西方国家许多世界著名公司的总经理大多是从会计人员中提拔的。会计人员常被人们称为“控制师”“领航员”。有人曾把资本主义的世界性经济危机避免与否归结为会计提供信息的成败，虽然这种观点本身未必正确，但足见他们对会计的重视程度。

长期以来，会计假账使人们的会计观念十分低沉。要改变这种状况，不仅需要会计人员努力提高自身的政治素质、业务素质和知识水平，做好会计工作，提高会计职业的知名度，而且，最重要的是整个社会以及每个公民都要重视会计工作，尊重会计人员，尤其是财政、税务、审计、银行、市场监管等宏观经济管理部门，要充分利用会计信息，健全会计监督，形成宽松、和谐的践行会计职业道德的社会环境。重视会计职业，提高会计地位，对社会公民来说，应形成并接受以下两个方面的重要观点：

二、发展经济必须加强管理，实施管理必须借助会计

物质资料的生产是人类社会生存和发展的基础，是决定其他一切活动的前提。而“一切规模较大的直接社会劳动或共同劳动，都或多或少地需要指挥，以协调个人的活动，并执行生产总体的运动——不同于这一总体的独立器官的运动——所产生的各种一般职能”③。这样，对经济的管理也就成为客观的必然。经济管理的目的在于合理地分配劳动，以节约劳动时间，提高单位时间利用效率，从而提高劳动生产率。

要科学地管理经济，就必须对在生产过程中活劳动和物化劳动的消耗利用货币形式进行全面核算、有效控制和严格监督。这对节约时间规律的体现更为直接，作用更为巨大。这决定了会计在经济管理中的中枢地位更为重要，也决定了会计机构作为独立的职能部门

① 郭道扬．会计发展史纲［M］．北京：中央广播电视大学出版社，1984.
② 马克思．资本论：2 卷［M］．中共中央马克思恩格斯列宁斯大林著作编译局，译．北京：人民出版社，1975.
③ 马克思．资本论：2 卷［M］．中共中央马克思恩格斯列宁斯大林著作编译局，译．北京：人民出版社，1975.

在经济管理体系中的重要地位。

三、会计作用提升：经济越发展，会计越重要

随着社会生产的发展和生产规模的扩大，会计由简单计算、记录财务收支开始，逐步发展到主要运用价值形式综合核算和监督经济活动。会计的技术方法，通过长期实践也日益完善起来。处理会计资料从全部手工操作发展到机械操作，现在部分或全部地电子计算机化。

再从社会形态角度看，世界近现代史表明，资本主义社会的会计比以往各种社会形态的会计都重要，而且会计学作为一门科学，本身就产生于市场经济发展的客观需要，会计学产生之后又对资本主义的发展进程起到了极大推动作用。

社会主义社会由于具有生产资料的公有制等资本主义社会无可比拟的优越性，所以从理论上讲，社会主义会计的重要性一定大于资本主义会计，因为社会主义的社会化大生产迫切要求通过会计核算，及时、准确、完整地提供各种有关数据和资料，实现国民经济的综合平衡；迫切要求通过精确的核算，提供准确、及时的数据，对社会生产进行反映和控制，以指导国民经济的发展；迫切要求通过会计核算，反复比较，严格监督社会再生产过程中的劳动占用、劳动耗费与劳动成果三者之间的比例关系，保证有限的财力、物力和人力得到最合理的分配，最节约、有效地使用，实现以最小的劳动消耗取得最大的经济效益。

在我国社会主义建设实践中，上述重要性未得到充分体现，原因在于：其一，生产力发展水平不高；其二，会计工作未被领导和更多的人们所理解、重视。这些年来，随着改革开放的深入，国家颁布了一系列会计法规、条例；各单位的会计机构不断完善，相继投入正常运转；会计教育有了较大的发展，会计人员的知识水平不断提高，我国会计进入了一个新的发展时期。总之，重视会计职业、提高会计人员的地位是每个公民应具备的会计职业道德观念。

【专栏 5-3】瑞幸咖啡自曝造假受谴责和追责

阅读资料请扫描二维码。

第四节 关心会计人员，支持会计工作

长期以来，我国会计工作停滞不前，发展缓慢，这与社会和公民轻视会计、不尊重会计人员有关。当务之急是整个社会要形成尊重会计人员的气氛，怎样才能做到呢？

一、明确会计人员身份的多重性

会计人员身份的多重性是由会计职业的特殊性所决定的。会计在处理收支发生、钱物进出时都要涉及国家、集体、职工三者的利益关系。会计在处理三者的关系时，应从不同的位置和角度来考虑问题。在上缴利税和维护财经纪律等方面，会计人员代表着国家，取得了国家理财人的身份；在企业提高经营管理和提高经济效益等方面，会计人员要站在企业利益的角度，取得企业主的身份；在职工生活、福利、奖励等方面，会计人员要在国家

政策、制度允许的范围内工作，他们又取得了职工代表的身份。这种会计人员身份的三重性，加大了会计工作的难度。但这有利于加强管理，提高经济效益。

二、理解会计人员的职责

《会计法》明确规定“会计机构、会计人员依照本法规定进行会计核算，实行会计监督”，“会计人员应该遵守职业道德，提高义务素质。对会计人员的教育和培训工作应当加强”。显然，会计人员的职责十分重大。对于任何会计问题，会计人员都要从多个角度去面对、分析和解决，要比其他人考虑得全面、深入。社会成员对会计人员的职责要理解，并充分相信他们的工作，而且还应为会计人员履行职责创造条件。

三、切实提高会计人员的政治地位和经济待遇

会计人员是普通劳动者，是生产经营管理者的重要组成部分，是社会主义建设事业中一支必不可少的主力军。这要求整个社会尊重他们的知识以及他们的工作习惯，使会计专业人才学以致用，用其所长，以便充分发挥他们在会计工作中的管理才能。特别是各级领导干部要带头尊重他们的劳动，倾听他们的意见，鼓励他们解放思想、大胆工作；在各种场合下注意提高会计人员的威信，全面发挥他们参与管理、参与控制、参与决策的重要作用。同时，还要切实提高他们的经济待遇，解决他们的工作和生活问题，以使其全力以赴地投入会计工作中。为此，首先，应积极提供与会计工作有关的各种资料，支持会计人员做好会计核算工作，真实反映单位的生产经营活动和财务状况，完善管理的基础工作；其次，要理解并支持会计人员做好会计监督工作，保证单位的生产经营和业务工作合法、合规、有效地进行。

第五节　利用会计信息，做好经营决策

管理的重点是经营，经营的中心是决策，因而决策便成为管理的重要课题。

一、企业决策是一项非常复杂的系统工程

何谓决策？通俗地讲，决策就是做出决定，是指为达到某一目标而从众多方案中选择一个最优方案（相对最优方案，下同），加以实施，并将实施的结果反馈，以作用于下一个循环的过程。

首先，根据需要明确决策目标。目标明确后，按整体详尽性和互相排斥性原则制订达到目标的多种备选方案，然后以技术上的先进性、经济上的合理性和实现上的可能性为标准，运用经验判断、数学分析和模拟试验等方法进行方案的论证、评价和比较，从中选出最优方案；随后付诸行动，在执行过程中将每一局部过程的执行结果与决策目标进行比较，找出差异，采取调整措施，以期实现决策目标；同时，为下一个经营循环提供资料。所以，决策绝不是瞬间决定，而是一个提出问题、确定目标、方案选优、采取行动、信息反馈的动态过程，也是一个反馈控制过程。

决策的准确性往往取决于决策者对信息的了解和掌握程度，取决于信息的数量和质量，取决于获取信息的及时性。这不仅因为信息具有目的性、有用性、记载性、传递性、

共享性和实效性等特征，更主要的原因在于决策过程本身就是信息的收集、加工、处理、贮存、反馈的过程。企业只有对每日每时所出现的信息进行及时、迅速、科学的处理，才能做出正确的决策。可以说，信息是企业经营决策的重要依据，是企业经营活动的重要资源。

会计信息的重要性还体现在使用目的的多样性上。首先，会计信息能满足企业内部的管理需要。企业领导者主要根据会计信息开展决策和管理活动，作为企业主人的劳动者也要经常了解会计信息，关心企业的发展。其次，会计信息能满足与企业有利害关系的外部集团的需要。从国家与企业的关系看，企业要定期向财政、税务部门报告会计信息，接受国家的监督，同时为国民经济宏观决策积累资料；企业应向银行报告会计信息以取得资金支持；企业要考虑与本企业有往来关系的单位对会计信息的了解的需要，开展与这些单位的协作。

二、会计信息是进行企业经营决策的重要依据

其一，决策程序图告诉我们，大量的信息是制定决策的前提。没有足够可靠、真实客观的信息，决策就会流于形式，走过场，起不到应有的作用。在企业中，大量及时有效的信息来自会计部门。会计信息是整个企业经营活动的综合体现，其中财务会计部分信息用于反映和控制，管理会计部分信息用于决策和计划。会计信息因此成为企业制定经营决策的重要基础，企业财务决策的直接依据，企业市场营销决策、产品生产决策和技术改造决策的衡量标准。

其二，企业制定经营决策的目的是提高企业的经济效益。会计管理工作的目的是以货币为量度，对企业的经济活动进行连续、系统、全面、综合的反映、监督和控制，以实现企业整体经济效益。可见，两者的目的是一致的，并且经营决策的目标是通过会计管理和其他生产经营管理活动来实现的。

其三，根据决策目标，运用会计信息及其他信息提供多种选择方案。各种方案指标的计算、比较、评价和选优工作都离不开会计信息。会计信息在决策制定中扮演着十分重要的角色，发挥着十分重要的作用。

三、经营决策的实施过程也是会计信息的记录和控制过程

决策是行动的基础，行动是决策的延续，是决策最重要的一环，企业的经营决策确定以后，就要付诸实施，企业各部门、各环节都要围绕经营决策行动起来。为了使经营决策稳步实施，企业必须对经营决策的实施过程从价值和使用价值两个角度加以全面的管理。会计管理就是从价值角度核算、控制使用价值的再生产过程，及时发现并指出实施过程与经营决策中的偏差，尽可能将偏差控制到最低限度；同时，加强成本控制，搞好资金调度，合理分配财务成果，并根据决算的需要对生产经营活动进行有效调节，使经营决策运行处于最佳状态。因此会计信息贯穿经营决策实施的全过程。

四、经营决策的反馈主要体现为会计信息的反馈

一方面，狭义的反馈过程本身就是经营决策实施过程的组成部分；另一方面，广义的

反馈过程则是企业经营决策循环的一个环节，上一个经营决策的输出信息往往成为下一个经营决策的输入信息。会计理论是假定企业为一个连续经营实体，为了对企业这个耦合运行系统进行长期的管理和控制，企业经营决策必须是一个多层次的连续的时间序列决策，经营决策之间在内容上就存在着相互依赖的关系。这里的信息自然要求是综合性的、可比的价值信息，而只有会计信息才能当此重任。会计信息的反馈集合形成企业经营决策的数据库，从而有效作用于经营决策系统。

以上分析表明：经营决策的过程在很大程度上就是会计信息的获取、加工、转换、处理、贮存、传输、控制和反馈的过程。会计信息在企业经营决策过程中发挥着举足轻重的作用，从美国情况看，近年来，“过去的一些会计人员，现在已成为伯利恒钢铁公司、通用汽车公司和通用电气公司等许多大型公司的高层主管人员了。他们担任过的会计职务，在他们晋升到最高管理层的过程中曾起过十分重要的作用。会计工作贯穿组织机构的一切方面；管理会计人员的职责与管理人员的计划和控制工作关系密切，难分难解”[①]。

随着经济体制改革的深入，会计信息在经营决策中的地位和作用日益被人们所认识和理解，并获得足够的重视。因此，在企业经营管理过程中，会计人员（同时也是信息工作人员）不仅要做好记账、算账、报账、管账和用账等工作，还要随时了解企业的生产经营活动，全面熟悉企业情况，及时提供准确的会计信息，并提高会计信息的质量，增强会计信息的可信度，主动参与决策；企业领导者要重视作为决策基础的会计信息，调动会计人员的积极性，虚心听取会计人员的意见，学习并掌握必要的会计知识，以期制定出科学的经营决策并科学地实施，促使企业增强竞争力，不断提高经济效益。

【专栏 5-4】腾讯公司财务共享与价值创造

阅读资料请扫描二维码。

第六节　践行会计诚信，优化会计环境

一、优化会计的社会诚信环境

当今社会，会计诚信的缺失已经成为一个国际性难题。会计诚信的缺失，增加了市场的交易成本，阻碍着市场的正常发育，制约着经济的发展和社会的进步。面对历史的教训和现实的危机，重塑会计诚信、加强会计教育、净化会计从业环境成为理论界与实务界共同关注的焦点。潘序伦先生是中国近现代会计界最早倡导诚信思想、大规模开展诚信教育的先驱，深刻挖掘潘老先生会计诚信思想的精髓对我国会计诚信现状的改善具有重大指导意义。

调查分析发现，我国会计发展与发达国家的差距主要是社会环境较差。而社会环境影响会计环境，会计环境对会计活动会产生极其深远的影响，同时又影响会计人员的职业道德水平，所以我国会计职业道德教育的加强需要良好的会计环境。会计环境，是指会计所依赖和依存的大环境。它包括客观环境和主观环境，或者称会计外环境和会计内环境。会

① 霍恩格伦．高级成本管理会计学［M］．上海财经大学会计系《会计译丛》小组，译．北京：中国财政经济出版社，1986.

计客观环境，是指包括经济、政治、社会文化、法律等因素的环境，其中，最重要的是经济因素。会计主观环境，则包括会计系统内部各部分的状况，如会计模式、会计人员素质、会计工作手段和方法、会计行为等。会计的客观环境影响着会计主观环境，会计的主观环境又反作用于客观环境，两者在相互作用和影响下不断向前发展。具体可以通过以下措施改善会计环境：

（1）强化会计监督意识，增强道德观念。

（2）加强企业内部管理，迅速建立监督约束机制。

（3）排除不正当的行政干预，克服浮夸虚报现象。

（4）加强会计职业道德建设与教育，完善会计职业道德准则。

（5）扩大现有会计人员的知识结构，积极推广会计诚信终身教育。

二、市场经济健康运行需要践行会计诚信

目前在我国市场经济体制初步建立的情况下，市场经济健康运行需要会计诚信。会计服务于企业，服务于社会，服务于公众。尤其是会计信息越来越被广大决策者、投资者、债权人、企业管理者等会计信息使用者所重视，它也成为政府部门进行宏观决策的重要依据。然而，受错误的价值观影响和利益的驱动，会计造假、会计信息失真的现象也越来越严重，这是和会计诚信相悖的。假凭证、假账簿、假报表、假数字比比皆是，已经成为影响社会经济正常运行的突出问题。

众多的会计造假案都有造假的目的和动机。私营企业为了逃税而少做或不做收入，多列成本费用，以虚减利润；国有企业、上市公司为了营造业绩、树立企业形象，多做或提前确认收入，少列成本费用，以虚增利润粉饰业绩，捞取政治资本或包装上市圈钱；政府部门为突出政绩、捞取政治资本、获取个人或小集团利益而虚报指标数字等等。会计诚信出现了前所未有的危机，会计诚信危机是社会诚信环境的一部分，它不是独特的社会现象，即不纯粹是会计人员职业道德低下的原因。其原因是多层次、多方面的。有历史原因，也有现实原因；有主观因素，也有客观因素；有管理方面的缺陷，也有体制的不完善、不健全的因素等等。

三、优化会计环境是落实以人为本、构建和谐社会的重要内容

由于社会的发展和历史的进步，诚信理念伴随着社会经济关系的变化而与时俱进。司马迁在《史记·货殖列传》中感叹道："天下熙熙，皆为利来；天下攘攘，皆为利往。"在诚信面临利益冲突时，孔子告诫后人"见利思义，见危授命，久要不忘平生之言，亦可以为成人矣"①，"子以四教：文、行、忠、信"②；还说"君子喻于义，小人喻于利"③，"君子之仕也，行其义也"④。在诚信与利益对立而不可兼得时，孟子说："生，亦我所欲也；义，亦我所欲也。两者不可得兼，舍生而取义者也。"⑤在生意场上，赚钱发财，天

① 孔子．论语·宪问［M］．程昌明，译注．沈阳：辽宁民族出版社，1996.
② 孔子．论语·宪问［M］．程昌明，译注．沈阳：辽宁民族出版社，1996.
③ 孔子．论语·宪问［M］．程昌明，译注．沈阳：辽宁民族出版社，1996.
④ 孔子．论语·宪问［M］．程昌明，译注．沈阳：辽宁民族出版社，1996.
⑤ 张华腾．老庄语录·孔子语录·孟子语录［M］．北京：台海出版社，1997.

经地义，但切不可见利忘义；利义舍取，应舍利取义。晚清著名商人胡雪岩财源亨通的奥秘就在于他“以义取利”和“以德经商”的商贾理念，他讲究“君子爱财，取之有道；战必以义，信而服众；利义统一，仁富合一”[①]，从而成为富甲清末且名扬天下的大财神，进而赢得“红顶商圣”的桂冠。在当今市场经济时代，“温良恭俭让，让中取利；仁义礼智信，信内求财”的儒商思想和正当的功利主义已为不少企业家所接纳吸收，并付诸实施，且创造了辉煌的经济效益和产生了良好的社会影响。这样的成功人士为数甚多，李嘉诚的事业正如其名，是靠勤勉与诚信取得成功的。他经商成功的理念主要有：做生意首要讲诚实信用，无信不立；名利不是最重要的，道义至上；与人方便、与人为善才能财源广进；耐心及决心是制胜法宝。他的企业的名字长江即取万涓汇人之意。

《中庸》的作者认为，诚是客观规律的反映，是事物发展规律的本质规定。天道之诚作为天理之本然，是人性的价值本源。在市场经济的伦理道德要求中，诚信是最重要也是最核心的伦理准则。中国古人云“诚于中而形于外”。没有内心之至诚至信，合作意识和合作精神都将失去实践基础，因此，诚信是上文所说的各种伦理要求的进一步深化。和上面所提的伦理要求相比，诚信更突出了行为主体的自觉性，更需要全社会来优化诚信环境。

四、建设会计诚信，迫切需要优化会计环境

《会计法》强调了会计诚信不仅仅是会计人员或会计行业的问题，还是“国家机关、社会团体、企事业单位和其他组织”的问题，更强调了单位负责人的会计诚信。政府的会计诚信在社会中具有导向和示范效应。没有诚信的政府，就不会有诚信的社会，政府作为市场经济的宏观管理者，在推动市场经济的健康、有序、和谐发展中作用巨大。而加强单位负责人的会计诚信也尤为重要，单位负责人既是单位的领导者、指挥者，同时也是国家法律、法规的执行带头人。所以单位负责人的会计诚信，有助于单位会计工作和经济行为的法治化、规范化、有序化，有助于减少投资失误，减少资金浪费，合理引导社会资金流向，提高经济效益，有利于整个社会经济资源的优化配置，有利于推动社会主义市场经济健康有序发展。会计人员更应该将诚信作为会计的职业道德，作为会计事业的生命线。“立信，乃会计之本。没有信用，也就没有会计”。从事财会工作者，更应提倡做老实人，办老实事，讲老实话，始终坚持真理和实事求是精神。

为了培育和践行社会主义核心价值观，完善会计职业道德规范，财政部应重视加强会计诚信教育，建立严重失信会计人员“黑名单”，健全会计人员守信联合激励和失信联合惩戒机制，积极营造“守信光荣、失信可耻”的良好社会氛围。

【关键概念】

委托代理（principal-agent）

信息不对称（information asymmetry）

会计假账（accounting fraud）

---

① 史源．逆创商机——红顶商圣胡雪岩扭转乾坤的十三反经［M］．北京：华文出版社，2002.

财务舞弊（financial fraud）
诚信教育（integrity education）
会计责任（account responsibility）
单位负责人与公民（unit heads and citizens）
会计道德规范（code of accounting ethics）

【练习题】

一、判断题

1. 会计道德行为是符合伦理、道德、诚信标准的会计人员的行为。（　　）
2. 会计造假行为就是会计失德行为。（　　）
3. 委托关系的存在是信息不对称的主要原因。（　　）
4. 公司提供虚假财务会计信息的动力与受到处罚的成本成正比。（　　）
5. 国有公司股权多元化改革能有效减少公司会计舞弊现象。（　　）

二、单项选择题

1. 公司（　　）是公司权力机构，公司治理质量好坏很大程度上与董事会有关。
A. 高管层　　B. 监事会
C. 审计委员会　　D. 董事会
2. 公司审计委员会的职责不包括（　　）。
A. 负责外部审计师的选聘工作　　B. 负责内部审计工作
C. 审查董事会的决议正确性　　D. 设计有效内部控制制度
3. 企业向外部提供会计信息的主要作用是（　　）。
A. 为公司管理决策服务　　B. 使董事会了解公司经营状况
C. 为公司股东提供决策支持　　D. 提高公司信息透明度
4. 会计人员的职业责任不包括（　　）。
A. 维护国家法律　　B. 维护企业资产完整性
C. 正确计算员工薪酬　　D. 提高企业经营管理水平

三、多项选择题

1. 会计人员遵守的公司规章包括（　　）。
A. 公司法　　B. 会计法　　C. 公司章程
D. 财务制度　　E. 报销管理制度
2. 公司会计假账的主要影响因素有（　　）。
A. 造假成本　　B. 造假收益　　C. 处罚成本
D. 管理层态度　　E. 个人职业道德水平
3. 公司因财务欺诈被查处后相关责任人有（　　）。
A. 公司财务负责人　　B. 主办会计　　C. 财务经理
D. 出纳　　E. 公司法定代表人
4. 中介机构提供虚假财务、审计和鉴证报告，相关责任人需要承担（　　）。
A. 民事责任　　B. 刑事责任　　C. 赔偿责任

D. 行政责任　　　　　　　　E. 违约责任

【复习思考题】

1. 会计失德行为有哪些表现？

2. 权钱交易、腐败及寻租与会计假账有什么关系？

3. 上市公司财务舞弊的动因及常用的治理对策有哪些？

4. 单位负责人与公民怎样重视会计职业，提高会计地位？

5. 单位负责人与公民如何关心会计人员，支持会计工作？

6. 单位负责人与公民如何利用会计信息，做好经营决策？

7. 单位负责人与公民怎样遵守会计法规，强化会计责任？

8. 单位负责人与公民如何践行会计诚信，优化会计环境？

【案例分析题】

大诚于人，信通天下：大信会计师事务所七十载

在 1945 年抗战胜利后的举国欢庆中，大信品牌在荆楚大地武汉横空出世；40 年后的 1985 年，在改革开放的春风中，大信品牌涅槃重生，以当时全国首家合伙制事务所的面貌直面市场挑战；时至今日，在中国经济腾飞、“创新创业”的浪潮之中，大信品牌已然脱胎换骨，屹立于注册会计师行业强者之林。

大信会计师事务所是中华人民共和国成立后第一家合伙制会计师事务所，自成立时起从未更换过名称，更未改变过以诚信立所的信念。“大诚于人，信通天下”的信念将催动一辈又一辈大信人奋发图强。

一、回眸：抗战胜时大信立，70 年已逝，来日辉煌可期

经过 14 年浴血奋战，中国人民于 1945 年取得抗日战争的伟大胜利，国家开始民族经济复兴的伟大进程。就在这一年，在“九省通衢”的武汉，我国现代会计先行者吴英豪先生怀着服务国家经济建设之情，继上海立信后，以“潘氏模式”（会计师事务所、会计学校、会计期刊三位一体）在武汉创立中国会计界第二个“三位一体”的会计师事务所。

1978 年 12 月，党的十一届三中全会后改革开放的春风吹绿了祖国大地。1980 年，财政部做出了重建中国注册会计师制度的战略决策，给我国 CPA 行业恢复发展带来了巨大希望。在改革开放春潮的推动下，吴益格先生顺应时代形势需要，毅然从国企提前退休下海，秉承老师遗愿，在武汉恢复重建我国第一家合伙制会计师事务所——武汉大信会计师事务所，并以自力更生、艰苦奋斗精神，战胜“五无”（无钱、无人、无经验、无靠山、无关系）困难，在短短 3 年内使事务所在武汉稳稳站住脚跟，为之后的发展奠定了坚实基础。

在当年的市场环境下，“五无”的大信想承揽到业务并不容易，但大信的“草根”特质也使其更愿意也更能吃苦——大所看不上的业务，大信做；大所不愿意去的偏远地区，大信去。从武汉谌家矶一家乡镇企业的报表辅导起步，肯吃苦耐劳、愿放低身价而专业能力又过硬的大信赢得了口碑，改革开放前期纷纷涌现的乡镇企业也给了大信丰足的市场空

间，并逐渐形成了“农村包围城市”的态势，事务所发展蒸蒸日上。脱钩改制极大地激发了大信人的创新精神，他们运用“三大法宝”（机制灵活、重用人才、优质服务），在国有所“一统天下”的环境下，巧出奇兵，不一味强攻湖北市场，而是采取外围战术，一举抢占山东7家IPO公司、广西3家IPO公司，然后“农村包围城市”，杀回武汉，取得“湖北第一”的佳绩。

二、“龙头”进京肯吃苦再成制胜法宝

经过15年的艰苦奋斗，进入新千年的大信取得了湖北省会计师事务所业务收入第一的佳绩。但此时，大信也遇到了发展瓶颈甚至是低谷——在成绩面前，有人已进取心不足；首次合并其他事务所不欢而散，做大道路受阻；有人对已日渐年长的董事长吴益格的领导力心存疑虑，对发展前途悲观失望。大信是继续向前，还是就此止步？壮心不已的吴益格经过深思熟虑，决定顺应时代发展的潮流，把事务所总部迁到竞争更加激烈、发展机会更多的北京去，开启大信的二次创业。

此时，正是注册会计师行业发展史上著名的“百所进京”时期，与大信一同涌入北京的，还有上百家不甘在地方“小打小闹”的事务所，它们也有雄心壮志，甚至有更好的背景或资源。但大浪淘沙，进京的“百所”有的迅速发展壮大，有的与人合、被人合后名号消失，还有的则铩羽而归。

三、大信欲建“百年老店”

大信会计师事务所（特殊普通合伙）自1985年恢复重建以来，经过30年的不懈努力，从一个地方所发展为具有H股资格的大型会计师事务所，业务年收入突破10亿元，员工超过3 000人，跻身本土所前列，成为促进经济社会发展的重要力量。现阶段的大信更加重视一体化管理，特别关注审计质量保障。对于这方面的工作，大信人已经有了初步的打算，即“做大”后更重一体化。

大信管委会认为，当前，总分所质量控制必须实行一体化管理，分所执业实行分类管理，高风险业务集中由地区业务总部承办。下一步，大信将逐步实施业务项目按地区和行业管理。他们计划首先完善绩效考核激励机制和利益分配方式，包括内部收入分配办法等，为项目管理改革创新制度条件，随后在基础较好的区域业务总部实行试点，力争用1~2年的过渡期，基本实现业务项目按地区和行业管理。

四、严把审计质量“生命线”

审计质量是会计师事务所安身立命的“生命线”，新时期的大信在这方面下足了功夫。他们把质量控制的关口前移，严格把控业务项目承接准入关。第一是审慎评估、承接拟上市业务项目，要求在承接该类项目时进行全面尽职调查和风险评估。各业务总部、分所承接拟上市业务项目，必须报经质量控制部门评估，经业务总部总经理审批后方能承接，涉及重大风险事项的项目由主任会计师审批。第二是严格把关“接下家”上市公司业务项目。在签订业务约定书前深入了解上市公司的有关事项，高度关注业务复杂程度、上市公司的财务状况等，经事务所风险控制部门讨论、主任会计师批准后方能承接。第三是对于地方投融资平台发债业务项目，大信始终保持审慎态度，要求业务部门在承接发债项目前深入讨论财务重组、资产注入、利润来源等方案的可行性，并以书面形式上报质量控制部门同意后承接。

五、育人才重人才是立所之本

能吃苦、打得了硬仗的专业人才是大信持续发展进步的动力源，支持着这家无官办背景的事务所掘取第一桶金，从3 000元注册资本起家到年业务收入超10亿元，从湖北武汉"杀"进北京市场。培育人才、用好人才、重视人才是大信的立所之本。如今，大信依然把很大一部分力量投入人才建设方面。

大信人认为，提高审计质量，关键在于执业人员的素质和专业胜任能力。他们坚守"诚实做人、诚信执业"的所训，充分利用大信平台优势，积极与对外经济贸易大学合作，为大信专门开办会计、审计硕士班，从全所选派有经验、有培养前途并具备学士学位的人员去学习、培训，为造就一批高级执业人才奠基。大信不但下决心选拔、引进、培育一批既有深厚理论基础，又有实务经验的高层次专业人才，而且正在争取对外经济贸易大学和武汉大学等高校的支持，着手筹建大信博士后流动站。

"雄关漫道真如铁，而今迈步从头越。"大信已经走过了70年的岁月，大信创始人已逝，重建者吴益格已退居幕后，大信已将管理权向以胡咏华为首席合伙人、主任会计师的管理团队转移。随着事务所股权的稀释，大信已经逐渐摆脱"家族企业"的标签，这家全国最早的合伙制事务所全新演绎着"志同、人和"的合伙理念，向着"立足中国、走向世界、创一流会计师事务所""打造大信百年老店"的目标进发。

（资料来源：小黑妹．大信会计师事务所风雨70年方得"苦后甜"[EB/OL]．[2015-12-11]．http://bbs.dongao.com/thread-3905089-1-1.html）

讨论问题：

（1）大信人为什么要坚守"诚实做人、诚信执业"的所训？对我们有何启示？

（2）结合本案例探讨单位负责人与公民应该如何树立正确的会计道德观念。

第六章　会计人员职业道德规范

【经典名言与感悟】

孔子

（公元前551—公元前479年）

子曰："学而时习之，不亦说乎？

有朋自远方来，不亦乐乎？

人不知而不愠，不亦君子乎？"

志于道，据于德，依于仁，游于艺。

君子务本，本立而道生。孝悌也者，其为仁之本与。

君子喻于义，小人喻于利。

君子和而不同，小人同而不和。

子贡问曰："有一言而可以终身行之者乎？"

子曰："其恕乎！己所不欲，勿施于人。"

——《论语》

孔子尝为委吏也……必曰："会计当而已矣"。

——《孟子》

"六项精进"是搞好企业经营必需的最基本条件，同时也是我们度过美好人生必须遵守的最基本条件。如果我们每天都能坚持实践这"六项精进"，我们的人生必将更加美好，甚至超乎我们自己的想象。我自己的人生就是如此。所谓"六项精进"，指的是：(1) 付出不亚于任何人的努力；(2) 要谦虚，不要骄傲；(3) 要每天反省；(4) 活着就要感恩；(5) 积善行、思利他；(6) 忘却感性的烦恼。

——日本当代"经营之圣"稻盛和夫

勤劳有饭吃，善良保平安；敦厚传家宝，经书济世长。

——叶陈刚感悟

【学习目的与要求】

1. 明确会计职业道德规范是对会计人员会计行为的道德要求。

2. 理解会计从业人员职业道德具体规范八个方面的要求：

爱岗敬业，勤奋工作；专业胜任，不做假账；客观反映，正确核算；

精益求精，提高技能；严格监督，遵纪守法；勤俭理财，公私分明；

当好参谋，参与管理；保密守时，讲求效益。

【导读】

财政部发布会计人员职业道德规范及典型案件处理

一、坚持诚信，守法奉公。牢固树立诚信理念，以诚立身、以信立业，严于律己、心存敬畏。学法知法守法，公私分明、克己奉公，树立良好职业形象，维护会计行业声誉。

二、坚持准则，守责敬业。严格执行准则制度，保证会计信息真实完整。勤勉尽责、爱岗敬业，忠于职守、敢于斗争，自觉抵制会计造假行为，维护国家财经纪律和经济秩序。

三、坚持学习，守正创新。始终秉持专业精神，勤于学习、锐意进取，持续提升会计专业能力。不断适应新形势新要求，与时俱进、开拓创新，努力推动会计事业高质量发展。

会计人员违反会计及税务相关法律规范会受到相应处罚，以下是相关案例：

案例一

经国家税务总局巴州税务局稽查局检查，发现四川巴州A商贸有限公司在2016年1月至2018年12月期间，主要存在以下问题：该公司设置内外二套账隐匿销售收入（外账是对外申报的，报送给工商、税务等部门，内账是公司内部自己用的），未进行纳税申报造成少缴增值税25 020 478.73元、城市维护建设税1 751 433.51元，印花税105 311.90元，合计税款26 877 224.14元。

该公司成本、费用凭证不全，难以查账，期初建账数据及后续业务发生数据无法保证其真实准确性及完整性，无法提供内账明细账的完整、真实、准确的财务资料，检查人员根据该公司财务核算内账记录等证据资料，核定该公司少缴企业所得税2 061 064.41元。

相关法律依据及处理、处罚情况：

根据《中华人民共和国税收征收管理法》（中华人民共和国主席令第49号）第六十三条之规定，追缴该公司少缴的增值税25 020 478.73元、城市维护建设税1 751 433.51元，印花税105 311.90元，合计税款26 877 224.14元。

根据《中华人民共和国税收征收管理法》第三十二条的规定，责令该公司限期缴纳少缴的企业所得税2 061 064.41元。对该公司应补缴的增值税、城市维护建设税、印花税、企业所得税、教育费附加从滞纳税款之日起，到实际缴纳或者解缴税款之日止，按日加收滞纳税款5‰的滞纳金。

根据相关规定追征该公司少缴的教育费附加750 614.36元、地方教育附加500 409.58元。

根据《中华人民共和国税收征收管理法》第六十九条的规定，对该公司2016—2018年未履行代扣代缴个人所得税行为处以应扣未扣个人所得税420 733.43元50%的罚款，金额210 366.72元。

该公司2017年、2018年偷税比例均已达到10%以上，且金额达到5万元以上，涉嫌逃避缴纳税款。该公司对外虚开增值税专用发票、虚开增值税普通发票、让他人为自己虚开增值税普通发票的行为涉嫌虚开发票。已移送公安机关处理。

案例二

黄某惠和陈某梅受雇于付某博成立的“厦门××工贸有限公司”做财务，2013年11月至2016年7月间，在明知厦门××工贸有限公司等23家公司没有实际货物交易的情况下，协助主犯付某博记录“内账”、虚构合同、资金走账、开具增值税专用发票等事务，税额合计2.57亿元。

尽管系从犯，但鉴于其犯罪事实及后果，两人最终被法院判决：

犯虚开增值税专用发票罪，分别判处有期徒刑7年，并处罚金15万元。

就这样，两个刚毕业涉世未深的年轻人因协助虚开发票，记录“内账”，虚开税额高达 2.57 亿元，被判 7 年！接到判决书后，哭成泪人，追悔莫及。

（资料来源：①财政部．关于印发《会计人员职业道德规范》的通知［EB/OL］．［2023-01-12］．http：//kjs.mof.gov.cn/zhengcefabu/202301/t20230130_3864366.htm．②国家税务总局巴州税务局．税务违法案件公告——巴税稽告〔2020〕8 号［EB/OL］．［2020-12-31］．https：//xinjiang.chinatax.gov.cn/bygl/tzgg/202012/t20201231_80521.html．③祥顺财税俱乐部．公司 3 年前的发票被查了，会计要负什么责任？［EB/OL］．［2022-03-02］．https：//www.163.com/dy/article/H1E1I2650519S9C9.html）

会计是社会分工的必然产物。对于这样一种专门的职业，应该有与之相适应的道德标准或要求。这种道德标准既是一般社会道德规范即社会公德的一部分，又应体现会计职业的特殊性，即“职业道德规范必须行业化”。会计职业道德规范不能离开会计这个主题，要充分体现会计职业的特殊性。

会计职业道德规范表达会计职业内在义务和会计职业的社会责任，其表达形式比较具体、灵活、多样、独特。会计职业道德规范主要是用来约束会计职业人员，以调整会计职业人员的内部关系和他们与所接触对象之间的关系。

会计职业道德规范规定了会计人员在履行职责时应该怎样做和不应该怎样做，即从道义上规定了会计人员应以什么样的思想、什么样的态度和什么样的作风去接人、待物、处事，去完成本职工作。

会计职业道德规范是财经法律、法规和制度所不能代替的。一般来说，非法行为是不道德的，但是合法行为也可能存在着道德还是不道德的问题。

社会主义市场经济体制的逐步建立，客观上要求建立与之相适应的会计人员职业道德规范，使其成为广大会计人员自觉遵守的行为准则和自律标准。这既是贯彻执行《中华人民共和国会计法》、整顿经济秩序的客观要求，又是我国加入 WTO 后进一步发展社会主义市场经济的必然要求，是从源头上治理腐败的有效措施之一。

对从事会计职业的会计人员（包括会计理论研究与教学人员、会计实务操作与分析人员和会计事务管理人员）来说，会计职业道德规范有以下八个方面的规定：

第一节　爱岗敬业，勤奋工作

爱岗敬业，就是要求会计人员以极大的热忱投身会计本职工作中，做好工作，干出成绩。这一规范反映了会计人员对社会劳动的态度，体现了诚实劳动、树立共产主义劳动态度的社会主义核心价值观的精神。勤奋工作，即通过自己的工作把会计管理职能作用充分发挥出来，也就是要在会计人员充分认识自己应负会计责任的前提下，最大限度地将应负的会计责任担当起来。

在社会主义制度下，由于劳动者过去千百年来都是为别人劳动，为剥削者做苦工，现在第一次有可能为自己工作了，而且是利用一切最新的技术文化成果来工作。为自己劳动取代了强制劳动，是人类历史上最伟大的更替（列宁）。因而，从根本上激发了会计人员尽职尽责、勤奋工作的热情。

同时，这一规范也是进行社会主义现代化建设的历史使命对会计人员提出的客观要求，因为经济越发展，会计越重要。只有健全和完善会计工作，才能提高会计管理水平，才能实现企业和社会的效益优化。而要完成历史赋予会计人员的重大使命，关键是要有热爱本职工作的情感、勤奋工作的态度。只有这样，才能充分发挥自己的管理才能，自觉运用现代会计管理知识，为社会主义现代化建设做出贡献。“爱岗敬业，勤奋工作”规范对会计人员的要求包括：

一、自觉把从事的会计工作同祖国的命运紧密联系在一起

建设中国特色社会主义市场经济是一项伟大而又艰巨的工程。其中，为企业、国家理好财是一项事关全局的工作，是会计人员肩负的历史使命。会计工作搞好了，就能积极地促进国家经济建设的发展；反之，会阻碍和延缓国家经济建设发展的步伐。会计人员只有清醒地意识到会计管理工作的重大意义，才有可能对本职工作爱得深，使内心信念转化为创造性劳动。

随着现代科学技术的迅猛发展，知识更新不断加快，特别是在我国社会主义初级阶段市场经济理论的建立时期，以前那种高度集中的计划经济模式下的会计理论方法体系已经远远不能适应形势发展的客观要求。当务之急是顺应改革的发展趋势，建立古今结合、中外结合的中国式的现代会计理论方法体系，使我国的会计事业适应日新月异的伟大变革。尤其是面对世界范围内兴起的新技术革命浪潮，我们必须从全新的角度开展会计理论和方法的研究，如会计理论思想、会计准则体系、会计制度建设、会计改革模式、会计管理体制、电脑会计、宏观会计、人力资源会计等。因此，会计人员要立足本职工作适时地研究新问题，钻研会计业务，更新会计知识，这样不但有理论上的意义，而且有重大的实践意义。

二、以饱满的工作热忱、一丝不苟的工作态度对待会计工作

热忱是指对事业、工作、学习的一种热烈而真挚的感情，它反映个人对现实的一种积极的、富有创造性的态度。从事会计工作，就需要这种态度。许多会计工作中的模范人物的先进事迹表明：有了热忱，才能激发积极性并产生巨大的动力。当前，我国的改革开放正在不断地深入，会计和经济领域中出现了很多新事物和新问题。会计人员只有克服墨守成规、安于现状的惰性，振奋精神，开动脑筋，以巨大的热忱积极投身于改革，才能做到尽职尽责，勤奋工作。

会计人员要自觉形成任劳任怨、一丝不苟的工作态度和工作作风。会计工作是一项政策性、技术性很强的工作，也是很重要的工作。从宏观角度看，它关系到单位、部门的财务状况和经济效益。因此，会计人员要认真、正确地领会改革意图，从大局出发，坚持原则，不计较个人得失，不怕得罪人。与此同时，会计工作又是很具体、复杂的实务性工作，有较强的技术性要求。这就需要会计人员有认真踏实、一丝不苟的工作态度，刻苦钻研技术，这样方能做好会计工作。

三、爱岗敬业是会计工作的内在要求

爱岗敬业，就是要求会计人员充分认识到本职工作在整个经济和社会发展过程中的地位和作用，珍惜自己的工作岗位，做到干一行爱一行，一丝不苟，兢兢业业，争当会计工

作的行家里手。同时，还要求会计人员在工作中自觉主动地履行岗位职责，以积极、健康、求实、高效的态度对待会计工作，做到认真负责、尽职尽责。

会计工作是一项内容丰富、涉及面广的管理工作。就会计核算来说，它包括记账、算账和报账各环节；就会计监督来说，它涉及事前监督、事中监督和事后监督全过程；就会计管理来讲，它包括预测、决策、预算和控制各方面；就某一企业而言，它涵盖了从材料供应、产品生产到商品销售的全过程。会计也是一项非常具体、烦琐的管理工作。从现金、财产物资、工资、成本费用、财务成果和销售往来等的核算到总账、明细账的登记和报表的编制以及会计稽核和会计档案的管理，都需要设置不同的具体岗位；从一般的会计人员、会计主管到会计机构负责人、总会计师，一个人具体从事哪项工作、担任什么职务，完全取决于工作的需要和组织的安排。

任何工作只有分工不同，没有高低贵贱之分。会计个体无论在哪个会计岗位上，也无论担任什么职务，都是整个会计工作的重要组成部分。其工作的好坏、效率的高低影响着整个会计工作质量的高低，影响着会计目标能否实现和会计任务能否完成，所谓“牵一发而动全身”。此外，会计人员还要特别注重信息的时效性。会计人员处于决策支持的地位，高层管理者正是依靠会计人员提供的大量信息来进行决策的，而提供的信息的数量和质量直接影响决策的水平。会计信息如果提供得不及时，便失去了决策的及时性。信息的及时提供常常需要付出额外的工作，而要做到这一点仅具有业务能力往往是不够的，还需要有勤勉的工作态度。会计人员应尽可能及时地收集各方面的资料，仔细地研究并找出可行方案，尽量预测出方案的结果，以向决策者提供充分的信息。

正是会计工作的这种重要性、全面性、时效性和复杂性，决定了任何一个人只要从事会计这项工作，就应该爱岗敬业，以积极的态度、严谨的作风在平凡岗位上做出不平凡的业绩。

【专栏 6-1】加强国家统一的会计制度贯彻实施工作（上）

阅读资料请扫描二维码。

第二节 专业胜任，不做假账

一、具备坚持准则要求的专业胜任能力

缺乏专业胜任能力，必将导致会计从业人员所在单位风险的增加和会计信息质量的下降。因此，对合格的会计从业人员来讲，专业胜任能力是保证其赢得社会尊重和市场竞争的重要条件。根据我国现行《会计法》第三十七条的规定，“会计人员应当遵守职业道德，提高业务素质，严格遵守国家有关保密规定。对会计人员的教育和培训工作应当加强。”随着改革的不断深入，新的法律、法规不断颁布和实施，会计人员要不断学习、更新和充实相关的法律知识，以保持和发展自己的专业技能，提高自己的业务能力。但同时更为重要的是，会计人员在实际工作中应遵守这些规定，特别是在与有关方面发生利益冲突的时候，会计人员应敢于坚持原则。

二、全面理解“不做假账”的现实意义

做假账行为不仅违反《会计法》，其直接后果是导致会计信息失真。而会计信息是经济决策的基础，更是财政管理的基础，会计信息的虚假必然导致经济秩序混乱，财政管理弱化，宏观决策失误。会计人员应深刻理解“不做假账”的现实意义。

1.“不做假账”是整顿经济秩序的客观要求

会计信息是经济信息的基础，是经济决策的主要依据之一。真实、完整的会计信息才能客观地反映经济运行的质量，揭示存在的问题和面临的风险。基础或依据出了问题，甚至人为提供虚假信息，必然导致经济决策失误和秩序混乱。朱镕基同志“不做假账”的警训，直指造成经济秩序混乱的根源，抓住了治理经济环境的根本。

2.“不做假账”是贯彻实施新《会计法》的客观要求

新《会计法》的立法宗旨就是规范会计行为，提高会计信息质量，维护社会主义市场经济秩序。做假账就是一种违法行为，这种行为明显有违社会公德，更是会计职业道德所不齿的。现今社会生活中，人们的法律意识和依法办事的自觉性还达不到成熟的境界，此时提出“不做假账”的“德治”思路，具有重大的现实意义和作用。

3.“不做假账”是发展社会主义市场经济的必然要求

社会主义市场经济是法治经济。不做假账是国家管理经济、加强监管的基本要求，为了维护社会主义市场经济中所有各利益关系方的会计权益，尤其需要各企业单位保持真实、完整的会计记录，并提供真实的财务会计报告。因此，“不做假账”是社会主义市场经济健康发展的最基本、最现实、最紧迫的要求。

4.“不做假账”是加入WTO后必须遵守的基本原则

我国已是世界贸易组织的一员，因此必须遵守通行的“游戏规则”，否则，就会付出惨重的代价。会计信息是市场经济条件下国际通用的会计语言。为了实现会计制度与国际惯例的接轨，我国会计领域进行了一系列重大改革，其直接的作用和目的就是整治会计秩序，杜绝做假账现象，根治会计信息失真。

5.“不做假账”是从源头上治理腐败的有效措施

纵观已经发生的许多腐败案件，几乎都与做假账有着千丝万缕的联系。假账是滋生腐败的温床和条件，做假账的会计人员在腐败行为中，无论是主动还是被动，其结果和影响都是十分恶劣的。朱镕基同志“不做假账”的警训，不仅是对会计从业人员提出的基本职业道德要求，也必将在根治腐败现象中发挥特殊的作用，每一个会计人员都应从朱镕基同志“不做假账”的警训中体会出重大的责任感和使命感。

第三节　客观反映，正确核算

反映经济活动，是会计的基本职能。进行会计核算，是会计机构、会计人员的主要职责。客观反映、正确核算，以提供真实可靠的数据和信息，就能协助企业搞好经营决策，有效加强企业经营与管理，提高经济效益；反之，失真的数据和信息将会导致决策失误，给国家、人民财产带来极大损失。怎样做到客观反映、正确核算呢？

一、明确会计的核算职能

会计核算贯穿并反映经济活动的全过程，是指会计以货币为主要计量单位，通过确认、计量、记录、计算、报告等环节，对特定对象（或称特定主体）的经济活动进行记账、算账、报账，为各有关方面提供会计信息。记账是指对特定对象的经济活动采用一定的方法，在账簿中进行登记；算账是指在记账的基础上，对企业一定时期的收入、费用（成本）、利润和一定日期的资产、负债、投资者权益进行计算；报账是指在算账的基础上，对企业的财务状况、经营成果和现金流动情况，以会计报表的形式向有关方面进行报告。会计核算应注重会计信息质量，会计信息质量高低是评价会计工作成败的标准。评价会计信息质量的标准主要看会计核算的客观性、相关性、可比性、一贯性、及时性、明晰性等。

会计核算的内容是会计工作的对象，具体表现为各种各样的经济活动。《会计法》将其归纳为七类，具体包括：

（1）款项和有价证券的收付，如企业的销货款、购货款和其他款项的收付，股票、公司债券和其他票据的收付等；

（2）财物的收发、增减和使用，如材料的购进与领用、产成品的入库与发出、固定资产的增加与减少；

（3）债权债务的发生和结算，如应收账款，应付账款，其他应收、应付款的发生和结算；

（4）资本、基金的增减，如企业实收资本和盈余公积的增加和减少；

（5）收入、支出、费用、成本的计算，如企业的主营业务收入、其他业务收入和支出、管理费用和产品成本的计算；

（6）财务成果的计算和处理，如企业盈利要按规定进行分配，若亏损，要按规定进行弥补；

（7）需办理会计手续、进行会计核算的其他事项。

二、适应现代管理制度的要求，做好会计核算工作

1. 明确产权关系，建立产权明晰的会计核算体系

现代企业制度的特征之一是产权关系明晰。国有企业财产属于国家、属于全体人民，企业具有法人财产权。

会计恒等式“资产=负债+所有者权益”，基本理清了各种产权关系，体现了产权关系明晰这一基本特征。尤其是建立资本金制度，使企业按投资主体细化所有者权益核算体系。各项经济业务对实收资本、资本公积和盈余公积的影响具体反映到各个投资者的账户中，在实际工作中把产权明晰的要求具体化，使投资者能真正按其投入的资本额享有权益。

2. 正确核算劳动者在企业中所拥有的各项权益

在企业中，劳动者在完成生产经营任务的同时也获得了合法报酬和权益。劳动者权益的获得来自以下三个方面：（1）企业在初次分配中发给职工的劳动报酬，属工资性质的权

益。(2) 企业按照国家有关规定，为职工提取的福利费、工会经费、职工教育经费、住房公积金等，属福利性质的权益。(3) 企业在税后利润分配中提取的用于职工集体福利设施的公益金。目前在会计核算中都把公益金视为所有者权益，实际上公益金的性质应属劳动者权益。

3. 改革会计核算体制，完善会计报告体系

首先，改革会计核算体制。权责明确是现代企业制度的一个重要特征，为适应这一特征的要求，企业应划小核算单位，将企业生产经营中的资金运动由财会部门控制管理变为各责任单位多家控制管理。责任单位的会计担负单位的会计核算任务，同时这种核算又成为企业财务会计核算的组成部分。这两种核算都必须按照国家的要求以及企业制定的经营目标，确立业绩效益指标，从中取得有关资金、成本、利润等指标的正确、完整、系统的信息。随着会计改革的深化，传统财务会计的转变势在必行，在保证以简明、及时、真实的方式向外报账的同时，更要加强内部的控制和管理。

其次，完善会计报告体系。目前会计报告体系提供的信息不能满足使用者的要求，具体表现在：提供的报表种类比较单一，尤其缺乏投资者关心的利益相关者信息，报表不足以说明问题；报表的时效性差。

完善会计报告体系是建立现代企业制度的客观要求，为了全面反映经营者履行责任的情况，会计报告体系应包括的内容主要有：年度报表按照公认会计原则及时公允地反映财务状况的变化及经营成果；报告结构，说明内部控制程序；遵纪守法情况报告；经营活动及目标报告，说明资源的运用效益和节约情况，反映本年经营目的与经营目标的实现程度。

三、会计人员应具备诚实可靠的品质，客观反映经济活动过程

诚实可靠是会计人员的基本品质。会计职业是一项极为特殊的职业，是一项与钱、财、物直接打交道的职业。但是古人云：君子爱财，取之有道。诚实可靠固然人人应该具备，但对会计人员来说尤为重要。会计人员只有做到洁身自爱、不贪不占，才能处理好方方面面的利益关系，才能做到“常在河边走，就是不湿鞋”，正所谓“廉则明”。

诚实，就是要讲真话，做真事，不欺骗，不说谎，对己、对人、对上、对下都不掩盖事实真相；可靠，就是要始终把握好自己，保持客观公正立场，不为任何利诱所动。这包括三个方面的内容：(1) 反映实际，核算实绩。也就是把发生的经济业务，通过记账、算账、报账等方式予以反映，并核算企业生产成果。这是最关键的一个方面。(2) 分析现象，抓住规律。将企业丰富多彩、千变万化的经济现象加以归类、整理、分析，找出构成因素及发生原因，以便搞好生产经营活动。(3) 揭示未来，明确方向。也就是在以前核算资料的基础上，认清事物的本质和现状，预测未来的发展趋势，做出可行的先进的经营决策，明确未来的奋斗目标与方向，使企业发展兴旺。

四、会计人员应正确核算经济业务，提高会计信息质量

在实际工作中，会计人员要实事求是，提供真实可靠的会计资料，切不可“掺水分”“添油加醋”“偷工减料”。20 世纪 90 年代出现过的“厂长成本”“经理利润”正是与这一

要求相违背的现象。为此，要求会计人员在实际工作中做到以下几点：(1) 对于会计记录必须以经济业务发生的原始凭证为依据，要做到手续完备、内容真实、账目清楚，无任何凭证不得记账。(2) 采用科学适用的方法，日清月结，做好成本计算、财产计价、收益确认、费用分配。(3) 定期进行财产清查，保证账实、账表、账证、账卡相符。(4) 对于会计报表不能全面反映的事项，应以文字说明和辅助资料等补充表述。(5) 会计人员不得弄虚作假，谋取私利；也不得为了集团或地方利益虚增成本，虚减收入，偷税漏税，损害国家整体利益。

【专栏 6-2】加强国家统一的会计制度贯彻实施工作（下）
阅读资料请扫描二维码。

第四节　精益求精，提高技能

2016 年政府工作报告中提到，鼓励企业开展个性化定制、柔性化生产，培育精益求精的工匠精神，增品种、提品质、创品牌。“工匠精神”这个充满传统色彩的词汇，首次出现在政府工作报告中。为何要提“工匠精神”？因为在当今社会，人们追求速度与效率，忽视品质，有些企业所提供的产品和服务已不能满足当前中国产业转型的要求，缺乏国际竞争力。而要使产品和服务精益求精，需要的就是“工匠精神”。

“工匠精神”是热爱工作、追求极致的精神，是对职业敬畏、工作执着、不断追求完美的信仰。有“工匠精神”的人，会将职业视作一种信仰，注重细节，精益求精，把技术做成艺术，不断追求完美。不仅制造业需要“工匠精神”，服务业同样需要“工匠精神”。“工匠精神”不只是工匠身上具有的特殊精神。这个解释完全基于工匠、基于产品、基于工艺，显然已经将“工匠精神”的外延窄化了。“工匠精神”存在于各行各业。它与社会主义核心价值观相契合，也和会计人员的价值观一脉相承。

会计有专门的方法和程序，对纷繁复杂的经济业务的核算和处理需要会计人员的职业判断，只有在工作中严谨细致，追求精益求精，不断提升专业水平，才能做好本职工作。会计提供准确的经济信息，有助于提高经济效益，在推动经济发展过程中具有举足轻重的地位。会计是一项管理职能，不限于核算，还需要从企业的实际出发，为管理者出谋划策，致力于提高企业的经济效益。只有出于对工作的热爱，会计人员才能深入基层，熟悉各种经济业务，发现企业有待提高的地方；才能深入钻研，找出对策，帮助管理者提高经济效益。

综上，这些方面都离不开“工匠精神”，会计需要“工匠精神”，要做到精益求精，提高技能。具备“工匠精神”的人，不仅把工作当作谋生的手段，而且有对工作的敬畏、对细节的严苛、对质量的执着、对创新的担当。其具体内涵包括：(1) 热爱，敬业。只有发自内心对工作的热爱，工匠们才能对工作始终保持认真、负责的态度，把更多的时间投入枯燥的专业发展中，在专业领域里不断探索、不断进步。(2) 严谨，精益求精。注重细节，一丝不苟，执着坚持，孜孜不倦，反复改进，追求完美和极致。(3) 专注，坚持。选定一个目标，努力用一生的时间和精力艰苦磨炼，持之以恒，不断提升产品和服务的品质，在专业领域上不断追求进步。(4) 与时俱进，创新。跟上市场需求的变化，持续创新，不断改进产品与服务，满足社会的需要。

会计作为经济发展中不可或缺的岗位，应持久地为企业、为社会创造价值。职业技能和职业精神两者缺一不可。职业技能是职业精神的具体表现，职业精神指引职业技能更精湛。会计人员在具备精湛的职业技能的同时应具备精益求精的职业精神。(1) 职业技能。企业的经济业务庞大复杂，随着时代的发展，经济业务出现了新的形式、新的内容，仅靠学校里老师传授的知识是远远不够的。会计人员应刻苦钻研，深刻理解经济业务的实质，认真处理好每一笔经济业务；并且，在提高自身专业技能的基础上，根据职业发展的需要，持续不断地学习，尽可能掌握国内外经济动向及国内外的企业会计准则。(2) 职业精神。对职业技能的执着追求离不开职业精神的支撑。会计人员应意识到自己肩上的重担，时刻心系企业的经济利益，出于对职业的热爱，专注、精益求精、与时俱进，帮助管理者做出决策，适应产业转型的要求。

第五节　严格监督，遵纪守法

当前，会计工作面临全面实施法治的任务。由于遵纪守法是每个公民应尽的义务和责任，会计人员必须以身作则，严格遵守国家的财经纪律（财政纪律、信贷纪律等）和财务制度（如费用开支标准、成本开支范围），贯彻执行国家的法律规定，如会计法、公司法，牢牢树立会计法治的思想，使会计工作早日走上全面法治的轨道。

严格监督，是指会计人员不屈服于任何人的意志，严格按照国家有关法律、法规、财经政策、制度的规定，通过审核凭证、账簿、控制预算或计划的执行，对本单位每项经济活动的合理性、有效性进行监督，制止损失浪费，维护财经法纪，提高经济效益。

一、明确会计的监督职能

会计监督是会计的基本职能之一，是我国经济监督体系的重要组成部分。有效发挥会计监督职能不仅可以维护财经纪律和社会经济秩序，对健全会计基础工作、建立规范的会计工作程序也起着重要作用。会计监督职能又称控制职能，是指会计人员在进行会计核算的同时，对特定对象经济业务的合法性、合理性进行审查。合法性是指保证各项经济业务符合国家的有关法律、法规，遵守财经纪律，执行国家的各项方针政策，杜绝违法乱纪行为；合理性审查是指检查各项财务收支是否符合特定对象的财务收支计划，是否有利于预算目标的实现，是否有违背内部控制制度的要求等现象，为增收节支、提高经济效益严格把关。

在社会主义市场经济条件下，必须加强会计监督。市场经济是法治化经济，活而有序的社会主义市场经济，要求各单位的经济活动必须在法律、法规、制度规定的范围内进行。搞违法活动，是任何一个成熟而健全的市场经济国家都不允许的。会计监督作为我国经济监督体系的重要组成部分，必须在维护社会主义市场经济秩序，保障财经法律、法规、规章的贯彻执行过程中发挥重要作用。

加强会计监督，必须以财政经济法律、法规为依据。开展经济工作必须以财政经济法律、法规为规范，这是经济工作顺利进行的重要保证。会计人员和单位负责人应当明确地辨别经济业务是否合法的界限，要以财政经济法律、法规、规章为依据做出准确的判断，并以此做出恰当的处理，对不认真履行会计监督职责，干扰、阻挠会计人员履行会计监督的行为，要坚决依法予以追究，从而扭转会计监督弱化的现象。

二、对经济活动实施严格的事前监督、事中监督和事后监督

会计监督工作要始终贯穿经济活动的全过程中，要把会计监督寓于决策之中，寓于管理之中，寓于日常的财务业务之中。这样，既可以防患于未然，又能及时解决出现的各种问题，避免造成大的损失。具体来说，就是要求会计人员运用会计方法、会计手段和会计资料对本单位的经济活动进行严格的事前、事中和事后监督。

事前监督是指在企业各项经济业务活动的准备阶段，以财经政策、制度和企业计划为准绳，对企业经济合同、经营计划等所做的合法、合理、合规、经济性审查，使之符合规定要求。

事中监督是指在企业生产经营过程中以计划、定额、预算等为标准，对生产消耗、成本升降、资金使用、收益大小加以控制，及时发现并校正执行中的偏差，促使预定目标的实现。

事后监督则是指在一个生产经营过程完结之后运用会计资料进行检查，对经营全过程做出评价，并检查会计工作的质量，为下一个生产经营过程做全面的准备。

【专栏 6-3】北京医院：深研究　早启动　广覆盖　稳步推进政府会计制度实施

阅读资料请扫描二维码。

第六节　勤俭理财，公私分明

这一道德规范要求会计人员将勤俭理财看作自己义不容辞的职责，将公私分明作为最基本的职业品质，以主人翁的态度在自己的岗位上科学、合理地计算，控制人力、财力、物力的消耗，注意节约，尽可能为国家创造和积累更多的物质财富。公私分明，就是要求会计人员做到公私有别、泾渭分明、守正尚廉、洁身自好、严于律己，不以权谋私，不贪赃枉法，不见利忘义，在经济上“滴水不沾”。要知道会计是因管理公共物品的需要而产生的集体性经济行为，它不应成为满足私欲的行为。公私分明原意为公即公，非私也；私即私，非公也。公私分流、黑白分明，清白不污、纯正不苟，特别要求不得公私混淆、假公济私、以权谋私、损公肥私，为此要做到廉洁自律、洁身自好。

一、公私分明是会计从业人员职业道德的基本品质

公私分明的一般要求是洁身自好，为公众谋事。会计职业道德把公私分明作为道德规范，是由会计工作的特殊职能所决定的，会计人员的职业工作说到底就是理财，就是对金钱和物资的管理。正是这种时时与钱物相联系的职业工作决定了会计人员必须是一个在经济上廉洁奉公、公私分明的人，而这已成为社会公众考查会计人员职业资格的基本前提之一。会计人员职业威信和荣誉的取得，在很大程度上也依赖于这种道德品质。如果做不到这一点，会计工作就失去了自身的价值和意义。公私分明的主要内容包括：第一，正确认识会计人员手中的管理权是职业神圣权力的一种表现。会计人员决不能把这种职业权力作

为谋取私利的特权，不能挪用、侵吞单位的一分钱。第二，深刻认识到自己管理的钱财是单位的财产，决不允许任何人以任何方式浪费、侵吞单位财产。

二、严明自律是会计从业人员职业道德的更高层次

自律是职业道德管制的基本形式，公私分明与廉洁奉公主要靠会计人员的觉悟、良知和道德水准，而不是受制于外在的力量。自律很重要，会计人员应该能够经得起来自各方面的利益诱惑，自我约束、自我控制，不为金钱、酒色所动，能够不断反省、剖析自己，学榜样、找差距。

自律是会计职业道德的最高阶段，也是职业道德建设的最高目标。目前的会计职业道德处于他律与自律相结合的阶段，我们盼望着它的发展迎来第二次飞跃，即发展到完全的会计自律阶段。自律的基本形式又可分为会计行业自律和会计个人自律。会计个人自律，是指会计人员靠内心道德感和职业良心来实现会计职业道德上自我完善的追求。它是一种自愿、自觉、自发的内心追求行为。会计个人自律是会计职业道德的最高境界。一个有着崇高自律精神的会计人员，一定是一个能得到社会广泛好评的会计人员，因为其行为结果会更贴近社会对客观公正性社会环境的追求。完全的会计个人自律这种职业道德境界，只有在具有高度责任感、集体荣誉感、崇高共产主义理想追求的会计人员身上才会实现。会计人员应当不断完善自我，不断提升自己的职业道德，实现自己从他律向自律阶段的转变。

马克思主义者认为，道德关系中的基本问题是个人与社会整体利益的关系。在现阶段，人们的道德观主要表现在对待金钱的态度上。会计人员天天与钱、财、物打交道，如果自己不能洁身自好，很容易见利忘义，走上犯罪的道路。因此，要培养良好的职业道德修养，必须学习职业道德知识，培养职业道德情感；在履行义务时树立坚定的职业道德信念，以持之以恒、坚韧不拔的精神和对工作精益求精的态度，排除一切干扰和阻力，以职业道德标准去鉴定、评价他人和本人职业道德的善恶。

作为会计人员，一要自尊自爱，要有做人的尊严、高尚的情操和良好的品质，珍惜自己的名誉，珍爱自己的岗位，自觉抵制各种不正之风的侵袭；二要加强道德修养，经常自我反省、自我检查和自我约束，做到一日三省；三要从小事做起，从一点一滴做起，防微杜渐，严格要求；四要自觉接受社会的监督，听取大家的意见，敢于批评与自我批评，做到“有则改之，无则加勉”。

三、发扬厉行节约的优良传统，坚决反对铺张浪费

厉行节约是我国人民在长期的革命和建设实践中形成的优良传统，是社会主义会计职业道德原则在对待社会财富上的具体表现，它还包含着反对浪费、对人民财产的爱护和对社会劳动成果的尊重。在我国社会主义初级阶段，由于经济比较落后，管理水平差，经济效益低，浪费现象严重，节约的潜力很大，节约方面有很多工作要做。近几年广泛开展的“增产节约、增收节支”运动，其核心就是节约。可以说，在改革开放不断深入的今天，厉行节约仍然具有十分重大的现实意义。

为了做到厉行节约，会计人员要以主人翁的态度处处精打细算，监督人力、物力、财

力的使用和财经管理制度的执行，保证岗位、承包责任制和部门独立核算制的推行，从各方面、各环节杜绝浪费，尽可能压缩不必要的开支，降低和控制成本，加速资金周转，节约资金使用。

四、发挥勤俭理财的优良作风，管好财、聚好财和用好财

勤俭理财是国家、人民赋予会计人员的重要职责。勤俭理财，要求手勤，即对账目随时准确记载，不疏漏、不遗漏；要求腿勤，即经常到各有关部门、到基层单位了解情况，进行调查研究；要求脑勤，即经常盘算怎样管好财、聚好财和用好财，多出主意，出好主意，使资金流通加速进行。

节俭，是聚财之道，是保存财富的途径，它要求会计人员协助领导和部门将国家财富用在该用的地方，把“钢”用在刀刃上，防止盲目消耗。会计人员要做到勤俭理财，为此：

第一，培养自己节俭的品质。强调节俭品质，是会计工作的性质决定的。会计工作本身就是通过理财的过程来聚财、用财，从而促进生财，这就从客观上要求会计人员在理财过程中经济、合理地利用社会财富为人民群众谋福利，因而节俭就成为会计人员必备的品质。

第二，应摒弃在勤俭理财上的旧观念。以往把勤俭理财总是局限在节制消费支出上，把消费视作勤俭的对立面，把消费等同浪费，这是不对的。现代经济发展表明，合理的消费可以促进社会生产的发展，满足人民生活的需要，具有道德价值，显然合理的消费应予以提倡。在这里需协调处理好生产与消费，长远利益与眼前利益，国家利益与企业利益、职工利益的关系。

第三，会计人员在财务管理上要正确对待挣钱、花钱问题。挣钱要靠准确信息、适销商品、过硬质量和优质服务等途径，而不是靠哄抬物价、以次充好等非正当手段。花钱要根据国家有关规定，量入为出，讲求实效；组织货源，将钱用活；生产开支上要反对大手大脚、铺张浪费，但也不能脱离实际，死管硬卡，束缚生产发展。

总之，公私分明、勤俭理财的目的是促使会计工作更好地为经济建设服务，促进社会生产力的迅速发展。

【专栏 6-4】湖北：“小会计”助力脱贫攻坚大战役

阅读资料请扫描二维码。

第七节　当好参谋，参与管理

“当好参谋，参与管理”这一规范就是要求会计人员不能只是消极被动地记账、算账、报账，而是要积极主动地经常向上级领导反映经营活动情况和存在的问题，提出合理化建议，协助领导决策，参与经营管理活动。这一会计职业道德规范，是会计人员对自己的本职工作的基本道德认识，同时，也是对社会应尽的道德责任。我们知道，现代企业领导决策层由一厂三师（厂长、总会计师、总工程师、总经济师）构成，总会计师和相关会计人员对决策的制定和实施起着十分重要的作用（直接或间接的）。这就决定了他们必须做好

决策层的参谋，与决策者配合，共同搞好管理工作。而且，在现代商品经济社会，会计管理工作的范围逐渐扩大，遍及整个社会经济领域，会计工作的这种广泛性决定了会计人员应当好参谋，参与管理。这一规范的具体内容包括：

一、会计职能由“报账型”转为“管理型”

加入世贸组织给我国在许多方面带来了发展机遇，我国能享受到多边贸易体制和经济全球化带来的好处。但加入世贸组织也使我国面临一些严峻的挑战，特别是对企业提出了更高的要求，企业的管理办法、经营机制需要做相应的转变。企业作为自主经营、自负盈亏、自我发展、自我约束的法人实体和市场竞争主体，要不断提高企业经济效益，不断降低成本，增加盈利。这些对传统的会计职能提出了新的挑战。

传统的会计职能以记账、算账、报账为主，主要任务是核算。现代企业制度的建立，更看重会计的本质即参与管理、核算，为企业管理奠定基础，目的是更有效地管理企业，提高效益。中国加入世贸组织和知识经济的迅速发展，要求会计主要进行信息控制、预测经营、加强企业管理。会计工作除了进行传统的核算外，重点要进行财务管理，制订经营计划，进行财务控制系统设计和投资决策。

在现代企业制度下，企业会计核算要做到核算与管理相结合，不仅对外提供会计信息，而且要为企业内部各级管理人员提供预测、决策、控制、分析所需的信息，将会计工作由“报账型”转为“管理型”。会计核算的重点由过去主要侧重于事后算账和面向已经发生的经济活动，为企业及上级有关部门服务，转为既要有事后算账、报账，做好事后分析，又要有事前预测和决策，为控制经济活动提供会计信息。

二、积极参与企业经营管理的全过程，做好参谋工作

要积极参与企业经营管理的全过程，会计人员应做到：

（1）参与预测，即开展广泛调查研究，科学地预测市场、资源状况、本企业的生产能力、技术和设备条件及企业未来发展趋势等，以了解情况，取得有关信息。

（2）参与决策，即根据预测情况，拟订各种可行性方案，对生产、销售、成本、利润、价格等方面的备选方案进行优化。

（3）参与制订计划，即为实现决策目标而制订各种计划，如劳务、资金、技术、设备等各种具体计划。

（4）参与执行，即将计划付诸实施，并对执行情况进行记录、计算、分析和控制，使各种计划得以实现。

（5）参与效果评估，即对执行结果加以分析和评价，考核成绩，检查存在的问题，并通过信息反馈，为下期计划提供依据，为领导决策提供信息。

三、以经济效益为中心，提出改善管理的各项会计措施和建议

经济效益是企业一切工作的核心，会计管理工作必须围绕这一中心来开展：一方面要通过对各项资金的管理、监督，以保护财产安全，挖掘增产潜力，少花钱多办事，加速资金周转；另一方面要通过收支管理，以合理组织收入，节约费用支出，少投入多产出，增

加财富收益。会计人员应充分利用管理工作所反映出的信息，如资金周转率、投资收益率等指标，积极提出建议，为改善企业经营管理、提高经济效益服务。在现实生活中，有些会计人员只算产值产量账，不算经济效益账；只算死账，不算活账；只能按制度办事，不善于按效益处理；只管合“法”，不大考虑合“理”等。这些现象应予以改变。

【专栏 6-5】业财融合环境下财务人员的五种能力
阅读资料请扫描二维码。

第八节　保密守时，讲求效益

会计人员应保守本单位的秘密，不能私自向外界提供或泄露单位的会计信息。会计工作是一项综合性很强的经济工作，它涵盖了一个单位生产经营的各个环节，所掌握的会计信息也涉及企业的各个方面，其中有些属于商业秘密，除非获得授权，这些秘密是不可以外泄的，否则会给企业造成重大损失，甚至造成企业经营上的混乱。

同时，这一规范要求努力提高会计工作自身的效益，实现企业与社会经济效益的共同提高。社会主义的根本任务是发展生产力。这一任务本身就有其道德价值。在当今社会，时间就是金钱，效率就是生命。高效率的工作才能促进生产力的发展，而会计职业道德最终也只能在高效率的工作中得以体现。

一、会计人员应保守秘密

保守秘密是会计职业道德规范的基本要求。这指的是会计人员应当保守本单位的商业秘密，不能将从业过程中所获得的信息为已所用，或者泄露给第三者以谋取私利。

何谓商业秘密？我国《反不正当竞争法》第九条规定，商业秘密是指“不为公众所知悉、具有商业价值并经权利人采取相应保密措施的技术信息、经营信息等商业信息”。世界贸易组织《与贸易有关的知识产权协定》第三十九条规定：“商业秘密必须符合下列全部条件：(1) 它们必须是秘密的、没有公开过的；(2) 它们必须因为被保密才具有商业上的价值；(3) 合法控制它们的人已经为保密而采取了措施。这种商业秘密的权利人，有权制止其他人未经许可而披露、获得或使用有关信息。”尽管两者的表述不尽相同，但是可以看出商业秘密至少应具备秘密性、实用性、价值性和管理性这样四个特征。其内容主要包括：技术信息——人们通过研究得出的在经济活动中具有应用价值的技术方案、生产技巧、产品配方、工艺秘诀等；经营信息——一切与企业营销活动有关的经营信息知识，如投资计划、销售方式、经营战略、销售渠道等；管理信息——企业组织与管理生产经营活动的方法、手段和经验，包括企业管理模式、管理经验等。

保守秘密一方面是指会计人员要保守企业自身的秘密；另一方面也指会计人员不得以不道德的手段去获取他人的秘密，这种手段包括会计人员直接获取和通过他人去获取。这也是市场经济条件下公平竞争的内在要求。即使其行为是为了公司的利益，但其结果却导致不道德的竞争，不利于市场经济的良性发展，也会给整个会计界的职业道德造成恶劣影响。一个恶意窃取他人秘密的会计人员又如何保证自身的客观公正、诚实守信？当然，这种保密也有例外的情况，如提供审计服务的外部注册会计师在提供审计服务时，有权获得审计所必需的各种资料；再有就是对待法院的取证，因为这种保密的要求是不能对抗法律的。

泄露单位的商业秘密是一种很不道德的行为，会计人员应该树立泄露商业秘密是大忌的观点，对自己知道的内部信息或情况要做到守口如瓶，在任何时候、任何情况下都不能对外泄露。为此，会计人员应尽可能地做到：

（1）不该知道的事不问，仅在自己的职权和业务涉及的范围内了解有关财务及经营信息，不能以工作名义了解不相关信息；

（2）不该说的话不说，未经单位领导同意，不得向外散布有关的财务和管理信息；

（3）不该做的事不做、不为任何诱惑所动，坚决维护企业利益，坚持原则，坚守纪律，在任何情况下都不能泄漏本单位秘密。另外，企业也要做好保密工作，规范会计部门内部的管理，使不同层次的会计人员只能接触到相应的信息，同时要求其主管做好对下属的教育与督导工作，共同保守秘密。

二、会计人员应讲求效益

经济体制改革的展开和推进，使现行会计工作赖以生存和发展的基础发生了很大变化，对现行会计模式提出了严峻的挑战。新旧经济体制的转换对会计模式产生了极大的冲击，传统会计模式的弊病越来越明显地暴露出来。中国会计改革需要会计人员培养强化服务的品质。

讲求效益，这里是指讲求经济效益。它反映了人们对社会利益、企业利益的关心。会计工作与经济效益有着密切的联系。这主要表现在：会计的产生基于对经济效益的追求，会计的发展基于提高经济效益的需要，会计的根本任务是提高经济效益，会计方法的变革、发展总是以提高经济效益的客观要求为动力。简而言之，会计与经济效益之间客观上存在着内在的、不可分割的必然联系，有的会计学者将这种联系称为“血缘”关系。会计之所以随经济发展而显得越来越重要，原因就在这里。随着经济体制改革的深入，会计工作不讲效益的观念将为人们所抛弃。不讲效益的会计人员是不称职的。讲求效益已成为国家和人民衡量会计工作价值的尺度。如何才能大胆改革，讲求效益呢？这要求会计人员做到以下三点：

（一）解放思想，理顺会计改革的思路

解放思想，是进行会计改革的前提。改革需要勇气，而勇气来自思想的解放。会计人员要冲破“左”的思想和“平均主义”思想的束缚，一切从实际出发，理论联系实际，不“唯上”，不“唯书”，在实践中探索中国会计改革的道路。

（二）关注会计改革，促进会计发展

会计作为一门专门技术和社会科学，既有技术、方法等方面的共同性，又与特定的社会经济环境相联系。随着我国社会主义计划经济向市场经济的转变，会计的外部环境和内部环境，包括投资主体、经济利益分配、政府管理职能等都发生了巨大的变化，所以，会计必须不断进行改革。会计改革既要吸收国际经验，又要适合我国的国情和实际情况，逐步建立起完善的适合社会主义市场经济、有中国特色的涵盖会计方法、会计法规和会计理论等的会计体系。要关心、研究会计改革，更要投身、推动会计改革。会计

是经济工作的基础，是反映经济运行的信息系统。会计工作涉及面广，进行会计改革必然会影响社会生活的各个方面。改革的阻力会很大，会计人员要冲破阻力，知难而进。同时随着经济体制改革的深化和会计新问题、新情况的出现，会计人员要认真去发现、研究、解决问题，以推进会计改革。

目前，我国已经建立了包括会计人员职责权限制度、会计专业技术资格评审和考试制度、总会计师制度、会计人员培训制度、会计人员表彰奖励制度等在内的一系列有中国特色的会计人员管理制度，强化了对会计人员的管理，调动了会计人员努力钻研业务、做好本职工作的积极性，促进了会计队伍的发展壮大和素质的稳步提高。但是由于我国会计人员来源的复杂性，加上我国的会计教育水平比较落后，所以会计队伍整体素质不高，会计人才缺乏，与经济和科学技术的飞速发展对会计人员素质的要求很不相适应。因此，在大力发展会计学历教育的同时，应组织好大规模的会计在职教育，要不断改进培训渠道、组织形式、教材体系，提高培训工作的适应性和超前性。同时，要改革和完善相应的会计人员管理制度，形成科学的会计人才选拔、评价机制，以激励会计人员通过多种途径学习业务，提高自身素质。

（三）树立效益第一的思想，讲求“时间”“效率”战略

“效率”战略是指以最少的劳动消耗创造更多的物质财富；“时间”战略是要求在保证效益的前提下以最短的时间、最快的速度去创造最高的价值。效率与时间相辅相成，效率中有时间的规定性，时间是检验效率的标准之一。会计人员必须有强烈的时间、效率观念。

会计人员自己要科学地支配时间，还要考核其他人员对时间的合理利用，力争高效率地做好会计工作。在主张效率第一时，还要坚持道义的原则，体现两个文明建设一起抓的精神。道义与效益的关系在于：会计人员所追求的效益是体现道义要求的效益，道义则是实现最佳效益的手段。一旦道义与效益发生矛盾，首先考虑的应是道义。符合道义的经济效益才是会计人员所追求的。

会计改革的目的就是要在道义与效益相统一的原则下，促进社会物质文明和精神文明建设的同步发展。

【专栏 6-6】陕西建工重组 财务顾问中金公司员工泄密其父内幕交易

阅读资料请扫描二维码。

【关键概念】

爱岗敬业（loving and respect work）

客观反映（objective reflectio）

精益求精（seek knowledge seriously）

严格监督（rigorously monitoring）

不做假账（no false accounting）

勤俭理财（hardworking and thrifty financing）

【复习思考题】

1. 为了积极参与企业经营管理的全过程，会计人员应做好哪些参谋工作？

2. 会计人员应如何正确核算经济业务，提高会计信息质量水平？

3. 会计人员应如何把握会计监督工作重点，增强监督工作的有效性？

4. “不做假账”有何现实意义？如何实现“不做假账”？

5. 会计人员如何做到当好参谋，参与管理？

6. 会计人员怎样做到保密守时，讲求效益？

【练习题】

一、判断题

1. 职业道德行为习惯是衡量会计人员职业道德素质高低的重要标志。（ ）

2. 会计职业道德的基本原则是会计职业道德规范体系的中心和主干。（ ）

3. 会计职业道德与会计法律制度一样，都以国家强制力作为其实施的保障。（ ）

4. 会计职业道德建设既是一项基础性工作，又是一项复杂的社会系统工程。（ ）

5. 会计职业道德规范中的“坚持准则”就是要求会计人员在处理业务的过程中，严格按照会计准则办事。（ ）

6. 会计职业道德警示教育是通过对违反会计职业道德行为和违法会计行为的典型案例进行讨论和剖析，从中得到警示，增强法律意识、会计职业道德观念和辨别是非能力的一种教育。（ ）

7. 会计法律制度是会计职业道德的最低要求。（ ）

8. 会计人员违反职业道德，情节严重的，五年内不得从事会计工作。（ ）

二、单项选择题

1. 诚实守信是遵守会计职业道德的（ ）。

A. 效率规则　B. 基本要求　C. 质量标准　D. 外在要求

2. 会计职业道德评价的实质是会计行为是否符合（ ）的要求。

A. 诚实守信　B. 客观公正　C. 会计法规　D. 道德规范

3. 会计人员实事求是地反映企业的经济业务是（ ）道德规范的基本要求。

A. 文明服务　B. 廉洁自律　C. 坚持准则　D. 诚实守信

4. 会计人员熟悉国家法律、法规和国家统一的会计制度，始终坚持按法律、法规和国家统一的会计制度的要求进行会计核算，实施会计监督。该要求是会计职业道德八个规范中（ ）的主要内容。

A. 廉洁自律　B. 客观公正　C. 坚持准则　D. 提高技能

5. 会计职业道德除具有职业道德的一般特征外，还具有一定的强制性和（ ）的特征。

A. 复杂性　B. 教育性

C. 独立性　D. 较多关注公众利益

6. “常在河边走，就是不湿鞋”这句话体现的会计职业道德规范的内容是（ ）。

A. 参与管理　B. 廉洁自律　C. 提高技能　D. 强化服务

7. 某电子公司会计王雨的丈夫在一家私营电子企业任总经理，王雨将在工作中接触到的公司新产品研究计划及相关的会计资料复印件提供给丈夫，给公司带来一定的损失。王雨的行为违反了（　　）的会计职业道德。

A. 爱岗敬业、参与管理、坚持准则　B. 诚实守信、廉洁自律

C. 客观公正、提高技能　D. 强化服务、坚持准则

8. 某单位一项违反了国家财政制度规定的财务收支，因其手续齐备并经单位领导审批签字而由会计肖磊予以执行，肖磊的以上行为违背了（　　）的会计职业道德要求。

A. 诚实守信　B. 坚持准则　C. 参与管理　D. 强化服务

9.（　　）是会计职业道德的前提，这既是会计职业道德的内在要求，也是会计职业良好声誉的外在表现。

A. 敬业爱岗　B. 诚实守信　C. 廉洁自律　D. 客观公正

10. 在下列各项中，不属于会计职业道德中的诚实守信基本要求的是（　　）。

A. 做老实人、说老实话、办老实事、不弄虚作假

B. 执业谨慎、信誉至上

C. 依法办事、忠于职守

D. 保守秘密，不为利益所诱惑

三、多项选择题

1. 会计法律制度与会计职业道德的相互作用表现为（　　）。

A. 道德是法律的坚实基础　B. 道德是法律的前提条件

C. 法律是道德的有力保证　D. 法律是道德的行为规范

2. 会计职业道德准则所指的专业技术能力一般应包括（　　）。

A. 搞好服务　B. 客观公正

C. 熟悉法规　D. 职业判断能力

3. 某公司 2024 年严重亏损，公司董事长授意总会计师张某对会计报表作技术处理，从账面上扭亏为盈。张某接受该授意，对财务报表作了处理。根据会计职业道德规范，张某的做法违反了会计职业道德规范的（　　）要求。

A. 爱岗敬业　B. 诚实守信　C. 客观公正　D. 坚持准则

4. 会计职业道德与会计法律制度的区别主要表现在（　　）方面。

A. 性质不同　B. 作用范围不同

C. 表现形式不同　D. 实施保障机制不同

5. 我国会计职业道德规范的主要内容包括（　　）。

A. 爱岗敬业、诚实守信　B. 廉洁自律、客观公正

C. 坚持准则、提高技能　D. 参与管理、强化服务

6. 下列有关会计职业道德"客观公正"的表述，正确的有（　　）。

A. 依法办事是会计工作保证客观公正的前提

B. 扎实的理论功底和较高的专业技能是做到客观公正的重要条件

C. 在会计工作中客观是公正的基础，公正是客观的反映

D. 会计活动的整个过程都离不开客观公正

7. 会计人员爱岗敬业的基本要求包括（　　）。

A. 热爱会计工作，敬重会计职业　　B. 安心本职岗位，任劳任怨

C. 忠于职守，尽职尽责　　D. 严肃认真，一丝不苟

【案例分析题】

宁可辞职 不做假账：一位上市公司 CFO 的职业抉择

刘新华曾任某上市公司的财务总监，在别人看来，他是一个极普通的会计人员，在十多年的财会工作中，他恪尽职守，勤奋敬业，甘于清贫，淡泊名利。

多年的职业生涯使他树立了一个职场信念：没有人能打败你，能打败你的只有你自己，无论对个人还是对公司而言都是如此，必须从自身做起，廉洁自律、诚实守信、坚持原则。他最欣赏的一句话就是“会计人员要有一双能够‘透视’的眼睛，要知道数字背后是什么，这就需要不断了解企业的运营情况，了解企业的战略，并结合企业战略制定财务战略，进而达到提升企业效益的目的”。

刘新华供职的上市公司是一家历史悠久的大型国有企业，但公司的产品质量与国外的同类产品有很大的差距。产品 80% 的重要原材料靠进口，自己生产的原材料质量达不到国内重要大客户的要求。这种原材料依赖进口的生产方式产生了多种弊病，主要在于：一是原材料价格昂贵，导致成本居高不下，产品在市场中没有竞争优势；二是进口原材料产量波动也会对其产品产生直接影响。根据目前的情况，公司要想生存下去，就必须进行原材料的自行生产，进行技术改造，提高原材料的质量，达到进口原材料的水准，这样不但可以满足自身的需要，也可以销售给同行业其他依赖进口原材料的企业，抢占市场份额。

第一届领导班子成员眼看企业已经深陷泥潭，便走的走、溜的溜，于是在危难之际，第二届领导班子匆忙上任。作为第二届领导班子中的一员，刘新华上任以后开始认真分析公司目前所处的境况：公司所需设备是从国外进口的二手设备，公司高层对这个项目所需资金估计不足，两年内已经陆续投入两亿多元，两年的资金利息让企业不堪重负；同时，随着国际市场的变化，当企业在大张旗鼓地进行技术改造时，国外已经停止生产这种产品了，也就是说这些产品基本上属于淘汰品种，受到国外大环境的影响，国内市场对这种产品的需求量也锐减。

当这些问题摆在面前的时候，企业即将面临会计师事务所的年报审计，年度报告的数字是决定企业价值的核心要素，也决定着投资者对公司的信任程度，如果按真实的数字进行披露，势必影响投资者的信心，最直接的结果是会造成公司股价大幅度下跌，而且极有可能跌破发行价。管理层在财务报告上的欺诈行为通常是出于“度过困难期的需要”。他们把股份公司所处的这个困难期看成是暂时的，相信获得相应的贷款或者通过其他方式获取资金后，就能帮助企业顺利度过这个困难期，而且本年度的虚假利润也可以由以后的盈利来逐步消化掉。

由于企业的前身是国有独资公司，公司的决策是由一个人或少数几个人做出的，因此内部控制存在严重的缺陷。第二届领导从企业的利益出发，同时也为了其自身的利

益，开始要求财务部门在数字上做一些文章，也就是掩盖一些东西，从而达到粉饰报表的目的。

于是公司的总经理将刘新华找来，语重心长地对他说："新华，你是公司的老员工了，对公司应该很有感情，公司对你也不错，培养了你，也曾经送你去学习深造，现在公司遇到了困难，我们是不是都应该为公司出一把力呢？而且你和你爱人都在咱们公司，你也不愿意看着公司就这么垮了吧，公司垮了，对你的家庭也是最为不利的。"

显然公司领导希望刘新华在当年企业年度报表上做文章。刘新华当然对公司当前面临的困境十分清楚，他对企业也很有感情，自从大专毕业后他就被分配到公司从事财务工作，一干就是十多年，加上爱人也是公司的员工，可以说这家公司是他的半个家。但在工作中他已经养成了客观、严谨的工作态度，诚实可靠、有责任感的工作作风与职业道德，奉公守法，工作并没有教会他如何去舞弊造假。

在经过反复细致的思考后，他对总经理说："我对公司是很有感情的，公司的现状摆在眼前，我也一直在认真思考，但是很难。你看，我手里的借款合同就有整整89份之多，金额总计几亿元，几亿元啊，我拿在手里心里都发慌，这些全是欠国家的钱，每天都有银行打电话追着要钱，那种尴尬与狼狈就不必说了，我现在与那过街的老鼠又有什么区别呢？现在我只要一听到电话铃声，心里就发慌。我认为现在我们的首要问题是如何真正使企业摆脱困境，而不是在财务上做文章骗取社会的信任。"

听了刘新华的话，总经理的脸色特别难看，他站了起来，大声说道："你知道吗，你的态度和决定将关系到企业的生死存亡，不要被公司暂时的困难所吓倒，如果公司能够挺过今年这一关，就会东山再起，所有这些有点不合理的东西都会得到更正。你们年轻人就是没有经历过大风大浪，一遇到困难就打退堂鼓，这点困难算什么呀，我知道你的能力，只要在报表上面做做文章，一切问题不就迎刃而解了吗？我知道，你为公司做了许多贡献，公司是不会亏待你的，你的付出会有所得的，你不要担心以后的生活，我明说吧，你的付出将会为你换来下半辈子的安逸。我希望你能认真考虑一下，你不用立即回答我，回家去和老婆商量一下，我相信孰重孰轻你应该能够分得清。"

回到家里，刘新华不停地抽烟，他心里特别矛盾，如果公司挺不过今年，那么就会沦为"PT"类公司，甚至有被退市的危险；同时这也将影响到他的前途和家庭的命运，而且不可否认的是，摆在他面前的还有如此巨大的诱惑，如果能在报表上做做文章，那么他就会得到巨额的回报，非但自己的位子依然会稳如泰山，而且家庭的经济条件也会得到很大改善。

但刘新华也深深地认识到，一家上市公司的财务报告是面对公众的，它应该呈现出充分的透明度。如果公司的数据不实，将会对投资人和债权人造成损害，从而使广大的中小投资者蒙受更大的损失。如果他按照决策层的要求去做，那就不但违反法律，而且违背他做人的原则，同样也违背一个会计人应有的职业道德准则。

显然，公司的总经理也找刘新华的爱人谈了话，她回到家里就说："你应该好好考虑一下，我们两个人都在同一家公司，如果我们两个人都丢了工作，那么孩子读书怎么办？而且总经理说了，公司目前的这些困难都是暂时性的，他已经联系好了，马上就有新的投资人加入，只要能顺利度过这个困难期，所有的亏损都可以消化掉，他说根本就没有什么风险，是你胆子太小。”

听了爱人的话，刘新华叹道：“我何尝不想为自己的利益和家庭的利益打算，但是，你知道吗，总经理说在报表上做做文章，实际上就是要我做假账，你和我都不是小孩子，应该分得清什么是对，什么是错。任何做假都是违背实事求是精神的，违背了实事求是的精神，也就丧失了作为一名合格的会计人员最起码的职业道德和行为准则。难道你要我一辈子都活在痛苦的煎熬之中，时时刻刻等着被揭穿的那天吗？”

从夜晚到白天，转眼之间已经是清晨了，这个世界渐渐苏醒并开始忙碌起来。刘新华呆坐着，他一夜未眠却毫无倦意，就在此时，他终于下定了决心。早晨一上班，他就向董事长提交了辞职报告，并委婉地劝告说：“我认为公司应该想办法真正地走出困境，而不仅仅在报表上做文章，业绩不是做出来的，纸是包不住火的，希望董事长能好好考虑考虑，我就言尽于此了。”

刘新华走了，离开了他工作了十多年的公司，离开了让很多人眼红的位置，带着他会计人的信念和执着……在刘新华的身上折射出了会计人正直诚实的本性。在他的血液里有着公正、独立、诚信的会计精神，有着刚直不阿、廉洁自律的情操。诚信社会的建设正是由无数个“刘新华”牺牲了个人的利益逐步建立、完善起来的。

（资料来源：项怀诚. 会计道德案例［M］. 北京：经济科学出版社，2003）

讨论问题：

（1）你认为刘新华这样做值得吗？理由何在？

（2）CFO 道德操守与专业技能哪个更重要？当两者处在矛盾冲突之中时，应如何取舍？

第七章 注册会计师职业道德规范

【经典名言与感悟】

曾子曰："吾日三省吾身：为人谋而不忠乎？与朋友交而不信乎？传不习乎？"

子曰："人而无信，不知其可也。大车无輗，小车无軏，其何以行之哉？"

子曰："为政以德，譬如北辰，居其所而众星共之。"

子曰："诗三百，一言以蔽之，曰：'思无邪'。"

——《论语》

"生，亦我所欲也；义，亦我所欲也。二者不可得兼，舍生而取义者也。""穷则独善其身，达则兼善天下。""富贵不能淫，贫贱不能移，威武不能屈。"

——《孟子》

你们的协会和注册会计师职业在建立和维持资本市场的完整性方面，发挥着至关重要的作用。独立的审计人员为经营企业和政府机关的财务报表提供可信性。没有这种可信性，债权人和投资者就几乎无法做出给我们的经济带来稳定性和活力的决策。没有你们，我们的金融市场就将土崩瓦解。

——1987 年时任美国总统里根给美国注册会计师协会成立 100 周年的贺信

改革审计管理体制，组建中央审计委员会，是加强党对审计工作领导的重大举措。要落实党中央对审计工作的部署要求，加强全国审计工作统筹，优化审计资源配置，做到应审尽审、凡审必严、严肃问责，努力构建集中统一、全面覆盖、权威高效的审计监督体系，更好发挥审计在党和国家监督体系中的重要作用。

——习近平总书记 2018 年 5 月 23 日在中央审计委员会第一次会议上的重要讲话

性格决定命运、人脉决定命脉、孝悌决定成功、习惯决定成败！

——叶陈刚感悟

【学习目的与要求】

1. 了解注册会计师职业道德规范；理解审计制度安排的价值。

2. 掌握注册会计师职业道德规范六个方面的具体内容：

超然独立，客观求是；公正审计，廉洁守法；

严谨执业，踏实进取；保密守时，收费合理；

公平竞争，协同发展；服务社会，追求卓越。

【导读】

普华永道中天违规被处罚

2024 年 9 月 13 日，财政部、证监会公布对普华永道中天会计师事务所做出的行政处罚决定。

依据《中华人民共和国注册会计师法》，财政部对普华永道涉及恒大地产集团有限公司 2018 年审计项目的违法行为，给予没收违法所得并处罚金共 1.16 亿元的行政处罚。同时，财政部依据《中华人民共和国注册会计师法》，给予普华永道警告、暂停经营业务6个月、撤销普华永道广州分所的行政处罚。证监会同日宣布，依法对普华永道恒大地产年报及债券发行审计工作未勤勉尽责案做出行政处罚，依据《中华人民共和国证券法》，没收普华永道案涉期间全部业务收入2 774万元，并处以顶格罚款2.97亿元，合计罚没3.25亿元。

普华永道中国和普华永道中天当日发布的声明表示，尊重并坚决服从相关行政处罚决定，也要求管理层有关成员承担管理责任，包括前任管理层成员。普华永道中国正在任命新的领导团队，包括在全球网络具有丰富质量管理经验的合伙人。

处以顶格罚款

自2024年1月起，财政部组织检查组对普华永道及其广州分所的恒大地产审计项目执业质量开展了专项检查。经查，普华永道及其广州分所在恒大地产2018年至2020年财务报表审计过程中，明知恒大地产财务报表存在重大错报而不予指明，发表不恰当的审计意见，出具虚假审计报告。

证监会调查发现，普华永道在执行恒大地产2019年、2020年年报审计工作中未勤勉尽责，在审计过程中违反多项审计准则，违背多项审计要求，多项审计程序失效，未保持应有的职业怀疑，未做出正确的职业判断，未发现恒大地产大金额、高比例财务造假。此外，普华永道为恒大地产2019年、2020年年报均出具了标准无保留意见审计报告，为恒大地产“20恒大02、20恒大03、20恒大04、20恒大05、21恒大01”等5次债券发行出具保证财务数据真实、准确、完整的声明，普华永道制作、出具的文件存在虚假记载。

证监会有关负责人表示，证监会坚持依法办案，严格履行程序，以事实为依据，以法律为准绳，综合考虑其违法事实、性质及社会危害程度等，在法律规定的范围内，既从严从重处罚，又做到过罚相当。

一是没收全部业务收入。其间，普华永道除执行恒大地产两年年报审计并为恒大地产债券发行提供审计服务外，还执行2次半年度审阅、6次特殊目的审计，证监会依法认定上述项下收取的业务收入2 774万元均为违法业务收入，依法全部予以没收。

二是处以顶格罚款。证监会依据《中华人民共和国证券法》对普华永道有违法业务收入的“没一罚十”、合计罚款2.774亿元，对4次未收费债券发行审计服务每次按上限罚款500万元、合计罚款2 000万元，对普华永道罚没款总计3.25亿元，接近证监会此前三年对50多家次违法违规会计师事务所的罚没款总和。

坚决落实“长牙带刺”要求

对于中国恒大集团审计师责任的追究情况，财政部有关负责人介绍，恒大集团注册在境外并由香港罗兵咸永道会计师事务所出具审计报告。由于罗兵咸永道为香港会计师事务所，监管权限属于中国香港地区监管机构，按照相关法律法规，财政部将通过跨境审计监管合作机制，积极协调配合中国香港地区会计及财务汇报局对罗兵咸永道的违法行为进行调查处理。

证监会有关负责人表示，恒大地产是境内法人，在境内交易所债券市场公开发行公司债券，依据《中华人民共和国证券法》，证监会对恒大地产公司债券发行交易活动及其审计机构普华永道证券服务业务负有监管职责。查处恒大地产欺诈发行、信息披露违法及其审计机构普华永道未勤勉尽责问题，既是证监会的权限范畴，更是证监会的职责所在。

恒大集团是境外法人，在中国香港地区交易所上市。恒大集团在中国香港地区发行证券并上市交易行为及其审计机构执业行为，受中国香港地区法律约束。证监会注意到，中国香港地区有关监管机构近期表示，正就恒大集团审计机构的相关审计问题等进行独立调查。后续如果中国香港地区有关方面提出请求，证监会将协同财政部通过跨境执法合作机制和渠道，积极配合有关方面对相关违法行为进行调查处理。

上述证监会有关负责人表示，监管执法工作是证监会法定职责，对少数以身试法的中介机构及人员，证监会坚决落实"长牙带刺"、有棱有角要求，严监严管，用足用好法律授权，严格执法、严肃处理。会计师事务所等证券服务机构在执业过程中草率疏忽、麻痹大意，甚至"当摆设""走过场"，未勤勉、不尽责，制作、出具文件有虚假记载、误导性陈述或者重大遗漏，就可能被没收违法业务收入，并被处以数倍甚至顶格罚款，情节严重的还可能执业受限，以致收入归零、业务流失，甚至陷入声誉危机。

（资料来源：欧阳剑环，昝秀丽．财政部证监会对普华永道作出行政处罚决定［EB/OL］．［2024-09-14］．https：//www.cs.com.cn/xwzx/hg/202409/t20240914_6439733.html）

为使注册会计师担负起维护社会公众的经济利益的神圣职责，在公众中树立良好的职业形象和职业信誉，必须大力加强对注册会计师的职业道德教育，强化并提高注册会计师的道德水准。注册会计师的道德行为应包括：诚信、独立、正直、客观；遵守一般职业准则和技术准则，包括职业能力、职业谨慎、计划与监督、充分适当的证据、业务预测；对客户的责任；对同业的责任；其他责任和义务。以上内容是注册会计师职业道德行为可以接受的最基本要求，注册会计师职业道德行为应该高于该水准。道德行为观念是一个综合性观念，注册会计师能否高标准行事，事关整个职业的信誉和声望。所以，它要求注册会计师即使损失个人利益，也应公正办事。

注册会计师职业道德，是指注册会计师在执业时所应遵循的行为规范，包括在职业品德、职业纪律、专业胜任能力及职业责任等方面所应达到的行为标准。

第一节　超然独立，客观求是

一、超然独立，取信于各利益相关者

独立性是注册会计师执业的灵魂与关键。超然独立，是指注册会计师在执行审计业务、出具审计报告时应当在实质上和形式上超出一切界限，独立于委托单位和其他机构，目的是取信于各种利益相关者。这种独立性有两层含义，即实质上的独立与形式上的独立。

实质上的独立，要求注册会计师与委托单位之间必须毫无利害关系。注册会计师只有与委托单位保持实质上的独立，才能够以公正、客观、无偏见的态度发表意见；要严格遵守定期轮换制度，接受事务所的指导和质量监督，执行回避和不相容业务相分离制度。

形式上的独立，是对第三者而言的，注册会计师必须在第三者面前呈现一种独立于委托单位的身份，即在他人看来注册会计师是独立的、无倾向性的。由于注册会计师的审计

意见是外界人士决策的依据，因而注册会计师除了保持实质上的独立外，还必须在外界人士面前呈现出形式上的独立，只有这样才会得到社会公众的信任和尊重。

超然独立不仅强调注册会计师对委托单位保持独立性，也要求他独立于外部的其他机构和组织。注册会计师对他所出具的审计报告负法律责任，因此，无论是业务的承接、执行，还是报告的形式与提交，注册会计师均应依法办事、独立自主，不依附于其他机构和组织，也不受其干扰和影响；注册会计师的审计报告无须经过任何部门的审定和批准。

注册会计师尽管接受委托单位的委托执行业务，而且要向委托单位收取费用，但注册会计师所承担的却是对整个社会公众的责任，这就决定了注册会计师必须与委托单位和外部组织之间保持一种超然独立的关系。因此，独立性是注册会计师的灵魂，其重要性不言而喻。为保持独立性，注册会计师应回避的事项有：

（1）在委托单位任职，离职未满两年的；

（2）有委托单位的股票、债券或在委托单位有其他经济利益的；

（3）与委托单位的负责人和主管人员、董事或委托事项的当事人有近亲关系的；

（4）作为委托单位常年会计顾问或代为办理会计事项的；

（5）为保持独立性而应回避的事项。

如果会计师事务所与委托单位存在除业务收费之外的其他经济利益关系，也应遵循回避原则。总之，注册会计师应按照独立原则的基本思想严格要求自己，在执业过程中时时注意避免违反独立原则的要求。

二、从实际出发，客观求是地执业

客观求是就是指注册会计师对有关事项的调查、判断和意见的表述，应当基于客观中立的立场，以客观存在的事实为依据，实事求是，不掺杂个人的主观意愿，也不为委托单位或第三者的意见所左右；在分析问题、处理问题时，决不以个人的好恶或成见、偏见行事。

注册会计师要做到客观求是，在执业中必须一切从实际出发，注重调查研究、分析，只有深入了解实际情况，才能取得主观与客观的一致，做到审计结论有理有据。

【专栏 7-1】瑞华会计师事务所接连遭处罚

阅读资料请扫描二维码。

第二节　公正审计，廉洁守法

一、公正审计，正确处理各种不同类型的经济利益关系

公正审计是指注册会计师应当具备正直、诚实的品质，公平、不偏不倚地对待有关利益各方，不以牺牲一方利益为条件而使另一方受益。

注册会计师在处理审计业务的过程中，要正确对待与被审计单位有利害影响的各方面关系人，如债权人、投资者、政府、企业职工、企业管理当局等。这些人（机构）的利益

与被审计单位有着密不可分的联系。注册会计师在处理审计业务时，保护了债权人的利益，可能会损害投资者的利益；保护了投资者的利益，可能会损害政府的利益；维护了企业职工的利益，有时会影响企业管理当局的利益。这些关系人的利益纵横交错，关系非常复杂。因此，注册会计师在执业过程中，包括准备阶段、实施阶段和终结阶段，都应保持正直、诚实的心态，不偏不倚地对待利益各方，不掺杂个人私心、主观立场，做到使各利益关系人都能接受并认可注册会计师的审计报告。只有这样，注册会计师才能立足于社会，与经济发展共同前进。

二、廉洁守法，依法执业，避免法律诉讼

廉洁守法是指注册会计师在执业过程中必须保持清廉的情操，在独立、客观公正的基础上，遵守国家有关法律、法规及制度的规定，依法进行合理、合法的审计；不得利用自己的身份、地位和执业中所掌握的委托单位的资料和情况，为自己或所在的会计师事务所谋取私利，不得向委托单位索贿受贿，不得以任何方式接受委托单位馈赠的礼品和其他好处，也不得向委托单位提出超越工作正常需要的个人要求。

市场经济越发展，注册会计师在经济生活中的地位越重要，发挥的作用也越大。注册会计师如果工作失误，或有欺诈行为，将会给委托人或依赖会计报表的第三人造成重大损失，严重的甚至导致经济秩序的紊乱。因此，强化注册会计师的法律责任意识，严格注册会计师的法律责任，以保证其职业道德和执业质量，其意义就显得愈加重大。近年来，我国已陆续颁布不少重要的法律、法规，其中都有专门规定会计师事务所、注册会计师法律责任的条款。比较重要的有全国人大常委会审议通过的自 1994 年 1 月 1 日起施行的《中华人民共和国注册会计师法》（以下简称《注册会计师法》），1993 年 12 月 29 日通过的《中华人民共和国公司法》，全国人大常委会 1995 年 2 月 28 日通过的《全国人民代表大会常务委员会关于惩治违反公司法的犯罪的决定》以及 1998 年 12 月 29 日九届全国人大六次会议修订通过的《中华人民共和国证券法》等法律、法规。

注册会计师除了必须严格守法外，还必须采取以下有效对策尽可能避免法律诉讼：

（1）严格遵循职业道德和专业标准的要求。注册会计师保持良好的职业道德，认真执行业务、出具报告，对避免法律诉讼或在提起的诉讼中保护注册会计师，具有重要意义。

（2）建立并完善会计师事务所质量控制制度，并将该制度落实到每一个人、每一个部门和每一项业务中，有助于注册会计师按照专业标准的要求执业，保证整个会计师事务所的质量。

（3）必须与委托人签订业务约定书。业务约定书具有法律效力，它是确定注册会计师和委托人的责任的一个重要文件。会计师事务所不论承办何种业务，都要与委托人签订约定书，这样才能在发生法律诉讼时将一切口舌争辩减少到最低限度。

（4）审慎选择被审计单位。注册会计师应审慎选择被审计单位，这里有两方面的要求：第一，要选择正直的被审计单位，如果被审计单位对其顾客、职工、政府部门或其他各方没有正直品格，也必然蒙骗注册会计师，使注册会计师落入他们的圈套。第二，对陷入财务困境的被审计单位要尤为注意。中外历史上绝大部分涉及注册会计

师的诉讼案中，都涉及即将宣告破产的被审计单位。资金周转不灵或面临破产的公司的股东总想为他们的损失寻找替罪羊。因此，对那些已陷入财务困境的被审计单位要特别注意。

（5）深入仔细地调查和了解被审计单位的真实业务状况。在许多诉讼案中，注册会计师之所以未能揭示错误，一个重要原因就是他们不了解被审计单位所在行业的真实情况及被审计单位的具体业务。会计是单位经济活动的综合反映，不熟悉被审单位的经济业务和生产经营实务，仅局限于有关的会计资料，可能发现不了某些隐藏的错误。

（6）购买责任保险或建立风险基金。注册会计师购买责任保险在西方国家是会计师事务所一项极为重要的保护措施。虽然保险不能免除可能受到的法律诉讼，但至少能防止或减少诉讼失败会计师事务所遭受的财产损失。我国《注册会计师法》也规定了会计师事务所应当按照规定建立职业风险基金，办理职业保险。

（7）聘请熟悉注册会计师法律的律师。会计师事务所应尽量聘请熟悉注册会计师法律责任的律师。在执业过程中，注册会计师应先与本所的律师详细讨论所有潜在的危险情况并仔细考虑律师的建议。一旦发生法律诉讼，也要请有丰富经验的律师参与诉讼。

【专栏 7-2】欺诈发行和信息披露违规入刑
阅读资料请扫描二维码。

第三节　严谨执业，踏实进取

一、严谨执业，提供优质高效的专业审计服务

严谨执业，是指注册会计师必须具有较强的业务能力，达到一定的技术标准，在执业过程中必须树立和加强风险意识，保持较高的职业道德水平，并在此基础上形成严谨踏实的工作作风，认真负责地对待每项审计业务，严格依照独立审计准则进行审计，提高审计业务质量。其要求注册会计师严格、诚实、认真、务实，争取不出或少出偏差。

注册会计师要向社会公众提供高质量的专业服务，除了必须具备良好的职业品质外，还需具有较强的业务素质；不仅要熟悉会计、审计、法律、税务、企业管理等方面的标准，还应具备高水平的职业判断能力。因此，业务能力要求是注册会计师职业道德的一项重要内容。

注册会计师的执业范畴现已从传统的会计审计业务扩展到内部控制体系设计、管理、保险、税务咨询、管理业绩评价、预算管理体系设计与评价、业务流程分析、经营战略调整等，几乎可以伸展到社会经济的各个角落。从客观方面看，会计行业的规模化、审计对象的复杂化，表现为企业的规模不断扩大，进行的交易日趋复杂，企业的会计信息系统也更加复杂，审计风险也随之加大；从主观方面来看，现代审计理念和审计技术、方法也处于不断发展变化之中，风险审计模式也呼之欲出。注册会计师的专业水平能否适应新形势下新知识、新技术、新经济的挑战，已成为提高注册会计师修养的热门议题。

注册会计师必须加强职业继续教育和终身学习，以保持和提高其执业的胜任能力，包括知识判断能力、理解分析能力、综合应用能力及实践经验等。注册会计师应具备扎实的

理论和专业技术基础，包括对各国不同文化的理解并具有国际视野；具备进行调查、抽象思维和批判思维的能力；拥有演讲及书面辩论和口头表达意见的技巧。

注册会计师还应掌握大量其他专业的知识，包括经济学、数学和统计方法、组织行为、经营管理、市场营销、国际商务和有关信息技术的知识等。如果缺乏专业胜任能力，必将导致事务所风险的增加和审计失败。

一般而言，公众很难对注册会计师的服务质量做出评价，但人们有权期望他是一位在业务上合格胜任、在人格上清正廉洁的人士。注册会计师接受了委托单位的委托开展业务活动，便意味着他有足够的能力完成所委托的业务，并将认真而努力地运用他的专业知识、技能和经验。因此，除非他能够在其他专业人士的指导下圆满地完成任务，不然的话，职业道德守则将禁止注册会计师承担和从事他所不能胜任或不能按时完成的业务。同理，如果某项业务整个会计师事务所都无法胜任或按时完成，那么会计师事务所应当拒绝接受该项业务的委托。

二、注册会计师应保持专业胜任能力

注册会计师具备下述业务能力才有可能胜任所从事的审计业务工作：

1. 在专业知识水平方面的要求

注册会计师所从事的工作是一项知识性、技术性较强的专业工作。作为一名合格的注册会计师，他不但要在会计、审计、财务管理、经济法、税法及其他相关学科方面具有比较深厚的功底，而且需要具备一定的发现问题、分析问题、判断问题、解决问题的工作能力，而这一切并不是简单地在工作中仅靠向师傅学习就能达到的，还必须具有较好的基础教育，必须经过一定时间的正规系统的学习。正因为如此，《注册会计师法》规定，报名参加中国注册会计师资格考试的条件之一，就是要具有大专或者相当于大专的学历。这一条件将根据经济发展形势和提高我国注册会计师基本水平的需要而进一步“水涨船高”。

2. 在审计实践经验方面的要求

注册会计师所从事的是一项很具体、很细致的工作，如果没有丰富的实践经验，即便具有较高的理论水平，在实际问题上，他仍有可能无能为力而束手无策。因此，通过实践来丰富和提高专业知识，保持和发展专业技能，是获得较强业务能力的另一个重要途径。

3. 注册会计师对助理人员和其他专业人员的责任

注册会计师所负责的大部分业务都比较复杂，都需要业务助理人员的参加或帮助，某些特殊业务往往需要聘请其他专业人员（如金融专家、资产评估师、律师等）才能完成，但审计报告则要由注册会计师签章，注册会计师对助理人员和其他专业人员的工作结果负责。《国际审计准则》规定：“当注册会计师委派工作给助理人员或利用其他注册会计师或专家执行审计业务时，他仍然应负责对财务资料的形成表示意见。”注册会计师对助理人员和其他专业人员的工作结果负责，就要求注册会计师对助理人员和其他专业人员的业务能力进行评价，看其能否胜任被分派的工作；在执行业务之前，需就项目的性质、时间、范围、方法等对助理人员和其他专业人员进行必要的培训；在执行业务过程中应对助理人员和其他专业人员予以切实指导、监督、检查，包括复核其审计工作底稿。

4. 接受后续教育方面的要求

根据我国现行的《注册会计师法》的规定，只有参加注册会计师全国统一考试成绩合格，在会计师事务所从事过两年以上的审计工作，方能获准注册成为一名注册会计师。这充分表明注册会计师在获准注册之前已经是一位水平较高、实践经验丰富的专业人士，已具备了较高的业务能力。但注册会计师绝不能停留于已有的知识和经验而故步自封、裹足不前，用经验主义、教条主义的方式去处理各种新问题。因为在高速发展的当代社会，知识更新的周期越来越短，新问题、新方法、新制度大量出现，注册会计师的业务领域也在不断地拓展和深化。这就要求注册会计师必须适应时代的要求，按照注册会计师协会的规定，不断地接受后续教育，更新和提高专业知识，保持和发展专业技能，熟悉并掌握现行各种有关规定和实务标准，提高业务能力。中国注册会计师协会已颁布的《注册会计师教育要求和培训制度》规定，注册会计师应在专业新知识和专业新技能方面接受继续教育。继续教育的内容，除进一步深化会计、审计、财务管理、经济法、税法及金融等专业知识外，还应该熟悉并掌握外语、计算机等新知识，及时学习与本职业范围相关的新颁布或修正的法律、法规和财务会计准则、通则等，而且应根据业务发展的需要，有重点、有步骤地学习和掌握某些特殊行业的基本知识。比如，《注册会计师教育要求和培训制度》对注册会计师和尚未取得注册会计师资格的潜在注册会计师的教育和培训，分别提出了相应的要求。

三、注册会计师在执业过程中应沉思谨慎

除了必须具备上述业务能力外，注册会计师还必须掌握必要的技术规范或者技术标准。这是对注册会计师的工作程序和工作方法等方面应当遵守的技术标准所做的基本规定。注册会计师执行各类业务或在业务的各个环节所应采取的程序和方法，都已在有关的专业标准中予以明确，其中《中国注册会计师职业道德守则》在强调注册会计师应当严格遵循这些专业标准要求的同时，也对一些需要注册会计师重视的执业问题做了专门的规定，需要注册会计师在执业过程中“三思而后行”。

（1）注册会计师不得对未来事项可实现程度做出保证。企业编制的前景财务资料，根据政府的有关规定，或者企业自身为了增强前景财务资料的说服力，增强外界人士的信心，往往需要委托注册会计师进行审核。例如，某家公司为了顺利地得到银行贷款，对本公司未来的盈利前景做出乐观的预测，为使这种预测更具说服力，可能会请注册会计师对其预测出具审核报告。

注册会计师可以接受委托审核前景财务资料并出具审核报告，也可以发挥专业优势，作为一种咨询业务，参与或代理企业管理当局编制前景财务资料。但是，企业管理当局应当对前景财务资料负责，注册会计师的审核工作有其特定的内涵。根据《国际审计准则》的要求，注册会计师审核前景财务资料的目的是确定：前景财务资料所依据的假设没有不合理之处；前景财务资料是根据这种假设而适当地编制完成的；前景财务资料同历史会计报表的基础是一致的等。

中国证券监督管理委员会发布的《公开发行股票公司信息披露的内容与格式准则第一号》中规定：“注册会计师必须对盈利预测所采用的会计政策和计算方法进行审查并做出

报告。”注册会计师对前景财务资料的审核并不是对前景财务资料的准确性及结果能否实现或在多大程度上实现表示确认、提供担保或承担责任。《中国注册会计师职业道德守则》禁止注册会计师对委托单位的预测、计划等含有不确定因素的未来事项的可实现程度做出保证。准则做出这样的规定，是因为前景财务资料的编制尽管有一系列的原则和方法，却建立在一定假设的基础之上，其中包括许多主观判断因素，因而其结果能否实现也就存在着较大的不确定性。注册会计师能够以客观的态度对过去已经发生的事实做出判断并提出是否公允的意见，但未来事项中的不确定因素决定了注册会计师无法收集未来事项演变成结果的证据，无法对将来发生的事实做出客观的判断，因而就不能对其能否实现或可实现程度做出保证，否则会加大注册会计师本不应承担的责任。

（2）不得代行委托单位管理决策的职能。这里需要分清会计责任和审计责任的区别，注册会计师执行审计业务所应承担的是审计责任，而编制会计报表和管理决策则是企业管理者的职能，是管理者的责任。注册会计师从事会计咨询和会计服务业务，是以独立于被审计单位之外的人士的身份进行的，他不是被审计单位聘请的职员或管理人员。注册会计师接受委托从事会计咨询和会计、审计服务业务，是运用自己的专业和经验优势，指导被审计单位进行会计核算或代为编制会计报表，或向被审计单位提供更为合理、更为科学的建议或方案。但编报会计报表的责任仍应归被审计单位承担，注册会计师提出的建议或方案是否予以采纳、是否予以实施，也需由被审计单位管理者进行决策。注册会计师在提供专业服务时，不论是审计业务还是会计咨询和会计服务业务，均应牢记注册会计师的身份，他所提供的只是一种专业服务。注册会计师不得以被审计单位一名管理者的身份发号施令，更不得代行管理决策的职能。

四、踏实进取，认真承担审计责任和义务

踏实进取是指注册会计师在承接业务时必须讲究职业道德，诚实勤勉、积极进取，尽力履行应尽的责任和义务。

注册会计师能否争取到业务、拥有较多的客户，关系到他所在的会计师事务所的生存和发展。由此可知，在业务承接环节中也最容易发生败坏职业声誉的行为。因而，《中国注册会计师职业道德守则》对业务承接过程中注册会计师所应遵循的职业道德规范做出了下列专门要求：

（1）注册会计师执行的各项业务，均应由会计师事务所统一接受委托。注册会计师及其他有关助理人员均不得以个人名义承接业务。

（2）会计师事务所不得在广播电台、电视台、报纸、杂志等新闻媒介上直接或间接地诋毁同业或自我吹嘘，做内容虚假、容易引起误解的广告，也不得向委托单位或其他组织散发具有上述倾向的函件。但是会计师事务所与注册会计师的名称或姓名、地址、电话、业务范围、开业、迁址之类的公告不在此限制之内。《注册会计师法》第二十二条规定，注册会计师不得对其能力进行广告宣传以招揽业务。

（3）会计师事务所与委托单位之间的业务委托关系，应实行双向自愿选择原则，不得以任何方式限制或干预委托单位对会计师事务所的选择或会计师事务所在业务承接上的自主权。

（4）会计师事务所不得以任何名义向帮助取得委托业务的其他单位或个人支付介绍费、佣金、手续费或回扣等，也不得向得到本所帮助取得委托业务的其他会计师事务所收取介绍费、佣金、手续费或回扣等。

（5）会计师事务所不得以降低收费的方式招揽业务。

（6）对应由注册会计师从事的法定审计业务，会计师事务所不得与其他机构进行收益分成式的业务合作，但会计师事务所聘请其他机构有关专业人员协助工作以及各会计师事务所相互之间的业务合作不在此限。

（7）注册会计师和所在的会计师事务所不得允许其他单位和个人借用本人或本所的名义承接、执行业务。

【专栏 7-3】康美药业 299 亿财务造假背后

阅读资料请扫描二维码。

第四节　保密守时，收费合理

一、保守会计秘密，如期保质保量地完成审计任务

保密守时是指注册会计师在执行审计业务的过程中要严格保守被审单位的会计秘密或财务信息，并按被审计单位要求的时间期限保质保量地完成审计任务。一般执业常识和独立性的概念均表明，应由注册会计师而不是被审计客户决定有效的审计所必需的资料。这种决定不应该因被审计客户认为某些资料是机密的而受影响。讲求效率效果的审计要求被审计单位（客户）向注册会计师提供的资料是绝对真实的。这就要求注册会计师必须严守机密，如果没有征得明确许可，不得将被审计客户提供的资料泄露出去。

注册会计师的职业性质，决定了他能够掌握和了解委托单位大量的资料和核心信息，有些属于委托单位的机密信息，如即将进行的合并、拟议中的资金筹措、预期的股票分割和股利变更、即将签订的合同等。这些机密信息一旦外泄，可能会给委托单位造成经济损失，因此，《中国注册会计师职业道德守则》要求注册会计师对所掌握的委托单位的资料和情况，应当严格保密，除得到委托单位的书面允许和法律、法规要求公布者外，不得提供或泄露给第三者，也不得将其用于私人目的。

当然，保密责任不能成为注册会计师拒绝按专业标准要求揭示有关信息的借口，也不能成为注册会计师拒绝出庭作证，或者拒绝注册会计师协会和主管财政机关对其进行调查的借口。《注册会计师法》第十九条也规定，注册会计师对在执行业务中知悉的商业秘密，负有保密义务。

虽然会计职业高度重视保密工作，但是，某些公司的经理仍然担心敏感性资料会通过注册会计师泄露出去。他们认为，某些资料非常重要，以至于注册会计师做出的关于其个人品质和受过训练的一般保证无法使他们放心。如果注册会计师认为必须取得这种资料，那么被审计单位的经理只有同意，别无选择；如果经理们希望这些资料仅限于审计负责人使用，那么，这种意见也应该得到尊重。虽然注意到被审计客户的敏感性很重要，但注册会计师已发现，随着工作关系和相互信任的加深，被审计客户的担心将日趋减少。除上述

以外，被审计单位与注册会计师的往来信件也属于秘密范畴，即非经过被审计单位许可，注册会计师不得透露信件的内容。

会计师事务所接受业务委托时，应当在初步了解委托单位的基本情况和委托业务的性质及要求之后，与委托单位签订业务约定书，作为会计师事务所与委托单位之间具有法律效力的一种合约。注册会计师应当恪守业务约定书中的各项约定，在委托单位提供了必要条件的前提下，在规定的时间内按专业标准的要求高质量地完成所委托的业务，不得有任何拖延行为。

二、提供优质审计服务，按规定的标准合理收费

收费合理指注册会计师在承接业务时按国家有关规定的标准合理收费，不能按服务成果的大小确定收费标准。

注册会计师提供的服务是一种有偿服务，但收费的多少应当以服务性质、工作量大小、参加人员层次高低等为主要依据，按规定的标准收取。会计师事务所在从事审计业务时不得以服务成果大小为条件来决定收费标准的高低，否则将会削弱注册会计师应有的独立性、客观性。如果以审计后净收益的一定比例作为收费标准，就有可能导致注册会计师赞同委托单位虚增收入行为。

在确定收费标准时，注册会计师应考虑办理业务所承担责任的程度和按照职业标准办理这项业务所需要的时间、人力和技术，还应考虑他的工作对客户的重要性。客户有权事先知道收费标准和一项业务大约将支付多少费用。但是，由于涉及职业判断的因素，一般来说，到工作完成时，才有可能确定出一个恰当的费用额。因此，注册会计师应该说明拟议中的业务审计费用是一个估计数，它随着执业工作的进展将会发生变化。

【专栏 7-4】中国的“安达信”

阅读资料请扫描二维码。

第五节　公平竞争，协同发展

这一职业道德规范的要求是会计师事务所在争取客户及执业的过程中平等竞争，对同行负责，讲究信用，信守对客户的承诺，做好各自的审计执业工作，促进注册会计师审计事业的协同发展与进步。

对同行负责是会计师事务所、注册会计师在处理与其他会计师事务所、注册会计师的相互关系中应遵循的道德标准。

注册会计师行业在市场经济中是一个竞争激烈的行业，会计师事务所独立核算、自收自支，能否争取到较多的客户，关系到一家会计师事务所的生存。但是注册会计师行业又是一个需要同行之间相互尊重、平等相待、团结合作的行业，同行之间能否保持一种良好的关系，关系到整个行业在社会公众中的形象和信誉。因此，《中国注册会计师职业道德守则》在提倡会计师事务所以质量求信誉、以信誉求发展、公平竞争、共同维护和增进全行业职业信誉的同时，对处理同业之间的关系提出了具体的规定，具体内容如下：

一、会计师事务所受理业务，CPA 跨地区、跨行业执业

《注册会计师法》规定会计师事务所受理业务，不受行政区域、行业的限制，也就是说可以跨地区、跨行业执业。因此，《中国注册会计师职业道德守则》禁止会计师事务所搞地区封锁、行业垄断，通过任何方式或以任何理由对到本地区、本行业执业的会计师事务所进行阻挠和排斥。任何搞地区封锁、行业垄断的行为，不仅严重破坏同业之间的相互关系，注册会计师的独立性也会受到严重损害，对注册会计师事业、对社会公众的利益有百害而无一利。这个问题是目前我国注册会计师行业存在的较为突出和亟待解决的问题，我们还须花大力气，在加强职业道德教育的同时，积极、稳妥地推动会计师事务所的体制创新和改革，包括目前会计师事务所的组织结构、治理结构和风险承担机制改革。

二、前任与后任注册会计师相互支持和合作

委托单位出于种种原因，可能会辞去一家过去为其提供审计服务的会计师事务所，转而委托另一家会计师事务所，或在某项业务完成之前对会计师事务所进行变更。《中国注册会计师职业道德守则》要求委托单位在变更委托的情况下，后任注册会计师应与前任注册会计师取得联系，相互了解和介绍变更委托的情况和原因；委托单位变更委托后，前任注册会计师应该对后任注册会计师的工作予以支持和配合，包括必要时提供以前年度的工作底稿等资料。

委托单位变更委托，经常出于某种不正常的原因，如后任注册会计师的收费低廉或前任注册会计师就某些重要的会计原则问题与委托单位发生争议，此种情况下后任注册会计师是否承接业务需慎重行事。为了防止出现企业管理当局购买审计意见的行为，西方国家的法律及中国证监会的有关规定都要求上市公司，如更换注册会计师，必须翔实地公开更换的理由，被辞退的注册会计师如果不同意企业管理当局的意见，也可以在股东大会上申辩。这里的购买审计意见，是指在前任注册会计师与被审计单位就审计意见发生争议时，被审计单位辞退前任注册会计师并委托在上述争议中与公司观点一致的注册会计师进行审计的行为。

三、与同行保持良好的工作关系，加强相互协调与配合

《中国注册会计师职业道德守则》规定了注册会计师对其同行的其他责任，包括应当与同行保持良好的工作关系，相互协调，配合同行的工作；不攻击、不诋毁同行，不损害同行的利益；注册会计师不得雇用正在其他会计师事务所执业的注册会计师及其助理人员；注册会计师不得以个人名义同时在两家或两家以上的会计师事务所执业；会计师事务所不得以不正当手段与同行争揽业务等。

【专栏 7-5】财政部印发通知加强注册会计师行业联合监管工作

阅读资料请扫描二维码。

第六节　服务社会，追求卓越

一、注册会计师应关注公众利益，服务社会

从事注册会计师职业，必须坚定不移地贯彻客户第一、服务至上的经营理念。会计师事务所作为社会中介机构，是为社会公众服务的，要在服务公众的过程中发展自己。因此，注册会计师必须增强服务意识。纵观所有的注册会计师的业务类型，都是在其服务于客户的经营理念上拓展的，审计是如此，会计咨询更是如此。尤其是在市场经济中，所有会计师事务所的发展都要建立在赢得客户的基础上。失去客户，就是失去市场；失去市场，就是失去发展后劲；失去发展后劲，就是失去生机和活力。要赢得客户的信任和信赖，开拓会计市场，就必须落实客户第一、服务至上的经营理念。这要从四个方面着手：一是改善服务态度；二是提高服务水平；三是拓宽服务领域；四是完善服务手段。

注册会计师的职业性质决定了其所担负的是对社会公众的责任。注册会计师行业之所以在现代社会中产生和发展，是因为注册会计师能够站在独立的立场上对企业管理当局编制的会计报表进行审计，并提出客观、公正的审计意见，作为企业会计信息外部使用人进行决策的依据。会计信息外部使用人，既包括企业现有的，又包括潜在的投资人、债权人以及政府有关部门等与企业财务信息相关的人士，可泛指为社会公众。社会公众在很大程度上依赖企业管理当局编制的会计报表和注册会计师对会计报表的审计意见，并以此作为决策的基础。注册会计师尽管接受被审计单位的委托并向被审计单位收取费用，但他服务的对象从本质上讲却是社会公众，这就决定了注册会计师从这个行业产生的那一天起，所担负的就是对社会公众的责任。

二、注册会计师在执业过程中不断追求卓越

注册会计师行业作为一个中介行业，服务于广大社会公众，其生存与发展依赖于公众对其评价和信任，因此，注册会计师作为专业人士，保持良好的职业风范是相当重要的。注册会计师的服务质量是其生存的根基，也是其赢得社会公众信任的竞争优势之所在。因此，追求审计服务的精益求精成为注册会计师和会计师事务所对自身的必然要求，从而追求卓越也就成为注册会计师职业道德规范的一个重要组成部分。其具体有以下几个方面的要求：

（1）保持礼貌态度。礼貌是中华民族的传统美德，作为具备一定素质的注册会计师，在与客户进行沟通的过程中，保持礼貌态度是一个基本要求。

（2）主动性审计。这主要反映在注册会计师在执行审计业务时，应该采取积极主动的态度，深入了解客户的情况，为客户提供满意的服务，同时不忘维护广大公众的切身利益。

（3）提高服务效果。注册会计师在为客户提供审计服务时，必须时刻注意服务效果，而不仅仅只为完成业务。因为业务的完成效果直接决定了注册会计师在客户和公众心目中的印象，也就决定了其服务质量。而且，其效果还体现为注册会计师对客户利益和社会公

众利益的关心。

（4）对服务对象的及时响应。注册会计师虽然是直接为客户提供服务，但其最终的服务对象是广大的社会公众，因而对服务对象的及时响应也是注册会计师应具备的基本品质。

（5）保持高效率执业。效率是指劳动消耗与劳动产出的比率。对注册会计师而言，保持较高的效率是其执业的基本要求，也是赢得客户的重要依据。

【专栏 7-6】注册会计师如何应对当前监管形势
阅读资料请扫描二维码。

【关键概念】

注册会计师（certified public accountant）
职业道德守则（code of professional ethics）
超然独立（detached independence）
公正审计（justly auditing）
保密守时（confidentiality and punctuality）

【复习思考题】

1. 注册会计师职业道德规范包括哪些内容？
2. 你是怎样理解“诚信是注册会计师审计的基石”这句话的？
3. 你是怎样理解“独立性是注册会计师职业的灵魂”这句话的？
4. 注册会计师应如何严谨执业，踏实进取？
5. 注册会计师在承接业务时如何公平竞争，协同发展？
6. 会计师事务所如何服务社会，追求卓越？

【练习题】

一、判断题

1. 注册会计师在委托单位任职，离职未满 3 年应该回避。（ ）

2. 注册会计师只要在审计过程中保持了公正无偏的态度，在进行专业判断和发表审计意见时不依赖和屈从于外界的压力和影响，没有主观偏袒任何一方当事人，即可被认为恰当地遵守了独立性原则。（ ）

3. 注册会计师在提供审计服务时，如果对被审计单位所涉及的特殊专业不精通，可以在特定领域利用专家协助其工作，但是在利用专家协助其工作时，注册会计师应当对专家遵守职业道德的情况进行监督和指导。（ ）

4. 注册会计师应当对在执业过程中获知的客户信息保密，不得利用其为自己或他人谋利。但是，在会计师事务所及注册会计师不再接受该客户的委托，且未利用其为自己或他人谋取利益的情况下，这一保密责任随即终止。（ ）

5. 会计师事务所受理业务，CPA 跨地区、跨行业执业，前任与后任注册会计师应相

互支持和合作。（　　）

6. 为了避免法律诉讼，应采取的具体措施包括审慎选择被审计单位，对陷入财务和法律困境的被审计单位要尤为注意。因为经营风险会带来审计失败，中外历史上绝大部分涉及注册会计师的诉讼案，都涉及即将宣告破产的被审计单位。（　　）

7. 只要注册会计师严格按照专业标准的要求执业，没有违约和欺诈行为，即使审定后的会计报表中具有错报事项，注册会计师也不会承担法律责任。（　　）

8. 注册会计师若与被审计单位中的某位员工有近亲关系，就不得执行该客户的审计业务。（　　）

9. 在确定了审计收费金额并写入业务约定书之后，即使发生了与预期情况不同的事项，收费金额也不得变动，否则就属于或有收费方式，将损害会计师事务所的独立性。（　　）

10. 太平会计师事务所的一位前合伙人现任盛世公司的财务总监，基于以前的业务联系，盛世公司聘请了太平会计师事务所对其2024年年度的财务报表进行审计。根据职业道德准则的有关规定，太平会计师事务所违反了职业道德准则的要求。（　　）

二、单项选择题

1. 下列可能对保密原则构成不利影响的是（　　）。

A. 未经客户允许向有关监管机构报告发现的违法行为

B. 利用所获知的涉密信息为亲属谋取利益

C. 警惕无意泄密的可能性，特别是警惕无意中向关系密切的人员泄密

D. 接受注册会计师协会的执业质量检查

2. 在下列各项中，属于注册会计师违反职业道德基本原则的是（　　）。

A. 注册会计师按照业务约定和专业准则的要求完成委托任务

B. 注册会计师对审计过程中知悉的商业秘密应当保密，并不得利用其为自己或他人谋取利益

C. 除法律、法规允许外，会计师事务所不得以或有收费形式为客户提供各种鉴证服务

D. 注册会计师可以对其能力进行广告宣传，但不得诋毁同行

3. 如果注册会计师与客户存在直接竞争关系，或与客户的主要竞争者存在合营或类似关系，同时为存在利益冲突、所涉交易或事项存在争议的两个或多个客户提供服务，同样可能对（　　）原则产生不利影响。

A. 客观和独立　　　　B. 客观和专业胜任能力

C. 客观和保密　　　　D. 客观和诚信

4. 在下列情况中，注册会计师无须回避的是（　　）。

A. 注册会计师曾作为某财务软件公司后勤服务人员为被审计单位的财务软件提供后勤服务，在承接该业务过程中，注册会计师了解到该套财务软件仍在用

B. 注册会计师曾经是被审计单位的人事经理，由于工作表现积极，得到该公司的重用，与公司上下关系都很融洽，离职后与该公司的领导仍有较密切的私人联系

C. 注册会计师由于与被审计单位的独立董事甲某关系甚密，2019年甲某为其私人购车提供了50%的担保贷款

D. 由于一次车祸事故，注册会计师的女儿与被审计单位董事长的儿子之间在责任认定和经济赔偿方面存在法律纠纷

5. 追求卓越是注册会计师职业道德规范的一个重要组成部分，以下方面正确的是（　　）。

A. 保持礼貌态度

B. 被动性审计

C. 不断创新

D. 保持一般效率执业

6. 下列有关前后任注册会计师沟通的说法中，错误的是（　　）。

A. 如果被审计单位不同意前任注册会计师对后任注册会计师的询问做出答复，后任注册会计师应当拒绝接受委托

B. 当会计师事务所通过投标方式承接审计业务时，前任注册会计师无须对所有参与投标的会计师事务所的询问进行答复

C. 接受委托后，如果需要查阅前任注册会计师的审计工作底稿，后任注册会计师应当征得被审计单位的同意

D. 接受委托前的沟通是必要的审计程序，接受委托后的沟通不是必要的审计程序

7. 注册会计师在确定审计费用时，下列违反了职业道德守则的是（　　）。

A. 审计费用应考虑从事该业务可能耗用的时间等因素

B. 审计费用根据注册会计师关于客户财务报表的报告能否获得银行贷款的批准来确定

C. 审计费用根据所提供服务的性质和注册会计师的专业能力等因素来确定

D. 审计费用根据支付给以前的注册会计师的费用来确定

8. 下列有关对注册会计师独立性要求的提法中，不正确的是（　　）。

A. 对注册会计师在执行审阅业务时的独立性要求与其执行审计业务时相同

B. 乙会计师事务所作为审计客户经济纠纷的辩护人，将产生自我评价的不利影响

C. 被审计客户 B 集团是 A 上市公司的控股母公司，丙会计师事务所在评价独立性时，应将 B 集团与 A 公司一并考虑

D. 丁会计师事务所为被审计客户 C 公司提供推荐股票方面的公司理财服务，丁会计师事务所可以采取防范措施，将对独立性构成的不利影响降至可接受的水平

9. 根据《注册会计师职业道德准则》，下列说法中正确的是（　　）。

A. 会计师事务所担心可能失去某一重要客户，无条件同意客户的要求

B. 注册会计师可以对其能力进行大力宣传，但是不得采用广告的方式

C. 会计师事务所受到降低收费的影响而不恰当地缩小了工作范围

D. 根据保密原则，注册会计师不得利用因职业关系和商业关系而获知的涉密信息为自己或第三方谋取利益

10. 注册会计师执业时，若出现下列情形，可以作为减责事由的是（　　）。

A. 已经遵守执业准则、规则确定的工作程序并保持必要的职业谨慎，但仍未能发现被审计单位会计资料错误

B. 利害关系人明知会计师事务所出具的报告为不实报告而仍然使用

C. 验资报告中注明“本报告仅供工商登记使用”

D. 为登记时未出资或者未足额出资的出资人出具不实报告，但出资人在登记后已补足出资

三、多项选择题

1. 审计项目组成员与被审计客户同时在某一实体拥有经济利益时，如同时满足下列（　）条件，则不被视为损害独立性。

A. 经济利益并不重大

B. 该实体不能对被审计客户施加重大影响

C. 经济利益是间接的

D. 被审计客户不能对该实体施加重大影响

2. 承接业务时，下列可能对职业道德基本原则产生不利影响的有（　）。

A. 根据会计师事务所的规定，向接受本业务的个人支付 10% 的业务中介费

B. 在推介自身和工作时，将自己的工作和其他会员的工作进行比较

C. 在审计过程中，客户委托注册会计师提供信息服务，受专业所限，注册会计师将该业务介绍给一家专业机构，并向此专业机构收取了少量的业务提供费用

D. 会计师事务所与客户存在利益冲突，注册会计师应告知客户

3.ABC 会计师事务所对 V 银行 2024 年财务报表进行审计。下列情形对独立性不会产生不利影响的有（　）。

A.2024 年 7 月，ABC 会计师事务所按照正常借款程序和条件，向 V 银行以抵押贷款方式借款 10 000 000 元，用于其购置办公用房

B. 审计小组成员 D 注册会计师的妻子自 2023 年起一直担任 V 银行的统计员

C.ABC 会计师事务所聘用律师协助开展工作，要求该律师书面承诺按照中国注册会计师职业道德规范的要求提供服务

D.B 注册会计师是审计项目负责人之一，其妹妹在 V 银行财务部从事会计核算工作，但非财务部负责人（如出纳），B 注册会计师未予回避

4. 乙会计师事务所承接了某建筑工程公司 2024 年财务报表的审计业务后，为保证审计质量，决定通过向社会公开招聘的方式，为审计小组配备相关方面的专家，以弥补审计小组成员在相关知识、技能方面的不足。请指出，如果主审注册会计师因完全不了解以下（　）方面的知识而不聘请专家弥补自己的不足，则其违背了职业道德对专业胜任能力的要求。

A. 基建工程决算会计　　　　B. 基建工程技术人员

C. 工程增项图纸设计　　　　D. 基建工程结算审计

5. 要识别出被审计单位违反法律、法规的行为，在下列各项程序中，注册会计师应当实施的有（　）。

A. 了解违反法律、法规行为的性质及其发生的环境

B. 评价识别出违反法律、法规的行为对注册会计师风险评估的影响

C. 评价被审计单位书面声明的可靠性

D. 就识别出的违反法律、法规的行为与治理层进行沟通

6. 注册会计师职业道德规范有（　　）。

A. 超然独立，客观求是　　B. 保密守时，收费合理

C. 服务社会，追求卓越　　D. 公平竞争，协同发展

7. 注册会计师除了必须严格守法外，还可以采取（　　）有效对策尽可能避免法律诉讼。

A. 严格遵循职业道德和专业标准的要求

B. 建立并完善会计师事务所质量控制制度

C. 与委托人签订业务约定书

D. 审慎选择被审计单位

8. 保持专业胜任能力对注册会计师的要求有（　　）。

A. 注册会计师对助理人员和其他专业人员的责任

B. 在审计实践经验方面的要求

C. 只需学好会计、审计及其他相关学科

D. 在接受后续教育方面的要求

9. 下列说法中正确的有（　　）。

A. 会计师事务所可以在电台、电视台、报纸、杂志等新闻媒介上登广告以提高知名度

B. 会计师事务所可以通过降低收费的方式来招揽业务

C. 会计师事务所不得向得到本所帮助取得委托业务的其他会计师事务所收取介绍费、佣金或回扣

D. 会计师事务所不得采取强迫、欺诈、利诱等方式来招揽业务

10. 如果在本期或以前的业务执行过程中发现客户（　　），或者存在其他严重影响审计业务的情形等，会计师事务所应当考虑其保持客户关系可能造成的影响，必要时可终止该客户关系。

A. 总经理可能涉嫌洗钱

B. 没有制定相关的内部控制制度

C. 对审计范围施加重大限制

D. 产品市场占有率低

【案例分析题】

上市公司财务造假必须严惩

2019 年 8 月，中国 A 股市场并不平静，康美药业、康得新、辅仁药业等一批上市公司，先后遭到证监会的立案和处罚，原因是它们涉嫌财务造假的违法违规行为，金额有的甚至突破百亿元。通过财务造假行为，这些上市公司把自己粉饰成了业绩良好、趋势看涨的白马股，从而获取巨额利润。资本市场本来应该以诚信为本，为什么有些上市企业要频频造假？为什么能够造得了假？投资者的利益如何保护？监管需要怎样的制度体系建设？

2019 年这个夏天，证监会查实，2015—2018 年，康得新通过虚增业务收入、虚增营业成本等多种手段，合计虚增利润 119.21 亿元，如果以此调查结果初步还原财务报表，康得新 2015—2018 年实际陷入严重亏损状态，总计亏损 57.91 亿元，远超其上市以来实

际创造的利润。自2010年上市以来，康得新股价最高涨幅近10倍，市值接近千亿元，曾经是市场公认的投资回报高、长期绩优的白马股。2019年1月14日，银行账面资金达150亿元的康得新，却无力兑付一笔15亿元超短期融资券本息，引起了市场的广泛关注和质疑。

2019年1月22日，证监会随即对康得新涉嫌信息披露违法行为立案调查，并于7月5日公布了初步调查和处罚结果。证监会新闻发言人常德鹏说："证监会已经向涉案当事人送达行政处罚及市场禁入的事先告知书，拟在《证券法》规定的范围内对康得新及主要责任人员进行顶格处罚并采取终身市场禁入措施。"

常德鹏说："现已初步查明，康美药业披露的2016—2018年财务报告存在重大虚假，涉嫌违反《证券法》第六十三条等的相关规定。一是使用虚假银行存单虚增存款；二是通过伪造业务凭证进行收入造假；三是部分资金转入关联方账户买卖本公司股票。"

中国人民大学副校长吴晓求说："《刑法》《刑事诉讼法》《公司法》《证券法》，对这种资本市场严重的违法行为应该有非常严厉的处罚。这个处罚是立体的，我们一般都侧重于行政处罚，包括禁入等，这个没有约束力、没有威慑力。首先当然是刑事处罚，刑事处罚不是两年三年，我们现在的处罚年限太低了。"

屡禁不止的上市公司各类违规行为，也让《证券法》的修订被赋予了极高的期待，值得注意的是，正在修订过程中的《证券法（修订草案）》用专门章节对投资者保护进行规定，凸显出立法者对投资者保护的重视。

治理上市公司财务造假必须对症下药，加大对财务造假的处罚力度。在谈到A股上市公司的财务造假问题时，证监会负责人指出，上市公司及大股东必须讲真话做真账，牢牢守住四条底线：不披露虚假信息，不从事内幕交易，不损害上市公司利益，不操纵股票价格，下一步证监会将一如既往地对上市公司信息披露违法行为给予严惩。资本市场的发展离不开法治环境的完善，市场诚信和投资者保护更需要多方参与和共同努力。

（资料来源：焦点访谈．财务造假须严惩［EB/OL］．［2019-08-09］．http：//tv.cctv.com/2019/08/09/VIDE6gRCzFFHXEQe9H1FohqE190809.shtml）

讨论问题：

（1）为什么有些上市企业要频繁造假？为什么能够造得了假？

（2）投资者的利益如何保护？监管需要怎样的制度体系建设？

第八章　国家审计人员职业道德规范

【经典名言与感悟】

勿以恶小而为之，勿以善小而不为。

——刘备

盖不廉则无所不取，不耻则无所不为。人而如此，则祸败乱亡，亦无所不至。

——顾炎武《日知录·廉耻》

惟诚可以破天下之伪，惟实可以破天下之虚。

——薛瑄《薛文清公全集》

我们大家要学习他（白求恩）毫无自私自利之心的精神。从这点出发，就可以变为大有利于人民的人。一个人能力有大小，但只要有这点精神，就是一个高尚的人，一个纯粹的人，一个有道德的人，一个脱离了低级趣味的人，一个有益于人民的人。

——毛泽东《纪念白求恩》

坚定中国特色社会主义道路自信、理论自信、制度自信、文化自信。

——党的十九大报告

开展审计要于法有据、客观公正，要具备专业素养、专业水平和专业操守，根据事实进行审计职业判断，不能主观臆想，要脚踏实地、甘于奉献、无怨无悔。要自觉接受监督，清正廉洁、严于律己；要慎独慎微、淡泊名利；要遵规守纪，不忘初心、努力奋斗，把自身打造成高素质的审计铁军，为党和人民的事业做出贡献。

——胡泽君 2017 年 7 月 21 日与新录用公务员座谈时的讲话

思想决定行动、思路决定出路、心态决定状态、格局决定结局！

——叶陈刚感悟

【学习目的与要求】

1. 了解国家审计职业道德规范建设历程。

2. 掌握国家审计职业道德五个具体规范的要求：

严格依法；正直坦诚；客观公正；勤勉尽责；保守秘密。

【导读】

清廉机关和模范机关“双建双促”

近年来，北海市审计局不断加强机关党建工作，推动创建模范机关和清廉机关建设“双建双促”，取得明显成效，进一步推进审计事业发展，为北海市经济高质量发展积极贡献审计力量，同时获评 2023 年自治区级创建模范机关示范单位。这是继该局“清廉为公阳光从审”品牌成功获评“北海市清廉机关建设十大特色品牌”以来，获得的又一殊荣。

树牢政治机关意识，打造“讲政治”的模范机关。该局始终坚定地把政治建设摆在首位，用党的创新理论武装头脑、指导实践、推动工作。依托“三会一课”“党员活动日”等方式，组织党员干部观看爱国主义教育影片 10 余部，开展“党史知识猜灯谜”、党章党规党纪知识竞赛等主题活动30余次，赴桂林湘江战役教育基地、涠洲岛红色教育基地等20余个教育基地开展现场观摩教育活动，激励审计干部不忘初心，砥砺前行。同时，创新形成“观摩式”“专题式”“研讨式”“行动学习”“微课堂”“户外课堂”等多种学习模式，在互动中“领学”“促学”，不断提升学习教育的针对性和实效性。

夯实党建工作基础，打造“负责任”的模范机关。该局始终坚持强化基层党组织建设，不断提升支部工作质量，深入开展基层党建“五基三化”提升年行动、全面深化清廉机关建设等工作，通过制订实施方案和召开研究推进会，不断强化部署统筹推进，全力推动党建各项重点工作落实见效。严格执行党员领导干部党支部工作联系点制度，指导帮助联系点支部解决突出问题32个。同时注重突出审计特色，积极创建“党建+一线工作法”和“清廉为公 阳光从审”等党建品牌，并在工作中组建“抗疫志愿先锋队”、审计组“临时党支部”和设立“共产党员先锋岗”，以支部带动项目组、以党建推动审计，把党员的先锋模范作用融入日常审计工作中，不断激励党员在各自岗位上主动作为、敢于担当。印发《关于在外出审计组成立临时党支部的实施办法》，大力推行“审计组+临时党支部”党建新模式，在符合条件的审计组建立临时党支部，把党建落实到审计工作的各个环节，以党建工作推进审计业务高质量发展。2021年以来，该局实施的审计项目取得全国优秀审计项目二等奖1次，全区优秀审计项目一等奖3次的优异成绩，做到党建工作与审计业务“两不误、双促进”。

聚焦服务中心大局，打造“有担当”的模范机关。该局围绕“促进经济恢复性增长”“服务经济高质量发展”“保障和改善民生”等七个重点领域开展审计监督，不折不扣把党委和政府的决策部署落实到审计工作全过程。2021年以来完成了高标准农田建设资金审计和工业振兴专项资金管理使用及绩效情况专项审计等审计项目59个，促进增收节支、挽回经济损失8 381.94万元，移送违法违纪问题线索73件，以高质量审计监督服务中心大局，有力推动“壮美广西”和“品质北海、魅力北海”建设。秉承“为国而审 为民而计”理念，积极开展民生项目审计，组织党员干部开展清理“三无小区”卫生死角、普法宣传、安全排查等志愿服务活动100多次，向辖区群众发放各类宣传资料3 000余册。派出22名审计监督专员、助理对市属国有企业进行日常监督，有效防范国有资产流失，帮助企业排忧解难，助力北海经济健康发展。

弘扬审计清风正气，打造“守纪律”的模范机关。该局始终坚持严字当头，积极创建“清廉为公 阳光从审”特色品牌，扎实推进清廉审计机关建设，努力打造一支忠诚干净担当的审计铁军，设置“清廉读书角”，在办公区张贴廉洁标语，常态化组织开展“廉洁趣味运动会”、观看现场庭审和参观廉政教育基地等特色廉政教育活动40余场，发送廉政提醒短信1 000多条，结合传统节日开展“包廉粽”“唱廉歌”“诵廉诗”和廉洁主题晚会等多种廉洁活动，寓教于乐，不断推动廉政教育走深走实。狠抓作风纪律和监督问责，扎实开展书记点题谈、谈心谈话和现场监督检查等活动，做到常管长严。坚持制度管人，先后修改出台《干部职工综合考核管理暂行办法》《审计工作流程汇编》等规章制度20多项，不断加强教育管理，引导审计干部廉洁从审。加强与纪检监察、巡察、财政、统计等相关部门的贯通协同，及时高效地向相关部门移送案件线索，并积极配合和参与巡察以及其他专项监督检查工作，更好地揭示问题，进一步严肃查处违纪违规行为，充分发挥审计监督反腐治乱的作用。

（资料来源：江婷婷. 北海审计：打造“四个模范”推进清廉机关和模范机关“双建双促”[EB/OL].[2023-12-01]. http://www.beihai.gov.cn/xxgkbm/bhssjj/gzxx_51/t17572591.shtml）

第一节　国家审计人员职业道德规范概述

一、国家审计人员职业道德规范建设历程

（一）探索时期

在国家审计机关恢复重建之初，我国对于如何开展审计、如何规范审计人员都处于“边组建边探索”的探索时期。这一时期，国家审计人员职业道德规范没有形成系统的理论认识，对国家审计人员的职业道德要求仍停留在理想信念等的政治要求层面。

1985 年 8 月 29 日，国务院发布了《国务院关于审计工作的暂行规定》，规定中提到“审计人员应当坚持原则、敢于斗争、忠于职守、秉公办事，不得滥用职权、徇私舞弊、泄露机密、玩忽职守”，提醒国家审计人员在工作中要有一定的职业道德。这是中华人民共和国国家审计人员职业道德制度的第一份文件。1988 年 11 月 30 日，国务院发布《中华人民共和国审计条例》，取代 1985 年 8 月 29 日发布的《国务院关于审计工作的暂行规定》，其中第三十五条提到对于一些违反本条例的行为要给予行政处分或者提出给予行政处分的建议。比如说“利用职权，谋取私利的”“弄虚作假，徇私舞弊的”“玩忽职守，给国家或者被审计单位造成较大损失的”“泄露国家秘密的”等。该条例比 1985 年的《国务院关于审计工作的暂行规定》有所进步，违反条例严重者要受到处分。1994 年 8 月 31 日发布的《中华人民共和国审计法》（1988 年 11 月 30 日国务院发布的《中华人民共和国审计条例》同时废止）是我国国家审计法治化建设的重要里程碑，但并没有对国家审计人员的职业道德提出明确界定和要求。

（二）规范阶段

1994 年《审计法》颁布实施后，我国的审计管理工作走上了法治化建设轨道。1996 年 12 月 16 日，审计署颁布《审计机关审计人员职业道德准则》，这是我国国家审计人员职业道德建设的第一部专门性法规，标志着我国国家审计人员职业道德建设步入规范建设阶段。《审计机关审计人员职业道德准则》明确界定了国家审计人员职业道德的定义、内容等，其中第二条指出：“本准则所称审计人员职业道德，是指审计机关审计人员的职业品德、职业纪律、职业胜任能力和职业责任。”2001 年 8 月 1 日，中华人民共和国审计署令第 3 号公布《审计机关审计人员职业道德准则》（1996 年 12 月 16 日发布的《审计机关审计人员职业道德准则》予以废止）。《审计机关审计人员职业道德准则》从六个方面确立了我国国家审计人员的职业道德：“审计人员办理审计事项，应当客观公正、实事求是、合理谨慎、职业胜任、保守秘密、廉洁奉公、恪尽职守。”第五条规定：“审计人员在执行职务时，应当保持应有的独立性，不受其他行政机关、社会团体和个人的干涉。”即对审计人员的独立性进行了单独规范，它突出了独立性在审计工作中所具有的至关重要的地位。2006 年修改的《中华人民共和国审计法》中第十二条至第十四条分别从专业胜任能力、独立性及保密等方面对国家审计人员的职业道德进行规

范，但对于审计人员职业道德的含义、内容等仍缺乏明确细致的界定。

（三）深入发展时期

2000 年年初，审计署研究制定了《审计署关于加强审计纪律的规定》（简称《八不准》），这是我国国家审计人员职业道德的重要内容。为从严治理审计队伍，确保审计工作的独立性和审计人员廉洁从审，审计署机关及派出机构要继续坚持实行审计外勤经费自理，2008 年 12 月 15 日审计署将上述规定修订为《审计署关于加强审计纪律的八项规定》（简称《八项规定》）。新修订的针对审计人员的《八项规定》作为审计纪律，是具有中国特色的国家审计人员职业道德的重要组成部分。2015 年 11 月 6 日，审计署再次印发了《审计“八不准”工作纪律》，并对审计“八不准”进行了释义。

2013 年李克强总理视察审计署并发表讲话后，全国审计机关落实总理讲话要求，践行国家利益捍卫者、经济发展“安全员”、公共资金守护者、权力运行“紧箍咒”、反腐败“利剑”和深化改革“催化剂”等，加强了审计人员的职业道德建设。2014 年 12 月 25 日，刘家义在全国审计工作会议上提出，审计人员要具有“责任、忠诚、清廉、依法、独立、奉献”的职业价值，勇于担当，无私无畏，进一步树立“实、高、新、严、细”的工作作风，力戒“庸懒散、骄娇暮”，做到以责立志、以德立身、以能立业、以行立信。此后，审计署开展了一系列引导全国审计机关和审计人员树立审计人员核心价值观等的作风建设活动。

2016 年 7 月，国务院印发了《国务院关于建立完善守信联合激励和失信联合惩戒制度加快推进社会诚信建设的指导意见》（国发〔2016〕33 号），（以下简称《指导意见》），这是我国社会信用体系建设方面的一个重要文件，是第一部关于信用联合奖惩的规范性文件，是全面深化改革特别是深化“放管服”改革的一项重要举措，对审计人员的职业道德建设尤其是诚信建设，具有重要意义。《指导意见》制定出台的目的，是有效治理失信行为高发问题，使失信者付出足够的代价，并通过实施正面激励让守信者受益，做到让守信者一路绿灯、失信者处处受限，从而形成引导社会成员诚实守信的正确导向。

2017 年 11 月，湖南省审计厅出台全国首个省级《审计人员职业道德准则》（以下简称《准则》），这是国内以党的十九大精神为指导，推进审计干部队伍职业化建设的一个重要举措。《准则》以 2001 年审计署出台的《审计机关审计人员职业道德准则》为蓝本，分二十条，从职业品德、职业纪律、职业胜任能力和职业责任四个方面对审计机关审计人员的职业道德进行了规范。《准则》要求审计人员“忠诚于党和人民”，提出审计人员“应当增强法治观念”，要求审计人员“与被审计单位人员沟通情况或交换意见时，应当态度诚恳、有理有据、不卑不亢、用语文明，对于存在分歧的事项，应当虚心听取意见、客观分析、以理服人”，要求审计人员“不断创新审计观念、创新审计内容、创新审计方式方法、创新审计手段，审计工作体现时代性，把握规律性，富于创造性”。这体现了《准则》的政治标准、依法审计、文明审计、创新意识培育理念。

“以审计精神立身，以创新规范立业，以自身建设立信”的“三立”要求给新时代审计事业发展和建设指明了方向，给审计履职监督工作向纵深推进注入了新动能。“以审计精神立身”体现了审计的行业特征和精神风貌，是审计整体要求与审计人个体价值追求的统一。“以创新规范立业”是新时期新形势下对国家审计的客观要求，不断装备更多更先进的知识是审计事业自身发展的必然选择和重要途径。“以自身建设立信”高度概括了审计工作的本质特征，诚实守信是做人的基本道德准则，而诚信对于审计有着更深刻的意义。“三立”要求指明了青年审计人员未来的努力方向，给当代青年审计人员的核心价值观赋予了新的时代内涵。

二、国家审计人员职业道德规范含义

各行各业都有与本行业和岗位的社会地位、功能、权利和义务相一致的道德准则和行为规范。比如做官有“官德”，执教有“师德”，行医有“医德”。“它不仅是从业人员在职业活动中的行为标准和要求，也是本行业对社会所承担的道德责任和义务，是社会道德在职业生活中的具体体现。”职业道德是指从事一定职业的人们在职业活动中所应遵循的道德规范以及该职业所要求的道德准则、道德情操和道德品质的总和。

美国政府问责局（GAO）在其《国家审计准则》中对国家审计人员职业道德的规范描述是：公共利益，正直，客观，对政府信息、资源及职位的适当使用，职业行为。

我国现行的审计准则，是2011年正式实施的《中华人民共和国国家审计准则》，该准则虽然没有对审计人员职业道德给出明确定义，但对审计人员在审计工作中应该具备的资格条件和职业要求进行了全面的规定，如第十四条规定审计人员应该具有“审计独立性”“职业胜任能力”，第十五条明确规定审计人员应该具有“严格依法、正直坦诚、客观公正、勤勉尽责、保守秘密”等基本职业道德。

从性质的角度来看，审计人员职业道德是指审计人员从事审计工作应该遵守的职业行为规范；从内容的角度来看，审计职业道德是指审计人员职业品德、职业纪律、专业胜任能力及职业责任。

审计人员职业道德是指审计人员在长期审计工作中逐步形成的应当普遍遵守的行为规范。[①]它可以从道德观念上促使从事审计职业的人们自觉地保持职业上应有的态度和风范，以树立良好的职业形象，赢得社会对审计职业及其人员的尊重和信赖。它是对国家审计人员在职业活动中的行为的规定，也是审计部门对社会所负的道德责任和道德义务。

国家审计人员职业道德的基本内容主要包括：严格依法、正直坦诚、客观公正、勤勉尽责、保守秘密。审计署颁布的“八不准”等审计纪律也应属于国家审计职业道德的范畴。

三、国家审计人员职业道德规范作用

（一）国家审计职业道德是国家审计工作人员的灵魂

审计工作质量和审计风险程度的高低，主要取决于审计人员自身的工作能力和愿意付出的努力程度以及其是否愿意真实报告审计查证的事项。其中，审计人员的自身能力主要取决于审计人员的专业判断能力、审计程序、审计技术方法等。所付出的努力以及真实报告审计查证事项的意愿则取决于审计人员的职业道德素养。因此，正确认识审计职业道德，不断加强审计职业道德教育，是提高审计质量、规避审计风险的

① 李金华．审计人员职业道德［M］．北京：中国审计出版社，1997．

必然要求。

（二）国家审计职业道德能补充审计法规所缺，完善审计规范体系

审计规范包括审计法规和审计职业道德。有些不宜纳入审计法规，但又有必要做出规定的事项，就可以通过职业道德规范来加以约束，如审计人员的精神状态就只能由审计职业道德提出。审计法规是对审计人员的最低要求，审计职业道德则升华了对审计人员的要求。

（三）国家审计职业道德是不断增强审计机关审计人员自身品德素养的基础

国家审计职业道德指导审计人员在职业岗位上确立具体的生活目标和职业理想，培养良好的职业习惯，是提高审计人员自身品德及业务素质的基础。

（四）有利于提高社会整体道德风尚

审计需要职业道德的支持和规范，需要道德精神深入渗透到审计核心的理论和实践中去。拥有良好的职业道德信念，审计人员就能自觉地、正确地调整个人与职业、审计工作服务对象之间的关系，忠实地履行自己的职责，做到严格依法、实事求是、客观公正地处理问题，以保障审计任务的顺利完成。

四、审计职业道德教育建设

审计专业的大学生，是审计队伍的预备人员，是未来我国审计队伍的骨干力量，他们是否具备应有的职业道德，将直接影响到未来审计工作的质量与公信力。加强大学生审计职业道德教育是培养未来审计行业“四有”新人、保证审计队伍人员力量的重要措施。“四有”新人是“有理想”“有道德”“有文化”“有纪律”的工作岗位上的新青年。如果大学生走入工作岗位后，缺乏应有的审计职业道德，极有可能导致其为谋取个人或单位利益而蓄意造假。在高校中开展审计职业道德教育，培养大学生的审计职业情感、道德观念和法治观念，可以促使审计队伍预备人员将审计职业道德要求转化为内在的审计职业道德品质，把审计职业道德规范变成未来职业活动中应遵循的信念和标准，这将从根本上提高审计人员的职业道德水准。因此，大学生职业道德教育是审计职业道德教育的基础。

（一）提高对大学生审计职业道德教育的重视程度

审计职业道德建设的关键在教育，而教育的基础在学校。与审计有关的院校及社会培训机构是进行审计职业教育的主要场所，但这些地方的审计职业道德教育十分薄弱，甚至缺失，所以必须进一步深化审计职业道德教育改革。第一，可以在高校中专门开设审计职业道德教育必修课程，将职业道德教育纳入审计专业教学体系中，由具有实践经验的专业教师任教，并编写相应的配套教材。第二，可以提高高校审计职业道德教育的课时比例，将理论教学与实践教学相结合，并适当提高实践教学的课时比重，只有这样才能把审计职业道德教育贯穿到整个教学过程中，才能真正提高学生的审计职业道德素质，才能为今后的审计工作奠定良好的道德基础。

（二）加强师资队伍建设，发挥教师示范作用

教师是“传道授业解惑”的，此“道”既有技能、本领之道，也有做人、立身之道。教师的言传身教对学生思想观念和职业道德的形成起着至关重要的作用。要充分发挥专业课教师的渗透作用。每一位专业课教师都要做到既是专业课教师，也是思想政治、道德品质教育教师，努力把职业道德培养和职业能力培养紧密结合起来，把专业知识、技能教学与职业道德教育融合在一起，除了要突出技能教育，突出实验、实训和动手能力培养外，还要深入发掘各类专业课程知识点中蕴含的职业道德因素，在传授专业知识的过程中加强审计职业道德教育，增强学生的职业道德修养，提高职业道德意识，培养学生爱岗敬业、诚实守信、办事公道、奉献社会的精神和严谨求实的作风。

（三）注重发挥思想政治理论课的主渠道作用

没有职业道德理论指导的职业道德教育是难以达到预期效果的，具有充分说服力和强烈感染力的职业道德理论在审计院校学生中传播、生根，才有助于树立观念、确定理想和培养职业道德风尚，也就是说，社会主义职业道德意识不能自发地产生，必须把思想政治理论课作为职业道德教育的主渠道、主阵地，以此为基础，与时俱进，贴近实际、贴近生活、贴近学生，有针对性地对大学生进行审计职业道德理论教育，用科学的职业道德理论武装头脑，努力培养学生成为社会主义事业的建设者和接班人。

【专栏 8-1】只争朝夕　不负韶华——做一名称职的新时代青年审计人

阅读资料请扫描二维码。

第二节　严格依法，实事求是

党的十八届四中全会通过的《中共中央关于全面推进依法治国若干重大问题的决定》明确提出，全面推进依法治国，加快建设法治中国，为实现中华民族伟大复兴的中国梦提供制度保障。严格依法，是依法治国在审计领域的具体体现，是审计机关在执行公务时的基本准则。必须弄清什么是严格依法与实事求是，为什么要坚持严格依法与实事求是，以及在实务中如何坚持严格依法与实事求是。

一、严格依法、实事求是的核心内涵

严格依法，就是审计人员应当严格依照法定的审计职责、权限和程序进行审计监督，规范审计行为。严格依法的核心内涵可以从以下几个方面来理解：

（1）职权法定。审计监督权来源于法律赋予的权力，法律没有赋予审计机关的权力，审计机关就不得行使，这是严格依法最基本的要求。审计机关的职权法定，就要求审计机关的一切权力必须有相应的法律依据。职权法定要求科学界定审计机关的职权，如果审计机关的职权界定不科学，严格依法就会失去方向。当前，审计机关的审计范围涉及经济社会发展各领域和国家治理各环节，国家审计已经成为党和国家监督体系的重要组成部分，而且发挥着不可替代的作用，但是审计机关的职权也是有边界的，从法律授权的角度看，审计机关无权实施法律授予其他部门职权范围内的行政行为。

（2）法律优先。严格依法要求审计行为必须有依据，从审计监督的行权依据方面看，必须坚持法律优先的原则。我国除了宪法、法律、行政法规外，还存在地方人大制定的地方性法规、国务院部门制定的部门规章、地方政府制定的地方规章以及地方政府制发的其他规范性文件等。在上述各种不同层级的规范性文件并存的情况下，首先要做到法律优

先。在审计工作中，如果发现不同层级的规范性文件存在冲突、抵触、不一致的情况，审计机关必须优先适用上位法。

（3）程序正当。程序正当是严格依法的一项重要要求，严格依法要求审计机关及审计人员树立程序意识。行政程序的作用不仅仅在于提高效率，更在于规范审计行为，保证公平，克服审计行为中的人为因素，排斥主观因素，确保审计机关的行为合法、结论准确、处理恰当。严格依法要求审计机关的审计程序要公开、公平、合理，法律规定的程序不能删减、顺序不能倒置。全体审计人员应该深刻认识到，树立程序意识，做到程序正当，不仅仅是为了约束审计机关和审计人员的行为，而且可以起到化解矛盾、提高效率、保护审计人员等作用，是严格依法的重要保障。

（4）实事求是。实事求是要求审计人员做到不先入为主、不夸大或缩小，客观公正地反映审计事实，得出审计结论。若要使审计权威得到树立，在审计工作中必须加强调查研究，坚持客观公正，实事求是，防止出现违背法律公平意愿的结果，真正做到依法审计。实事求是是中国共产党的思想路线，是中国特色社会主义理论体系的精髓和灵魂。我们在实施审计时，通过查阅会计账簿和有关资料、询问、调查取证等审计方法，对被审计单位财政财务收支等行为的真实、合法、效益取得较全面的了解，然后透过现象探究本质，发现被审计单位违反法律法规的问题，得出审计结论。这个过程本身就是一个实事求是的过程，要求审计人员做到不先入为主、不夸大、不缩小，客观公正地反映审计事实，得出审计结论。审计程序中的一个重要环节——审计报告征求意见，很好地体现了实事求是的精神，有助于更加全面地了解审计事实，防止审计人员由于主观片面性得出错误的审计结论，保障审计事实的客观性。

二、坚持严格依法的重要意义和作用

审计机关开展审计工作，以法律法规为依据行使审计监督权，不仅是因为审计机关的职责和权限来自宪法和法律，还因为这在最大程度上保障了审计结果的公正性。坚持在法定的职权范围内开展审计工作，以法律法规为审计定性和处理的依据，是审计机关维护财经法纪、促进社会协调发展的重要保障。当前各种新事物、新问题层出不穷，某些旧的规章制度已经不适应经济发展的需要，法律规章存在滞后性和不完善性，甚至出现无法可依的情况。但是，决不能以此否定严格依法的原则，要坚持问题导向，对审计发现的严重损害国家和人民利益的重大违法违纪、重大损失浪费、重大风险隐患等问题，始终坚持严格依法。

三、原则性与灵活性的统一是坚持严格依法、实事求是的客观要求

在审计实践中，既要坚持原则性又要坚持灵活性，这是坚持严格依法的客观要求。审计原则性是指审计机关应依据国家的法律法规和政策对被审计单位进行审计监督，做出审计结论和处理意见时，要以事实为依据，以法律为准绳。审计的灵活性是指审计机关要从实际出发，公正客观地分析问题产生的原因，以做出正确的审计结论，杜绝对审计客体的问题未进行理性的分析而进行简单处理的行为。坚持原则性与灵活性的统一，就要做到具体问题具体分析，历史、全面、客观地看待审计中发现的问题。在审计实践中，审计人员

经常会遇到合理却不合法、合法却不合理，或者一些问题并没有具体的法律法规与之对应的情况。对于这些问题，如果不加以具体分析研究，生搬硬套法规条文，忽视现实经济生活复杂性和发展性的特点，就背离了实事求是的原则，不利于正确处理和解决经济生活中的矛盾，也不利于鼓励创新和增强经济活力。例如，在“三农”资金审计中，部分贫困县在收到上级转移支付的“三农”资金后，将专项资金进行了统筹，在不同支农项目之间串用，用于弥补地方配套资金的不足。对于此类问题就应从实际情况出发，不能单纯定性为挪用，要求将资金归还原渠道。而应考虑到贫困县财力紧张的实际困难，将着眼点落在“三农”资金是否真正用在“农”上，是否有利于促进当地农业经济的发展，是否存在损害农民利益的问题。

【专栏 8-2】“守门人”还是问题帮凶？德勤举报门揭开“四大”那些不能说的秘密
阅读资料请扫描二维码。

第三节　正直坦诚，廉洁自律

古人说，“政者，正也”。讲的是为政者必须身正行直，办事公道，不以私害公。宋朝包拯在《乞不用赃吏疏》的奏折中说，“廉者，民之表也；贪者，民之贼也。”大意是为官必须清廉，绝对不能贪，只有官员廉洁才能确保国泰民安。打铁必须自身硬，审计机关要监督别人，令人信服，自己首先要做到风清气正。深入推进审计机关廉政建设，审计人员正直坦诚、廉洁自律，才能为锻造一支高思想认识、高严格标准的“审计铁军”提供坚强保证。因此，正直坦诚、廉洁自律是审计人员完成国家赋予的职责、做好审计工作的前提和基础，理应成为审计人员职业道德建设的重要内容。

一、正直坦诚、廉洁自律是国家审计人员必备的品质

国家审计人员代表国家从事审计工作，行使审计监督权，为人民服务。因此，对其掌握的权力，必须加以严格约束，以防止其滥用职权，损害国家和人民群众的利益。同时，国家审计人员属国家公务员序列，《中华人民共和国公务员法》（2018 年修订）第十四条明确规定了国家公务人员的义务，并规定强制性条款，如不履行义务必须承担相应责任。清正廉洁、公道正派是国家公务员的基本义务之一。实现公务员的清正廉洁是党和国家的一贯要求，是维护党和政府的良好形象，加强党和政府同人民群众联系的重要措施。公务员代表国家执行公务，其权力是人民授予的，属于其所在的职位，不是属于个人的。公务员必须建立正确的权力观，正确运用手中的权力，为公共利益而工作，而不能利用职权搞不正之风，谋取私利。《中国共产党廉洁自律准则》（自 2016 年 1 月 1 日起施行）对党员领导干部提出了更高、更严的要求，它要求党员领导干部带头践行廉洁自律规范。

二、不断提高国家审计人员的廉洁自律意识，锻造“审计铁军”

提高思想认识，努力改造自己的主观世界。国家审计人员要树立正确的人生观、价值观和世界观。要淡泊名利、消除攀比心理，时刻保持阳光心态。同时，要以反面典型为镜

子，认真自重、自省、自警、自励，珍惜现有的工作环境，筑牢思想道德防线。

坚持正确用人导向，打造勤廉双优审计队伍。认真贯彻执行干部选拔任用规定，及时完善干部选任办法，实行选拔阳光操作，健全监督机制，切实保证选任工作的客观公正，把敢于负责、勇于担当、干事创业、勇于创新的干部用好，打造一支廉洁高效、富有战斗力的审计队伍。

强化监督问责，严守审计纪律“八不准”。坚持用审计别人的标准来要求自己；建立审计项目会审制、审计公开制、监督回访制，进一步完善廉洁从审制度。依法公开审计事项和审计权力运行流程，对审计队伍中有滥用职权、玩忽职守、贪污贿赂、腐败堕落的违纪违法行为，发现一起查处一起，绝不姑息。

【专栏 8-3】争做新时代最美审计人——汝州市审计局先进事迹

阅读资料请扫描二维码。

第四节　客观公正，积极稳健

一、保持客观公正、积极稳健的态度，恰当地做出审计评价

客观公正是审计职业道德的核心，保证审计主体的客观公正，既是社会进步的客观要求，也是经济建设科学决策的必然要求，更是审计自身发展的内在要求。客观，一是指不依赖主观意识而存在的事物，二是指按照事物的本来面目去看待问题、看待事物。公正，是指公平正直，没有偏私和偏见。客观公正指的是人们不加个人偏见、公平正直地按照事物的本来面目看待和处理问题。对国家审计人员来说，客观公正就是应当保持客观公正的立场和态度，以适当、充分的审计证据支持审计结论，实事求是地做出审计评价和处理审计发现的问题。

积极是指审计人员要发挥主观能动性，努力进取，使审计工作认真到位，而稳健是指办事稳重，不轻浮冒失。积极稳健对审计人员的要求就是既要主动进取，又要稳健有序。在审计工作中，审计人员既要本着积极的态度、勇于开拓，又要循序渐进，在客观情况允许的条件下，脚踏实地地做好每一项工作，最大限度地防止和避免审计风险。尤其是新时代国家审计的范围比以往扩大很多，审计工作任务重、时间紧，审计人员在工作中要协调好积极与稳健的关系，争取把审计工作做得又快又好。

由于审计是独立检查会计账目，监督财政、财务收支真实、合法、效益的行为，国家审计人员要依法对公共资金、国有资产、国有资源管理、分配、使用的真实、合法、效益情况，以及领导干部履行经济责任和自然资源资产及生态保护责任情况进行独立监督活动，因此，客观性在审计工作中具有特别重要的意义。审计人员根据审计机关的指派依法独立进行审计，要求对有关事项的调查、评价和判断，必须基于客观的立场，以客观事实为依据，既不能掺杂个人的主观意愿，也不能为被审计单位及其主管部门的意见所左右。在分析问题、处理问题时，不以个人的好恶或成见行事。要做到这一点，必须具备正直、诚实的品质，公平公正地对待被审计单位、其主管部门及其他关系人。

审计是一项经常性的监督制度。在审计工作中，审计人员既要肯定成绩，又要揭露问

题，应力求查清查实被审计单位存在的正反两个方面的情况，对被审计单位或事项做出中肯、恰当的评价或决定，把审计工作做到实处。

二、客观公正、积极稳健的基本要求

要坚持客观公正、积极稳健的职业道德，审计人员必须具备良好的素质。《国家审计准则》指出，审计人员执行审计业务，应当具备必需的职业胜任能力，具备与其从事审计业务相适应的专业知识、职业能力和工作经验。审计机关应当建立和实施审计人员录用、继续教育、培训、业绩评价考核和奖惩激励制度，确保审计人员具有与其从事业务相适应的职业胜任能力。除了专业能力，审计人员也要加强职业道德教育，在审计工作中做到保持客观公正的立场和态度，不掺杂个人的主观意愿，也不为被审计单位及其他人的意见所左右，实事求是地做出审计评价和处理审计发现的问题。

国家审计人员能否做到客观公正、积极稳健，并不完全取决于审计人员自身，还取决于被审计单位和有关人员的配合。习近平总书记在中央审计委员会第一次会议上强调，各地区各部门特别是各级领导干部要积极主动支持配合审计工作，依法自觉接受审计监督，认真整改审计查出的问题，深入研究和采纳审计提出的建议，完善各领域政策措施和制度规则。因此被审计单位配合工作是审计人员保持客观公正、积极稳健的基本要求之一。如果没有被审计单位的配合，并提供必要的工作条件，可以说审计工作根本无法进行。如果初次审计调查时，被审计单位就不愿意接待，不愿意提供真实的资料，不愿意介绍基本的情况，那么审计人员就很难具体而恰当地安排何时进点审计，由谁审计，审计什么。假如在审计进点后有关财务主管人员等借故不予面谈，不介绍必要的情节，甚至有的经办人员故意转移、隐匿、篡改、毁弃会计账目资料，虽然这是违法的，一经查出，应予追究，但也必然增加审计的难度，审计人员就很难客观公正、积极稳健地去揭示和处理问题。因此被审计单位要增强法治观念，依法办事，不采取诸如此类的不正当甚至是违法的行为，创造更加宽松的环境，从而保障审计人员客观公正、积极稳健地开展审计工作。

【专栏 8-4】云南省德宏州芒市扶贫审计整改情况报告（节选）

阅读资料请扫描二维码。

第五节　勤勉尽责，忠于职守

审计署于 2020 年 2 月发布的《审计署关于做好新型冠状病毒感染肺炎疫情防控财政资金和捐赠款物审计监督工作的通知》要求，提高认识，增强政治责任感和历史使命感。通知明确，要落实“三个区分开来”重要要求，坚持具体情况具体分析，全面客观辩证审慎地看待发现的问题，促进干部敢于担当、积极作为。通知要求，各级审计机关要充分认识大数据审计在此次审计中的重要性，加强非现场审计与现场审计的资源配置和协调衔接，尽量减少和缩短现场核查时间。通知还指出，各级审计机关要坚持和落实审计质量责任制，对审计组和审计人员提出明确要求。每个审计组、每名审计人员都要恪尽职守，坚持依法审计、文明审计、廉洁审计，严格执行审计工作程序和各环节质量控制要求，确保审计成果经得起历史检验。对于一些情况复杂或重大问题，要多方听取意见建议，查深查透、实事求是地做出判断。[①]

一、勤勉尽责、忠于职守，做合格的国家审计人员

2018 年 7 月 31 日，证监会单独对 3 名注册会计师开出了罚单，不仅没收了涉事会计师事务所的相关收入，而且收取了事务所 450 万元的罚款，并下达了对涉事的 3 名注册会计师处以 26 万元罚款的决定，引发舆论哗然。结合证监会给出的解释，注册会计师之所以会被处罚，主要是由于自身没有依法履职，没能做到勤勉尽责，导致审计流程和财务报告信息不全，甚至存在虚假信息。证监会因为注册会计师未能做到勤勉尽责，而频繁公布处罚决定，表明了勤勉尽责对注册会计师的重要性。对国家审计人员来说，勤勉尽责、忠于职守同样重要。

勤勉尽责，要求审计人员保持积极向上的工作态度，以爱岗敬业、勤勉高效、严谨细致、争创一流的工作标准，努力把自己培养成查核问题和分析研究的能手、精通管理和善于服务的高手、擅长建言献策当好谋士的行家里手，认真履行审计职责，保证审计工作质量，提升审计工作绩效。忠于职守，就是热爱、忠诚于自己的工作岗位，尽力地遵守自己的职业本分，具有为人民服务的敬业和奉献精神。在工作中做到做老实人，说老实话，办老实事，时时处处以客观真理为依据，实事求是，绝不颠倒是非。忠于职守与热爱本职工作相互统一，审计人员没有对自己所从事的工作岗位的热爱，就不可能自觉地忠于职守。但是，只有热爱之情，而无忠于职守的实际行动，没有在本职岗位上脚踏实地的辛勤工作，就不可能创造出一流的工作业绩。一般地讲，审计工作成就的取得，不仅需要审计人员有工作热情，喜爱自己所从事的工作，而且需要审计人员在本职岗位上把自己的知识、能力转化为工作成果。审计人员忠于职守的前提是拥有与审计任务相适应的能力，因此执行审计业务时，应当合理运用职业判断，保持职业谨慎，对被审计单位可能存在的重要问题保持警觉，并审慎评价所获取审计证据的适当性和充分性，得出恰当的审计结论。

基于勤勉尽责、忠于职守的职业道德要求，审计人员在工作中必须认真严谨，细致高效，认真行使自己手中的权力，保证审计质量和效果。优秀的审计人员必须具备良好的职业敏感性，在发现问题时，能够迅速从蛛丝马迹中找到问题所在，要有洞察力。找到解决问题的着眼点，要有高度的综合判断能力，要从微观层面进行甄别，更需要从问题的宏观层面进行剖析，分析问题的产生和发展脉络，在统筹分析的基础上对所掌握的材料进行高度的概括和总结，做到对问题进行准确的处理，提出有价值的意见和建议。

二、实现勤勉尽责、忠于职守的途径

新时代我国已全面开启依法治国新篇章，国家审计人员要做到勤勉尽责、忠于职守。

首先，要努力学习有关的法律知识，尽可能多地掌握财经法规的内容。社会主义市场经济从一定意义上说是法治经济，审计监督是依法审计。审计人员要做到忠于职守，较好

① 审计署.审计署关于做好新型冠状病毒感染肺炎疫情防控财政资金和捐赠款物审计监督工作的通知［EB/OL］.［2024-01-24］.https：//www.gov.cn/zhengce/zhengceku/2020-03/24/content_5494813.htm.

地完成工作任务，必须掌握相关的法律和财经法规。可以说，法律和财经法规是审计人员依法审计的尺度，是判断是非的标准，也是审计处理问题的客观依据。只有较好地掌握法律知识，才能做好审计工作。

其次，审计人员要提高自身的业务能力，一要在实践中加强锻炼，二要靠组织上的培养和教育。2018年11月，中共中央印发了《2018—2022年全国干部教育培训规划》，基于此，各地审计部门制定了相应的审计干部教育规划，其主要内容包括：构建涵盖政治思想、领导能力、专业能力和综合能力的内容体系，拓展教育培训的深度和广度；综合运用视频网络、专题培训、理论研究、干训结合和自主学习等培训方式，丰富培训渠道，创新培训方式；完善教育培训配套制度、考核评价激励约束制度，强化教育培训制度保障，有效提升教育培训的质量和效果。通过培训，审计人员的理论知识将得到较大的提高，从而能够更好地开展工作，以适应形势发展的需要。除了培训，审计人员更注重在实践中积累经验，提高水平。实践出真知，处在审计第一线的工作人员在实践中摸索和创造出许多课本中得不到的经验。广大审计人员只有尽可能多地深入到审计工作第一线，积极开拓，大胆实践，勇于进取，才能创造出更多、更好的经验，同时也使自己在实践中得到锻炼和提高。只有不断实践，对实践中遇到的具体问题进行具体分析，提出自己的意见和解决的办法，才能把任务完成好，并且不断提高工作水平。解决实际问题的能力不是天生就有的，主要办法只有一个，就是在实践中锻炼，在工作中学习，自觉地不断进行总结，同时注意学习前人的经验并灵活加以运用，这样才能逐步提高审计业务能力。

最后，要建立健全审计人员考核、奖惩、晋升等制度，这是促进审计人员勤勉尽责、忠于职守的制度保证。严格执行这些制度，是保证审计人员勤勉尽责、忠于职守的客观需要。

对审计人员的考核，是指审计机关根据法定管理权限，对审计人员工作或业务成绩的质量、数量及其能力、品行、学识、性格、健康等状况进行考察审核。考核是为了客观评价审计人员履行岗位职责的情况，为审计人员的奖惩、任用、培训等提供依据。考核的原则是民主公开，客观公正，力求做到领导与群众、定性与定量、平时与定期相结合。考核的内容应以履行岗位职责和完成年度工作目标为基本依据，内容包括德、能、勤、绩四个方面。对审计人员的奖惩是指国家审计机关在行政管理活动中，依据有关法规给予表现突出或有特殊贡献的审计人员荣誉或物质的奖励，给予玩忽职守、违法乱纪的审计人员行政处分，以鼓励先进，调动审计人员的积极性和创造性，防止和纠正审计人员的违法失职行为，保证国家审计机关有秩序、高效率地工作。

总之，建立健全和严格执行审计人员考核、奖惩、晋升等制度，有利于实现审计人员队伍的优化，使这支队伍保持勤勉尽责、忠于职守的良好状态；有利于调动审计人员的积极性和创造性，激励他们努力工作，积极进取，为国家献身；有利于人才的合理使用，充分发挥广大审计人员的聪明才智，促使他们发扬优点，克服缺点，积极向上，努力提高自身素质，提高工作效率。

【专栏 8-5】疫情防控财政资金和捐赠款物迎来国家审计

阅读资料请扫描二维码。

第六节　保守秘密，维护利益

2017 年 4 月 12 日彭博社报道，国际四大会计师事务所之一的毕马威（KPMG）表示，该公司五位合伙人（包括审计业务负责人）因违反公司的伦理守则被开除。知情人称，他们涉嫌不当获取与监管部门审计检查工作相关的信息。据悉，在 2017 年 2 月，美国上市公司会计监督委员会（PCAOB）开始调查一次泄密事件。一名工作人员在该委员会检查毕马威的审计工作之前向其合伙人泄露了检查内容（该工作人员已经离职）。其中，在毕马威被开除的五位合伙人中，有审计业务负责人斯科特·马塞洛（Scott Marcello）。该公司在接受《华尔街日报》采访时证实了这一消息，并且表示，公司还开除了第六名员工，但拒绝透露他的身份。毕马威董事长兼 CEO 琳恩·多蒂（Lynne Doughtie）在接受采访时表示："毕马威对此类不道德行为零容忍。"[①]

一、保守秘密，维护国家利益

保密工作是关系党和国家安全、利益的一项非常重要的工作，在《国家审计准则》中，保守秘密就是审计人员应当保守其在执行审计业务中知悉的国家秘密、商业秘密；对于执行审计业务取得的资料、形成的审计记录和掌握的相关情况，未经批准不得对外提供和披露，不得用于与审计工作无关的目的。在审计工作中，特别是国家审计机关的审计人员，涉及的秘密通常有三类，一是国家秘密；二是被审计单位的商业秘密；三是审计秘密。

按照《中华人民共和国保守国家秘密法》的定义，国家秘密指关系国家的安全和利益，依照法定程序确定，在一定时间内只限一定范围的人员知悉的事项。而审计人员依法对国家财政经济活动进行监督检查，工作中不可避免地涉及国家秘密。例如，财政审计中会接触到财政预决算情况，行政事业审计会接触到政府行政管理方面的秘密等。按照《中华人民共和国保守国家秘密法》的规定，一切国家机关、武装力量、政党、社会团体、企业事业单位和公民都有保守国家秘密的义务。除国家秘密外，审计人员在工作中还会遇到被审计单位大量的商业秘密。商业秘密，是指关系被审计单位利益，在一定时间内只限一定范围的人员知悉的事项，如产品定价、广告计划以及成本数据，等等。由于审计工作的需要，审计人员不可避免地知悉被审计单位的许多信息，如果将这些信息泄露出去，势必影响被审计单位的根本利益。因此，审计人员，包括国家审计人员和民间审计人员，都要严格保守审计工作中所知悉的被审计单位的商业秘密。审计秘密指审计工作过程中所形成的、在一定时间内只限一定范围内的人员知悉的事项，包括审计中发现的问题或线索、草拟中的审计决定、审计工作底稿等。在出具审计报告或下达审计决定之前，不能随意把将下达什么样的审计决定以及在审计机关内部有关审计决定的讨论情况泄露给被审计单位。

国家审计机关要对国家财政收支或者国有金融机构和企业事业组织的财务收支的真实合法和效益，依照法律规定的职权和程序进行审计监督，这种工作性质和任务决定了审计人员了解和掌握党和国家经济、政策、商业秘密的机会比较多，容易出现泄密事件。在社

① 佚名. 全球四大会计所之一的毕马威员工涉嫌泄密［EB/OL］.［2017-04-12］. https://www.cngold.com.cn/20170412d1702n137441726.html.

会主义市场经济条件下，商业秘密的泄露，不仅损害被审计单位的利益，同时也损害国家的利益。因此审计人员进行审计工作时要在公正反映被审计单位的基本情况，揭露和查处其违反国家财经法规的问题，维护良好的社会经济秩序和国家财经法规的严肃性的同时，保护好被审计单位的秘密。

二、增强保密意识，加强对保密工作的领导

审计人员应不断提高对保密工作的认识，加深对保密工作的理解，从思想上高度重视，增强保密意识。在日常工作中，要时刻注意遵守审计保密纪律，做到“不故意、不疏忽、不打听”，防止任何形式的泄密。审计是搜集证据进而做出判断和处理的过程。在这一过程中，必然会获知一些国家秘密或被审计单位的商业秘密。审计人员获知这些秘密是为了做出判断和处理之用，绝不能为了个人或单位、地方的利益而将其泄露出去，另作他用。

审计人员在生活中要严格约束自己的言行，不说一切有可能泄密的话。还要妥善保管好一切文件、工作底稿等档案资料，不能让与本项审计无关的人员接触、查看和利用这些档案资料，做到档案资料不失控，不丢失，不泄密。疏忽大意的行为常常会造成泄密，必须严加防止。

审计人员不仅要保守自己在审计工作中所获知的国家秘密或被审计单位的商业秘密，而且要做到不向其他审计人员打听自己不应当知道的秘密。违反纪律，互相打听自己不应知道的秘密或者道听途说，很容易在审计人员之间及审计机关内部形成无密可保的不良风气，从而削弱审计人员及审计机关整体的保密能力。相反，不向其他审计人员打听秘密，则会形成互相尊重、互相督促的良好风气，提高审计人员及审计机关整体的保密能力。

切实加强对保密工作的领导，一要强化组织机构，成立保密领导小组，落实一名主要领导分管保密工作，选择政治素质高、责任心强的审计人员具体抓保密工作，把保密工作摆上重要议事日程，真正担负起领导本机关、本系统保密工作的责任；二要健全制度，结合《中华人民共和国保守国家秘密法》和《审计工作国家秘密范围的规定》等有关规定，制定相应的制度，严格把关，防止泄密事件的发生；三要明确分工，按照“分级管理，逐级负责”的原则，业务工作管理到哪一级，保密工作也要管理到哪一级；四要督促检查，定期了解和掌握审计工作中的保密情况，及时解决保密工作中存在的问题，重点检查保密工作领导责任制的落实情况，并将其作为干部考核的重要内容。

【专栏 8-6】审计机关档案管理规定（节选）
阅读资料请扫描二维码。

【关键概念】

国家审计（state auditing）

中央审计委员会（Audit Commission of the CPC Central Committee）

审计“三立”精神（the three principles of audit）

严格依法（strictly according to law）

正直坦诚（acting with integrity）

客观公正（objective and fair）

勤勉尽责（industrious and responsible）

保守秘密（keep a secret）

【复习思考题】

1. 国家审计人员职业道德规范包括哪些内容？

2. 国家审计人员职业道德规范建设分为哪几个阶段？

3. 国家审计人员职业道德规范的作用是什么？

4. 如何做到“严格依法、实事求是”？

5. 谈谈你对“廉洁自律是国家审计人员必备的品质”的理解。

6. “客观公正”与“独立性”的关系是什么？

7. 结合国家审计人员职业道德规范，谈谈你对注册会计师因未做到勤勉尽责遭到巨额罚款的理解。

8. 国家审计人员需要保守哪些秘密？

【练习题】

一、判断题

1. 国家审计职业道德能补充审计法规所缺，完善审计规范体系。（　　）

2. 充分发挥专业课教师的职业道德作用，要求每一位专业课教师，做到既是专业课教师，也是思想政治、道德品质教育教师。（　　）

3. 严格依法，就是审计人员应当严格依照法定的审计职责、权限和程序进行审计监督，规范审计行为。（　　）

4. 客观公正就是要求审计人员做到不先入为主、不夸大不缩小，客观公正地反映审计事实，得出审计结论。（　　）

5. 原则性与灵活性的统一是坚持严格依法、实事求是的客观要求。（　　）

二、单项选择题

1.2016 年 7 月，国务院印发了（　　）文件，这是我国社会信用体系建设方面的一个重要文件。

A.《关于建立完善守信联合激励和失信联合惩戒制度 加快推进社会诚信建设的指导意见》

B.《审计机关审计人员职业道德准则》

C.《中华人民共和国国家审计准则》

D.《审计人员职业道德准则》

2. 我国现行的审计准则，是 2011 年正式实施的（　　）。

A.《国家审计准则》

B.《中华人民共和国注册会计师审计准则》

C.《中华人民共和国内部审计准则》

D.《中华人民共和国国家审计准则》

3.（　　）是国家审计工作人员的灵魂。

A. 执业水平　　B. 职业精神

C. 国家审计职业道德　　D. 职业判断

4.“放飞机”，是指在审计工作中（　　）。

A. 在底稿上写自己没有做过的审计程序

B. 夸大数字

C. 自由思考

D. 自信的工作态度

5. 审计监督是（　　）审计。

A. 依法　　B. 依规

C. 依据　　D. 以事实

三、多项选择题

1. 国家审计人员职业道德的基本内容主要包括（　　）。

A. 严格依法　　B. 正直坦诚

C. 客观公正　　D. 保守秘密

2. 习近平总书记提出的审计“三立”精神包括（　　）。

A. 以审计精神立身　　B. 以创新规范立业

C. 以自身建设立信　　D. 以队伍建设立信

3. 培养学生的（　　）可以促使审计队伍预备人员将审计职业道德要求转化为内在的审计职业道德品质。

A. 审计职业道德　　B. 道德观念

C. 法治观念　　D. 审计职业情感

4.（　　）是国家审计人员必备的品质。

A. 正直坦诚　　B. 独立客观

C. 廉洁自律　　D. 公正无私

5. 国家秘密指关系国家的（　　），依照法定程序确定，在一定时间内只限一定范围的人员知悉的事项。

A. 安全　　B. 利益　　C. 发展　　D. 和平

【案例分析题】

乘风破浪的“审计女将”

山东省青岛市即墨区审计局有一队“乘风破浪”的姐姐们，她们保持审计人对人民负责、对审计事业负责的初心，风雨兼程深入审计现场，砥砺前行做好国家财产的“看门人”。在工作中，她们辛勤耕耘，认真履行审计监督职责，为年轻审计人提供思想动力、精神食粮和智力支持，展示出审计女干部蓬勃向上、自信自强的巾帼风采。

用劲去工作——“敬业女将”。她们奋力拼搏、担当作为。随着审计监督职能的不断强化和审计全覆盖的深入，审计工作任务日益繁重。“审计女将”在审计项目中不让须眉、屡建奇功。2019年，在政策跟踪审计中，她们积极开展减税降费政策落实情况跟踪审计、清理拖欠民营企业中小企业账款审计调查、惠农补贴“一卡通”管理使用情况审计调查，督促相关政策落实到位；在财政资金审计中，她们参与审查本级预算安排的项目资金，推动财政部门建章立制，出台文件5件，促进预算绩效管理实现从申报到用后评价的全覆盖；在投资审计中，她们参与审计投资项目10个，审计项目总投资额达数亿元；在经济责任审计中，她们结合实际对审计通知书、审计报告、审计结果报告模板分别进行修订完善；在国有企业审计中，她们对企业体制机制创新、规范经营、内控体系建设、经营风险防范开展审计监督，促进国有企业健康发展；在资源环境审计中，她们编制专门针对镇（街）的水资源、土地资源和森林资源资产审计工作指引，明晰镇（街）领导干部自然资源资产审计的特点和具体操作方法，促进了审计资源的充分利用。

用心去落实——“无私女将”。她们无私奉献、坚守初心。即墨区审计局是一个有爱心的集体。她们积极参与公益活动，伸援手、献爱心，走进社区，走上街头；深入开展助学扶贫、慈善捐助、结对帮扶“送温暖、献爱心”等活动，二级调研员陆丹把资助了20多年的春蕾女童视为女儿，在无私资助的同时，还在生活和学习上给予鼓励，目前，她资助的春蕾女童已经参加工作。单晓丽、李曼宁等每年都资助春蕾女童，让孩子们在爱心的滋润下健康成长。在2020年年初的抗击新冠肺炎疫情行动中，即墨区审计局的“女将”们不畏艰难，冲锋向前。于翠翠、孙圆圆等积极到高速公路口、商业街、交通要道等联防联控的重点区域、敏感地带执勤，巾帼不让须眉，不娇气、不怕苦，迎难而上坚守岗位，为抗疫工作贡献力量。

用智去创新——“干事女将”。她们不断学习，与时俱进。随着大数据审计的到来，即墨的“审计女将”们不断探索工作新模式和新思路，围绕打造多专业贯通、多部门协作、多领域渗透的新格局。她们积极探索领导干部自然资源资产离任审计新模式，加强与经济责任审计、政策跟踪审计、专项审计调查等项目的融合，促进了一审多果、一果多用。积极探索“经济责任+”新模式，将重大政策措施落实跟踪审计与常规项目结合，取得显著成效。她们在工作中不断加强对经济、财会、法规、计算机等方面知识的学习钻研，及时掌握各领域的新进展、新知识，同时在工作中严把质量关，抽丝剥茧找出问题线索，追根究底查清问题根源，提升审计工作质量。

（资料来源：张菁方，朱彦霖．乘风破浪的“审计女将”［EB/OL］．［2020-07-27］．http://www.audit.gov.cn/n6/n570/n571/c140524/content.html）

讨论问题：

（1）女团选秀节目《乘风破浪的姐姐》最大的看点是颠覆了以往大众对女团选手约定俗成的认知，将目光聚焦到30岁以上取得了优秀成绩的女艺人身上。那么，即墨乘风破浪的“审计女将”是以什么样的姿态追求自己的梦想并实现自己的价值的呢？

（2）女团选秀节目《乘风破浪的姐姐》中的艺人与即墨乘风破浪的“审计女将”比较，她们在各自的职业领域，有什么值得我们借鉴和学习的地方？

第九章　内部审计人员职业道德规范

【经典名言与感悟】

天行健，君子以自强不息；地势坤，君子以厚德载物。

——《易经》

太上有立德，其次有立功，其次有立言，虽久不废，此之谓不朽。

——《左传·襄公二十四年》

君子有九思：视思明，听思聪，色思温，貌思恭，言思忠，事思敬，疑思问，忿思难，见得思义。

——《论语》

路漫漫其修远兮，吾将上下而求索。

——屈原

“审，非严谨无以明透；计，非细致无以致深。”要善于运用新技术、新手段，坚持科技强审，加强审计信息化建设，积极推进大数据审计，强化上级审计机关对下级审计机关的领导，加强对内部审计工作的指导和监督，调动内部审计和社会审计的力量，进一步增强审计监督合力，提升审计监督效能。

——习近平总书记 2018 年 5 月 23 日在中央审计委员会第一次会议上的重要讲话

新形势下，内部审计人员如何才能赢得成功？至少要包括敏锐的商业触觉、灵活的沟通技巧、坚定的道德信念、综合的业务经验、娴熟的风险掌控、长远的人才培养和坚定的变革勇气等特质。

——北京国家会计学院原院长秦荣生（2023）

德为本，孝当先，信立人，勤兴业，俭持家，满招损，谦受益。

——叶陈刚感悟

【学习目的与要求】

1. 了解内部审计职业道德规范的必要性。

2. 掌握内部审计职业道德规范的含义。

3. 掌握内部审计人员职业道德规范的一般要求：诚实守信，廉洁正直；客观公正，实事求是；胜任愉快，踏实进取；坚持原则，恪守秘密。

【导读】

鹏程万里　春光无限

中国自 20 世纪 80 年代设立内部审计以来，经过几十年发展，呈现出蓬勃生机。尤其是党的十九大以来，一方面加强了党对审计工作的全面领导，另一方面又恰逢新技术浪潮所带来的新环境的变化，内部审计从来没有像今天这样春光无限、生机盎然。

党的十九大明确提出要加强党对审计工作的全面领导，在国家层面设立了中央审计委员会，单位内部的党委之下也纷纷设立了审计工作领导小组，无论在宏观层面还是在微观层面，党对审计工作的领导都得到了切实的加强和落实。而且加强党对内部审计工作的全面领导，有利于保证内部审计的权威性和独立性，从而使内部审计监督发挥更大的作用，也使内部审计工作开创了新局面，形成了新气象。

全球新技术的浪潮带来了人类社会、经济、政治等方方面面的巨大变化，这一变化直接影响了内部审计的发展进程，内部审计的模式也相继发生了变化。比如远程审计、大数据审计、人工智能审计、全程审计、跟踪审计、持续审计等各种审计形式如雨后春笋般层出不穷。之所以形成这种繁荣的内部审计景象，无不是内部审计主动利用新技术所带来的成果。新技术不仅带来了审计对象和审计内容的变化，更为审计的组织方式、审计流程和审计方法带来了革命性的变化，进而引发了对审计人才队伍、审计管理体制的进一步变革。一方面内部审计必须主动适应这种变化迎难而上，另一方面内部审计也必然要借助新技术对审计模式、审计方法、审计流程和审计管理体制进行锲而不舍的创新，使内部审计监督在单位的日常运转和持续发展中发挥越来越重要的作用。

2020年是我国“十三五”规划的收官之年、脱贫攻坚战的决胜之年，是具有里程碑意义的一年。2020年全国两会对中国特色社会主义的进一步发展也提出了许多新的要求，特别是要加强经济文明、政治文明、社会文明、生态文明建设，实现高质量发展。满足这些新要求，内部审计发挥着不可替代的作用。在上述四个文明建设和高质量发展过程中，各企事业单位都必须强化落实责任，这些责任包括经济责任、政治责任、社会责任、生态责任和高质量发展责任，监督这些责任的履行情况，既是内部审计的职责所在，也是内部审计彰显自身作用的重要体现。内部审计通过监督这些责任的履行情况，使得内部审计监督的内容和范围进一步扩大。经济责任审计、政策落实审计、社会责任审计、自然资源资产离任审计、环境审计、经济效益审计等，犹如“忽如一夜春风来，千树万树梨花开”。内部审计从来就是在满足国家和单位的需要中不断成长壮大的，也是在履行审计责任的过程中更好地凸显了自身的形象，树立了自己的权威。

伴随经济社会的不断发展，企业从来没有像今天这样得到空前的发展，同时也面临许多前所未有的挑战。一是企业经营的规模不断扩大；二是企业的生产经营结构日趋复杂，内部控制难度加大；三是企业的子公司、分公司不断增加，母子公司、总分公司有效控制的重要性更加突显；四是企业的全球化布局也带来了环境差异、空间距离的控制难度。因此，企业必然更加重视内部审计的作用，而内部审计也需要凭借这一“东风”创造内部审计的辉煌。今天内部审计面临从未有过的大好发展机遇，只有紧紧抓住这种机遇，进行持续不断的创新，才能永远走在时代的前列。时不我待，只争朝夕。

（资料来源：谢志华．鹏程万里 春光无限［J］．中国内部审计，2020（11）：1）

内部审计得到了党和国家的空前重视、迎来了繁荣发展的新机遇。在新形势下，内部审计人员要不断增强政治敏锐性和政治鉴别力，忠于党、忠于公司、忠于审计事业，要以政治眼光提升审计的视野境界，以政治立场校准审计的方向路径，把讲政治贯穿审计全过程。过硬的政治素质，是内部审计人员廉洁正直的有力保障。

中国内部审计协会在2018年“审计报告质量提升”等年度重点工作总结交流大会上提出，全面提升内部审计人员能力是实现内部审计高质量发展的根本保障。要贯彻落实全国内部审计工作座谈会上提出的坚持打造信念坚定、业务精通、作风务实、清正廉洁的高素质专业化审计队伍的要求。优化人才配置和队伍建设，加强职业培训，一方面要加强能力建设，着力提升内部审计人员综合分析、风险识别和运用现代化审计技术方法的能力，发现和揭示问题的能力，报告问题、提出建议和成果运用的能力；另一方面要加强思想作风建设，着力提升内部审计人员的责任意识和工匠精神，培育良好的职业道德，增强政治责任感、发展使命感和职业荣誉感。

内部审计师是21世纪非常令人向往的职业，不仅拥有令人羡慕的社会地位和报酬，也因其在组织治理、内部控制和风险管理方面所发挥的不可替代的作用，受到组织治理层、高级管理层的日益重视，同样社会也对内部审计职业寄予了厚望。英国内部审计师协会主席杰拉尔德·温顿教授曾说："如果你对内部审计感到厌倦，你就是对生活感到厌倦——肯定是经济生活。"面对社会公众及其所在组织的殷切期望，内部审计职业界必须保持且不断提升自身的道德水准，坚守职业操守，提供高品质的服务，不断满足利益相关者的要求，实现为组织增加价值的职业目标。为此，对内部审计机构和人员的行为进行严格的道德规范显得尤为重要。

第一节　内部审计职业道德概述

一、内部审计职业道德规范的含义

（一）内部审计

内部审计是一项独立、客观的确认和咨询活动，它通过运用系统、规范的方法，审查和评价组织的业务活动、内部控制和风险管理的适当性和有效性，以促进组织完善治理、增加价值和实现目标。

早期的内部审计著作，常常将内部审计描述成"管理者的耳目"，现代内部审计则更多被称为企业"智囊"。内部审计作为一项内部治理活动，是治理结构的关键组成部分和重要基石。在公司治理结构中，内部审计通过"风险监控"、"业务和控制确认"及提供各类咨询活动，为组织提供价值增值服务。

（二）内部审计职业道德规范

职业道德规范是指某一职业组织以公约、守则等形式公布的，其会员自愿接受的职业行为标准。内部审计人员职业道德是内部审计人员在开展内部审计工作中应当具有的职业品德、职业纪律和应当承担的职业责任的总称，是我国内部审计准则框架体系的重要组成部分。

职业品德是指内部审计人员所应当具备的职业品格和道德行为。它是职业道德体系的核心部分，是衡量内部审计人员行为的道德标准，约束内部审计人员的职业行为，其基本要求是诚信正直、客观公正，以应有的职业谨慎态度提供各种专业服务，有效发挥内部审计的组织价值增值作用。

职业纪律是指约束内部审计人员职业的行为准则。它包括劳动纪律、组织纪律、财经纪律、保密纪律、宣传纪律等基本纪律要求以及审计行业的特殊纪律要求。职业纪律的特点是具有明确的规定性和一定的强制性。

职业责任是指内部审计人员对国家、组织、员工和其他利害关系人所应当履行的责任。专业胜任能力是内部审计人员最重要的职业责任。专业胜任能力是指内部审计人员所应当具备的胜任其专业职责的能力。

为了规范内部审计人员的职业行为，维护内部审计职业声誉，根据《审计法》及其实施条例，以及其他有关法律、法规和规章，中国内部审计协会制定了《中国内部审计准则第 1201 号——内部审计人员职业道德规范》（以下简称《内部审计准则第 1201 号》）。内部审计人员从事内部审计活动时，应当遵守内部审计职业道德规范，认真履行职责，不得损害国家利益、组织利益和内部审计职业声誉。

【专栏 9-1】内部审计与美国世通公司假账大案

阅读资料请扫描二维码。

二、内部审计职业道德规范的必要性

制定职业道德规范的目的是促进内部审计职业道德文化的发展。它是内部审计对治理、风险管理和控制做出的客观确认之所以被信任的基础。内部审计人员职业道德规范是所有内部审计人员提高素质的道德水准、提升内部审计职业水平的重要保证。严格遵守内部审计职业道德规范，是内部审计人员树立良好职业形象、获得公众认可的重要措施，也是充分发挥内部审计职能的必要条件。

（一）内部审计职业道德规范是内部审计人员执业水平的保证

内部审计人员以独立、公正的“裁判”身份出现，同时又需要以“谏臣”的身份做评价、提建议。内部审计人员身份和内部审计工作性质，决定了内部审计部门与被审计部门间潜在冲突的必然性、普遍性和持久性。这在很大程度上提高了对内部审计人员职业素质的要求。因此，我们有必要针对内部审计人员制定职业道德规范，对他们在工作中的操守、品质进行约束，树立良好的职业形象，保持良好的职业信誉，从而赢得利益相关方的信任，有效应对和处理各方压力。

（二）内部审计职业道德规范是内部审计工作顺利开展的基础

“内部审计之父”劳伦斯·索耶提出，现代内部审计容蓄了经营审计和管理审计，是一个颇有魅力而又有挑战性的领域，它呼唤着所有兼备智慧、渴望和创造力的人们，去审查和评价企业内部任何一项活动，并提出改进建议。内部审计活动在实施过程中涉及范围广、开展难度大，将会面临对自身职业判断和职业道德的挑战，若无法有效识别和突破这种困境，内部审计人员就难以有效履职。内部审计职业道德规范的建立，一方面为内部审计人员开展工作时的自身定位提供准绳；另一方面引导企业为内部审计创造良好的环境，从而保障内部审计工作得以顺利开展。

（三）内部审计职业道德规范是内部审计职业发展的动力

自 20 世纪 80 年代内部审计重新登上历史舞台以来，内部审计为我国社会主义市场经济的健康、规范发展做出了很大贡献。但由于历史和现实的种种原因，内部审计职业获得的社会公众认可度并不高。而社会公众的认可和信任关乎内部审计职业的发展和未来。职业道德规范的建立是内部审计职业取得外界理解与支持、维护内部审计职业的权威性、增加外界对内部审计职业的信赖性的必然要求。因此，在建立社会主义市场经济体制的进程中，强调内部审计人员的职业道德更有其深刻的现实意义和深远的历史意义。

三、内部审计职业道德规范的框架结构

国际内部审计师协会（The Institute of Internal Auditors，IIA）在其颁布的《国际内部审计专业实务框架》（International Professional Practice Framework，IPPF）中将内部审计职业道德规范确定为“强制推行部分”。它采用“原则-规则”的制定方式，具体包括两个基本部分：一是与内部审计职业和实务相关的原则，表明了职业道德的最高标准；二是描述内部审计人员行为规范的行为规则，提出了内部审计人员执业的最低要求。原则部分分别从诚信、客观、保密、胜任四个方面明确了最高标准，规则部分分别从这四个方面对内部审计人员职业的最低要求进行了规范，鼓励内部审计人员不仅要达到最低标准，而且应当努力达到道德标准的最高境界。国际内部审计职业道德规范所体现的四项要求、原则和行为规则，见表 9-1。

表 9-1　**《国际内部审计专业实务框架》（IPPF）中的“职业道德规范”**

四项要求	原则	行为规则
诚信 （integrity）	内部审计师的诚信建立了信用，从而为信任其判断奠定基础	1.应当诚实、勤奋并负责地完成工作； 2.应当遵守法律，依据法律及行业要求进行披露； 3.不得蓄意参与违法活动，或从事有损于内部审计职业或其所在组织的行为； 4.应当遵守并协助达成组织的法律和道德目标
客观 （objectivity）	内部审计师在收集、评估和沟通有关被审查活动或过程的信息时，要展现出最高水平的专业客观性。在形成判断时，内部审计师不受自身利益或他人的不当影响，对所有相关情况做出公正评价	1.不应参与任何可能损害或被认为会损害其公正评价的活动或关系，包括参与同组织利益相冲突的活动或关系； 2.不得接受任何可能损害或被认为会损害其职业判断的任何物品； 3.应当披露已知的，且如果不予披露，可能会歪曲审查活动报告中的重大事实
保密 （confidentiality）	内部审计师尊重其所获取信息的价值和所有权，除非有法律或职业义务，否则未经适当授权不得披露信息	1.应当谨慎使用和保护履行职责过程中获得的信息； 2.不得利用信息谋取私利，或者以任何有悖法律规定或有损组织法律和道德目标的方式使用信息
胜任 （competency）	内部审计师在提供内部审计服务时能够运用所需的知识、技能和经验	1.应当只从事与其所具备的必要知识、技能和经验相适应的服务活动； 2.应当依据《国际内部审计专业实务标准》开展内部审计工作； 3.应当持续提高专业能力和服务的效果、质量

《内审准则第 1201 号》采用的是罗列“行为规则”的制定方式，具体内容包括七章共二十一条规则，除总则、一般原则和附则之外，分别从诚信正直、客观性、专业胜任能

力、保密等四个方面分类阐述了内部审计人员必须遵循的最低要求。《内审准则第 1201 号》在第二章“一般原则”中提出了以下五条要求：(1) 内部审计人员在从事内部审计活动时，应当保持诚信正直。(2) 内部审计人员应当遵循客观性原则，公正、不偏不倚地作出审计职业判断。(3) 内部审计人员应当保持并提高专业胜任能力，按照规定参加后续教育。(4) 内部审计人员应当遵循保密原则，按照规定使用其在履行职责时所获取的信息。(5) 内部审计人员违反本规范要求的，组织应当批评教育，也可以视情节给予一定的处分。其中，诚信和客观性，属于内部审计职业品德方面的规范；第 (4) 和 (5) 两条，是职业纪律方面的要求；而专业胜任能力，是内部审计师应具备的职业责任要求。就总体而言，我国内部审计职业道德规范的内容已经与国际内部审计准则基本趋同，差异不大。本章后面的几节，即分别对我国内部审计职业道德规划的这四项要求做出更具体的阐述。

虽然各个国家由于历史、文化、思想观念和道德水准方面的差异，对内部审计人员职业道德的制定方式可能会存在不同，但从总体上看，内部审计职业道德规范的内容主要包括职业道德的基本原则、具体的行为规则、对行为规则的解释，以及对实际问题的裁决等。

内部审计行为的道德规范应比技术规范和法律规范更加广泛和全面，因此，道德规范的逻辑结构中不仅包括所有的具体道德行为准则，还应涵盖职业理想、职业责任等相关的高标准道德原则。道德规范对职业理想的渲染是为了在社会上形成良好的职业形象，同时也是为了给内部审计职业的全体从业人员树立崇高的职业理想、坚定的职业信念和美好的职业追求。道德规范对职业责任的规定是根据内部审计职业的本质属性和职业道德的理想标准派生出来的，它倡导内部审计职业的所有从业人员树立高度负责的态度。在此基础上，具体的行为准则才能得以合理的建立和有效的执行，每一项具体的内部审计工作才能得到认真负责的执行，从而实现内部审计行为的科学化、规范化和内部审计结果的合理化。

内部审计人员职业道德规范的行为规则具体规定了内部审计人员可以做的行为和不可以做的行为，是对内部审计人员道德行为的最低要求，是从事内部审计工作的所有人员都必须严格遵守的基本标准。只有将这些具体规范落实到内部审计工作的全过程中，才能保证其工作质量。另外，为了使内部审计人员更好地理解和遵循这些规则，内部审计职业道德行为规则的制定机制还可以就这些行为规则的性质及其运用做出详细解释。

【专栏 9-2】一名合格总审计师的必备素质

阅读资料请扫描二维码。

第二节　诚实守信，廉洁正直

《内审准则第 1201 号》“第三章　诚信正直”第九条中提出，内部审计人员在实施内部审计业务时，应当诚实、守信，不应有下列行为：(1) 歪曲事实；(2) 隐瞒审计发现的问题；(3) 进行缺少证据支持的判断；(4) 做误导性的或者含糊的陈述。第十条提出，内部审计人员在实施内部审计业务时，应当廉洁、正直，不应有下列行为：(1) 利用职权谋取私利；(2) 屈从于外部压力，违反原则。

一、诚实守信

诚实守信是指一个人的言行与内心思想一致，不虚假；能够履行与别人的约定而取得对方的信任。诚信原则要求内部审计人员应当在所有的职业关系和执业关系中保持正直和诚信，秉公处事，实事求是。诚实守信所建立的一种信任关系，能为内部人员的工作打下基础。内部审计人员的诚信缺失将严重削弱内部审计的监督职能，还可能助长组织内部的不正之风。内部审计工作相当于在组织内部建立的组织自我完善、健康发展的免疫机制，这一免疫机制效用的发挥首先取决于内部审计人员是否具有诚实守信的职业道德和品质。如果内部审计人员不诚信，在实施审计活动的过程中歪曲事实、隐瞒审计发现的问题或者据以做出判断的审计证据不充分，那么内部审计活动的效率和效果都将大打折扣，内部审计这一监督控制机制也将失去其存在的意义。为此内部审计人员应当诚实、勤恳并负责地开展工作；应当遵守法律，按照法律及其职业要求进行披露；不得蓄意参与非法活动，或参加有损内部审计职业或其所属组织的行为；应当遵守并协助实现组织的法律和道德目标。

【专栏 9-3】司马光的“诚信之道”
阅读资料请扫描二维码。

二、廉洁正直

廉洁原则是指不从被审计单位获得任何可能有损职业判断的利益，包括内部审计人员自己或其亲属可能从被审计单位获取的各种直接和间接的利益。从被审计单位获取利益会使内部审计人员的独立性和客观性受到损害，内部审计人员对被审计单位所做的审查和评价的公正性、客观性不可避免地都会受到质疑，从而与组织的利益相悖，甚至给组织带来损害。

正直原则是指内部审计人员应当将国家、组织、员工利益置于个人利益之上，能明辨是非，坚持正确的观点，不屈服于压力，按照法律及职业要求不偏不倚地对待各利益相关方，不以牺牲一方利益为条件而使另一方受益。内部审计人员在实施内部审计业务时，不仅要做到用权为公，还要做到在任何情况下都不屈从于外部压力，违反原则。

第三节　客观公正，实事求是

一、内部审计客观性的内涵

《内审准则第 1201 号》“第四章　客观性”第十一条规定，内部审计人员实施内部审计业务时，应当实事求是，不得由于偏见、利益冲突而影响职业判断。

内部审计人员的客观性是指内部审计人员执行内部审计业务时，应当以事实为依据，保持公正、不偏不倚的态度。客观性是发自内心的，是内部审计人员在从事内部审计活动时要保持的精神态度。不论内部审计旨在查找组织经营活动或内部控制中的差异或缺陷，从而发挥监督的功能，还是旨在对经营活动或内部控制进行评价，或者希望借助自身的专业素质和技能为组织增加价值而服务，客观性都是对内部审计人员的最基本要求。

客观性要求内部审计人员在执行审计工作的时候始终保持一种独立的个人思考状态，不掺杂个人感情或偏见，不受任何利益或他人观点左右。内部审计人员在做出职业判断的时候，应该忠于自己的意见判断，不因其他因素的影响而做出重大的质量妥协，也不能把对其他事务的判断凌驾于对审计事务的判断之上。在提交审计报告之前，应该对内部审计工作的结果进行审查，以评估是否存在有违客观性的情况。在现实工作中，一些内部审计人员妥协于管理层的舞弊授意或者其他原因，执行业务时缺乏实事求是、客观独立的精神态度，因而影响到内部审计确认和咨询功能的充分发挥。

为此内部审计人员应该：不参与可能损害或被认为会损害其公正评价的活动，包括参与跟组织利益相冲突的活动；不接受可能损害或被认为会损害其职业判断的任何物品；应当披露已知的信息，如果不予披露可能会歪曲检查工作报告的所有重大事实。

二、内部审计客观性的影响因素

（一）评估内部审计客观性的步骤

《内审准则第 1201 号》“第四章　客观性”第十二条指出，内部审计人员实施内部审计业务前，应当采取下列步骤对客观性进行评估：（1）识别可能影响客观性的因素；（2）评估可能影响客观性因素的严重程度；（3）向审计项目负责人或者内部审计机构负责人报告客观性受损可能造成的影响。

（二）识别可能影响客观性的因素

《内审准则第 1201 号》“第四章　客观性”第十三条规定，内部审计人员应当识别下列可能影响客观性的因素：（1）审计本人曾经参与过的业务活动；（2）与被审计单位存在直接利益关系；（3）与被审计单位存在长期合作关系；（4）与被审计单位管理层有密切的私人关系；（5）遭受来自组织内部和外部的压力；（6）内部审计范围受到限制；（7）其他。

1. 审计本人曾经参与过的业务活动

如果内部审计人员为其在上一年度内负责的业务提供确认服务，会使其客观性受到损害，内部审计人员应避免评价此类业务。例如，如果内部审计人员参与了内部控制系统的设计、程序起草、安装或操作工作，之后内部审计人员又要对内部控制系统的标准、付诸实施的可行性、实施效果等做出评估，那么其客观性就有可能受到损害。当然，内部审计人员偶尔开展非审计工作并在报告过程中做出了充分的披露，就不一定会损害其客观性。但是，管理层和内部审计人员都需要对这种情况进行仔细考虑，以避免产生负面影响。

一般来说，内部审计人员可以对其以往负责的业务提供咨询服务。但是，如果内部审计人员认为对于拟开展的咨询服务的独立性或客观性存在潜在损害，必须在接受该业务之前向客户披露。如果客观性受到实质或形式上的损害，还必须向适当的对象披露损害的具体情况，披露的性质视受损情况而定。对于借调业务部门的人员或临时聘用的人员，只有在离开原岗位至少一年之后，才能分配他们参与审计之前其负责的运营领域。如果已经分配了任务，则需要在监督审计任务和沟通审计结果时进一步审议。

2. 与被审计单位存在直接利益关系

直接利益关系包括内部审计人员直接拥有的经济利益和内部审计人员通过投资工具拥

有的经济利益并有能力控制这些投资工具或影响其决策，从而影响内部审计人员做出专业判断甚至出具不真实的审计结论。例如，某上市公司内部审计人员持有公司原始股，可能因为顾虑公司股价下跌，而选择隐瞒已发现的企业虚报巨额利润的事实。

3. 与被审计单位存在长期合作关系

如果长期委派同一名审计人员执行内部审计业务，将因长期合作关系对客观性产生不利影响。因此，在内部审计业务的执行过程中，应采用工作轮换的方式安排审计项目及审计组。

4. 与被审计单位管理层有密切的私人关系

内部审计人员与被审计单位管理层之间存在家庭和私人关系，审计小组成员或关系密切的家庭成员过去或现在是被审计单位关键管理人员或能够对审计业务产生直接重大影响的员工，这种密切的私人关系可能会对客观性产生不利影响。

5. 遭受来自组织内部和外部的压力

内部审计人员可能受到管理层基于舞弊目的施压、被审计单位的威胁或者外部可能的压力。例如，被告知除非同意被审计单位不恰当的会计处理，否则将影响晋升；或者遭受来自外部的某种压力，都将影响内部审计人员的客观性。

6. 内部审计范围受到限制

审计范围受到限制会妨碍内部审计部门实现其目标和计划，常见的范围限制包括以下情形：内部审计章程所规定的范围；内部审计部门接触与开展业务相关的记录、人员和实物资产；经批准的审计工作进度；实施必要的业务程序；经批准的人员配置计划和财务预算。对于审计范围的限制及其潜在的影响，内部审计机构和人员最好以书面形式与董事会进行沟通，当组织、董事会、高级管理层或其他方面发生变动时，也有必要对此项问题再次进行沟通。

（三）评估可能影响客观性因素的严重程度

内部审计人员应当针对识别出的可能影响客观性因素的严重程度进行评估。同样的影响因素，如果严重程度不同，对内部审计人员客观性的影响程度必然不同，内部审计人员需要采取的防范措施也会不同。

例如，如果内部审计人员与被审计单位之间存在利益关系，直接的利益关系不论其严重程度如何都将影响内部审计人员的客观性，而间接的利益关系则要视其严重程度以判断其对内部审计人员客观性的影响。如果可能影响内部审计人员客观性的因素被评估为严重，就应当向审计项目负责人或者内部审计机构负责人报告。

例如，内部审计人员不得接受公司雇员、客户、顾客、供应商或者业务伙伴的酬金、馈赠和款待，否则会损害内部审计人员当前或未来执行业务时的客观性。但是，如果内部审计人员接受雇员和一般公众都能得到的或价值极小的宣传物品（例如钢笔、日历或者样品等），则不会妨碍内部审计人员的职业判断。因此，该行为不应被视为影响客观性的依据。当然，内部审计人员需要立即向上级报告这些费用和礼物的价值。

三、内部审计客观性的保障措施

《内审准则第 1201 号》“第四章　客观性”第十四条要求，内部审计机构负责人应当采取下列措施保障内部审计的客观性：（1）提高内部审计人员的职业道德水准；（2）选派适当的内部审计人员参加审计项目，并进行适当分工；（3）采用工作轮换的方式安排审计项目及审计组，以防止内部审计人员与被审计单位存在长期业务合作关系；（4）建立适当、有效的激励机制；（5）制定并实施系统、有效的内部审计质量控制制度、程序和方法等；（6）当内部审计人员的客观性受到严重影响，且无法采取适当措施降低影响时，停止实施有关业务，并及时向董事会或者最高管理层报告。

对于审计专业人员而言，独立性是基本原则，是审计的灵魂。内部审计部门和人员虽然隶属于企业内部，其独立性相对于注册会计师和政府审计而言较低，但是，现代内部审计直接由党委和审计委员会领导，通过向审计委员会和管理层双重报告的制度设计，来实现其形式上的独立性，强调内部审计应保持形式和实质上的相对独立性。而独立性是内部审计人员客观性的基础和重要保证。我们注意到，《内审准则第 1201 号》中的可能影响客观性的因素，实际上也是审计形式上的独立性的重要内容。

国际内部审计职业道德规范并未将独立性的内容涵盖其中，我国内部审计职业道德规范即《内审准则第 1201 号》在 2013 年修订后也将原有“独立、客观、正直、勤勉”中的“独立”要求删除，独立性未列为职业道德的原则之一。笔者认为，客观性更强调审计人员内在的职业品德和价值态度，更侧重内部审计人员的一种属性；而独立性强调的是审计的职能，是审计的固有功能，更侧重于组织上的一种属性，将其纳入职业品德的范畴并不恰当。

独立性是审计的基本原则，是内部审计人员所必须关注的原则。鉴于内部审计在组织的特殊性，内部审计人员不必片面地追求更多的独立性，而其职业道德规范更倾向于保持客观性以强调内部审计的可信性，且客观性更加切合内部审计的工作环境，在分析问题和提出建议时应实事求是、客观公正，使内部审计工作发挥更大作用，从而为组织创造更多的价值。独立性和客观性所面临的各种威胁必须在审计师个人、具体业务、职能部门和整个组织等不同层面上得到解决。对比而言，不是独立性不重要，而是在一个组织内部，这种独立性往往是相对的，内部审计机构及其人员的独立性经常受到侵害。对内部审计人员来说，客观性要比独立性重要得多，因此，在内部审计准则中，更倾向于用客观性代替独立性来表达其应遵循的职业道德原则。

【专栏 9-4】如何强化内审敢于担当的责任意识
阅读资料请扫描二维码。

第四节　专业胜任，踏实进取

一、专业知识、职业技能和实践经验

专业胜任能力是指内部审计人员应当具备履行职责所需的专业知识、职业技能和实践经验。《内审准则第 1201 号》“第五章　专业胜任能力”第十五条指出，内部审计人员应当具备的专业胜任能力包括：（1）审计、会计、财务、税务、经济、金融、统计、管理、内部控制、风险管理、法律和信息技术专业胜任能力专业知识，以及与组织业务活动相关

的专业知识；（2）语言文字表达、问题分析、审计技术应用、人际沟通、组织管理等职业技能；（3）必要的实践经验及相关职业经历。

随着内部审计在组织中的地位不断提高，其职能日益得到拓展，时代赋予内部审计的使命和责任日益增强，对内部审计人员所应具备的专业胜任能力的要求也越来越高。内部审计人员不仅需要具备会计、审计等方面的知识，还需要掌握经营、管理、信息技术、风险管理和法律方面的知识，并需要灵活运用所掌握的知识。为此，内部审计人员应当保持并提高专业胜任能力，接受必要的专业教育，通过权威性的职业资格认证，并按照规定参加后续教育及岗位培训。一个优秀的内部审计人员，应具备良好的专业知识和业务能力、熟练掌握生产技术和工艺流程的能力、深刻的识别判断和怀疑能力、精准的归纳总结和分析能力、高超的沟通技巧和协调能力、与时俱进的学习和创新能力，从而确保内部审计人员既能够发现组织经营过程中存在和潜在的问题，提出解决问题的建议，并将审计结果清楚地表达出来，经济、有效地完成审计业务。

内部审计人员并非所有领域的专家，当所具备的专业知识并不能保证对审查的所有事项都做出合理的判断时，应当聘请相关的专家协助。所聘请的专家可能来自组织外部，也可能来自组织内部其他部门或机构。在聘请有关专家时，内部审计机构应当对有关专家的独立性和专业胜任能力进行评价，内部审计人员要对专家的工作结果负责。同时，内部审计人员在聘请专家协助工作时，不仅自己要遵守职业道德，也应当提请并督导专家遵守职业道德，确保执业质量。

当内部审计人员缺乏相关的专业胜任能力时，国际内部审计人员职业道德规范对首席审计师或内部审计人员提出了如下具体要求：（1）当内部审计人员缺乏完成全部或部分业务所必需的知识、技能和其他能力时，首席审计师必须向他人寻求充分的专业建议和协助。内部审计人员必须充分了解有关评估舞弊风险以及所在组织管理舞弊风险的知识，但不期望内部审计人员掌握以发现和调查舞弊为首要职责的人员所具备的专门技能。（2）内部审计人员必须充分了解关键信息技术的风险、控制方式以及可以获取的利用技术的审计方法来展开工作，但不期望所有内部审计人员均掌握从事专业信息技术审计的审计师所具备的专门技能。（3）当内部审计人员缺乏完成全部或部分咨询业务所必需的知识、技术或其他能力时，首席审计师必须谢绝开展此项业务并寻求充分的建议和协助。

二、接受后续教育，提升职业能力

《内审准则第1201号》“第五章　专业胜任能力”第十六条要求，内部审计人员应当通过后续教育和职业实践等途径，了解、学习和掌握相关法律法规、专业知识、技术方法和审计实务的发展变化，保持和提升专业胜任能力。

内部审计人员的知识结构和专业水平不能仅局限于一个狭窄的范围之内，而应广泛涉猎，汲取多方面的知识，而且身处新经济时代，各类知识的更新与发展很快，只有不断学习，接受后续教育，才能保持良好的专业水平，胜任内部审计工作。为此，内部审计人员只有不断接受职业后续教育，掌握和运用相关的新知识、新技能和新法规，才能满足执业的需要，保证执业质量。内部审计人员接受职业后续教育是提高专业胜任能力与执业水平的重要手段，也是造就一支业务过硬、素质合格的内部审计人员队伍的有效途径。

内部审计人员后续职业教育的形式包括参加国内外行业协会组织的资格考试（如CIA、CPA考试等）、在专业协会中担任志愿者、参加行业会议和研讨会、撰写专业论文、参加内部项目的培训、自学课程以及参加研究项目等。内部审计人员职业后续教育应当贯穿内部审计人员的整个职业生涯。

三、保持职业谨慎，合理运用职业判断

《内审准则第1201号》第十七条规定，内部审计人员实施内部审计业务时，应当保持职业谨慎，合理运用职业判断。

（一）职业谨慎

应有的职业谨慎是审计人员职业素养中一个至关重要的内容，它要求内部审计人员具备谨慎的态度和技能，从而降低审计风险，有效提高审计质量。内部审计人员在实施内部审计活动时，应具备一丝不苟的责任感和细心，保持应有的慎重态度和思维判断能力，充分评价自身的能力、知识、经验和判断水平是否胜任所承担的责任，严格遵守职业技术规范和道德准则，对其所负责的各项业务妥善规划和监督。根据所审查项目的复杂程度，运用必需的审计程序，警惕可能出现的差错和失误，还应小心避免可能发生的违法乱纪的情形等。应有的职业谨慎只是合理的谨慎，而不是意味着永远正确、毫无差错，内部审计人员只能是在合理的程度上开展审查和核实工作，而不可能进行详细的审核，内部审计工作并不能保证发现所有存在的问题。

（二）职业判断

审计职业判断是内部审计人员具备的执业能力的重要组成部分。为了实现审计目标，内部审计人员依据法律法规及审计准则要求，在审计实践和感性认识的基础上，根据自己的专业知识和经验对客观审计对象和主观审计行为做出的合理的专业认定、评价和决策。审计职业判断贯穿审计工作的全过程。从审计计划阶段对被审计单位的了解和评估、对重要性水平和风险水平的评价、对内部控制测试结果的评估、对审计抽样方法的选择及其结果的评价到对审计证据的判断以及审计结论的形成等，都离不开审计人员的职业判断。而审计人员的职业判断水平又取决于上述所要求具备的各方面的胜任能力。内部审计人员在做出职业判断时，除了依据专业标准外，在较大程度上依赖审计人员自身的经验，通过其职业判断将审计风险降低到一个合理的可接受水平。职业判断的准确性越高，审计风险水平就越低，内部审计质量就越高。职业判断能力是内部审计人员学识、经验、能力和道德水平的综合反映。

【专栏9-5】内部审计职业感悟

阅读资料请扫描二维码。

第五节　坚持原则，严守秘密

《内审准则第1201号》“第六章　保密”第十八条中提出，内部审计人员应当对实施内部审计业务所获取的信息保密，非因有效授权、法律规定或其他合法事由不得披

露。第十九条要求，内部审计人员在社会交往中，应当履行保密义务，警惕非故意泄密的可能性。

由于内部审计工作的性质决定了内部审计人员经常会接触到组织内部的一些机密信息，内部审计人员对于执行业务过程中知悉的商业秘密、掌握的被审计单位的资料和情况，应当严格保守秘密，不得利用其在实施内部审计业务时获取的信息牟取不正当利益，或者以有悖于法律法规、组织规定及职业道德的方式使用信息。一旦涉密信息被泄露或被利用，往往会带来不必要的损失，并且会有损内部审计人员的职业声誉。

在内部审计机构以及外勤工作处所以外的任何地点和场所均不应谈论可能涉及被审计单位机密的情况；除非得到被审计单位的书面允许或法律法规要求公布外，不得提供或泄露给第三者，也不得将其用于私人目的；要防止因为这些信息和资料的泄露给组织带来的损失；还应当采取措施，确保协助其工作的业务助理人员和专家信守保密原则。当然，保密责任也不能成为内部审计人员拒绝按专业标准要求揭示有关信息、拒绝出庭作证的借口。

内部审计人员在以下情况下可以披露被审计单位的有关信息：(1) 法律法规允许披露，并且取得被审计单位的授权；(2) 根据法律法规的要求，为法律诉讼准备文件或提供证据，以及向有关机构报告发现的违反法规的行为；(3) 在法律法规允许的情况下，在法律诉讼、仲裁中维护自己的合法权益；(4) 向组织适当管理层报告有关信息；(5) 法律法规、执业准则和职业道德规范规定的其他情形。

保密责任不因审计业务的结束而终止，内部审计人员可以利用以前审计工作中的经验，但不应当利用或披露以前职业活动中获知的涉密信息。同时，内部审计机构应当制定严格的审计档案管理制度，限制无关人员对审计档案资料的接触，应当在部门明确内部保密的必要性，采取有效措施，确保其下级员工以及为其提供建议和帮助的人员遵循保密规定。

【专栏 9-6】不言温室之树

阅读资料请扫描二维码。

【关键概念】

内部审计（internal auditing）

诚信原则（integrity principle）

客观性原则（objectivity principle）

胜任原则（competency principle）

保密原则（confidentiality principle）

【复习思考题】

1. 简述内部审计职业道德的含义。
2. 简述内部审计独立性和客观性的关系。
3. 内部审计人员职业道德包括哪些内容？

4. 内部审计职业道德规范的基本要求是什么?

5. 内部审计人员诚信正直的规范有哪些具体要求?

6. 内部审计人员客观性的规范有哪些具体要求?

7. 内部审计人员专业胜任能力包括哪些要求?

8. 内部审计人员的保密原则包括什么内容?

9. 内部审计人员在哪些情况下可以披露被审计单位的有关信息?

【练习题】

一、单项选择题

1. 以下不会损害内部审计师客观性的是（　　）。

A. 编制银行对账单

B. 在相关程序得到落实之前先对其进行审计

C. 对自己去年负责执行的业务进行审计

D. 为某项目同时提供顾问服务和审计服务

2. 内部审计经理被任命参加一个评估外部审计师应聘资格的委员会。承担外部审计的会计师事务所业务合伙人邀请内部审计经理一起到其私人狩猎场打猎。该内部审计经理应当（　　）。

A. 接受，理由是他们双方的有关条文均允许

B. 拒绝，鉴于双方的利害关系

C. 只要不占用工作时间就可以接受

D. 询问审计委员会，这样做是否违背公司道德守则

3. 在为某高风险领域的特定业务制订计划时，首席审计执行官认为现有助理人员不具备完成该业务的必备技能，那么符合业务计划原则的最佳做法是（　　）。

A. 由于不具备必备技能，因此不开展这项业务

B. 将该业务作为一次训练机会，让内部审计人员在业务实施过程中学习

C. 考虑运用外部资源来补充所需知识、技能和其他能力完成该项业务

D. 实施该项业务，但鉴于技能的缺乏而限定业务范围

4. 一家化学品制造公司的内部审计师相信公司倾倒的有毒废弃物违反了法律。出于对公司的忠诚，审计师没有收集有关倾倒物的信息，内部审计师（　　）。

A. 因有意成为违法活动的一员而违反了道德规范

B. 因没有保护一般公众的福利而违反了道德规范

C. 没有违反道德规范，在任何事件上都需要对雇主忠诚

D. 没有违反道德规范，因为没有收集有关违法事件的信息

5. 以下违背了内部审计师协会《职业道德规范》的有（　　）。

A. 在一宗并购合伙人控告内部审计师所属公司有欺诈行为的案件中，该审计师被法庭传讯，并向法庭提供了机密的审计资料

B. 某办公用品制造公司的内部审计师最近完成了对公司营销部门的审计。凭借此次经验，该审计师在一个周六用几个小时在当地一家医院担任带薪顾问，指导该医

院市场营销部门的审计工作

C. 某内部审计师在当地举办的国际内部审计师会议上发表演讲，主要内容是其编写的有关审计电子数据交换方面的程序，还有几个来自主要竞争对手企业的内部审计师在场

D. 在审计过程中，某内部审计师获知公司将推出一种可能导致产业革命的新产品。鉴于该产品成功的可能性极高，该审计师接受该部门经理的建议购入了该公司的股票

二、多项选择题

1. 内部审计职业道德基本原则包括（　　）。

A. 独立　　B. 客观　　C. 公正　　D. 诚信

E. 胜任　　F. 审慎　　G. 保密

2. 关于内部审计职业道德规范的说法正确的有（　　）。

A. 内部审计人员应合理使用职业判断

B. 内部审计人员应遵循保密性原则

C. 内部审计人员应具有较强的人际交往技能

D. 在获得证书之后可不接受后续教育

3. “诚信正直”基本原则要求内部审计人员在实施内部审计业务时不应当有的行为有（　　）。

A. 歪曲事实

B. 隐瞒审计发现的问题

C. 进行缺少证据支持的判断

D. 做误导性的或者含糊的陈述

E. 与被审计单位存在直接利益关系

4. 以下（　　）是内部审计职业道德规范要求。

A. 内部审计人员在履行职责时，应当严格遵守中国内部审计准则及中国内部审计协会制定的其他规定

B. 内部审计人员不得从事损害国家利益、组织利益和内部审计职业荣誉的活动

C. 内部审计人员在履行职责时，应当做到客观和保密

D. 内部审计人员在履行职责时，应当公正廉洁，不得从被审计单位获得任何可能有损职业判断的利益

5. 以下符合内部审计师协会的《职业道德规范》的有（　　）。

A. 在审计时保持客观性

B. 因与某员工关系密切而包庇该员工

C. 保持和提高专业胜任能力，必要时可聘请有关专家协助

D. 遵循保密性原则，按规定使用其在履行职责时所获取的资料

三、判断题

1. 再健全的内部控制也可能因为相关人员的串通、共谋等失败。（　　）

2. 客观原则要求勤恳地开展工作。（　　）

3. 内部审计独立性是内部审计职业道德要求。（　　）

4. 内部审计师在审计期间可以接受被审计人员赠送的挂历。（　　）

5. 蓄意参与违法活动属于不诚信。（　　）

【案例分析题】

兴业银行集团内部审计组织架构实践

兴业银行于1988年在福建省福州市成立，2007年在上海证券交易所挂牌上市，是经国务院、中国人民银行批准成立的最早一批股份制商业银行之一，目前已成长为以银行为主体，涵盖信托、金融租赁、基金、期货、资产管理、消费金融、理财、研究咨询、数字金融等多个领域的中国主流商业银行集团。兴业审计部成立于1992年，经过不断探索和革新，建立起了适应集团发展的内部审计体系，从2005年到2016年连续12年获得审计署暨中国内部审计协会颁发的“全国内部审计先进集体”称号。兴业银行集团构建了双线报告管理的内部审计组织架构，同时通过推动集团成员健全内部审计体系、对集团成员开展审计监督、建立联系沟通机制等方式，不断丰富集团内部审计的内涵，促进集团公司治理、风险管理和内部控制的持续完善，推动集团战略的实施。

一、构建双层级的集团内部审计架构

集团（总行）层面，兴业银行在集团（总行）层面设立审计部，向董事会及其审计与关联交易控制委员会负责并报告工作，接受监事会的监督和指导。制定《兴业银行股份有限公司集团并表管理办法》《兴业银行股份有限公司集团成员审计监督管理规范》，拓展总行审计部工作范围，明确将集团内所有成员纳入审计监督范围，要求其指导集团成员建立与其规模、性质和业务范围相适应的内部审计机制，并赋予对集团成员内部审计工作进行指导和规范的职责。集团成员层面，目前一级子公司均已设立内部审计部门，对各子公司的董事会或监事会负责并报告工作，并且尝试推动二级子公司建立内审机构。同时，根据集团制度，修订内部审计章程，配合总行审计部的审计监督。

二、加大集团内部审计监督力度

现场审计监督方面，总行审计部按照至少五年一次的审计频率，对集团成员进行现场审计覆盖，实现集团成员审计的常态化开展。此外，近两年开展的并表专项审计、股票质押业务专项审计、营销渠道管理审计调查等专项审计范围也涵盖集团成员相关业务。持续监督方面，总行审计部综合应用多种手段持续加强对集团成员日常审计的覆盖面与检查频率，如采用非现场数据分析排查、信用业务档案抽查、要求集团成员对风险疑点进行核实反馈、不定期现场走访等形式，及时了解掌握集团成员的业务动态、风险状况，力争风险早发现、早预防、早排除。同时，重点关注集团成员对外部监管意见、内外部检查的后续整改情况，对整改不力的集团成员下发“审计整改通知书”，敦促其提高重视程度和整改力度。

三、加强对集团成员内部审计工作的指导与评价

一是建立集团成员内部审计工作评价机制，对集团成员的内部审计体系建设情况、内部审计管理情况、配合总行审计工作情况等内容进行考核评价，评价结果提交管理层作为对机构及相关负责人考核的参考依据。二是指导集团成员修订内部审计章程、制定责任追究相关制度等，帮助补齐制度短板。三是将集团成员审计人员纳入总行审计部培训人员范

围，组织其参加总行审计部组织的各项技能培训，提高专业胜任能力。

四、建立沟通联系机制

一是建立定期工作汇报机制，要求集团成员内部审计机构负责人至少每半年一次向总行审计部报告审计工作情况，通过现场交流，对集团成员审计计划和执行进度、审计成果、整改情况等进行沟通和指导。二是建立日常联系机制，总行审计部对每家集团成员均指定监管员，及时向集团成员传达总行审计相关政策及要求；集团成员指定专人进行日常对接，按规定频率向总行审计部报送审计计划、项目审计报告、阶段性审计工作情况、审计人员情况、监管意见、内外部检查情况、外部审计情况等信息，对于重大事项要求及时汇报。

（资料来源：赵朝清．商业银行集团内部审计组织架构实践与探讨——以兴业银行为例［J］．现代商业，2020（17）：118-120）

讨论问题：

（1）兴业银行的内部审计组织架构实践体现了内部审计职业道德规范哪些方面的内容？

（2）企业应该如何为内部审计人员遵守职业道德、有效发挥内部审计作用创造条件？

第十章 经济责任及其审计道德规范

【经典名言与感悟】

人有善念，天必佑之，福禄随之，众神卫之，众邪远之，众人成之。

——《易经》

上善若水。水善利万物而不争，处众人之所恶，故几于道。

居善地，心善渊，与善仁，言善信，正善治，事善能，动善时。

人法地，地法天，天法道，道法自然。

——《道德经》

执道者德全，德全者形全，形全者神全。

神全者，圣人之道也。

托生与民并行而不知其所之，

汒乎淳备哉！功利机巧必忘夫人之心。

若夫人者，非其志不之，非其心不为。

虽以天下誉之，得其所谓，謷然不顾；

以天下非之，失其所谓，傥然不受。

天下之非誉无益损焉，是谓全德之人哉！

庄子

——《庄子·天地》（约公元前 369—公元前 286 年）

人生须知负责任的苦处，才能知道尽责任的乐趣。

——梁启超

完善中国特色现代企业制度，弘扬企业家精神，加快建设世界一流企业。

——党的二十大报告

真待人，诚修身，善处世，忍礼让，仁义爱，廉恭敬，和为贵。

——叶陈刚感悟

梁启超

（1873—1929 年）

【学习目的与要求】

1. 理解经济责任、经济责任审计的内涵。
2. 了解目前审计法体系建设情况。
3. 明确依法审计在审计职业道德建设中的重要地位。
4. 理解实事求是在审计职业道德建设中发挥的作用。
5. 把握实现客观公正的基本要求。

【导读】

大冶审计扎实开展领导干部经济责任审计工作

近年来，湖北省大冶审计牢牢把握促进领导干部经济责任履行“守法、守纪、守规、尽责”这条主线，最大程度地发挥经济责任审计职能作用，有效促进了全市经济社会发展，经济责任审计的“显微镜”“特种兵”“防火墙”作用得到充分发挥。

发挥经济责任审计在干部监督上的“显微镜”作用。紧紧围绕领导干部经济责任履行情况，从财政财务资金管理、使用方面着手，以“零容忍”态度查处小、微、苗头性问题，从中发现普遍性、倾向性问题，总结出带针对性、可操作性的审计意见和建议，避免问题扩大化、严重化，增强领导干部责任意识、廉洁从政意识。同时，由纪检监察部门、组织部门将经济责任审计报告分别列入领导干部的廉政档案和干部考核档案，作为干部年度考核、奖惩、任免的重要参考依据。

发挥经济责任审计在监督执纪中的“特种兵”作用。努力提高审计结果转化的时效性，对在审计过程中发现的严重违反财经纪律的问题以及违反廉政规定和涉嫌犯罪的行为，及时进行移送，以确保各类问题得到及时处理。同时，对在其他财政财务收支和专项审计过程中发现的问题也纳入了年度问责范围。不仅问责主要领导，还要问责其他相关责任人员。实现了经济责任问责的全覆盖，保证了问责的公平公正。在问责工作中，把好问责尺度关，使问责对象能诚心接受；对履行经济责任不力，不担当、不作为的党员干部坚决问责。近3年，通过经济责任审计发现和移送案件线索14起，市纪委经查实后给予党纪政纪处分31人。

发挥经济责任审计在惩防体系建设中的“防火墙”作用。对于在经济责任审计中发现的问题，要进行“清单销号式”管理，对已整改的问题要及时销账，对超出期限仍未整改到位的问题，要实行跟踪督办，直至问题整改到位并进行销号处理。同时，梳理汇总了近年来大冶经济责任审计查出的共性典型问题，包括重大政策落实、重大经济事项决策、财政财务管理、机构编制管理、内控制度建立与执行、自然资源资产管理和生态环境保护责任、落实党风廉政建设、审计发现问题整改等8方面，共22个类型73个典型问题，并对问题的风险等级进行划分，对领导干部应当承担责任的具体情形进行了提示提醒，为领导干部履行经济责任提供参考依据，预防和减少在履行经济责任职责中触底线、碰红线现象，推动审计关口前移，充分发挥审计“治已病、防未病”的预防作用。

（资料来源：大冶市审计局．大冶审计扎实开展领导干部经济责任审计工作［EB/OL］．［2024-09-30］．http://www.hubei.gov.cn/zhuanti/2021zt/2021sj/2021gzdt/202409/t20240930_5355693.shtml）

责任是一种职责和任务，是身处社会的个体成员必须遵守的规则和条文，带有一定的强制性。它伴随着人类社会的出现而出现，有社会就有责任。在社会经济发展过程中，随着生产资料所有权和经营权的逐步分离，产生了经济关系中的权利与义务，由此推动了拥有受托经营管理权的管理者的产生，这些管理者既具有对生产资料的支配权利，同时也有对生产资料所有者报告企业财产、经营状况、开拓业务和取得成果的责任。这种受托责任也是经济责任发展的基础。

第一节　经济责任与经济责任审计[①]

经济责任是受托责任发展到一定阶段的必然产物，经济责任审计则是在经济责任基础上开展的一种重要的审计形式，因此，研究经济责任及其与审计道德规范之间的相互关系应该从研究受托责任开始。

一、受托责任

受托责任是一种普遍的经济关系，其概念源于财产权，它包括所有权和使用权。受托责任关系是指财产所有权人与财产使用权人之间所形成的财产委托管理与受托经管关系，以及财产经管人与其财产经管执行人之间所形成的财产受托经管与执行财产经管关系。很显然，由于财产所有人所有的财产数量巨大，自身无法有效经管这些财产，因此才将资源委托给他人经管，形成受托责任关系。

受托责任关系至少应包括如下一些特征：

（1）财产经管权由委托方转到受托方，财产经管权的转移是受托责任关系的核心与本质内容。

（2）受托责任关系的确立意味着委托方给予受托方权利、受托方对委托方承担一定义务与责任关系的确定。受托方运用被给予的经管权，有义务经管好所代管的财产，并向委托方报告履行经管责任的情况。

（3）受托责任的内容必须能够明确下来，并通过法律、规章、契约等有效形式加以体现，使其能够具体运作。

（4）受托责任的履行情况应该可以计量，以使受托方能够报告责任履行情况，委托方能够评价责任履行情况。例如，受托方经常运用会计计量手段，并以会计报表形式报告其履行责任情况，委托方则依据会计报表给予评价，以便确定或解除受托方的经管责任。

财产所有人将财产经管权委托给受托人后，需要对其管理和使用情况进行有效监督；反之，财产经管人受托经管财产所有人的财产后，需要向委托人证明自己有效管理和使用财产的情况，这些都需要有一个具有独立身份的第三者加以检查和评价。而审计人恰好独立于受托责任关系双方当事人，又具备应有的专业技能，因而可以对受托人的履行责任情况进行客观公正的监督和证明。因此，受托责任关系是审计产生的客观基础和根本动因。

二、经济责任的概念与特征

我们所说的经济责任，实质上是受托经济责任，经济责任审计的产生和发展与经济责任有着直接的因果关系。经济责任审计是建立在经济责任关系基础上的一种经济监督制度，经济责任为经济责任审计的产生和发展提供了客观基础。

中共中央办公厅、国务院办公厅 1999 年制定的《县级以下党政领导干部任期经济责任审计暂行规定》和《国有企业及国有控股企业领导人员任期经济责任审计暂行规定》

①　赵国新．现代经济责任审计理论与实务［M］．北京：中国时代经济出版社，2009：9-12.

（以下简称两办《暂行规定》），对任期经济责任做出了明确的规定，是目前开展经济责任审计的主要依据。根据《县级以下党政领导干部任期经济责任审计暂行规定》第三条的规定，领导干部任期经济责任，是指“领导干部任职期间对其所在部门、单位财政收支、财务收支真实性、合法性和效益性，以及有关经济活动应当负有的责任”。根据《国有企业及国有控股企业领导人员任期经济责任审计暂行规定》第三条的规定，企业领导人员的任期经济责任，是指“企业领导人员任职期间对其所在企业资产、负债、损益的真实性、合法性和效益性，以及有关经济活动应当负有的责任”。虽然两办《暂行规定》给出了经济责任的定义，但是审计实践表明，两办《暂行规定》关于经济责任的定义已经不能满足经济责任审计实践的需要。

为此，2008 年 4 月，国务院法制办公室发布的《经济责任审计条例（征求意见稿）》中，对经济责任的概念做出了规定，即经济责任是指因担任特定职务管理运用财政资金、国有资源和国有资本、其他有关基金和资金，以及从事其他有关经济活动应当履行的职责、义务。该责任所具有的特征是由经济责任审计的本质决定的，具体可表现为以下五个主要特征：

1. 经济责任是一种职责或义务

这里责任的真正含义应当是当事人在特定的社会活动中所担负的特定的职责或义务。

2. 经济责任是与职务相关的职责或义务

在社会生活中，当事人应当承担或履行的职责或义务有很多种，而经济责任审计中的经济责任是基于当事人担任特定的职务，而应当承担或履行的法定或约定的职责或义务。与职务无关的其他责任或义务不在该责任的范畴之中。

3. 经济责任是与经济相关的职责或义务

基于当事人特定的职务而产生的职责或义务同样很多，包括与经济相关的职责或义务和与经济无关的职责或义务（如政治上的职责或义务等），而经济责任审计中经济责任所包含的是当事人管理运用财政资金、国有资源和国有资本、其他有关基金和资金等与经济相关的职责或义务。

4. 经济责任是当事人应当履行的职责或义务

对一个单位来讲，基于法定或约定的职务、分工，每个人应当承担或履行的职责或义务都不同，而经济责任审计是针对特定的被审计人进行的，被审计人的经济责任是其应当履行的法定或约定职责或义务。

三、经济责任的界定

经济责任的界定是指审计机关依照法律法规和国家其他有关规定，以及审计机关认可的被审计主要负责人所在单位的内部管理规定，对被审计主要负责人担任特定职务期间不履行或者不正确履行经济责任的行为应当承担的责任进行界定，包括对直接责任、主管责任和领导责任的界定。

（一）直接责任

直接责任是指主要负责人对其任职期间履行经济责任过程中的下列行为应当承担的责任：

（1）直接违反法律法规和国家其他有关规定、单位内部管理规定的行为。

（2）授意、指使、强令、纵容、包庇下属人员违反法律法规和国家其他有关规定、单位内部管理规定的行为。

（3）失职、渎职行为。

（4）其他应当承担直接责任的行为。

（二）主管责任

主管责任是指除直接责任外，主要负责人对其直接主管的工作不履行或者不正确履行经济责任的行为应当承担的责任。

（三）领导责任

领导责任是指除直接责任外，主要负责人对其非直接主管的职责范围内的工作不履行或者不正确履行经济责任的行为应当承担的责任。

四、经济责任审计的内涵

经济责任审计是我国审计监督制度发展到一定阶段的产物，是我国经济和政治体制改革深化的产物，具有明显的时代特征。我国经济责任审计的发展历程，从1983年中国审计署的成立，到80年代末进入探索时期，再到90年代末的过渡时期，经济责任审计逐步走向规范。1999年5月，中办、国办颁布《县级以下党政领导干部任期经济责任审计暂行规定》和《国有企业及国有控股企业领导人员任期经济责任审计暂行规定》两个规定，这是根据当时的社会需要而颁布实施的。2006年2月，经济责任审计正式写入《中华人民共和国审计法》，标志着经济责任审计的地位提高到了法律层次。2010年10月，中共中央办公厅、国务院办公厅颁布实施《党政主要领导干部和国有企业领导人员经济责任审计规定》，对审计工作的要求更加全面和详细。2014年7月，中央纪委机关、中央组织部、中央编办、监察部、人力资源和社会保障部、审计署、国资委联合印发《党政主要领导干部和国有企业领导人员经济责任审计规定实施细则》，这是应党的十八大、十八届三中全会的要求而颁布实施的。

综合各类文件规定及相关学者对经济责任审计的研究论述，可将经济责任审计的内涵概括为“审计机关（审计机构）通过对党政领导干部或国有企业及国有控股企业领导人员及其所在地区、部门、单位财政收支、财务收支的真实性、合法性和效益性，以及重大经营决策等相关经济活动，执行国家有关法律法规情况进行监督、评价和鉴证的活动”。

这一定义包含七个方面的要素：

1. 经济责任审计的主体

经济责任审计的主体，主要是指国家审计机关，有些情况下也可以是内部审计机构、社会审计组织以及国有资产监督管理委员会派驻企业的监事会等。国家审计机关根据其法定职责，接受本级政府的指令或授权，以及接受本级党委组织人事部门、纪检监察机关的委托，依法开展经济责任审计；内部审计机构则接受国家审计机关或者本部门、本单位最高管理当局的指派或授权，依法开展经济责任审计；社会审计组织在接受国家审计机关或被审计领导干部的上级管理部门的委托时，开展对部分企业、事业单位领导干部的任期经济责任审计。

2. 经济责任审计的客体

经济责任审计的客体，主要是指县级及县级以上地方各级直属的党政机关、审判机关、检察机关、群团组织和事业单位的党政正职领导干部及主持工作的副职领导干部，党委、政府的正职领导干部及主持工作的副职领导干部，国有企业或者国有控股企业的法定代表人。

3. 经济责任审计的对象

经济责任审计的对象，即领导干部担任特定职务管理运用财政资金、国有资源和国有资本、其他有关基金和资金，以及从事包括重大经营决策、执行法律法规情况等有关经济活动应当履行的职责、义务的完成情况。

4. 经济责任审计的依据

经济责任审计的依据，主要包括两个方面：一是立项依据，二是审计依据。立项依据是指本级党委、政府或经济责任审计工作领导机构的立项指令以及组织人事、纪检监察、国有资产监督管理委员会等部门的审计委托建议。审计依据是指党和国家关于经济责任审计的法律、法规、规章和政策等，主要包括以下几类：一是《中华人民共和国宪法》；二是《中华人民共和国审计法》（以下简称《审计法》）及其实施条例；三是两办《暂行规定》及其实施条例；四是《中华人民共和国公务员法》；五是《党政领导干部选拔任用工作条例》；六是党和国家的重要经济政策；七是有关法规和行政规章；八是党和国家领导人的重要讲话及批示等。

5. 经济责任审计的目标

经济责任审计的目标，即通过审计查明领导干部任职期间所在单位的财政收支、财务收支的真实性、合法性和效益性以及该领导干部对经济活动应当负有的经济责任。在这个混合目标中我们可以把效益性目标和责任制目标作为主要的审计目标，既关注、界定和考量领导干部的经济责任，又关注工作绩效；既揭露和查处审计发现的经济问题，又提出相应的整改措施和切实可行的审计建议，促进领导干部树立正确的政绩观。

6. 经济责任审计的性质

经济责任审计的性质，包括独立性和客观性。其独立性的主要表现是：机构独立，人员独立，工作独立，经济独立。其中，工作独立是指审计人员依法独立行使审计监督权，独立进行审查，做出审计判断，并提出审计报告，不受其他任何组织和个人的干涉。其客观性是指审计结果具有客观公正性和法律效果，审计机关和审计人员进行经济责任审计评价要依据审计查证的事实进行，审计机关不能做出没有事实依据的判断，更不能虚造编造或掩盖隐匿事实、故意夸大或缩小事实，要根据事物或行为的具体情况和客观规律做出判断。

7. 经济责任审计的职能

经济责任审计的传统职能是监督、鉴证和评价。监督是基础，经济责任审计通过对被审计单位财政收支、财务收支的真实性、合法性和效益性的监督，正确界定领导干部对有关经济活动应当负有的经济责任；鉴证是关键，通过审计，对被审计单位的资产、负债、损益的真实性、合法性进行鉴证，对会计信息的质量进行鉴证，对遵纪守法的情况进行鉴证，为审计评价提供支持依据；评价是核心，通过对领导干部经济责任的界定，提出客观公正的评价意见，为党委、政府或者组织部门考核使用干部提供重要的参考依据，发挥审计在加强对权力的监督和制约中的积极作用。

经济责任审计的产生和发展是中国特色社会主义政治、经济体系的产物，其适应了当前对领导干部的考核要求，能为干部行为的规范和纪检部门的监察提供依据；同时，也能促进领导廉洁自律，从一定程度上防止腐败行为。

【专栏 10-1】揭开 A 公司巨额国有资产流失内幕

阅读资料请扫描二维码。

第二节　依法审计，审计道德之纲

改革开放 40 多年以来，社会主义市场经济迅猛发展，审计工作发挥着不可替代的作用，其中的经济责任审计更是中国特色社会主义审计监督制度的重要组成部分。近年来，国家提出全面依法治国和全面从严治党的战略方针，经济责任审计不仅是经济发展的保障，也是对经济发展中可能出现的一些问题的有力监督，是推进廉政建设的重要保障。

一、审计法体系建设现状①

（一）审计立法形式

我国审计法体系中既有在全国人大制度下确立的法律，也有行政法规和部门规章，同时还包括各类地方性法规。据统计，与审计法相关的法律法规共有 107 部，涵盖国家法治体系的各个方面，从而形成了我国整体的审计监督法律法规体系。

（二）审计法律责任主体

我国审计法律责任主体主要有三类：一是各级审计机关、各类审计职能部门以及与审计相关的工作人员的法律法规。《审计法》对在审计工作中审计机关或者审计人员可能出现的情形都作了相应的规定，既有比较宽泛的行政约束，也有比较严厉的刑事约束。二是针对被审计单位和人员的法律法规，《审计法》相关法条也规定了被审计机关和人员所要履行的法律义务。三是针对中介机构的相关审计法规。在审计工作中，中介机构是经常出现的，所以对其必须进行法律约束，以保证其在法律的界限内开展与审计工作相关的活动，而在现行的法律法规中，只有各种地方性法规对中介机构有所规定，《审计法》中并没有详细的规定。

（三）审计法律责任类型

我国《审计法》中仅仅规定了相关主体触犯法律所要承担的刑事责任和行政责任，并没有关于民事责任的规定，在与审计有关的地方性法规中，仅仅是对民事责任作了补充。而审计结果所对应的法律责任在我国主要有三种：一是承担刑事责任。在刑事责任中如果触犯了刑法，则按《刑法》的相关规定处罚。二是承担民事责任。在民事责任中，则主要

① 李旭东．经济责任审计法治体系存在的问题与探索［J］．财务与会计，2020（11）：83-84.

是承担相关赔偿责任和违约责任。三是承担行政责任。行政责任主要是责令改正、警告、处分、扣缴、罚款等行政处罚手段。

二、有法必依，强化执法规范

“法”，不仅仅是审计的法理依据，还有对审计人员的制度约束。审计的主体永远是“人”。虽然随着改革开放的深入，经济环境发生了巨大的变化，但是法律的严谨性以及威严性并不会发生改变。相反，对审计工作人员的约束，应该随着时代的变化而更为严格。审计人员在日常工作中应廉洁奉公，做到懂法、守法、依法审计；自己的审计结果要经得起复查，必须摒弃“人治”的观念，坚定树立“法治”观念。总之，审计人员在开展审计工作的过程中必须坚持依法审计。

依法审计是审计工作的基本原则。为充分发挥审计在党和国家监督体系中的重要作用，各级审计机关和广大审计人员要强化法治观念，坚持法治精神，紧紧抓住依法审计的关键环节，进一步规范审计行为，严格审计执法，保证审计质量，提高审计水平，把依法审计真正落到实处。

（一）认真学法用法，规范审计行为

审计监督是执法监督，必须依法进行。《中华人民共和国审计法》《中华人民共和国审计法实施条例》《中华人民共和国国家审计准则》是审计工作的专门法律、行政法规和规章。《党政主要领导干部和国有企业领导人员经济责任审计规定》《党政主要领导干部和国有企业领导人员经济责任审计规定实施细则》是经济责任审计工作的专门法规和规章。地方人民代表大会及其常务委员会制定的地方性审计法规，对保障审计法律、行政法规在本行政区域的有效实施具有重要作用。

上述审计工作的法律、法规和规章，对依法开展审计、规范审计行为做出了明确规定。各级审计机关和广大审计人员要认真学习，严格执行，依法规范审计行为，坚持做到审计职责权限法定、审计程序法定、审计方式法定、审计标准法定、审计保障法定。特别要强调的是，《中华人民共和国国家审计准则》由审计署制定，是审计机关和审计人员履行法定审计职责的行为规范，是执行审计业务的职业标准，是评价审计质量的基本尺度，各级审计机关和广大审计人员必须严格遵守。这既是审计工作应遵循的最低标准和要求，也是确定和解除审计人员责任的依据。

（二）遵循审计指南，规范审计操作

审计是一门学科，也是一项具体行政行为，必须依规操作。审计署已发布信息系统审计、世界银行亚洲开发银行贷款项目审计、商业银行审计、人身保险公司审计、ERP环境下的财务收支审计、重大公共工程项目跟踪审计6项审计指南，并对地方政府主要领导干部经济责任审计、党政工作部门主要领导干部经济责任审计两项审计指南征求意见。各地审计机关根据实际情况，也制定了一系列审计操作规范。上述审计指南和审计操作规范，在具体审计领域和审计技术方法的运用上，给审计人员提供了具体操作指引，对规范审计操作、提高审计质量具有指导作用。各级审计机关和广大审计人员要严格遵守，增强审计规范性，克服审计随意性。

规范审计操作，要突出以下重点：法定审计事项必须审深、审透并且如实报告；审计

取证、审计底稿编制、审计报告出具、审计决定下达必须严格规范；审计报告适用的法律法规和标准应当适当；审计结果公告和审计发现问题的督促整改应当规范；审计业务分级质量控制应当有效，以保证审计质量，提高依法审计水平。

（三）履行审计职责，严格审计执法

审计处理处罚权是我国审计机关的一项重要权限，必须依法行使。国务院制定的《财政违法行为处罚处分条例》《行政执法机关移送涉嫌犯罪案件的规定》，是审计机关进行财政违法行为处理处罚、移送涉嫌犯罪案件的重要依据。审计署已制定外资运用审计、社会保障资金审计、固定资产投资审计、金融机构审计、企业审计、财政审计、中央部门预算执行审计、资源环境审计 8 件审计常用定性表述及适用法规向导，适用法规向导对规范审计查出问题的定性，严格审计处理处罚，办理审计移送处理，提高审计报告、审计决定书等审计结论性文书编审质量，具有重要指导作用。

各级审计机关和广大审计人员要认真学习，对照运用，正确审计执法，严格审计执法，做到审计评价恰当，审计定性准确，审计处理处罚依法有据，审计移送处理及时有效。

特别是对审计查出的违反国家规定的财政收支、财务收支行为等问题，依法应当由审计机关在法定职权范围内做出处理处罚决定的，审计机关应当在审计报告的基础上出具审计决定书，依法做出审计处理、处罚，以维护财经秩序，促进廉政建设。同时，要建立登记报告干预审计工作行为制度，不断优化审计执法环境。

【专栏 10-2】依法履行审计监督职责 全力服务全省经济社会高质量发展
阅读资料请扫描二维码。

三、公正审计，反腐倡廉利器

公正审计就是要坚持真实、合法、效益的原则，依法、客观、公正地开展审计。公正审计是顺应国家治理要求而出现的，是实现将“权力关进制度笼子”的重要举措，对构建国家腐败惩防体系具有积极作用。

在国家治理所包含的经济、政治、文化、社会、生态等多个方面中，经济治理中的腐败治理问题显得尤为突出，经济腐败严重损害党、国家、政府的形象，严重危害经济发展、社会进步，加剧社会矛盾，加速道德沦丧。经济腐败好似一个毒瘤，快速侵蚀毒害中国经济的肌体；经济腐败是毒药，会一点点麻痹人的心智，使其跪倒于金钱等各种诱惑之下；经济腐败会慢慢搞垮国之砥柱，改革开放 40 多年的辉煌成果会被这些腐败分子所窃取。在我国全面建成小康社会的今天，伴随着社会进步的经济腐败已经激起全国人民的深切痛恨，群众反腐败的呼声高居首位，老百姓热切期盼中央能下大力气把反腐败的斗争持续开展下去，真正发挥监督检察机关的作用，使贪污腐败没有市场，没有生存空间，成为过街老鼠人人喊打，还老百姓一个“晴天”。权力的集中必然会导致腐败的滋生，为防止这种现象发生，就必须对权力的运行过程进行有效的监督和制约。2013 年 11 月在北京召开的中国共产党第十八届中央委员会第三次全体会议提出，“坚持用制度管权管事管人，让人民监督权力，让权力在阳光下运行，是把权力关进制度笼子的根本之策。必须构建决策科学、执行坚决、监督有力的权力运行体系，健全惩治和预防腐败体系，建设廉洁政治，努力实现干部清正、政府清廉、政治清明。”其中提到的“决策科学、执行坚决、监督有力的权力运行体系”是党和人民对审计工作提出的新要求、新职责。

从政治学角度来审视，公正审计是在法律制约下的一种监督手段，为的是以权力监督制约权力。从审计学角度来分析，公正审计就是在审计实施过程中，坚持独立性原则，实现公开程序、听证程序、回避程序、审前通知程序、取证程序、征求意见程序、处罚告知程序、复核程序和审议程序等的公平、公正。审计之所以能够成为反腐倡廉的“利器”，是因为它具有公正性，是因为它打破了财政、税务、银行等监督的局限，一不管钱，二不管物，而是以第三者的身份超然而立，因而对经济活动中出现的问题，客观上能看得清、分得明、不偏不倚、客观公正。“出淤泥而不染，濯清涟而不妖”，正是具备这种品质，才使得审计人员能够严格履行审计职责，客观公正地执法，对经济腐败问题严肃处理、绝不姑息，从而实现党和人民对审计事业的期望目标，维护国家和人民的根本利益。

【专栏 10-3】莫伸手，伸手必被擒

阅读资料请扫描二维码。

第三节　实事求是，审计道德之本

依法审计，是保证审计人员能够实事求是地揭露经济活动真相，客观、公正地做出审计结论的前提。因此，用依法独立的审计原则指导审计人员职业行为的最终目的，是使审计人员能够实事求是地揭露事实真相，准确适当地做出审计结论，客观、公正地处理问题。能否做到这一点，在主观上取于审计人员自身的职业道德意识和职业道德良心，在客观上也就成了人们评价、划分审计人员职业道德水平的一项重要原则。

一、审计中的实事求是①

按照毛泽东同志在《改造我们的学习》中的经典性论述，实事求是中的“‘实事’，就是客观存在着的一切事物；‘是’就是客观事物的内部联系，即规律性，‘求’就是我们去研究”。所以，实事求是，从广义上讲，就是从全国的基本国情、社会生产力水平以及与国际经济的联系、现实和差距出发，按照社会经济协调发展的客观要求，判断一切问题的是非曲直。从狭义上看，就是衡量一切问题的标准，均看是否符合本地区、本部门、本单位的实际情况。无论广义还是狭义，其基本要求是一切从实际出发，具体情况具体分析，不唯书不唯上只唯实。在审计实践中，坚持实事求是，更多的是从广义角度就审计机关及其人员的行为规范而言。其主要内容包括：

（1）审计机关制发的审计准则和规章，必须符合客观需要，与每个时期和地区的政治、经济、法治状况以及审计体制、队伍、人员等客观实际相一致。

（2）审计机关在制定年度工作计划，确定每个时期审计的项目、范围和重点时，必须

① 李金华. 审计人员职业道德［M］. 北京：中国审计出版社，1997：58-60.

从当地财政状况、经济生活中的热点和难点问题以及审计人员状况等实际出发。

（3）审计机关和审计人员，在实施审计计划、审计每个单位或项目时，对每个工作环节，必须从实际出发，切不可不顾实际统统划一。对查证事项的描述必须准确无误，切忌"大概、估计、差不多，也许、一般、可能是"，对所查事项产生的历史背景、主客观原因造成的影响及其客观后果，必须全面分析、如实反映，切不可先入为主或凭个人好恶取舍、改造。

（4）对审计查出的每个事项必须客观地分析判断，不能简单地找出法规对号入座，做出处理，而应准确分析，恰当定性：是明知故犯、屡查屡犯，还是无知初犯、过失所犯；是无法可依、法规不明确或法规过时而犯，还是有章可循却弄虚作假或故意违规所犯。同时，审计机关对审计事项在准确定性的基础上做出的审计决定和审计意见、审计建议等，也必须符合当时当地的实际情况和法律法规的总体原则，符合真实状况和改革、稳定、发展的基本要求。

二、坚持实事求是的基本要求

在经济责任审计中坚持实事求是，要求审计人员首先必须积极投身于市场经济发展中，深入实践，熟知法规，吃透精神，不断探索，认真总结。事物发展的内在规律表明，世界是过程的集合体而不是事物的集合体，世界上不存在任何最终的、绝对的东西，一切事物都是暂时的，都有一个发生、发展、灭亡、无止境地由低级上升到高级的过程。恩格斯曾经指出：凡是合理的都是现实的，凡是现存的都是应当灭亡的。所以，审计人员必须置身于市场经济之中，切不可"两耳不闻窗外事，一心专思查问题"。否则，审计工作就会偏离方向，就不能做到实事求是。所以，审计机关制定的审计准则和各项规章制度，必须符合《审计法》及有关法律、法规，符合当前中国的客观实际，切实可行。同时，在审计实践中，还必须熟悉并掌握各项法律法规的精神实质、产生背景及其相互联系，吃透中央的大政方针和当前经济工作的中心，把握工作的重点、难点和热点，透彻了解并掌握当前经济生活中反映出的共性问题和被审计单位的实际状况，以及所处社会及经济环境。绝不可单纯从法规"本本"出发、从已有的经验出发，固守某种观点。

其次，审计人员必须具有无私无畏的精神。在社会主义市场经济条件下，各种经济关系发生了很大变化，调整社会经济关系的法律、法规也随之发生着巨大变化，各种经济关系日益复杂，经济活动纷繁多变，利益矛盾更加尖锐。因而，审计人员在审计工作中常常遇到各种经济活动难以把握、发展创新与违纪违法难以界定的现象。同时，由于社会上的某些不正之风，有些审计工作刚开始，说情就上门，且说情由"亲缘型""朋友型"转向"权力型"，由"民讲情"转向"官讲情"。有些地区、部门和单位怕"影响经济发展"，对某些不轨行为视而不见，甚至保护支持。有的违法违纪行为涉及某些领导者，怕"拔出萝卜带出泥"，因而阻碍审计甚至打击审计人员，凡此种种，都需要审计人员坚持秉公办事，善于执法，才能真正做到实事求是。

最后，审计机关和审计人员的每项工作都必须扎实可靠，客观准确。在实际工作中尤其要注意和做到，第一，审计查证的每个经济事项、每笔经济业务，取得的各种证据必须齐全、有效、真实、合法。第二，审计定性要客观准确。对每个审计事项都要从实际情况出发，具体分析，按照现行法规，分清违反法律、法规的情节、程度、责任。第三，审计处理要严肃慎重。在发展创新过程中和法制不健全、宏观调控措施不完善等复杂情况下，要注意将发展探索中的失误与有意违法违纪、政策不明确与明知故犯、法规不适应与为了小团体乃至个人谋利等行为区别开来。对事实清楚、法规明确、有损国家权益之事项，应坚决依法处理处罚，对因无法可依、法规不明或法规不配套衔接而形成的有损国家权益之事项，应弄清情况、及时反映提出意见，对一些地区、部门和单位超越权限或违反国家法律法规，自立章法而损害国家权益之事项，应坚决依法处理处罚，并按规定报请有关方面责令纠正；对非故意或技术性错误，应酌情纠正并提出改进建议。

【专栏 10-4】张裕集团内部审计

阅读资料请扫描二维码。

三、实现实事求是的主要途径

在不同时期和不同经济条件下，由于社会生产力水平、生产社会化程度、政治经济环境不同，国家对经济责任审计中坚持实事求是的具体要求、衡量标准和制约因素也不尽相同。在我国社会主义市场经济体制建设完善过程中，在搞活经济、改革创新、“一带一路”稳步推进的宏观背景下，实现实事求是审计的主要途径是：

（一）强化审计队伍素质建设

古人云：“立德之本，莫尚乎正心。心正而后身正，身正而后左右正，左右正而后朝廷正，朝廷正而后国家正，国家正而后天下正。”“正心”，是基础。审计工作是审计人员的主观行为，不“正心”，就做不到实事求是。因此，从某种意义上讲，只有“正心”即全面提高审计人员素质，才能坚持实事求是。实践证明，能否坚持实事求是，在很大程度上取决于审计人员的素质。因此，应当不断改造审计人员的主观世界，使主观不断适应客观。人员素质是一个内涵十分丰富、外延极为广泛的综合性概念。全面提高审计人员素质，从当前情况看，必须重点抓好下述几个方面：

1. 加强政治修养，提高政治素质

审计具有依法监督、检查、评价、处理权，涉及各级各部门各单位的经济利益，在一定程度上还关系到某些人的“政绩”、奖惩与升迁，因而审计人员在实际工作中必然会遇到说情、高压、恫吓、贿赂、引诱等各种干扰。审计人员要坚持实事求是，必须始终保持政治上的清醒与坚定，增强透过现象看本质的能力；必须坚定正确的政治方向，站稳正确的政治立场，树立鲜明的政治观点，严守党的政治纪律，不断增强政治敏锐性，提高政治鉴别力，善于从政治上考虑分析各种经济行为的社会发展趋势，同各种违法乱纪行为坚决斗争，并对每件审计事项做出恰当处置。

2. 转变思想方式，提高认识能力

邓小平同志说过：“马克思、恩格斯创立了辩证唯物主义和历史唯物主义的思想路线，毛泽东同志用中国语言把它概括为‘实事求是’四个大字”。实事求是是建设中国特色社会主义理论的精髓，是我们党的思想路线的核心。因此，要使审计行为符合法律规范和当前实际，更好地坚持依法审计与实事求是，必须不断转变思想方式。要克服就账查账、就事论事的狭隘做法，树立面对当前、着眼未来的开创思想；克服只看表面、只抓现象的行为，树立追根求源、勇于探索的思想；克服先入为主、主观臆断的偏见，树立依法审计、尊重事实的思想。虽然实际情况纷繁复杂，各种经济现象瞬息万变，但如古人所言："物有本末，事有终始。知所先后，则近道矣。"只要我们不拘一格，勇于实践和探索，就会找出新形势下实事求是之规律。

3. 加强理论学习，提高工作能力

每个审计人员都要面对新的形势，根据新的要求，以多种方式进行多种层次的"学习、学习、再学习"，不断提高理论素养、政策水平和精神境界，经受改革开放、市场经济、复杂多变的国际环境的考验，不断增强宏观意识、法律意识，提高组织协调、综合分析、观察判断能力，开阔眼界，熟悉国情；提高对微观经济行为的检查能力和在微观检查基础上发现共性、提出宏观建议的能力。邓小平同志指出："毛泽东思想的基本点就是实事求是，就是把马克思主义的普遍原理同中国革命的具体实践相结合。"要真正做到依法审计与实事求是，审计人员必须不断改造主观世界，自觉地将理论与实践、依法与求是结合起来，贯彻实事求是的思想路线，不断熟悉马克思主义的基本理论，从而增强审计监督的原则性、系统性、科学性、预见性和创造性。

（二）建立健全审计监控制度

任何权力，一旦失去制约必然会产生一系列弊端。审计机关和审计人员在审计中，要真正做到依法审计、实事求是，防止出现以权谋私等不正之风，必须自觉接受党、国家、人民群众和法律、纪律的约束和监督，并建立具有较强约束力的内部监督、控制办法和措施，使之形成一套逐渐完善的自我约束、自我监督、自我控制和自我矫正的制度。要实现这一目标，当前除应坚持审计回避等制度外，还应重点建立、完善和实施以下制度：

1. 审计执法监控制度

审计执法监控是指审计机关对审计人员、上级审计机关对下级审计机关在审计工作中，是否严格依法办事、依法做出审计决定等进行的监督控制。近年来，各级审计机关已逐渐摸索了一些行之有效的执法检查办法，但目前尚未形成制度，检查的方式、内容、程序、时间、人员、标准以及检查结果如何处置等尚不规范，个别地方甚至出现走过场、应付了事的现象，使执法检查没有完全发挥其应有的作用。因此，应通过总结实践经验，使审计执法监控制度化、规范化，并加强审计复核审理。

2. 审计质量监控制度

审计质量是严格依法审计与实事求是的集中体现。加强审计质量监控，首先必须建立审计质量标准，明确在审计过程中每个环节的每一审计行为必须达到什么程度，使审计质量监控有明确的尺度。否则，审计行为的随意性、审计评价与处理的主观性就不可避免。其次必须建立切实可行的审计质量指标体系，也就是要明确审计人员在审计过程中每个审计环节的每一审计行为，是否达到质量标准和达到什么程度的具体衡量指标。最后，必须严格审计质量考核。各级审计机关对其内部职能机构和审计组、审计人员，上级审计机关对下级审计机关的审计工作质量，必须采取多种形式，进行严格考核，以促进审计质量的不断提高。

3. 审计考察奖惩制度

上级审计机关对下级审计机关的有关审计人员、各级审计机关对本级审计机关全体审计人员必须建立定期考察制度。考察内容除一般公务员的德、能、勤、绩四个方面外，还应从依法审计与实事求是的特点和具体要求出发，增加审计执法、审计质量、审计公正等内容和标准，做到赏罚分明，严格奖惩。

4. 审计人员交流制度

实行审计人员定期或不定期的交流制度，对于全面提高审计人员素质、防止因在某地或某岗位工作时间过久而形成“关系网”等多种流弊，具有十分重要的作用。因此，建立审计人员尤其是审计领导干部在不同岗位、不同部门、不同地区有计划地岗位轮换、部门交换、异地交流等制度，是实现依法审计与实事求是的一项重要举措和有效途径。

实事求是指审计机关和审计人员进行经济责任审计时，要依据审计查证的事实进行，审计机关不能做出没有事实依据的判断，更不能虚造或掩盖隐匿事实、故意夸大或缩小事实。经济责任审计必须限定在领导干部任期范围内履行的经济活动，不属于审计职责范围的不审计，与审计事项不相关的行为或未涉及事项不审计，以防止带来不必要的审计风险。同时，审计中要坚持历史的观点，划清前后任的责任、政绩，客观真实、实事求是地评价领导干部任期经济责任，切忌把所有成绩归功于一任领导，或把单位存在的所有问题都归责于一任领导。对被审计单位在财政收支、财务收支和重大经济活动中存在的一些突出问题，必须鲜明地分清责任，既要划清直接责任、主管责任和领导责任，又要弄清是主观责任还是客观责任，真正客观地界定领导应负的责任。

第四节　客观公正，审计道德之基

一、客观公正的法规依据

我国现行《注册会计师法》是 1993 年 10 月 31 日第八届全国人民代表大会常务委员会第四次会议通过，根据 2014 年 8 月 31 日第十二届全国人民代表大会常务委员会第十次会议《关于修改〈中华人民共和国保险法〉等五部法律的决定》修正的。其中第六条规定：“注册会计师和会计师事务所执行业务，必须遵守法律、行政法规。注册会计师和会计师事务所依法独立、公正执行业务，受法律保护。”该法第二十一条具体规定：“注册会计师执行审计业务出具报告时，不得有下列行为：（一）明知委托人对重要事项的财务会计处理与国家规定相抵触，而不予指明；（二）明知委托人的财务会计处理会直接损害报告使用人或者其他利害关系人的利益，而予以隐瞒或者作不实的报告；（三）明知委托人的财务会计处理会导致报告使用人或者其他利害关系人产生重大误解，而不予指明；（四）明知委托人的会计报表的重要事项有其他不实的内容，而不予指明。对委托人有前款所列行为，注册会计师按照执业准则、规则应当知道的，适用前款规定。”该法第二十二条还具体规定：“注册会计师不得有下列行为：（一）在执行审计业务期间，在法律、行政法规规定不得买卖被审计单位的股票、债券或者不得购买被审计单位或者个人的其他财产的期限内，买卖被审计单位的股票、债券或者购买被审计单位或者个人所拥有的其他财产；（二）索取、收受委托合同约定以外的酬金或者其他财物，或者利用执行业务之便，谋取其他不正当的利益；（三）接受委托催收债款；（四）允许他人以本人名义执行业务；（五）同时在两个或者两个以上的会计师事务所执行业务；（六）对其能力进行广告宣传以招揽业务；（七）违反法律、行政法规的其他行为。”中国注册会计师协会依据《注册会计师法》的上述原则，在2020年修订的《中国注册会计师职业道德守则（2020）》中指出，注册会计师应当遵循客观公正原则，公正处事，实事求是，不得由于偏见、利益冲突或他人的不当影响而损害自己的职业判断。如果存在对职业判断产生过度不当影响的情形，注册会计师不得从事与之相关的职业活动。

二、客观公正的重要性

（一）客观公正能够保证全面、真实、准确反映被审计事项的本来面目

审计人员进行审计时，只有做到客观公正，才能全面、真实、准确地反映被审计事项的本来面目。

1. 只有客观公正才能保证全面反映被审计事项的情况

审计是一项经常性的监督制度。它与纪检、监察等监督活动的重要区别之一就在于，并非被审计单位有问题才对其进行审计。换言之，纪检、监察等是对某项已发现的问题进行专门的监督和检查，审计则是对被审计单位或事项的全面情况进行经济性、制度性的监督和检查。因此，客观公正在审计工作中具有特别重要的意义。在经济体制改革过程中，出现的问题较多，经济运行的各方面、各环节的矛盾也较突出，在这一情况下实行审计监督，维护国家财经法纪，有时会给人一种错觉，认为审计就是查出问题的。即使在审计队伍内部，有的审计人员也存在这种错觉。这表现在审计工作中，特别是在审计开始阶段，有些审计人员由于担心发现不了被审计单位存在违反财经法纪的问题而焦虑，而在查出一些问题之后，则不再深入地查下去，认为已经查出问题了，能够“交账”了，甚至“留有余地”，以备再次审计之用，对被审计单位或事项的全面情况则不去认真检查了解，这既不客观公正，又不积极稳健。事实上，审计既需肯定成绩，又要揭露问题，应力求查清查实被审计单位存在的正反两个方面的情况。如果审计人员不能够做到客观公正，就会只查找反面的问题；如果不能做到积极进取，就会浅尝辄止或留有余地；如果不能做到稳健、循序渐进，就不能把审计工作做到实处。

2. 只有客观公正才能保证充分揭示被审计事项的真实情况

在全面反映被审计事项情况的基础上，审计的重要目标之一是检查被审计事项的真实性，即揭示被审计事项的真实情况。在实际工作中，经常会出现这种情况，囿于审计是查出问题的偏见，有些审计人员只注意揭示被审计单位的违纪违规事项，其余事项则忽略不计，致使人们了解不到真实的情况。例如，某被审计单位因多转材料成本而少缴国家所得税等100万元，同时因少计提固定资产折旧而多缴国家所得税等80万元。两相抵冲，该单位实际因成本计算不实，少缴国家所得税等20万元。如果审计人员抱着单纯查出问题的想法，只把前者作为问题，并收缴该被审计单位100万元，必然导致一系列问题的产生。因此，审计人员必须保持客观公正，将多计成本、少缴所得税和少计提折旧、多缴所得税两种现象都如实地反映出来，并积极主动地寻找造成这种差错的原因，建议被审计单位采取措施，防止这类问题的再次发生。

3. 只有客观公正才能保证准确反映被审计事项的本来面目

审计工作，特别是国家审计机关的审计工作，是一种群体行为，任何一个审计项目或审计事项，都需要多个人员、多个层次才能完成。第一线直接审计的人员如实发现和揭示被审计事项，需要客观公正。这一层次之后，从审计组长到派出该审计组的审计机关，在审定审计组的审计报告、出具审计意见书或下达审计决定的过程中，也必须客观公正，才能准确反映被审计事项的本来面目。实际工作中有时会出现这种情况，即在审定审计小组提出的审计报告、出具审计意见书或下达审计决定的过程中，出于全局考虑，可能会删除某些问题，这应该说是正常的。但在这一正常现象的背后，有时会出现一些不正常的事情。如有的一线审计人员，认为审定审计报告及以后的过程中删掉一些问题，是领导给被审计单位"送人情"，与其他"送"不如己"送"，于是在编制审计工作底稿和审计报告时便有意删掉一些问题。也有的审计报告的审定者的确出于照顾被审计单位的人情关系等，有意在出具审计意见书或下达审计决定时删除一些本应处理的问题。这些都是同客观公正的职业道德背道而驰的。所以，只有坚持客观公正，才能准确反映被审计事项的本来面目。

（二）客观公正能够保证恰当选择和严格执行财经法规

审计工作是在反映被审计事项本来面目的基础上，依据一定的标准，衡量被审计事项是否真实、合规和合法，并提出审计意见和做出审计决定，这标准就是财经法规。而财经法规如何运用，需要审计人员发挥专业判断，因此客观公正、积极稳健又成为正确执行财经法规的关键。

1. 只有客观公正才能保证审计人员恰当地确定适用的财经法规

查清事物的本来面目，依据一定的标准衡量被查事项是否真实、合规和合法，这一工作过程在不同的工作领域有不同的方式，可以由不同的人或单位去完成。在司法判案领域，通常侦查工作由公安部门去做，起诉工作由检察部门进行，判决工作则由法院去完成。审计工作则不同，与司法判案领域相比，审计工作的特点之一是工作高度汇总集中，从搜集事实证据、选择衡量标准到做出判断这一完整过程，都由审计部门独立承担。这就要求审计人员必须确认适用的财经法规。改革开放以来，国家陆续制定了大量法律和法规，再加上各地区和各部门制定的规章，可作为审计依据的财经法规可谓浩如烟海。因此，审计人员不能闭目塞听，不学法、不知法、不懂法，更不能随意选法，随意用法。审计人员必须首先学法、知法，然后结合被审计事项的实际，客观公正地进行比较筛选，才能恰当地确定适用的财经法规。

2. 只有客观公正才能保证审计人员严格执行财经法规

确定适用的财经法规，仅仅是对被审计事项做出衡量的第一步。将被审计的事项与适用的财经法规相对照，如何进行衡量，很大程度上还取决于审计人员的职业判断。因为适用的财经法规通常只是做出了原则性或适于全国范围的规定，究竟如何衡量，审计人员还要运用一定的自由裁量权。因此，在确定适用的财经法规的基础上，要做到客观公正，非常关键的就是审计人员一定要用好自身的裁量权，把握准自己的职业判断，严格执行财经法规，否则会失之过宽或过严。值得注意的是，由于经济体制处于转变之中，许多财经法规不很配套，审计人员一旦把握不准、执行不严，就会造成执法宽严失当的问题。有时审计人员甚至会知法犯法、徇私枉法。可见，客观公正对于严格执行财经法规具有十分重要的意义。

（三）客观公正能够保证做出恰当的审计评价或审计决定

审计意见书和审计决定是审计一个单位或事项的最终成果，审计机关和审计人员应对被审计单位或事项做出中肯、恰当的评价或决定，这就要求审计机关和审计人员必须坚持客观公正。

1. 只有客观公正才能保证所做的审计评价或审计决定准确

无论采取何种方式和方法进行审计检查，或取得了什么样的审计证据，也不管确定适用哪些具体的财经法规，怎样去严格执行，最终都要恰当做出审计评价或审计决定。恰当的审计评价或审计决定，首先应当准确，不能含糊其辞，更不能失之偏颇。只有客观公正才能保证审计机关和审计人员做出合乎实际而又能为被审计单位所接受的审计评价或审计决定。

2. 只有客观公正才能保证所做的审计评价或审计决定符合法律规范

审计机关有权依法做出审计评价或审计决定，而且不受其他行政机关、社会团体和个人的干涉。按照行政诉讼法及其他有关法律、法规规定，作为审计评价或审计决定接受方的被审计单位如有不同意见，有权提出行政复议或向法院提出上诉。这既是为了保障被审计单位的权益，也是对审计机关的制约。如果审计人员充分履行了客观公正的职业道德，做出审计评价或审计决定后，在一般情况下就不会有多少被审计单位提出行政复议或向法院上诉。近年来也有一些被审计单位对审计决定提出了行政复议或向法院上诉，甚至向更高一级的法院再次上诉。经过行政复议或法院裁定，有些的确证明当初的审计决定是错误的或不恰当的，更多的则是再一次证明了当初的审计评价或审计决定是正确的。实践证明，只有做到客观公正、积极稳健，才能使审计评价或审计决定经得起行政复议或法律诉讼的检验。

3. 只有客观公正才能保证所做的评价或决定经得起历史检验

审计依据一定的法律、法规做出审计评价或审计决定，但也可能由于立法滞后或法规不完善，没有恰当、适用的法律法规可循，如《中央预算执行情况审计监督暂行办法》第十一条就规定："国务院财政税务部门和中央其他部门发布的财政规章、制度和办法有同有关法律、行政法规相抵触或者有不适当之处，应当纠正或者完善的，审计署可以提出处理建议，报国务院审查决定。"特别是在改革时期，事物的发展常常先于立法的进程。所以，依法做出审计评价或审计决定有时就比较困难。在这种情况下，审计机关可以选择几种不同的处理方式：根据不完全适用的现有法规结合自己的职业判断做出审计评价或审计决定；向上级有关部门提出纠正或完善现行规章、制度的建议；只是做出某种评价但不作处理决定。不论采取何种处理方式，实际上都是审计机关自身选择了某种决定（决策）。这种决定（决策）是否恰当，被审计单位提出行政复议或向法院上诉与否，只是一定时限内的事。但是，随着时间的推移，无法逃避、必然面临的是历史的检验。即使对审计评价或审计决定提出行政复议或向法院上诉，甚至复议或法院判定仍维持原审计评价或审计决定，包括审计提出并被采纳的纠正或完善某些规章制度的建议，在时间的长河中，也可能会被证明部分或全部是不正确、不恰当的。审计人员尽管受到历史的局限，但只要坚持客观公正，就能够保证所做的审计评价、审计决定经得起或基本经得起历史的检验。

（四）客观公正能够保证审计作用的充分发挥

我国社会主义市场经济条件下的审计事业从开创到现在时间不长，能够发挥像今天这样大的作用，离不开广大审计人员客观公正、积极稳健的工作。审计作为一项崭新的事业，为充分发挥其作用，还需要在这方面继续努力。

1. 客观公正有助于审计在宏观调控中发挥作用

大量的审计工作开始是对单个的被审计单位进行的，但不能仅限于此。在宏观管理方面发挥监督作用，是国家对审计监督的要求。国家审计机关不仅审计的覆盖面比较大，而且机构设置上自成体系，业务上以上级审计机关的领导为主，完全有可能在微观审计的基础上，在宏观调控中多发挥一些作用，这些年的审计实践已经证明了这一点。在经济体制改革深化和经济增长方式转变的大趋势下，审计人员更应该遵循“宏观—微观—宏观”的模式，积极开拓，大胆创新，在维护国家财政经济秩序、促进廉政建设、保障国民经济健康发展等宏观调控方面发挥更大的作用。

2. 客观公正有助于改进审计工作

我国社会主义市场经济条件下的审计制度建立以来，取得了很大成绩，有了长足的发展，但与经济发展对审计的要求还不完全适应，还需要审计人员客观公正地对待面临的现实，积极而又稳健地改进审计工作。例如，在社会主义市场经济体制下应建立什么样的审计监督机制，应如何发挥审计的职能作用，怎样科学地界定审计的范围，政府事权划分与审计监督的关系怎样，审计工作规范化及现代技术方法在审计中的应用，等等，都是摆在审计人员面前的重大理论和实践问题。只有客观公正地研究各种相关因素，大胆探索、积极开拓，同时稳健行事、分步实施，才能把审计工作不断向前推进。

3. 客观公正有助于提高审计工作质量

审计工作是一项群体行为，审计机关内部每个成员只有具备客观公正、积极稳健的职业道德，才能提高审计工作质量，如审计组的审计工作方案及其修订需经有关领导批准，审计成员的审计工作底稿必须经审计组长审签，审计机关应对照审计工作底稿审定审计组的审计报告，审计机关领导应注意把握审计意见书或审计决定与审计报告、被审计单位的反馈意见相协调等。审计人员只有做到客观公正，才能协同作战，从而保证提高审计工作质量。

三、实现客观公正的基本要求

（一）依法独立进行审计

经验证明，独立性是审计人员客观公正、积极稳健地开展工作的保证。独立性，是指审计机关和审计人员依法独立行使审计监督权，不受其他行政机关、社会团体和个人的干涉。其主要体现是：

1. 审计机构的独立性

《利马宣言——审计规则指南》第二章指出，为客观而有效地完成其工作任务，最高审计组织必须独立于被审计单位之外，不受外来影响，并强调最高审计组织的独立性应由宪法予以保证。《中华人民共和国宪法》第九十一条规定：“国务院设立审计机关，对国务院各部门和地方各级政府的财政收支，对国家的财政金融机构和企业事业组织的财务收支，进行审计监督。审计机关在国务院总理领导下，依照法律规定独立行使审计监督权，不受其他行政机关、社会团体和个人的干涉。”《中华人民共和国宪法》第一百零九条也规定:“县级以上的地方各级人民政府设立审计机关。地方各级审计机关依照法律规定独立行使审计监督权，对本级人民政府和上一级审计机关负责。”由此可见，我国的根本大法对我国审计机关独立性的规定是十分明确的，这是审计人员客观公正地开展工作的必要条件。

2. 审计经费的独立性

审计机关的独立性，必须有审计经费的独立为保证。《审计法》第十一条对此专门作了规定:“审计机关履行职责所必需的经费，应当列入预算予以保证。”其一，审计经费的来源必须正当。作为国家审计机关，其经费不能采取收费或转嫁负担的方式，而应当列入财政预算，由本级人民政府提供。其二，审计经费的数额应足以保证开展审计工作的需要。明确经费的来源渠道，只是解决了获取经费的方式。如果列入本级政府预算的审计经费数额不足，那么审计机关及审计人员，要么只能开展有限的工作，不可能积极进取，要么会采取不正当方式解决经费问题，从而牺牲客观公正。所以，审计机关履行职责所必需的经费不仅应当列入财政预算，而且在数额上要足以保证需要。只有保证审计经费的独立性并能满足审计工作的需要，才能使审计人员切实做到客观公正，也才有可能维持审计队伍的稳定，保障审计队伍的廉洁。

3. 审计工作的独立性

在审计机构、审计经费独立的前提下，审计人员要做到客观公正，还必须具备工作上的独立性。为此，必须建立健全以下两项制度:

第一，审计人员回避制度。《审计法》第十五条规定:“审计人员办理审计事项，与被审计单位或者审计事项有利害关系的，应当回避。”“利害关系”，主要是指审计人员有无在被审计单位兼职或审计人员与被审计单位有无经济利益关系；审计人员与被审计单位的负责人或者财务负责人有无夫妻关系或直系亲属关系等。如果存在这些利害关系，审计人员的客观公正将受到影响。因此，不仅按照法律要求，从职业道德的角度考虑，审计人员也应当回避；不仅审计机构安排工作要考虑回避，审计人员本身也应当主动提出或要求回避。

第二，审计人员保护制度。审计机关和审计人员在审计工作中要坚持独立性，为了保证这种独立性，使客观公正真正落到实处，还应当建立相应的保护审计人员的制度。因此，《审计法》第十七条规定:“审计人员依法执行职务，受法律保护。任何组织和个人不得拒绝、阻碍审计人员依法执行职务，不得打击报复审计人员。”违反这些规定的，可依法进行处理。这对于审计人员增强客观公正的职业道德观念并付诸实行，无疑具有重要的保护作用。

（二）审计工作规范化

审计人员在实际工作中，要坚持客观公正，必须遵循审计规范。审计规范，即审计工作准则，是审计工作应遵循的规范和尺度，也是评价和考核审计工作的规则。客观公正要求审计工作规范化，因为后者将对客观公正产生影响。审计规范是审计人员客观公正的基础。审计规范作为审计人员应遵循的工作准则，具体载明了审计什么，怎样审计，应达到什么样的标准等。审计人员的客观公正必须在此基础上进行，如果没有这一基础，审计人员就难免会带有主观随意性，甚至各行其是。如果没有这样的基础，审计人员也很难判定自己是否积极稳健，要么畏首畏尾，不能放手工作；要么盲目行事，造成失误。被审计单位和其他相关单位或人员也很难判定审计人员是否做到了客观公正、积极稳健。比如对不同被审计单位同类内容的审计，在没有相应审计规范的条件下，具体审计什么和达到什么样的标准，即使由同一审计人员审计，也完全可能采取不同的做法，其结果自然也不会一样。尤其是不同的被审计单位，其具体业务情况可能完全一致（特别是同一部门、同一行业、同一总公司系统内的企事业单位），当需要对不同单位采取某些处理和处罚措施时，被审计单位很难判定审计人员的工作是否真的做到了客观公正，审计人员也可能因无统一的审计标准而出现审计处理、处罚上的畸轻畸重，从而影响客观公正。审计规范与审计人员客观公正、积极稳健是互为因果、互相促进的关系，审计规范影响审计人员客观公正、积极稳健的程度，而审计规范的发展与完善本身就是审计人员坚持客观公正的结果。

（三）审计规范的程度影响着审计人员客观公正的程度

作为审计人员客观公正的基础之一的审计规范不是一成不变的，它本身也需要不断地发展和完善。从国外情况看，世界上第一部审计准则——《审计准则试行方案——公认的重要性和范围》是由美国注册会计师协会审计程序委员会于 1947 年制定的。此后又出台了一系列的审计准则，已出台的不少审计准则也经过了数次反复修订。这是审计工作不断发展、深化的必然结果。审计规范不断发展和完善，一方面为审计人员更加客观公正创造了条件，另一方面这种发展和完善本身就是审计人员客观公正的结果。从审计人员依赖审计规范的角度讲，审计规范的程度影响着审计人员客观公正的程度。我国以往虽未正式发布过国家审计准则，但并不意味着我国的国家审计工作无章可循，更不表明审计人员只是随意进行审计，或消极等待。经过努力，目前我国已出台许多审计规范，从而能够进一步提高审计人员客观公正的程度，审计人员也可以在新的起点上更加积极稳健地投入审计工作。

客观公正是经济责任审计应该站在客观公正的立场上，始终保持审计机关和审计人员的独立性，使经济责任审计的依据和结论建立在客观事实的基础上，不能借以谋取私利或者故意偏袒，更不能掺杂审计人员的主观因素、个人好恶和心理情感等。一方面，要保证审计人员的独立性。经济责任审计人员不仅要保持形式上的独立性，更重要的是要保持实质上的独立性，建立和实行回避制度。另一方面，经济责任审计必须以事实为根据，以法律、法规和有关规定为准绳，得出恰如其分的审计结论。审计结论要内容准确，措辞恰当，文字简洁，切忌空谈。用语一定要准确、规范，不得使用使人难以理解和产生错觉的语句，尽量减少主观评语，切忌使用粉饰性语言。

【专栏 10-5】中央颁布经济责任审计规定（节选）

阅读资料请扫描二维码。

【关键概念】

经济责任审计（economic responsibility audit）

受托责任（commission responsibility）

内部审计（internal audit）

经济责任（economic responsibility）

大数据审计（big data audit）

【复习思考题】

1. 什么是经济责任？具有哪些特征？

2. 直接责任、主管责任和领导责任是如何界定的？

3. 审计人员如何才能做到有法必依？

4. 坚持实事求是的基本要求有哪些？

5. 如何理解客观公正的重要性？

【练习题】

一、单项选择题

1. 经济责任所具有的特征是由（　　）的本质决定的。

A. 财政财务审计　　B. 经济效益审计　　C. 财经法纪审计　　D. 经济责任审计

2. 从政治学角度来审视，（　　）是在法律制约下的一种监督手段，为的是以权力监督制约权力。

A. 财政财务审计　　B. 经济效益审计　　C. 公正审计　　D. 财经法纪审计

3.（　　）是消除腐败机会、提前遏制腐败行为最直接、最有效的手段。

A. 审计监督　　B. 审计鉴证　　C. 审计评价　　D. 审计制约

4.（　　）是审计工作的基本原则。

A. 依法审计　　B. 实事求是　　C. 客观公正　　D. 有法必依

5.（　　）是严格依法审计与实事求是的集中体现。

A. 审计执法　　B. 审计质量　　C. 审计考察奖惩　　D. 审计人员交流

二、多项选择题

1. 经济责任审计的依据主要包括（　　）。

A. 立项依据　　B. 审计依据　　C. 立法依据　　D. 会计依据

2. 经济责任审计中的独立性主要表现为（　　）。

A. 机构独立　　B. 人员独立　　C. 工作独立　　D. 经济独立

3.（　　）是经济责任审计工作的专门法规和规章。

A.《中华人民共和国审计法》

B.《中华人民共和国审计法实施条例》

C.《党政主要领导干部和国有企业领导人员经济责任审计规定》

D.《党政主要领导干部和国有企业领导人员经济责任审计规定实施细则》

4. 审计监督制度包括（　　）。

A. 审计执法监督制度　　B. 审计质量监控制度

C. 审计考察奖惩制度　　D. 审计人员交流制度

5. 我国的三大类审计是指（　　）。

A. 内部审计　　B. 国家审计　　C. 社会审计　　D. 经济责任审计

三、判断题

1. 经济责任审计的主体主要是指国家审计机关，不包括内部审计机构、社会审计组织以及国有资产监督管理委员会派驻企业的监事会等。（ ）

2. 经济责任审计的传统职能是监督、鉴证和评价。（ ）

3. 我国的《审计法》中既规定了相关主体触犯法律所要承担的刑事责任和行政责任，又规定了关于民事责任的处罚。（ ）

4. 在我国审计法体系中，既有在全国人民代表大会制度下确立的法律，又有行政法规和部门规章，同时还包括各类地方性法规。（ ）

5. 经济责任是与职务无关的职责或义务。（ ）

【案例分析题】

国有资产侵占：国企A公司存在管理问题，导致国有资产严重流失

一、案例背景

国企A公司成立于1995年，是为开发区域土地资源而设立的一家小型地产企业。初始注册资本800万元，两次增资后注册资本为5 000万元，已开发4个地产项目。审计对象甲除了担任A公司董事长外，还担任其股东F集团董事长。由于审计对象职务调整，接受经济责任审计，A公司亦接受了审计。

二、审计过程

（一）审视发现问题，分析原因

通过财务分析和查阅资料，审计人员发现A公司存在以下两个问题：

1. 管理费用过高，导致公司长期亏损。审计人员通过财务数据库提取公司董事长在A公司任职期间的财务数据，对公司审计期间的经营成果、往来款及账龄进行深入分析后发现，A公司2001—2010年连年出现亏损，亏损总额近1 000万元，年均亏损100万元。审计人员深入分析发现，A公司年均管理费在100万元以上，在项目筹备阶段，年收入额仅为60万元，管理费用却高达140万元，企业项目未见异常。审计组认为，管理费用过高是A公司亏损的主要原因。

2. 风险控制不力，导致大额款项无法收回。审计人员根据重要性原则，重点选取A公司账面账龄长、金额大的往来款项，分析款项性质、收款单位性质及资金流向规律，并抽查相应的合同及原始资料。审计发现，A公司在项目开发阶段与某民营企业B公司签订协议，约定B公司挂靠A公司开发项目并负责项目销售和预收项目款，A公司则负责开具发票和缴税。项目销售阶段，B公司因故被吊销营业执照，但A公司账面仍有约500万元应收款未能收回成为事实坏账。审计人员检查相关审批资料后发现，该业务由A公司董事长经办并亲自签订合作协议，因此，审计组认为其对该项国有资产流失应承担直接责任。审计组综合经验分析，认为A公司内部控制环节存在较高风险，可能还存在其他问题，决定进一步深入审计。

（二）核查历史资料，梳理问题

审计人员进一步对公司成立、增资等各个阶段的工商注册登记、财务报表及审计报告等资料进行仔细核查，注意到A公司的两次增资过程存在引入新股东情况，原注册资本

800 万元，20 世纪 90 年代末增资至 3 000 万元，2002 年增资至 5 000 万元。

初始设立阶段，A 公司共有 5 家企业股东，均是 F 集团国有性质的关联企业；20 世纪 90 年代末，A 公司首次增资并变换了股东，变换后股东仍是 F 集团国有性质的关联企业；2002 年再增资并引入自然人股东乙持股 43%，国有股权比例降至 57%。

审计人员通过财务分析注意到，A 公司在首次增资前，账面未存在大额往来款项；2002 年引入自然人股东乙的增资后，A 公司股东 F 集团即以预付账款方式占用 A 公司预付账款 1 300 万元，占 A 公司预付账款账面总额的 99%。

2004 年，预付账款挂账单位出现变化，但预付账款总额仍然保持不变，且挂账单位仍为 F 集团下属机构。直至 2007 年，预付账款挂账单位虽然偶有变化，但性质均为 F 集团下属企业。2008 年，A 公司预付账款总额大幅降至 300 万元，2019 年账面已无大额预付账款余额。

从企业性质看，A 公司与预付账款挂账的 F 集团下属企业处于不同行业，在业务上无交集，审计人员认为该往来款项比较可疑。经询问，相关人员无法对审计人员提供合理原因说明。在核查原始资料后，审计组确认 F 集团在 2002—2007 年存在利用下属企业占用 A 公司大额资金的情况。此外，审计人员还注意到，2007 年是 A 公司开发项目开盘销售的重要一年，该年 A 公司利润大幅提升，还进行了利润分配。

三、发现问题

审计组对 A 公司挂账往来款的 F 集团下属企业进行了延伸审计。审计发现，A 公司账面挂账往来款的关联企业均与一家外部企业 B 公司和 C 公司开展了业务。以上公司均以往来款方式占有了这些关联企业的资金，金额合计 1 300 万～1 500 万元。

从企业性质看，以上公司属于不同行业，相互之间在业务上无交集。

审计人员登录工商信息网站查询得知，B 公司和 C 公司均由 A 公司自然人股东乙控制。进一步检查资料后，审计组确认了以上公司与 F 集团下属企业通过虚构交易占用 F 集团资金的问题。

至此，审计组梳理了整体交易过程，发现自然人股东乙在 A 公司增资过程中存在侵占国有资产问题，具体出资过程是：先由股东乙控制的企业 B 公司、C 公司与 F 集团下属企业通过虚构交易方式占用 F 集团资金，然后以个人名义出资投入 A 公司增资；完成增资手续后，F 集团以预付款方式从 A 公司收回出资款。股东乙借此运作成为 A 公司控股股东，并在 A 公司开发的地产项目实现销售后，以分配的利润逐步消化垫资款。

审计人员还根据 A 公司增资工商信息，取得自然人股东乙的身份信息及住址。经走访调查，审计人员了解到自然人股东乙是当地一名普通居民，家庭资产状况一般，考虑到其在 2002 年已持有大额股权投资，审计组认为自然人乙存在股权代持嫌疑。

（资料来源：黎占露．国有资产侵占行为审计案例分析［J］．中国内部审计，2019（9）：84-85）

讨论问题：

（1）国有资产严重流失，“蓄意”还是“管理疏漏”？根源何在？

（2）怎样治理国有资产侵占行为？如何对症下药？

第十一章　生态责任及其审计道德规范

【经典名言与感悟】

孟子

（公元前 372—公元前 289 年）

孟子见梁惠王，王曰："叟！不远千里而来，亦将有以利吾国乎？"

孟子对曰："王何必曰利，亦有仁义而已矣。

王亦曰仁义而已矣，何必曰利！"

尊德乐义，则可以嚣嚣矣。故士穷不失义，达不离道。穷不失义，故士得己焉。达不离道，故民不失望焉。

古之人得志，泽加于民；不得志，修身见于世。

老吾老，以及人之老；幼吾幼，以及人之幼。

故天将降大任于是人也，必先苦其心志，劳其筋骨，饿其体肤，空乏其身，行拂乱其所为，所以动心忍性，曾益其所不能。

得道者多助，失道者寡助。君子以仁存心，以礼存心。

仁者爱人，有礼者敬人。爱人者人恒爱之，敬人者人恒敬之。

——《孟子》

为人君而不能谨守其山林菹泽草莱，不可以立为天下王。

——《管子》

竭泽而渔，岂不获得？而明年无鱼；焚薮而田，岂不获得？而明年无兽。

——《吕氏春秋》

取之有度，用之有节，则常足。取之无度，用之不节，则常不足。

——司马光《资治通鉴》

大自然是善良的慈母，同时也是冷酷的屠夫。

——雨果

如果能够把生态环境优势转化为生态农业、生态工业、生态旅游等生态经济的优势，那么绿水青山也就变成了金山银山。

——习近平

孝道比王道更重要，传道比授业更重要，常识比知识更重要，选择比努力更重要！

——叶陈刚感悟

【学习目的与要求】

1. 了解审计生态环境责任的产生和理念发展历程。
2. 明确审计生态责任的主要意义。
3. 掌握审计履行生态环境责任，推动可持续发展的主要路径。
4. 掌握落实审计生态责任应具备的职业要求。

【导读】

长江大保护　审计在行动·长江篇：以生态审计守护母亲河

2018年4月，习近平总书记视察湖北、考察长江时指出，要坚持共抓大保护、不搞大开发，加强改革创新、战略统筹、规划引导，以长江经济带发展推动经济高质量发展。如何让生态保护落地落实，湖北审计机关围绕推进“长江大保护行动”，将生态保护的责任扛在肩上，以生态审计护卫绿水青山，为创建绿色湖北添砖加瓦，本栏目自12月27日起推出三条系列报道《长江大保护　审计在行动》，我们先来看长江篇。

荆州是长江之“腰”，483千米“黄金水道”约占全省长江干流的一半，在荆江大堤、沿江码头、河道采砂场区、护城河畔，随处可见审计工作者的身影，目前，通过审计，已经助推荆州年均新增造林面积60万亩，森林覆盖率从20%提高到29%。

荆州市经济责任和政府投资审计局局长肖舟在对市河道局领导干部自然资源资产审计中，将长江防护林的管护作为审计重点，提出加强防护林管护的审计建议，得到了河道等部门的高度重视。

荆州市长江河道管理局荆州分局副局长刘忠认为：“以审计整改为契机，我们将进一步加强林木管护，继续巩固‘绿满荆楚’行动成果，建设好长江经济带绿色生态屏障。”

沿江防护林的建设，既能保持水土、涵养水源，又成为沿江一道亮丽的风景线。在长江大保护的推进中，审计部门在推进经济发展与环境保护深度融合上也在探索，寻求绿色转型的答案。

咸宁嘉鱼县审计局审计干部周文娟如是说：“2017年，环保部门反映有个工业园环保问题的信访件很多，我们派出审计组对该工业园绿色改造项目进行专项审计。”

审计人员踏勘饮用水源地，走访园区搬迁居民，提出改进建议，促进了工业园内企业改用清洁能源，降低能源消耗，减少污染物的产生与排放，最终促使各项环评指标达标。而绿色转型更需要严格执法监督，确保整治效果。在咸宁赤壁，审计部门开展了打击“三非”百日攻坚战和碧水保卫战“清流行动”，全面扎实推进河湖库长制，责任落实日见成效。

咸宁赤壁市经济责任审计局副局长魏小葵说：“审计促进市政府组建专班，对长江沿线、陆水河两岸侵占水域岸线情况进行了调查和整治，大力打击非法捕捞行为和拆除捕鱼围网行动，并开展水生生物增殖放流活动；长江边小餐馆的拆除工作也正在有序推进。”

目前，通过整治，已恢复河湖库岸线1 850米、复绿面积700亩。拆除“三无”船舶12艘，取缔非法洗砂场5家，还原水域岸线4 000平方米。

沿江水顺流，目光转向武汉，长江给这座城注入了深厚宽广，也带来了活力品位。在汉阳区，已建成长江、汉江两江江滩14.3千米，形成了一道保护长江的绿色长廊，人水和谐的滨江生态景观带也呼之欲出，“城在山水中，人在风景里”成为现实。

武汉市汉阳区审计局审计干部肖雅说：“作为生长在长江边，被长江水哺育滋养的武汉审计人，永葆母亲河的生机和活力，成了我们责无旁贷的神圣职责。”

在2018年开展的自然资源资产离任审计中，汉阳区审计局发现一个市政排口存在饮用水安全隐患，提请区政府投资400万元实施了应急整治工程，增设污水提升泵4台。

武汉市汉阳区审计局总审计师郭纹说：“汉阳区政府想方设法筹集资金，继续实施‘六湖连通’工程，有序实现江河湖库休养生息。我们的审计人员一直在用自己的忠诚、担当守护老百姓的饮用水安全和长江水质的甘甜。”

长江自黄冈出鄂入赣，流域内河港、湖泊交织，发源于大别山脉的巴水、浠水等六大水系均自北向南流经市域汇入长江，赋予了“承东启西、纵贯南北、得中独厚、通江达海”的区位优势，然而长期以来工农业生产、生活等污水直排长江，浸染了母亲河。

黄冈市审计局党组成员、经济责任审计局局长周少勤说：“白莲河水库是长江流域黄冈段最大的水库，审计发现，白莲河水库被多家企业所污染，白莲河水库的水体搞得富营养化。”

黄冈市白莲河水库工程管理局总工程师李志说：“我们虚心接受审计查出的问题，先后投入资金1.5亿元，开展水质综合治理‘雷霆行动’。推进水面综合整治，彻底取缔非法水上浮动设施；开展周边环境治理，全面整治涉库违法建设行为；建立健全水质监测机制，每季检测一次。”

如今，已全面拆除11 323口网箱、1 156处网拦库汊、487处非法垂钓渔排、557座土拦库汊和1 700多条“三无”船只。白莲河的水生态环境得到根本好转，库区水质重回二类。

（资料来源：洪亚飞，陈帅．长江大保护　审计在行动·长江篇：以生态审计守护母亲河［EB/OL］．［2018-12-27］．http：//news.hbtv.com.cn/p/1661297.html）

第一节　生态环境责任及其审计要求

一、生态环境责任的含义

“十四五”时期，我国已转向高质量发展阶段，党的十九大对实现第二个百年奋斗目标做出分两个阶段推进的战略安排，即到2035年基本实现社会主义现代化，到本世纪中叶把我国建成富强、民主、文明、和谐、美丽的社会主义现代化强国。展望2035年，其中生态环境方面的目标为“广泛形成绿色生产生活方式，碳排放达峰后稳中有降，生态环境根本好转，美丽中国建设目标基本实现”。生态环保任重道远，党和国家已经指明了发展方向，每一个公民和社会组织、团体都应肩负起保护生态环境的责任，共同努力，推动实现“美丽中国”战略目标的实现。

“责任”一词出自《新唐书·王珪薛收等传赞》，它有两层含义：一是指个体分内应做的事，来自对他人的承诺、职业要求、道德规范和法律法规等；二是指没有做好自己的工作，而应承担的不利后果或强制性义务。一般在经济社会生活中，责任主要与政治、经济、行政和法律等相结合，很少与生态环境相结合。20世纪60年代，随着雷切尔·卡逊《寂静的春天》的出版，世界环境保护运动拉开了序幕，各国开始重视生态环境保护：1956年，英国出台了世界上第一部空气污染防治法案——《清洁空气法案》；1969年，美国出台《国家环境政策法》，并成立联邦环境保护署。1972年，随着联合国人类环境会议确立每年6月5日为世界环境日，全球环境保护时代拉开了序幕。

生态环境责任，是指在构建生态文明的宏观背景下，政府、国际性组织、社会组织和自然人对生态环境应承担的责任。按照生态环境责任承担主体和调整的经济利益关系，生态环境责任具有以下特点：

（1）主体的多元性。生态环境是人类生产生活物质的来源和赖以生存的空间，一切人类和团体组织都离不开生态环境，保护生态环境是所有自然人和社会组织、团体的共同责任；同时，又都要对破坏生态系统的行为承担相应的强制责任。在生态文明时代，人类有义务或责任尊重自然，保持生态平衡。这就需要突破传统的责任观，既对人负责，又对自然负责；既对当代人负责，又要对后代人负责；既对本国生态环境负责，又对国际生态环境负责。但在生态环境责任主体中，国家、国际组织、社会组织和自然人因在社会中的地位、职责和活动方式各不相同，承担生态责任的方式、内容和范围也不尽相同。

（2）定位的战略性。生态保护需要每一个人都树立生态意识，履行环境责任。党的十六大把生态良好列为全面建成小康社会的主要目标。中央全面深化改革委员会第十一次会议审议通过了《关于构建现代环境治理体系的指导意见》，指出要以环境治理体系和治理能力现代化为目标，其关键正是落实各类主体的责任。生态环境保护责任是中国生态文明体系中的重要一环。要实现环境治理体系和治理能力现代化，促进人与自然和谐共生，就必须层层落实生态环境保护责任。保护生态已提升为一种国家战略，加快实现建设美丽中国战略目标，必须加强对生态责任的研究、设计和实施。

（3）影响的国际化。世界是一个生物共同体，人类只不过是生态系统中的一个小系统，人与自然只有和谐共处，才能实现可持续发展。对人类赖以生存的地球环境提供国际保护，是使其免遭污染和破坏的世界性社会问题。不同国家之间的生态系统是相互联系、相互影响、不可分割的共同体，为了实现生态环境和人类社会的可持续发展，生态责任注定具有国际性，保护生态是全世界共同的责任。在联合国制定的人类可持续发展目标中，环境就是其中三个重要维度之一。联合国人类环境会议提出，环境问题不仅是区域性问题，而且是全球性问题，环境保护的对象是人类赖以生存的整个地球环境。《北京宣言》指出：环境问题不是孤立的，需要把环境保护同经济增长与发展的要求结合起来，在发展过程中加以解决；应充分考虑发展中国家的情况，发达国家应以优惠或非商业性条件转让环境无害技术，为国际环境保护多做贡献，以便建立起国际经济新秩序，为全球环境保护创造必要条件。

（4）标准的变动性。从“以人为中心”“人定胜天”到人与自然和谐共处的生态理念，人类对自然生态系统的态度和行为发生了质的变革。与此相应，生态环境责任也不断被赋予新的内涵和标准、内容，如国家和政府通过政策和法律机制来保护生态环境，明确环境保护责任，但随着生态环境认知的发展，以法律规范强制责任为特征的责任标准不断发生变化，如原有的水资源保护责任在于污水处理后的有害物质的种类和排放标准不断变化，同时，保护责任还逐步扩展到水资源的生物多样性、生态保护外部性等内容，从先发展再治理到“绿水青山就是金山银山”的经济社会协调发展格局理念。生态环境责任从强制责任逐步发展为通过自觉的行动和伦理道德的软约束等内容标准。生态责任的人文价值取向引导人们热爱自然、热爱生命、对社会负责、对生态负责、对子孙后代负责，为人类的一切活动指引方向，坚持走人与自然和谐发展的科学之路。生态责任的内涵和标准在发展、演进。

（5）落实的制度保障性。在人类的生态文化和法律文化高度融合的今天，生态责任设计与实施必然在伦理与法治两方面得到充分的体现。生态环境责任制度贯穿了源头预防、过程控制、损害赔偿、责任追究的生态文明建设全过程，是生态文明制度体系中的一项基础性制度。要实现环境治理体系和治理能力现代化，加快建设美丽中国，促进人与自然和谐共生，就必须坚持巩固、完善发展、严格执行生态环境保护责任制度。每个合格的公民，都应当是具备“理性生态人格”和“环保法律人格”双重性的自然人。一方面，自然人要积极地履行生态伦理、环保法律方面的责任，自觉地养成良好的生态文明习惯，并且主动研究、学习和借鉴他人先进的生态文明方式，制止或纠正浪费资源、破坏生态环境的行为；另一方面，如果做出了违反生态环保法律、违背生态伦理的行为，就应该承担相应的生态责任后果。

（6）作用的基础性。现代文明是多种文明的集合体，诸如政治文明、物质文明、精神文明和生态文明等，其中生态文明是最有基础性意义的文明。生态环境问题已经不是什么遥远的危机，而是眼前的危机，没有良好的生态基础，一切文明的构建都将失去基础，因此生态责任在整个责任体系中具有基础性地位。生态环境责任是生态文明建设的“基石”，生态文明建设过程中所涉及的各个主体都对生态环境负有需要具体落实的责任。只有基础打牢，生态文明建设才能稳步形成。党的十九届四中全会审议通过的《中共中央关于坚持和完善中国特色社会主义制度、推进国家治理体系和治理能力现代化若干重大问题的决定》中提出了“严明生态环境保护责任制度”的重点任务，由此可见生态环境责任的重要之处。

二、生态环境审计的产生发展：时不我待和大势所趋

关于审计的起源，有的学者认为审计起源于会计，有的则认为审计起源于委托、代理关系，由监督确认受托管理经济活动的代理人的责任落实情况而产生。然而，无论何种情况，审计都没有将环境内容纳入审计的范围，如丹麦 SBN 银行的文件所述，组织背景下的道德，不能指望人人都能共享这些信念，只有它的团队成员都能接受它时才是道德的。它是一个对话过程和该对话所产生的行动，进而达成一致。生态环境审计的产生，源自资源环境破坏严重威胁人类的生产生活，以及公众对污染治理资金使用效果的关注，同时也是审计人员对自身职责使命的升华——在生态环境保护中，为可持续发展的实现发挥作用的道德感和使命感。

（一）国外生态环境审计的产生

社会各界对于生态环保意识的责任感和使命感加强，作为环境治理资金使用效率、效果履行监督职责的审计也参与进来，通过生态环境审计发挥环境保护的作用。1977 年，第十届世界审计组织大会将环境保护审计作为四个技术性主题之一，这标志着政府环境审计正式进入国际舞台，更多的国家意识到生态环境审计的重要性并自此开始制定本国的生态环境审计制度。

1992 年，世界审计组织成立环境审计工作组（Working Group on Environmental Auditing，WGEA），为世界各国环境审计的发展提供了行动指南。2008 年 11 月，世界审计组织第 58 次理事会将“环境审计与可持续发展”作为会议主题，为政府生态环境审计的发展指出了新方向，确保了环境保护投入要素的使用合法合规，促进了生态环境审计的可持续发展。国家审计在生态环境审计责任履行方面，内部审计和社会审计也分别从自身的职责范围寻找能够发挥作用的角度，如内部审计从企业或组织遵循环保法律法规的情况、环保资产和负债的审计等方面，进行监督、评价，发挥作用。这一时期，审计的环境责任意识不断强化，通过制度化、规范化的指南强化审计效果，促进审计责任实现，审计内容和手段逐渐丰富。

（二）国内生态环境审计的产生

我国生态环境审计开始于 20 世纪末，但审计人员对环境责任认识的起点比较高，审计责任实现路径合理，生态环境审计获得了较快的发展，尤其是国家审计在生态环境保护方面取得了令人瞩目的效果。下面主要介绍我国审计机关在生态环境审计落实生态责任方面的发展历程。

1. 萌芽阶段：1983—1997 年

在 20 世纪末，我国的经济发展以重工业为支柱，随着工业污染问题的加剧，国民的环保意识逐渐确立，环境保护日益受到重视。1983 年 9 月 15 日，中华人民共和国审计署成立。成立初期，对于生态环境的审计尚处于摸索中，各种概念和事项还没有明确，审计的生态责任意识主要关注环境治理资金使用的合法合规方面，生态环境审计制度建设也相对薄弱。

2. 起步阶段：1998—2002 年

1998 年农业与资源环保审计司成立，政府审计中正式引入了生态环境审计的概念，从而强化了环境审计职能意识。在地方审计机关内部设置专门的环境审计机构。环境审计关注点扩展到能源配置、资源节约和环境保护资金等方面，并开展生态环境专项调查工作，并对审计发现的环境问题进行监督整改。2000 年，亚洲审计组织的环境审计委员会成立，我国审计署在其中发挥重要作用，促进了我国生态环境审计地位的提升。

3. 探索阶段：2003—2007 年

2003 年，审计署成立环境审计协调领导小组，联合下属各司局组织协调政府环境审计工作，审计生态责任关注内容从单一的环境投入资金转变为水资源、大气资源、森林资源等项目，生态环境审计得到多元化的成长和发展。各方面专家学者都对生态环境审计理论基础做出了重大贡献，审计生态责任关注的内容和作用模式不断提升，生态环境审计工作取得明显成效，初步形成了一套具有中国特色的生态环境审计模式。

4. 全面发展：2008 年至今

这一阶段，伴随着审计在国家经济社会生活中职能定位的提升，国家对生态环境保护力度的强化，生态文明建设被纳入“五位一体”战略层次，并写入党章，审计在环境保护中的作用路径和内容有了更加清晰的认识。党的十九届三中全会组建中央审计委员会，对新时代生态环境审计提出了更高要求。党的十九届四中全会提出要实行“最严格”的生态环境保护制度，严明生态环境保护责任制度，强化对生态环境审计的顶层设计和统筹协调，推动生态环境审计向广度和深度发展，在更高层面发挥对生态文明建设和实现经济高质量发展的促进作用。

总而言之，我国生态环境审计的发展经历了萌芽、起步、探索、全面发展四个阶段。审计生态责任关注的内容由点到面、由单一到多元的发展，从最早的专项资金审计扩展到水资源、森林资源、大气资源等的污染防治，领导干部自然资源离任审计、自然资源资产负债审计探索等多方面，审计人员的生态责任落实为生态环境建设做出了巨大贡献。

三、生态环境审计责任的含义

在生态文明建设过程中，审计人员具有不可替代的作用。在经济飞速发展的今天，审计人员的责任使命不仅仅体现在经济领域，还应该体现在社会的各个领域。在自然资源与环境屡屡告急的时代，让自然资源能够造福千秋万代的任务刻不容缓，每个审计人对生态环境都负有一份义不容辞的责任。

生态环境审计责任是审计人员以及审计行业对生态环境负有的特定责任和使命，这种责任和使命以道德为基础、以法律为支撑、以政策为导向，旨在平衡经济发展和生态环境的关系。建设生态文明是关系人民福祉、关乎民族未来的长远大计。审计人员应在推动生态文明的同时，实现国家生态环境的可持续发展。生态环境审计责任在所有生态环境责任共有的特性外，还具有自身显著的特点：

（1）生态环境审计责任意识的双重属性。生态环境审计责任源于审计人员在当前的时代背景下，对于生态环境责任的自主担当。时代与经济技术的发展为人类带来便利的同时，也威胁着人类的生存环境安全，我们有了高楼筑起的城市森林，却逐渐失去了绿色森林。环保对人类来说，不再是一个标语或者口号，而应该发展成为一种意识形态和生活习惯。审计人员作为推动社会发展的中坚力量，应承担起生态环境的审计责任，体现出审计人员的担当与作为。在此基础之上，我国接连出台了一系列生态文明建设的政策法规，提出了一系列的新要求、新目标。我国审计机关通过对大气、水资源、矿产资源、森林资源等人民群众关注的生态环境和资源等专项立项进行审计，通过生态环境政策跟踪、财政资金、领导干部经济责任和环境责任等多种审计类型，履行生态环境责任，甚至在国有企业审计、金融审计等审计中，也合理地融入了生态环境理念，关注生态环境质量改善目标、治理工具现代化等。污染治理监督如何落实，如何达到国家的战略目标，审计人员有着一份不可推卸的责任。这种责任推动着审计人员生态环境审计意识的发展。

（2）生态环境审计责任作用路径的系统性。审计人员对生态环境的责任感使得他们在审计环境资源的每一个环节中恪尽职守，尽职尽责。审计是一项系统性的工作，每一项审计工作都有其特殊之处，同时又有着千丝万缕的联系。资源环境审计与其他的审计工作类似，系统性是其特征之一。环境审计过程中的每一项工作都是紧密相连的，形成了一个整体系统的工作。从审计计划的制订，确定审计项目、明确审计重点、建立审计目标、进行审计取证到得出最终的审计信息披露结果和构建问题整改机制，这一系统循环的过程始终贯穿着审计人员对生态环境的一份责任，也是生态环境责任在审计工作中的系统性体现。

（3）生态环境审计责任履行的专业性。在建设生态文明的过程中，每一个领域都有其独特的专业性。审计人员在履行生态环境审计责任时，不仅要求审计人员能够娴熟地运用审计知识发挥作用，还要求审计人员对环境生态领域的知识有所了解，甚至要深入研究，才能客观、有效、全面、深入地揭示问题。在资源环境的审计过程中，生态环保体制机制存在问题的揭示、审计建议的提出、相关评价指标的选择和结果的分析都要运用生态环境领域的专业知识。具体方法如地理信息技术审计法、舆情排查分析法、目标考核对比法、实地走访查看法、数据分析对比法等。资源环境审计涉及的专业内容广、标准差异大，相较于以往的经济领域的审计，资源环境审计要求审计人员了解跨学科知识，不仅要求审计人员具有“三头六臂”，还要求审计人员“上知天文，下晓地理”，这对审计人员及审计工作提出了极大的挑战。

（4）生态环境审计责任影响的外部性。审计人员以生态环境的责任意识为起点，通过专业、系统的审计工作履行生态环境审计责任。审计人员以一个相对独立、客观的身份进行审计工作，形成的审计结论并不直接作用于审计人员或者被审计的资源环境自身，而是通过资源环境法律法规及政策措施等影响不同利益主体，还有很多时候会影响区域外部，甚至是国际社会，因此生态环境责任的影响具有较强的外部性。审计人员的审计范围较为广泛，因此作用范围也较大，可能涉及政府管理部门、企事业单位、领导干部和其他个人。通过对环境进行审计发现问题，给出分析意见和解决措施，以规范管理、完善制度、惩治不作为或者违法犯罪的单位和个人，如通过水污染治理，本地区水质状况会有所好转，但是下游区域没有投入相关治理成本也获得了水质状况的改善，这就是经济学领域的“外部性”问题，审计要关注这种外部性，在有效发挥审计作用的同时研究科学有效的治理工具，科学有效地提出对策建议，这样才能有效地履行生态环境责任。通过审计责任履行后对外部发挥的影响可知，审计责任的履行是内外部综合作用和影响的有机整体。

四、生态环境责任与担当：初心与使命

1. 生态环境审计责任源于为人民服务的理想信念

审计人员在工作中应始终坚持为人民服务的宗旨，这是生态环境审计责任产生的基础，审计人员应致力于发挥审计在监督体系中的重要作用，切实提高思想和行动高度，自觉围绕中心、服务大局，勇于担当担责、改革创新，在生态环境中发挥应有的作用。审计人员在追求提高个人道德修养的同时，生态环境审计责任也就自然产生了。审计人员遵循本心，承担道德责任，融会贯通于行事之间，方能成其事，助力我国生态环境审计的发展与生态文明建设。

2. 生态环境审计责任源于勇于担当的审计人员初心

审计人员具有强烈的事业心和高度的责任感，由于审计精神的内在支撑，审计人员勇于克服诸多困难，以人民利益为出发点，出色完成党和国家赋予的各项审计任务。审计人员应总结党的改革开放和经济社会发展存在的体制机制障碍，自主将审计的视野转移到影响人民生活质量和幸福感的民生问题、环境问题上，将服务国家经济建设、服务人民的初心转化为对环境的责任和担当，谨守初心，强化理论武装，筑牢思想根基，牢固树立“四

个意识”，坚定“四个自信”，树立远大的理想，用使命引领未来，以一以贯之的责任和担当做好各项审计工作。敢于监督、善于监督，通过潜移默化的过程将绿色经济和可持续发展作为审计评价的一项重要标准，在审计工作中全面把握和准确领会党和国家生态环境的重大决策，时刻不忘肩负的责任和使命，心甘情愿投入其中；通过不断培养和提升专业能力，用事实和数据说话，积极作为、开拓创新、扎实苦干，兢兢业业履行生态环境审计责任和使命，促进审计事业的不断发展。

3. 生态环境审计责任源于法律的基本要求

《中华人民共和国环境保护法》规定，一切单位和个人都有保护环境的义务，并有权对污染和破坏环境的单位和个人进行检举和控告。建设污染环境的项目，必须遵守国家有关建设项目环境保护管理的规定。建设项目的环境影响报告书，必须对建设项目产生的污染和对环境的影响做出评价，规定防治措施，经项目主管部门预审并依照规定的程序报环境保护行政主管部门批准。环境影响报告书经批准后，计划部门方可批准建设项目设计任务书。这些规定暗含着审计人员在生态环境保护中的重要作用，即审计人员对于生态环境负有监督、评价等责任。

4. 生态环境审计责任源于国家政策的推进

随着对生态文明建设的大力推进，我国也不断提出一些高质量发展的新观念、新理念，低碳经济、绿色 GDP、环境会计、社会责任会计等工作的实施，都体现了我国政府对于环境问题的重视。2018 年，审计署发布长江经济带生态环境保护审计结果，除了长江经济带专项审计之外，我国还全面推开自然资源资产离任审计等系列举措，这充分显示了我国生态环境审计正提速加码。生态文明建设是国家“五位一体”重大战略部署。开展污染防治，保护和改善生态环境，建设社会主义生态文明，对于实现人与自然、人与社会和谐共生具有重要意义。审计人员作为生态文明建设中重要的一环，责任使命光荣且艰巨。

【专栏 11-1】生态环境保护：这份“责任清单”沉甸甸

阅读资料请扫描二维码。

第二节　治理环境，担负审计使命

一、审计生态责任落实的根源：时代的选择与审计的本质要求

1. 落实审计生态责任是审计工作的本质要求

良好的环境是经济健康、稳定、持续发展的基本条件。保护环境，实现经济、资源环境的可持续发展是我国的基本国策，也是每个企业应履行的社会职责。《中华人民共和国宪法》和《中华人民共和国审计法》以及相关的法律法规，明确了审计机关开展生态环境审计、履行资源环境保护职责的法律地位。国家审计机关作为国家宏观调控体系的重要组成部分和高层次的经济监督部门，在协调资源环境保护与经济发展中发挥着不可替代的作用。因此，开展资源环境审计体现了审计的目的，是审计工作的本质要求。

2. 强化审计生态责任履行是粗放型经济增长后生态环境建设的现实要求

党的十七大报告指出“经济增长的资源环境代价过大”是我国发展中面临的最突出

的问题之一，高投入、高消耗、高排放、高污染的增长方式不仅过快过多地消耗了宝贵的资源，而且造成了严重的生态破坏和环境污染，使我国面临严重的资源环境安全危机。

改革开放进程中，“唯增长速度”“唯政绩”发展的观念使我国在实现经济快速发展的同时，产生了严重的生态环境问题：雾霾现象频繁发生，空气质量变差；土地荒漠化加剧，绿地面积减少；气候变暖，海平面上升等。同时，某些地方政府领导干部的“经济人”治理理念，在“先发展、后治理”模式下，导致生态环境问题日益恶化，严重威胁了人民的生命及财产安全。随着人们环境保护理念的增强，对环境保护各项措施的审计项目的需要程度也逐渐加大。

3. 推动审计生态责任是保护资源环境安全的要求

关注资源环境安全，开展资源环境安全审计是我国经济社会发展的现实需要。这有利于进一步发挥审计的职能作用，使审计更加自觉地融入经济社会发展大局，充分发挥审计在保障国家经济社会健康运行中的“免疫系统”功能。

党的十九届四中全会指出，要实行最严格的环境保护制度，而环境保护制度的落实离不开审计机关的监督。因此，生态环境审计能够揭露重大的损失浪费、环境污染问题，防范环境危机和资源危机发生；还能够揭示资源利用和环境保护中存在的重大问题，以及重大的违法违规和经济犯罪问题。

4. 深化审计生态责任是推动治理能力现代化的需要

《审计法》第一条明确规定：“维护国家财政经济秩序，提高财政资金使用效益，促进廉政建设，保障国民经济和社会健康发展”是审计的主要目标之一。财政部在 2019 年的工作部署中提到，财政部将聚焦重点，增加对生态环保领域的投入。因此加强对环境保护专项资金的审计监督显得尤为重要，生态环境审计部门不仅要对被审计单位环保专项资金的使用、政策落实情况进行监督审查，保障资金使用的合法性、效益性，还要对其形成的环境资产、负债、费用、效益情况进行审计，揭示挤占挪用项目资金、核实项目执行情况和评价项目经济性、效果性具有重要意义。另外，审计生态责任落实可以促进人民群众获得感、幸福感和安全感的提升。通过生态环境审计对公共权力的运行进行监督和评价，可以保证权力在公共管理中运行的合规合法，避免权力的失衡。审计机关对生态环境建设过程中公共资源的运行效率以及使用效益性进行监督和评价，可以提升环境保护的公共价值，促进生态环境审计效用最大化。

5. 全面履行审计生态责任是贯彻落实和完善环保监管方针政策的需要

党的十九大报告提出将污染防治攻坚战作为决胜全面建成小康社会的三大攻坚战之一。打好污染防治攻坚战的七大标志性重大战役，即打赢蓝天保卫战，打好柴油货车污染治理、城市黑臭水体治理、渤海综合治理、长江保护修复、水源地保护、农业农村污染治理攻坚战，以生态环境质量改善的实际成效取信于民。生态环境质量的改善和生态环境审计是分不开的。审计机关开展生态环境审计，通过检查环境管理绩效水平找出目前相关政策措施不完善、不合理之处，共同探讨提高政府机构资源环保管理效益的途径，提出改进工作的建议，协助政府机构不断挖掘潜力，从而提高整体管理效益。

二、生态环境审计与国家政策相融合：理念指导与实践落实

我们党在生态文明建设的过程中提出了一系列指导思想：党的十八大报告提出大力推进生态文明建设；党的十八届三中全会提出建设生态文明，要健全自然资源资产产权制度和用途管制制度，划定生态保护红线，实行资源有偿使用制度和生态补偿制度，改革生态环境保护管理体制；党的十九大报告进一步提出要推进绿色发展，着力解决突出的环境问题，加大生态系统保护力度，要改革生态环境监管体制。加强对生态文明建设的总体设计和组织领导，设立国有自然资源资产管理和自然生态监管机构，完善生态环境管理制度，统一行使全民所有自然资源资产所有者职责，统一行使所有国土空间用途管制和生态保护修复职责，统一行使监管城乡各类污染排放和行政执法职责。依据这些指导理念，生态环境审计工作需要面对新的挑战与要求；与此同时，生态环境审计的实践落实也对我国生态文明建设起到了助推作用，两者相互融合、相互促进，共同建设我国的生态文明。

1. 生态环境审计有利于生态文明体系的完善

生态文明建设思想指导着生态环境审计的大体方向，生态环境审计的结果又可以反过来指导生态文明体系建设：生态环境审计不仅仅是审计资源环境，它还涉及国家的各个决策层级，如拨付资金的财政支出体系、环境质量的评价体系、改善资源环境的重大项目等，多个体系机制联合建设生态文明体系势必会遇到一些协调机制上的问题，生态环境审计站在一个“局外人”的角度，得出的结论结果较为客观公允，有利于及时发现生态文明体系中存在的问题并及时给予纠正和完善，可以为生态文明建设宏观决策提供更全面的依据。

2. 生态环境审计对生态文明建设进行有效监督

在党和国家进行生态文明建设的过程中，必不可少地要向各组织拨付各种专项治理环境的资金，这些资金的筹集、分配使用是否达到党和国家的基本要求，通过生态环境审计，能够及时有效地反映并对其进行监督。除了对资金的监控，生态环境审计还能够监督领导对资源环境的治理是否合规、合理、有效，审计人员可以通过全方位的对比，得出领导政绩的效率和效果，进而推动党和国家关于生态文明建设的稳步落实。

3. 生态环境审计有利于提高生态文明意识

生态环境的管理不仅是政府或者某一机关的职责，而且是整个社会每一个集体、团队乃至个人都需要培养的意识。要想实现生态环境的有效管理，就要提升生态环境的管理意识。生态文明是近些年来我们党和国家提出的新的建设目标，生态文明建设要求人们尊重自然、敬畏自然，与自然和谐相处。然而仅仅靠个人的力量无法实现生态文明，生态环境审计可以使被审计的企、事业单位逐步建立生态文明意识，通过绩效指标、环境污染指标、经济指标等多个评价体系为社会提高生态文明意识，在实现经济发展的同时保持环境的可持续发展。

党对“十四五”时期的生态文明建设提出了新要求：“生态文明建设实现新进步，国土空间开发保护格局得到优化，生产生活方式绿色转型成效显著，能源资源配置更加合理、利用效率大幅提高，主要污染物排放总量持续减少，生态环境持续改善，生态安全屏

障更加牢固，城乡人居环境明显改善。”要想实现环境治理能力与治理体系现代化，就要构建整个社会的协同联动机制，共同守护我们的美丽家园。

三、生态环境审计的职业素养：共性要求与独特之处

对于生态环境保护和可持续发展，内部审计和社会审计也发挥了积极的作用。但对于不同的审计，审计人员在落实生态环保责任意识和履行使命时，要基于不同的审计定位，满足不同的道德标准要求。生态环境审计所具有的特定审计内容和审计作用，又决定了审计人员在履行审计生态职责时要具备一些共同的职业素养，在审计理念方面要把握大局；在审计专业能力方面要做到博学笃行、业务精通；在审计工作中要令行禁止、协作高效、求真务实、刚直不阿；在个人道德品格方面要奋发向上、实干创新，这样才能把环境责任落实好，发挥审计人员的职能作用，实现治理能力现代化。

审计人员在生态环境保护中更要注意提高这些职业素养，履行审计生态环境责任，选择具备这些职业素养的审计人员加入审计团队，共同发挥生态保护责任作用，实现环境的可持续发展。

【专栏 11-2】领导干部自然资源资产离任审计是大势所趋

阅读资料请扫描二维码。

第三节 把握大局，提升生态理念

把握大局，是指为发挥审计人员在生态环境保护中的职责作用，要把握国家保护生态环境的战略大局，按照组织落实环保制度规范的要求，自觉履行环境责任。生态环境安全关乎每个人的生存、发展和健康，人人都可以为生态环境保护贡献力量，发挥自身作用。审计人员更需提升自身理念，在生态环境保护中发挥积极作用。

一、把握大局、转变审计理念是全面履行审计生态职责的基础

现阶段，仅对相关环境保护资金筹集与分配的合理性、有效性进行审查，已经不能满足当前社会建设的需要。审计人员需将自身的审计工作放在国家宏观经济可持续发展的大环境下，增强自身的责任意识，扩大审计范围，提升审计过程的效率性、效果性。

1. 立足于国家战略发展的大格局，推动战略，落实责任

党的十八大报告提出，推进生态文明建设的战略决策，与经济建设等构成“五位一体”社会主义建设的重要内容。建设生态文明，关系人民福祉，关乎民族未来。生态环境保护是功在当代、利在千秋的事业。要清醒认识保护生态环境、治理环境污染的紧迫性和艰巨性，清醒认识加强生态文明建设的重要性和必要性。审计人员在审计过程中，应从生态环境保护建设发展的大局出发，依法对土地、矿产、水资源、森林、草原、海洋等国有自然资源，以及环境综合治理和生态保护修复等情况进行审计；明确生态环境治理的现状，抓住突出矛盾和问题，关注重点领域，对重点国有资源、重大污染防治和生态系统保护项目实行审计全覆盖，确定不同时期自身审计工作在履行生态责任中的着力点，推动加快生态文明建设，提高政府环境保护的执政能力。

2. 立足于可持续发展的大格局，发挥审计沟通协调责任

审计人员要树立生态环境可持续发展是经济持续健康发展的关键保障的理念。习近平总书记强调，生态环境保护是功在当代、利在千秋的事业，审计要想发挥好在生态环境中的作用，也要以对人民群众高度负责的态度，下决心推动政府和相关监管部门把环境污染治理好、把生态环境建设好；关注企业的环保责任履行状况，通过内部审计的监督和建议职能，将所在企业节能减排目标落实到位。

3. 立足于环境治理的系统性大格局，推动责任整合效应

生态建设战略目标的实现是一个系统工程，需要切实有效的制度落实、相关监管部门履行职责以及资金、技术对重点污染进行治理；另外，环境保护制度的制定、执行和完善也是一个系统的过程。审计生态责任的履行，需围绕加快推进生态文明建设的重大部署，始终关注资源节约、集约循环利用以及环境保护政策落实情况。发挥好监督和评价公共管理部门的环保责任履行情况的作用，推动这些部门的管理工作，令其更好地服务于经济社会，为我国的可持续发展保驾护航。党的十九届四中全会提出坚持和完善中国特色社会主义制度，推进国家治理体系和治理能力现代化。随着国家治理意识的提升，我国的生态环境审计不仅要关注环境保护资金、项目的绩效和管理问题，更要关注资源环保法规政策、管理机构、规划以及投资项目的科学性和合理性，促使我国的经济与生态环境协调发展。

二、审计环境责任的理念提升：价值观念和评价标准

在新时代大背景下，审计人员更应提升自身的审计理念，摆脱传统审计理念的桎梏，具备创新意识，积极主动地树立迎合当代社会需求的环境价值理念。将环境理念融入生态环境审计实务中，密切关注社会热点问题，保持高度职业敏感度。通过实施审计工作，揭示存在的各类问题，不忘职业道德初心，牢记审计人员使命。

1. 生态环境与民生工程息息相关，审计范围全覆盖

生态环境保护是民生工程的一项重要内容，环境污染产生的危害影响人民生活的各个方面。生态环境审计推动国家生态战略的贯彻落实，惠及民生。一方面，审计扮演着“生态安全卫士”的角色，审计能够发现违反生态环境法律法规的行为，推动污染防治项目的有效落实，抑制财政资金的流失；另一方面，审计发挥着“生态保护免疫系统”作用，揭示环保领域潜在的安全隐患，促进科学利用、高效使用环境资源。审计人员关注民生，以涉及与人民群众关系最密切的民生问题作为审计重点，安排审计项目、确定审计范围，发现问题，提出建议并公开披露。

【专栏 11-3】承德市筑牢生态屏障，推进环境质量持续改善

阅读资料请扫描二维码。

2. 科学的政绩观和环境责任与经济责任的平衡，对事对人双监督

为政不在多言，须息息从省身克己而出；当官务持大体，思事事皆民生国计所关。正确的政绩观是实践科学发展的根本保证。长期以来，一些地方领导干部存在着唯生产总值的狭隘观念，在公共管理过程中存在“重经济发展”而“轻环境保护”的现象，领导干部

的政绩观会转化为施政规划纲要和执政的内容，进而影响生态环境的可持续性。为树立正确的政绩观，加强领导干部的资源环境保护意识，党的十八届三中全会创新性地提出要“对领导干部实行自然资源资产离任审计”。这不仅体现了政府对环境的重视，也体现出了审计人员的理念的提升。审计人员逐步探索出领导干部自然资源资产离任审计的组织形式、审计方法、审计内容、审计重点、审计评价等方面的内容。2017 年《领导干部自然资源资产离任审计规定（试行）》，标志着领导干部自然资源资产离任审计逐步走向规范化、制度化、科学化。在自然资源资产离任审计等生态环境审计中，领导干部要意识到自己担负的环境责任，审计人员在审计工作中应始终把握科学的政绩观，正确评价分析领导干部的经济责任和环境责任履行情况，提出客观审计结果和意见，促进领导干部真正树立实惠民生、造福后生的新政绩观，摒弃一味追求经济快速增长，不计后果的追、赶、超的错误的政绩观。

3. 全面落实与重点突出，抓住环境工作主要矛盾

近几年，审计加大了对资源环境审计的研究和实践。根据审计工作发展规划，审计机关以加快改善生态环境为目标，明确依法对土地、矿产、水资源、森林、草原、海洋等国有自然资源，以及环境综合治理和生态保护修复等情况进行审计，相关审计内容涉及资金、资源、工程项目等。审计范围广、对象种类复杂，而审计资源有限，难以对所有的审计内容进行全部审计，因而审计人员需要在审计全覆盖的基础上，保持对资源环境审计的使命感和责任感，较好地把握资源环境保护中存在的主要矛盾和重大方面，在审计计划阶段凭借较强的审计职业敏感性，加大对资源富集和毁损严重地区的审计力度，对重点国有资源、重大污染防治和生态系统保护项目实行审计全覆盖；对重点领域、重点行业、重点地区的污染防治情况进行审计，重点监督检查水、大气、土壤、重金属废弃物、核废弃物等污染防治行动计划执行情况，污染物减排约束性指标落实情况，环境治理基础制度改革情况，环境基础设施、环境治理保护重点工程建设，促进落实最严格的环境保护制度，推动形成政府、企业、公众共治的环境治理体系。

在生态环境保护建设上，一定要树立大局观、长远观、整体观，坚持保护优先，坚持节约资源和保护环境的基本国策，像保护眼睛一样保护生态环境。这就意味着面对生态文明建设，生态环境审计不仅要着眼于当下，解决迫在眉睫的环境保护问题，还要将眼光放得更长远，促进更多环境政策法规的建立与完善。

4. 推动高质量发展，促进治理能力现代化是重要内容

古人讲，“天下之势不盛则衰，天下之治不进则退”。在当今生态文明建设的国策下，环境保护制度体系的建设和生态环境审计是相辅相成的，生态环境审计服务于生态文明建设，生态文明建设反过来促进生态环境审计的常态化。党的十九大报告提出，我国经济已由高速增长阶段转向高质量发展阶段，高质量的发展一定是可持续的、有利于生态环境建设的发展，但社会经济转型过程中存在的主要矛盾决定了这种高质量经济发展不是一蹴而就的，需要通过发挥审计在生态环境建设中的积极作用，推动实现经济社会的高质量发展。领导干部自然资源资产离任审计的开展，突出审计对领导干部工作问责；重点关注区域的生态环境保护情况，开展多项专项审计，积极改善生态环境；强调认真审计高耗能高污染项目的重要性，加大审计深度，提升对其的管控能力，扭转过去经济发展一味追求

GDP的旧观念，使我国的经济发展由高速增长阶段成功转向高质量发展阶段，成就绿色经济、健康发展的新时代新面貌。

5. 关注生态安全，降低环境污染风险

生态文明建设是关系中华民族永续发展的千年大计。审计人员要树立正确的绿色发展理念，推动国家重大战略实施，开展重点区域生态环境审计，关注相关生态环保政策贯彻落实情况，在国家实施最严格的生态环境保护制度的背景下，防范化解重大资源环境安全问题。我国生态环境审计具有权威性、独立性、全面性，依据各项环境保护法律制度对被审计单位相关政策法规的落实情况进行审查，划定生态环境保护红线，严惩危害生态安全行为，防止苗头性问题转化为趋势性问题；树立领导干部"生态经济人"理性思维；从环境污染根源出发，防止问题加剧恶化，切实解决生态环境安全问题。

第四节　博学笃行，精通审计业务

审计专业胜任能力是审计人员职业道德规范的基本内容，是发挥审计职能作用的根本保障。"以审计精神立身，以创新规范立业，以自身建设立信"。这三个"立"，既是对审计机关各级党组织"认真履行管党治党政治责任"的政治要求，也是对建设一支"信念坚定、业务精通、作风务实、清正廉洁"高素质专业化审计干部队伍的素质要求。

一、博学笃行，生态环境审计人员专业素养提升的必要性

"儒有博学而不穷，笃行而不倦"。审计人员在落实在环境保护中的职责时，要具有更强的发现问题、分析问题和解决问题的能力；审计人员要维护审计结论的权威性，就必须保障审计工作中的专业胜任能力，不仅熟悉审计专业知识，更要灵活运用生态环境、工程建设等领域的专业知识。

1. 生态审计内容不断丰富

1995年INTOSAI在开罗发表了《开罗宣言》，宣言中提到，环境审计需要对环境管理系统和有关经济活动进行审查，评价其对环境的保护状况、环境责任履行情况的效果和效益。因此，宣言将生态环境审计分为财务审计、合规性审计和绩效审计。随着经济的发展，人与环境的矛盾更加突出，为此提出了诸多环境治理机制，而生态环境审计作为治理机制中的重要一环，在实践中的内容也在不断丰富。因而，生态环境审计人员仅掌握常规的审计知识，如财务审计知识、合规性审计知识、绩效审计知识，显然不能满足生态环境审计的需求，一名有责任心的优秀生态环境审计人员必须关注非财务计量的环境信息。曾有句话形容生态审计是"上审天、下审地，中间审空气"，生动形象地说明了生态审计对象的复杂性，从传统的水污染、森林资源，到现在的草场、矿产资源，生物资源，甚至大气等都纳入了审计的内容体系。此外，传统的水资源审计也逐渐开始深层次探索：审查水质状况、水资源资产补偿机制等内容，审计的内容更加全面。而这些森林资源、国土资源、海洋资源、水资源等不同领域的专业知识及最新发展动态，都是有效履行审计职责、发挥审计作用可能要用到的。同时，我国环境保护的相关政策、法律也不少，也都是需要生态环境审计人员掌握的。由于审计内容的不断丰富，生态审计向综合性、交叉性、专业性和复杂性方向迈进，因此要做好资源环境审计不仅要掌握传统的审计方法和技术，更要

根据资源环境的内容，结合相关学科的知识，丰富和优化审计的具体方法和手段，这就对生态环境审计人员的专业素养提出了更高的要求。

2. 生态审计涉及多种审计类型

基于生态审计职能的多样性，不同的审计项目，其立项背景或者审计目标不同，审计的类型也不尽相同。生态审计可能表现为污染防治资金审计、资源环境专项审计调查、工程项目节能减排、政策落实跟踪审计、领导干部环境责任审计或离任审计、自然资源资产负债表审计、企业环境审计等多种类型。审计主体不同，如表现为审计机关开展的审计项目、单位内部审计或者由事务所承接的企业或行政事业单位外包的生态审计项目，审计的类型也会有所差异。审计类型不同，审计作用路径和工作重心也相应有所差异。例如，在污染防治资金审计中，要根据资金的流转过程，关注资金使用、管理的合规性、效果性等内容；再如，目前正逐渐展开的领导干部自然资源资产离任审计，主要审计领导干部贯彻执行中央生态文明建设战略部署和决策情况、任期内自然资源资产的增减变化情况、遵守相关法律法规情况、完成自然资源资产管理和生态环境保护目标及监督责任落实情况、组织自然资源资产和生态环境保护相关资金管理使用和项目建设运行情况等。

综上所述，资源环境审计内容不仅包括资金运用情况审计、合规性审计、绩效审计，还包括对主要领导的责任履行情况审计、环保项目建设运行审计以及政策落实情况审计，对审计人员专业素养的要求也越来越高。

3. 审计目标的综合性

生态审计的内容具有综合性，涉及资金使用的合规性、工程项目的合理性、项目资金管理、项目运行管理、政策实施效果、制度对战略落实的有效性、制度的完善性、审批程序执行合规、领导干部履行环境责任质量等因素，它贯穿审计目标实现的整个过程。进入新时代以来，我国社会的主要矛盾转化为人民日益增长的美好生活需要和不平衡不充分的发展之间的矛盾，在生态领域这种矛盾显得尤为突出。由于对生态环境的重视和环境治理作用的不断显现，有些重要流域的水污染治理等方面的工作已取得初步成果，遗留的一些深层次生态环境问题的解决需要更加关注制度体制和生态运转的根本性问题才能解决，这是一个长期的难点问题。坚持和完善生态治理体系对生态环境审计提出了更高要求，审计作为实现国家治理体系和治理能力现代化的重要力量，需要审计人员具有更加专业的能力、责任感和执着的精神，才能够在未来的生态治理体系中发挥重要推动力，生态环境审计人员必须结合形势和需求不断提升自身的专业素养。

4. 审计评价标准的全面性、复杂性

审计是一个综合鉴证和建议的过程，在审计评价和鉴证的过程中，必须依据一定的标准，通过分析评价发表审计结论。相对于财务报表审计，生态审计所依据的评价标准必将更加多样，评价过程更加复杂。除了涉及相关财政资金和生态工程项目资金的管理规则等标准外，生态资源的数量和质量评价的标准也是审计必须关注的重要标准。审计人员应具有更高的专业素养，这样才能做好审计评价工作。以草原资源资产审计为例，涉及的总量指标包括基本草原、特殊作用草原、保护重点野生动植物生存环境草场等类型和比例等①。有关草原资产状态的指标，见表 11-1（包括但不限于这些），有“三化”指标、载畜量指标、权属指标等，草原资源环境仅是众多资源中一种比较易于评价和确权的自然资源资产，就包括如此多的内容，对这些指标的收集、掌握、指标测定、分析和评价都要求审计人员具有较强的专业能力。

表 11-1 领导干部草原资产审计的评价指标

指标类别	具体评价内容			
草场“三化”指标	草场退化	草场沙化	草场盐渍化	
生态状况变化指标	植被覆盖率	牧草产量	草群平均高度	牧草等级
草畜平衡制度实施效果指标	天然草原冷季可食饲草储量	现实载畜量	天然草原理论载畜量	草畜平衡状况
载畜量指标	限制养殖任务	统计公报存栏数	人工草地可供舍饲圈养	超载量
基本草原划定工作	基本草原	具有特殊作用的草原	作为国家重点保护野生动植物生存环境的草原	草原科研、教学试验基地等
其他评价指标	主管部门对当地党政领导班子工作实绩考核情况	农牧民纯收入变化情况	项目管理和资金使用情况	年度草原违法案件统计分析
草原权属指标	通过草原划分到户率（草原使用权和承包责任制落实的面积和户数及其占地区总草原面积和牧户数的比例）反映落实草原所有权、使用权、草原承包制面积完成情况			

（资料来源：王振铎，张心灵．领导干部草原资源资产离任审计内容研究——基于内蒙古自治区审计实践［J］．审计研究，2017（2）：32-38）

二、专业素养提升的路径

审计人员生态责任的履行需要具有扎实的专业素养，不仅要具有更强的分析能力、理解能力、判断能力，还要具有丰富、博学的专业知识。审计人员的生态环境专业知识素养关乎审计方案的合理性、科学性、全面性，以及审计结果的权威性、建议的有效性的重要保障。

1. 自主学习

由于目前大多数审计人员是具有财务会计专业背景的，短期内生态环境审计的人才结构依然无法满足生态环境审计发展的需要，审计人员只能通过生态责任的担当和使命感，适应生态环境审计的需要，打破专业壁垒，加强自身理论知识的学习，补齐自身在生态学、工程学、环境管理等相关专业知识的短板，不断提升自己的专业素养，解决“能力恐慌”的问题，为做好生态环境审计工作打下坚实基础。生态环境审计人员应树立终身学习

① 基本草原是指：重要放牧场；割草地、用于畜牧业生产的人工草地、退耕还草地以及改良草地、草种基地；对调节气候、涵养水源、保持水土、防风固沙具有特殊作用的草原；作为国家重点保护野生动植物生存环境的草原；草原科研、教学试验基地；国务院规定的其他草原。

的理念，必须根据形势变化不断更新完善自己的专业知识，通过自主学习掌握我国目前的环境状况，准确把握环境问题的规律和特征，关注山水林田湖等自然生态系统的保护和修复情况，明确我国生态环境审计的重点领域、重点行业、重点地区防治情况，并能很好地理解相关知识和政策，探索生态审计发展方向。此外，党的十九届四中全会提出坚持和完善生态文明制度体系，说明国家对于生态治理越来越重视。作为生态治理中的重要部分，生态环境审计所接触的信息越来越丰富和复杂，而且大数据、云计算等信息技术也在推动着审计行业进行新一轮的变革。在这样的新形势下，生态环境审计人员必须提升审计工作的专业性、创新性和综合性。

2. 统一培训

审计相关组织部门也要根据生态环境审计发展的需要，根据国家生态环境发展的战略部署，集中组织加强宏观经济政策方针的学习。另外，生态环境审计项目组内部还应根据审计项目的具体情况，开展生态环境相关专业领域专业知识和法规的学习。通过专家咨询与讲座，项目组内部的讨论研究，了解如何将最新的审计理念和技术应用于具体审计项目，如何进行生态环境审计技术层面的优化升级，利用大数据、人工智能等高科技开展生态环境审计工作，从而更好地实现精准监督、鉴证、评价、服务，优化审计调查取证方式，更好地发挥生态环境审计的作用。

3. 勤于思考

生态环境审计人员要具有较好的学习能力、理解能力、分析能力、判断能力、沟通能力。不断学习审计专业知识，提高分析能力和洞察力；了解生态领域最新的研究成果，提高问题分析的高度；了解最新的审计技术方法和工具，分析其在生态审计中的适用性。此外，还要提升审计人员的宏观政策研究能力，根据宏观政策的趋势把握审计工作的重点，提升信息化能力。例如，生态环境审计信息纷繁复杂，审计人员可以借助大数据技术做到全面覆盖，从而降低审计风险，改善资源环保管理，确保资源环保受托责任全面有效履行，实现可持续发展；增强公共管理部门的社会责任意识，将生态环境审计工作真正融入我国的生态文明建设中，建设美丽中国。

第五节　令行禁止，协作高效审计

【专栏 11-4】领导离任审计有必要算算“自然资源资产账”
阅读资料请扫描二维码。

审计作为国家经济建设的监督构成体系，作为宏观经济管理的部门，要根据自身主体定位，发挥在生态环境保护中的作用。审计人员应做到积极主动，大胆探索，落实审计生态责任。一方面，按照国家生态战略部署和单位在生态建设中的定位，切实开展好生态环境审计，做好污染防治治理资金和项目的审计、做好重点生态领域保护政策的落实跟踪审计，更要发挥创造力，做好领导干部自然资源资产离任审计等党和国家要求的最新的审计工作的探索，履行好审计生态责任；另一方面，根据生态环境法规政策要求，推动领导干部加强生态保护战略的落实，监督管理部门加强生态环境保护的管理，通过审计推进国家生态环保制度令行禁止，实现国家生态管理部门、审计组织、企业、社会各方的团结协作。其中，审计生态责任中讲的令行禁止，主要是审计人员要坚决服从国家对生态环境审计工作总体要求，服从生态环境发展现状，扎实有效地做好审计工作，履行好生态责任。

一、令行禁止、团结协作的原因

生态环境审计的专业性强、工作范围广、内容多、要求高，因而，在开展审计工作中，既要以高度的责任感和使命感开展审计工作，做到令行禁止，又要做到项目组内部、不同审计组织部门之间、审计部门与被审计单位之间、社会各方面之间协调配合，这样才能真正发挥审计的职责作用。

1. 审计全覆盖的中心任务

2015 年，中共中央办公厅、国务院办公厅发布《关于实行审计全覆盖的实施意见》(以下简称《意见》)，要求在一定周期内对依法属于审计监督范围的所有管理、分配、使用公共资金、国有资产、国有资源的部门和单位，以及党政主要领导干部和国有企事业单位领导人员履行经济责任情况进行全面审计，实现审计全覆盖。其中，对国有资源实行审计全覆盖要求审计机关要依法对土地、矿藏、水域、森林、草原、海域等国有自然资源，特许经营权、排污权等国有无形资产，以及法律法规规定属于国家所有的其他资源进行审计。主要检查国有资源管理和开发利用过程中遵守国家法律法规情况，贯彻执行国家重大政策措施和宏观调控部署情况，国有资源开发利用和生态环境保护情况，相关资金的征收、管理、分配和使用情况，资源环境保护项目的建设情况和运营效果、国有资源管理部门的职责履行情况，以促进资源节约集约利用和生态文明建设。根据国有资源的稀缺性、战略性和分布情况等因素，确定重点审计对象。加大对资源富集和毁损严重地区的审计力度，对重点国有资源进行专项审计，将国有资源开发利用和生态环境保护等作为领导干部经济责任审计的重要内容，对领导干部实行自然资源资产离任审计。

根据《意见》要求，生态环境审计全覆盖是审计必须完成的目标，要做到令行禁止，保障审计监督管理职能涵盖生态环境的全部领域，做到应审尽审，同时还要做到凡审必严、严肃问责。因此，要实现审计目标必须加强协作，从而全方位发挥审计的作用。

2. 审计查实查透的工作要求

审计由最初“审资金”到现在的“上审天、下审地、中间审空气”，审计的内涵不断充实。随着《关于加快推进生态文明建设的意见》《生态文明体制改革总体方案》《开展领导干部自然资源资产离任审计试点方案》等相关制度的出台，生态文明建设已经成为我国发展的重要内容。按照中央的部署，审计人员的生态责任不仅包括对资金的合规性和效益性进行审计，还要查实查透；不仅要发现生态环境领域存在的问题及表象、影响，还要揭示问题产生的制度性、体制性问题。完善生态环境保护机制，不仅要对自然资源资产、国土空间开发保护、空间规划体系等审计，更需核实资源总量，推进健全全面节约、资源有偿使用和生态补偿、环境治理体系、环境治理和生态保护市场体系、生态文明绩效评价考核等方面的制度建设、执行情况和落实效果。审查责任履行情况需要被审计单位的配合，提供审计机关需要的信息与数据，需要相关部门提供智力、财力、物力的支持，更重要的是还需要审计人员提高自身专业素质。只有互相协作，共享信息，才能把“绿色发展”的理念落到实处，促进生态环境的健康发展。

3. 审计生态责任落实的迫切性

政府进行生态环境审计实质上是一种受托责任，生态环境审计就是公共管理的一种，与人民的生活息息相关，政府接受人民委托对生态文明建设中的行为进行监督和评价。审计人员发现在环境治理过程中存在的问题，探究问题产生的根源所在，依据审计结果界定责任，进行整改。目前，我国仍处于改革的深水区，各种环境问题的存在严重影响了经济社会的可持续发展和人们对改革开放成果的认同感、获得感，因此审计人员应提高审计的效率，抓住生态环境领域最重要、最迫切需要解决的问题，人们最关心的问题，开展重点审计。如对重点领域、重点行业、重点地区的污染防治情况进行审计，重点监督检查水、大气、土壤、重金属废弃物、核废弃物等污染防治行动计划执行情况，污染物减排约束性指标落实情况，环境治理基础制度改革情况，环境基础设施、环境治理保护重点工程建设情况，促进落实最严格的环境保护制度，推动形成政府、企业、公众共治的环境治理体系。

【专栏 11-5】一江一河，习近平总书记这样谋划

阅读资料请扫描二维码。

4. 审计信息公开的需要

作为公共管理部门，政务信息的公开、透明既是公共管理发展的趋势，也是通过审计信息的公开，增强公众参与审计公共治理的意识，发挥审计生态环保作用的重要路径。按照审计机关政府信息公开工作规定和审计结果公告办法，除涉及国家秘密、商业秘密、个人隐私以及公开后可能危及国家安全、公共安全、经济安全和社会稳定的信息外，依法依规全面公告审计结果，推动被审计单位公告整改结果。在审计过程中通过各种途径增强公民参与度，审计过程透明度，审计结果公开接受人民监督，保证审计的公共权力合规合法，使人民群众真正参与到公共管理中去，提升人民的存在感、幸福感。

此外，加强和改进审计宣传工作，讲好审计故事，办好审计机关所属媒体，注重运用新媒体提高审计信息公开的及时性和广泛性，提高审计生态责任落实的影响力，也在推动审计生态责任目标的实现进程中发挥着重要作用。

二、令行禁止、资源共享、团结协作的途径

1. 健全审计资源共享沟通机制

随着生态环境审计的日益复杂化，审计内容日益繁多，生态环境审计项目规模越来越大，审计手段越来越现代化与科学化，对审计的要求也与日俱增，对审计人员的知识体系、专业能力、职业道德等都提出了挑战。如何组织开展生态环境审计、用好审计现有资源，决定着审计工作的质量和审计生态责任落实的程度。一是审计机关应该建立生态环境审计动态管理机制。总结过去审计中的不足，吸取经验教训，对每个审计项目具体情况具体分析，配备合适的项目人员，组织优化的人员队伍，制订科学合理的方案，将各个阶段的审计工作细化到每个人，认真进行复核和监督，对实践经验不足的人员进行指导，从而科学地进行审计工作。二是各审计机关应建立起信息共享平台。实现审计资源信息的共

享、沟通，不单单审计项目之间要交流审计的经验和教训，各审计人员在审计过程中也应互相沟通，面对不同的问题要积极沟通解决，组织生态环境审计大格局，实现生态环境审计信息监管和共享机制，建立大跨度、多方面、多层次的信息融合机制与配合机制，实现资源的共享，共同参与，促进生态问题的解决。

2. 审计资源整合，增强审计监督合力

推动审计资源整合，不仅要推进跨层级、跨专业、跨区域审计资源的优化配置，还需要进行三类审计资源的整合，即国家审计、内部审计与社会审计资源整合，以共同促进生态环境绿色发展。被审计单位内部审计部门应针对国家的政策要求，积极推动单位管理者加强环境保护意识；遵守环保法规制度，促进单位建立健全相关的生态环境内部控制制度；建立环境保护管理方针，推进循环经济与清洁生产，采用无污染、少污染的工艺；建立多角度考核机制，从而将破坏环境的苗头扼杀在摇篮里。社会审计在对民营企业进行审计时，要倡导被审计单位绿色生产，积极按照国家的政策实行审计，面对被审计单位发展过程中小规模的、广泛的、持续性的污染活动应及时提出整改，否则国家的环境保护方针政策就不可能真正落地。国家审计在国家宏观政策指导下，积极协同内外部门对环境污染进行治理，要加强对全国审计工作的领导，强化上级审计机关对下级审计机关的领导，加快形成审计工作全国一盘棋；要加强对内部审计工作的指导和监督，调动内部审计和社会审计的力量，增强审计监督合力。三类审计资源应建立“信息共享、协作互助、积极沟通”的机制，共同努力将“生态账”这笔账目算好，保证留给后代人的是青山绿水，而不是满目疮痍。

3. 与被审计单位协作

生态环境是我们每一个人生存和发展的基础。生态环境审计的对象都是生态环境中存在的，生态的健康与可持续发展关乎国家、社会和全体公民的共同利益，是共同的长远目标。首先，尽管出于眼前利益或者个人利益的考虑，在生产生活或者生态管理过程中可能存在着违法违规的问题，但是，随着环保理念的深入，越来越多的审计对象开始转变理念，重视生态环境，将生态环境的可持续发展纳入企业长期发展战略，成为生态保护的推动者和参与者。审计对象中的大部分主体都是愿意实现生态环境的可持续发展，能够遵守生态环保法律法规的，面对复杂的审计范围，审计人员较好的沟通和协同，加上审计的法定权威和职权，以及被审计单位或者同行业其他人员的配合，审计人员可以发现违法违规问题，保护环境安全。其次，由于生态环境审计的专业性和内容的广泛性，审计调查取证信息资料的提供，也需要审计对象的配合，需要审计人员加强协调沟通。最后，审计推动生态环保制度体系的完善与审计对象的长远目标是一致的。审计能够让审计对象明确、清晰地认识到审计与被审计的一致性，审计人员通过与审计对象共同研究分析现行制度的缺陷和问题，可以推动生态治理能力和体制的进步，揭示潜在的生态环境安全隐患，实现生态治理能力的现代化，最终实现审计的生态保护目标。

4. 增强社会共同参与协作

审计还可以通过健全与其他专业咨询机构的合作，宣传审计活动，讲好审计故事，弘扬正能量，加强审计成果综合利用，提高审计成果利用的层次和水平。与组织人事、纪检监察、公安、检察以及其他有关主管单位的工作协调机制相协调，制定进一步加强协作配合的实施意见，把审计监督与党管干部、纪律检查、追责问责结合起来。充分发挥经济责任审计工作联席会议（领导小组）的作用，健全经济责任审计情况通报、审计发现问题整改、审计结果公告等制度，推动将经济责任审计结果及整改情况纳入所在单位领导班子、民主生活会及党风廉政建设责任制检查考核的内容，作为领导班子成员述职述廉、年度考核、任职考核的重要依据。加强对审计发现问题整改情况的跟踪，推动改进各级人大常委会听取和审议审计查出突出问题整改情况报告机制，推动全面深化生态体制改革、促进依法治国、推进廉政建设。

【关键概念】

审计人员（auditors）

生态责任（ecological responsibility）

环境保护（environmental protection）

生态文明（ecological civilization）

【复习思考题】

1. 审计人员为什么要具备生态责任？

2. 怎样理解“把握大局，提升理念”的专业素养对审计人员落实生态责任的意义？

3. 审计人员落实生态责任发挥在生态环保中的作用要秉持哪些理念？

4. 为什么在生态环境审计中要求审计人员博学好问、业务精通？

5. 生态环境审计的范围有哪些变化？对审计人员的专业素养有何影响？

【练习题】

一、单项选择题

1. 把握大局、转变审计理念是全面发挥审计生态职责的（　　）。

A. 重要思想　　　B. 基础　　　C. 基本理念　　　D. 应尽义务

2. 党的十八届三中全会创新性地提出要对（　　），这不仅展现了政府对环境的重视，也体现出了审计人员理念的提升。

A. 领导干部实行自然资源资产离任审计

B. 地方政府实行自然资源资产审计

C. 领导干部实行自然资源资产任中审计

D. 地方政府实行环境保护审计

3. 审计人员要维护审计结论的权威性，就必须保障审计工作中的（　　）。

A. 应有的关注　　　B. 职业怀疑态度　　　C. 专业胜任能力　　　D. 责任心

4. 基于生态审计职能的（　　），不同的审计项目立项背景或者审计目标不同，审计的类型不尽相同。

A. 全面性　　　B. 特殊性　　　C. 创新性　　　D. 多样性

5. 审计生态责任中讲的（　　），主要是审计人员要坚决服从国家对生态环境审计工作的总体要求，服从生态环境发展现状，扎实有效地做好审计工作，履行好生态责任。

A. 应尽义务　　B. 令行禁止　　C. 基本责任　　D. 基本使命

6. 除涉及国家秘密、商业秘密、个人隐私以及公开后可能危及国家安全、公共安全、经济安全和社会稳定的信息外，依法依规全面公告（　　），推动被审计单位公告整改结果。

A. 审计工作底稿　　B. 审计资料　　C. 审计结果　　D. 审计人员

二、多项选择题

1. 在提升审计环境责任的理念上，主要在于（　　）两个方面。

A. 生态观念　　B. 评价标准　　C. 环境理念　　D. 价值观念

2. 审计明确依法对土地、矿产、水资源、森林、草原、海洋等国有自然资源，以及环境综合治理和生态保护修复等情况进行审计，相关审计内容涉及（　　）等。

A. 资金　　B. 资源　　C. 环保　　D. 工程项目

3. 审计人员专业素养提升的路径有（　　）。

A. 自主学习　　B. 统一培训　　C. 勤于思考　　D. 依赖经验

4. 生态审计可能表现为（　　）等多种类型。

A. 污染防治资金审计　　B. 资源环境专项审计调查

C. 工程项目节能减排　　D. 自然资源资产负债表审计

5. 令行禁止、资源共享、团结协作的途径包括（　　）。

A. 健全审计资源共享沟通机制

B. 审计资源整合，增强审计监督合力

C. 与被审计单位协作

D. 增强社会共同参与协作

6. 审计查实查透要求审计人员由最初的“审资金”到现在的（　　），审计的内涵不断充实。

A. 上审天　　B. 下审地　　C. 中间审空气　　D. 审计账面及报表

三、判断题

1. 生态环境保护是民生工程的一项重要内容，环境污染产生的危害影响人民生活的各个方面。（　　）

2. 领导干部应树立真正实惠民生的政绩观，不能一味追求经济快速增长，实行追、赶、超的错误的政绩观。（　　）

3. 资源环境审计内容不仅包括资金运用情况审计、合规性审计、绩效审计，还包括对主要领导的责任履行情况审计、环保项目建设运行审计以及政策落实情况的审计，对审计人员的专业素养的要求也越来越高。（　　）

4. 审计人员生态责任的履行与其他类型审计相同，只需要具有扎实的专业素养就足够了。（　　）

5. 生态环境审计的专业性强、工作范围广、内容多、要求高，因而，在开展审计工作中，既要以高度的责任感和使命感开展审计工作，做到令行禁止，指哪打哪，不打折扣；又要做到项目组内部、不同审计组织部门之间、审计部门与被审计单位之间、社会各方面之间的协调配合，才能真正发挥审计的职责作用。（　　）

6. 生态环境是我们每一个人生存和发展的基础。生态环境审计的对象都是生态环境中存在的，生态的健康与可持续发展关系国家、社会和全体公民的共同利益，是共同的长远目标。（　　）

【案例分析题】

“绿色”审计为领导干部政绩“画像”

我市某县一偏僻建筑垃圾渣场倾倒的堆渣不仅侵占了当地基本农田，还导致附近一河流断流形成堰塞湖——这是2019年8月，市审计局对该县开展领导干部自然资源资产离任审计时，通过该县年度卫星影像与基本农田矢量数据叠加分析核查后得出的结论。

对这起破坏资源环境的事件，当地党委、政府高度重视，采取了一系列举措，最终恢复了当地生态。

这仅是我市开展领导干部自然资源资产离任审计、推动当地生态环境修复的一个案例。

重庆市审计局副局长朋薇表示，目前，我市开展领导干部自然资源资产离任审计，已由试点开展实现了在全市范围内全覆盖，成效显著。2018年以来，全市审计机关推动所在地出台完善加强耕地保护、治理农业面源污染、提高环境监测工作质量等制度100余项。

“此项改革，不仅促进了领导干部在推动经济发展过程中牢固树立绿色发展理念和正确的政绩观，还有效推动了我市绿色经济发展。”朋薇表示。

领导干部离任前需先算“生态账”

“自然资源资产离任审计是打好污染防治攻坚战的一个重要抓手，更是审计工作一个崭新的领域。”朋薇表示。

领导干部自然资源资产离任审计是审计机关依法依规对主要领导干部任职期间履行自然资源资产管理和生态环境保护责任情况进行的审计。通俗地说，就是在领导干部任职期间，审计部门对当地的土地、森林、草场、水体、空气等自然资源保护得好不好，对领导干部责任履行是否到位，自然资源资产是变多了、变好了，还是变少了、变差了等内容进行审计。

朋薇表示，在经济社会发展过程中，只算“经济账”，不算“生态账”，对自然资源采取掠夺性开发，造成严重的污染破坏，会危及每一个人的生存环境。

近年来，市委将开展领导干部自然资源资产离任（任中）审计工作作为我市推进全面深化改革的重要内容之一，加强改革督察和绩效考核。对领导干部的政绩评价增加了一项“生态账”。离任审计，要审“钱”，还要审“绿”。

“此举既反映地方经济发展取得的成绩，又总结地方生态环境保护达到的效果；既揭示当地经济决策风险，又反映自然资源资产管理和生态环境保护的短板。”朋薇表示，此项改革也给各级领导干部树立了一个新风向标：为官一任，既要守规矩、促发展，也要守护好绿水青山。

开门审计打破部门界限，借用外部专家联合作战

对山水林田湖草的审计，涉及面广、政策性强，如何确保这些数据真实性？审计结果如何被审计领导干部认可？

市审计局自然资源和生态环境审计处副处长陈熙给出答案：打破部门界限，开门搞审计，按照“一盘棋”的总体思路，上下联动、协同配合，向专业领域的专家寻求支持，实现联合作战。

市审计局建立了由市规划自然资源局、市生态环境局、市水利局、市林业局等部门77名专家组成的专家库，先后邀请39名专家加入审计组，为审计工作提供专业技术支持；同时加强审计人员培训，与相关部门建立了协同合作机制。

通过大数据分析，我市形成了湿地公园分析法、排污口分析法等数十项经验模型，揭示了破坏生态、污染环境等突出问题，制定了审计规范性文书和指导文件。

针对不同的审计地区，我市还制订了差异化的审计实施方案，聚焦重点资源、重点内容。

比如主城新区工业较为发达，人均水资源占有量偏低，审计重点关注土地资源开发利用与水污染防治等问题；渝东北三峡库区城镇群水系发达资源丰富，审计重点关注水资源开发利用与保护等问题；渝东南武陵山区城镇群具有丰富的森林、矿产和旅游资源，审计重点关注林业工作开展情况、矿产及旅游资源开发利用与自然保护地保护之间存在的矛盾等问题。

“通过有针对性地反映区域自然资源资产管理和生态环境保护特点，可实现对被审计领导干部政绩的精准‘画像’，确保准确、客观地做出审计评价。”朋薇表示。

大数据、无人机，助力摸清生态家底

重庆地形地貌多为山地、丘陵，山高路远，很多地方“车不能行、人不能至”，如何了解自然资源和生态环境现状？

答案是：运用大数据等高科技手段，将地理信息技术、遥感卫星、无人机作为“天眼”，让自然资源资产审计如虎添翼。

陈熙介绍，比如涉及饮用水水源地的管理保护情况审计，河流型水源地岸线太长，水库型水源地面积很大，审计人员沿岸线查看可能需要几天时间，且不易发现问题。

而利用无人机航拍巡查，不到10分钟就能发现水源地周边的疑似建筑房屋和管道，审计人员在此基础上进一步核实水源地保护区内是否存在生活污水直排及违规设置排污口等问题，大大提高了审计效率。

又如，在矿产资源审计中，面对一座座巍峨挺拔的矿山，审计人员运用地理信息技术，通过卫星影像等反映的地表现状，就可进一步查证核实是否存在非法开采、未按规定复垦复绿、严重破坏生态环境的行为。

推动审计整改到位，促进解决生态修复

我市审计人员曾在某区领导干部自然资源资产离任审计时，通过地理信息技术等手段发现：一风景区内因道路施工，开挖的弃土随意倾倒导致大量林地被毁。我市审计机关揭示该问题后，相关主管部门采取道路绿化与生态修复综合方式等举措进行恢复整治，并建立了加强养护管理等长效机制。

陈熙表示，通过审计揭示的污水处理设施超标排放、饮用水水源地保护不善、违规占地毁林、越界超量开采矿产等问题，被审计单位会积极采取措施，及时修复生态环境。

与此同时，市审计局通过加大审计整改监督力度，倒逼相关区县党委、政府及时制订整改方案，建立“问题清单”“任务清单”“责任清单”等，确保问题整改到位。

数据显示，自我市启动试点工作以来，全市审计机关共计实施领导干部自然资源资产离任（任中）审计项目133个、被审计领导干部223名，全市审计机关立足实际提出审计整改建议300余条。

审计后，被审计单位采取措施积极整改，从启动试点到目前，整改率达到93%，切实推动了绿色经济发展。

（资料来源：杨永芹．“绿色”审计为领导干部政绩“画像”［N］．重庆日报，2020-10-28）

讨论问题：

（1）“绿色”审计为何能为领导干部政绩“画像”？

（2）上述新闻中是如何运用各方力量助力生态环境审计的？

【案例分析题】

福建“生态司法+审计”：从严形成监督合力

开展领导干部自然资源资产离任审计，“生态账”怎么算？随着“生态司法+审计”制度在莆田出台，这笔“生态账”的算法有了可量化、可核实、可运用的司法“硬杠杠”。这也意味着我省这项全国首创的“生态司法+审计”制度进入试运行阶段。

何为“生态司法+审计”制度？即把一系列生态环境资源审判指标纳入领导干部自然资源资产离任审计内容，将审判机关和审计机关的业务优势互融互通，形成对自然资源资产管理、生态环境保护等方面的监督合力。

“探索‘生态司法+审计’制度，是为了推进领导干部生态环境保护和自然资源资产利用责任制，促进依法履职，并将履职情况呈报党委、政府决策参考，实现‘用最严格制度最严密法治保护生态环境’目标。”省高级人民法院副院长林玫瑰介绍。

据悉，该制度由省高院统一谋划部署，通过以点带面，选取莆田作为试点单位，接下来将在全省推广。

突破“定性难、定责难”瓶颈

自2018年全面推行领导干部自然资源资产离任审计以来，“定性难、定责难”问题渐渐凸显。

记者了解到，生态审计重点涵盖土地资源、水资源、森林资源、海洋资源以及矿山生态环境治理、大气污染防治等领域，目的在于对领导干部执行自然资源政策法规情况和所辖区域自然资源管理、保护、利用情况开展综合评价，加强对权力运行的制约和监督。“领导干部自然资源资产离任审计涉及多个职能部门，业务数据种类繁多、多头管理，且不同部门提供的数据质量参差不齐，数据衔接存在重叠交叉，造成业务数据的准确性不高、时效性不强、完整性不够，同时由于自然资源资产和生态环境状况具有长期性、持续性和跨区域性等特点，这给生态审计的责任认定造成不少困扰。”省审计厅相关同志介绍。

“生态司法+审计”制度的突破点正在于此。5月21日，在省高院、省审计厅指导下，莆田市审计委员会在全省率先出台《关于建立生态司法与审计衔接机制的意见》，充实审计评价指标体系，优化创新审计方法，通过数据提供、提前介入、工作协作、审中核实、报告体现、结果反馈、结果运用等制度设计，将生态环境资源审判与领导干部自然资源资产离任（任中）审计有机衔接。法院和审计部门重点围绕遵守自然资源资产管理和生态环境保护法律法规、相关资金的征收管理使用等方面做好衔接，将发现的问题及时通报对方依法依规处理。

“生态环境资源保护是一项系统性工程，需要相关部门通力合作。生态审判为生态审计提供可量化、可核实、可运用的数据、指标，生态审计扩大了生态审判的社会效果，实现了审判机关和审计机关从单打独斗到齐抓共管、从力量分散到形成合力的重大改变。”莆田市中院院长苏建平说。

为生态审计安上“铁齿铜牙”

陈某非法在仙游县双溪口水库挖取砂石料，导致省一级饮用水水源地保护区环境遭破坏，法院判处其有期徒刑一年，缓刑一年，并处罚金、赔偿损失、修复环境费用等共计21.4万元。6月5日，针对该部分受损的生态环境已启动修复工作。“该案件不仅依法对被告人进行定罪量刑，更将恢复性司法理念贯穿整个审判过程。”莆田市中院生态庭庭长许一新介绍，此案中修复环境费用的管理使用，也将通过审计监督的介入，有效保障资金能够完全使用在修复环境上，增强了监督的实效性。根据“生态司法+审计”制度，市审计局在向被审计单位下达领导干部自然资源资产离任（任中）审计或涉及自然资源资产和生态环境保护的专项审计通知时，一并告知市法院提供相关数据，并将该数据作为编制项目实施方案的重要依据。市审计局在开展生态审计前，可邀请市法院提前介入，共同参与项目实施方案的编制起草，在审计或审判过程中，双方均可商请对方专业人员配合。

审计结果的综合运用，为“生态司法+审计”制度安上了“铁齿铜牙”。

根据要求，审计结果要体现遵守自然资源资产管理和生态环境保护法律法规情况、执行公益诉讼的裁判情况、相关司法建议的反馈整改情况以及生态修复资金的管理使用情况，并指出存在的问题，提出要求与工作建议。对离任审计中涉生态审判部分的整改落实情况，市审计局要适时通报法院。对审计发现并属于案件管辖范围的问题，市法院要将审判结果通报市审计局。

同时，对领导干部自然资源资产离任（任中）审计中发现的普遍性问题，市法院、市审计局可以联合向市委、市政府建言献策，提出完善自然资源资产管理和生态环境保护的相关建议。

携手共筑生态防护网

“生态司法+审计”制度既立足于当下，更着眼于长远。

“今后，市法院和市审计局将建立定期联席会议制度、重大事项沟通协调通报制度、业务交流制度、自然资源保护宣传联动制度。这是一种拓展和提升，双方不仅及时协调、通报自然资源资产管理和生态环境保护中的问题及建议，共同研究制度性措施，而且广泛运用报纸、电视、网络等形式，提高全社会尤其是领导干部的自然资源资产管理和生态环境保护意识。”莆田市中院院长苏建平说。作为一项全国首创的机制，“生态司法+审计”制度并无既有模式和现成经验可资借鉴。“这是一个‘摸着石头过河’的过程。最难的是，机制创新需要打破常规的单打独斗思维、突破现有法律框架体系，促进法院和审计部门之间的联动协作。”省高院副院长林玫瑰说。

勇于担当，方能攻坚。在探索这项机制的过程中，省高院立足我省生态审判工作实际，大胆创新，从中央、省委和最高法的决策部署中找依据，在现行法律框架内进行制度设计，在前期充分调研论证、争取审计部门大力支持的基础上，从合法合规、条款内容到衔接机制，逐一攻克难点。

“制度虽刚刚实施，但在架构的规范性、衔接的严密性、功能的融合性上已初见成效，为开展资源生态审计工作提供了一个有力的抓手，督促领导干部在发展经济的同时重视生态保护，共同推动生态文明建设的一系列政策措施真正落到实处。”莆田市审计局局长黄锦华说。

（资料来源：闵凌欣．福建“生态司法+审计”：从严形成监督合力［N］．福建日报，2019-07-22）

讨论问题：

审计生态责任落实为何要增强审计人员的沟通协作能力，并与其他组织部门合作？

第十二章　会计审计法律责任与遵纪守法

【经典名言与警句】

治国无法则乱，守法而弗变则悖，悖乱不可以持国。

——《吕氏春秋·慎大览·察今》

大道之行也，天下为公。选贤与能，讲信修睦。

故人不独亲其亲，不独子其子，使老有所终，壮有所用，幼有所长。

矜寡孤独废疾者皆有所养。男有分，女有归。

货恶其弃于地也，不必藏于己。力恶其不出于身也，不必为己。

是故谋闭而不兴，盗窃乱贼而不作。故外户而不闭。是谓大同。

——《礼运大同篇》

虚假的会计信息必然会造成决策失误，经济秩序混乱。国有企业改革要获得成功，必须加强经营管理特别是财务管理。

“不做假账”是会计从业人员的基本职业道德和行为准则，所有会计人员必须以诚信为本，操守为重，遵循准则，不做假账，保证会计信息的真实、可靠。国家会计学院要把诚信教育放在首位，培养出来的人才不仅要有一流的专业知识水平，更要有一流的职业道德水平，绝对不做假账。

——朱镕基

心灵改变基因！知识改变命运！伦理净化世界！诚信完善人生！

——叶陈刚感悟

【学习目的与要求】

1. 了解注册会计师法律责任概念。
2. 明确国家审计中的法律责任。
3. 掌握注册会计师承担的民事法律责任。
4. 掌握会计审计法律责任。

【导读】

会计师事务所因上市公司财务造假被重罚

近日，因宏图高科造假案，证监会对苏亚金诚会计师事务所（特殊普通合伙，以下简称“苏亚金诚”）进行行政处罚，罚没 1 950 万元，暂停从事证券业务 6 个月。6 名签字注册会计师难辞其咎，均被证监会罚款，其中有 3 名被采取市场禁入措施。

根据券商中国记者对东方财富 Choice 数据的统计，苏亚金诚共有 30 家上市公司审计项目，在业内排前 30 位，是一家中小型会计所。考虑到上述证券业务暂停期限出现跨年，覆盖上市公司 2024 年审计工作，预计苏亚金诚的存量上市公司客户将出现流失。

从在审项目方面来看，券商中国记者统计发现，其股权融资在审项目数量有 5 家，未来将面临中止审核状态。

2024 年以来，包括苏亚金诚在内已有 4 家会计师事务所被罚暂停相关业务 6 个月，其中不乏大型事务所，比如普华永道、大华。随着监管重拳打击财务造假、欺诈发行等资本市场“毒瘤”，市场震慑效果显著，监管部门曾表示，对履职不到位的中介机构严厉惩戒，就是向市场亮明监管态度和决心，要用好用足“资格罚”，切实提高违法违规成本。

罚单涉财务造假案

根据证监会近日披露的行政处罚决定书，宏图高科 2017 年至 2021 年年度报告存在虚增收入、利润及未记负债等虚假记载行为，而苏亚金诚在此期间给宏图高科提供的年报审计服务中存在多项违法事实。

证监会指出，苏亚金诚未充分执行风险评估审计程序；未保持应有的执业谨慎及职业怀疑；针对应收账款、其他应收款、预付账款实施的函证程序存在重大缺陷。

证监会还表示，苏亚金诚在发现宏图高科负债科目账面记录与信用报告不一致的情况下，未查明原因，进而未要求宏图高科进行账务调整，也未进一步扩大审计程序，以评估宏图高科是否存在重大错报风险。此外，苏亚金诚的银行函证程序存在重大缺陷。

对于上述种种违法情形，证监会对苏亚金诚责令改正，没收业务收入 325 万元，并处以 1 625 万元罚款，暂停从事证券业务 6 个月。

6 名相关签字注册会计师也被处以不同金额的罚款，合计 160 万元。

其中郭志东作为宏图高科 2017 年至 2018 年审计项目签字注册会计师，未按照审计准则的要求对函证保持控制，在发现企业账面数与信用报告存在不一致的情况下，未查明原因，进而未要求公司进行账务调整，也未进一步扩大审计程序，严重违反审计准则的规定，违法情节严重，被采取 5 年市场禁入措施。

林雷作为宏图高科 2017 年至 2019 年审计项目签字注册会计师、项目合伙人，未按照职业准则和法律法规的规定指导、监督、执行审计业务，致使苏亚金诚发生上述严重未勤勉尽责行为，违法行为较为严重，被采取 7 年市场禁入措施。

李来民作为宏图高科 2020 年至 2021 年审计项目签字注册会计师，未按照审计准则的要求对函证保持控制，未发现银行询证函回函存在的异常情况；其作为 2017 年、2018 年质量控制复核人，未有效实施复核，违法情节严重，被采取 3 年市场禁入措施。

存量客户影响如何

苏亚金诚官网显示，其前身为江苏苏亚审计事务所，成立于 1996 年 5 月（原隶属于江苏省审计厅），2000 年 7 月合并设立江苏苏亚金诚会计师事务所有限公司，2013 年 11 月经江苏省财政厅批准转制为特殊普通合伙企业。

苏亚金诚拥有从业人员千余人，其中注册会计师 358 人（含资深注册会计师 15 人），注册咨询专家 20 人。上述会计师事务所下设北京、连云港、扬州、常州、镇江、苏州、无锡、安徽、盐城、海南、四川等 11 个分支机构。

上述罚单对苏亚金诚有哪些影响受到市场关注。相比大华会计师事务所的业务限制期限截至2024年年底，苏亚金诚的暂停期限出现跨年，正值上市公司启动2024年审计工作。这意味着苏亚金诚2024年年报审计业务恐怕面临冲击，预计未来一段时间将出现“丢单”。

东方财富Choice数据显示，公司目前正为30家上市公司提供年报审计服务，包括北京文化、国轩高科、协鑫集成、康尼机电等。

在审项目方面，苏亚金诚仅有少量项目。根据券商中国记者统计，其共有5单IPO项目在审，其中上交所有1单江苏昆山农商行IPO，北交所有4单，分别为金康精工、飞宇科技、三协电机、格林司通。

审核进度方面，飞宇科技的北交所IPO项目进度相对较快，已经步入注册环节。金康精工的北交所IPO项目也已通过上市委会议。

根据券商中国记者此前采访券商投行人士以及梳理大华会计师事务所在审项目进程，发现这类受中介机构影响的在审股权融资项目只有通过“换所”才能推进下一步审核进展，否则持续处于中止状态。

加大对审计机构未勤勉尽责行为的打击力度

2024年以来已有多家会计师事务所面临“资格罚”，相关业务被暂停半年，显示出监管从严压实中介机构责任的决心。

2024年5月13日江苏证监局公告称，没收大华会计师事务所业务收入688.68万元，处以3443.40万元罚款，并暂停从事证券服务业务6个月。

据悉，在上市公司金通灵长达6年的财务造假期间，大华会计师事务所作为金通灵的审计机构，却一直出具标准无保留意见的审计报告。江苏证监局表示，大华所存在“风险评估及内控测试程序存在重大缺陷”“未采取恰当审计措施应对舞弊风险”“实质性程序存在重大缺陷”等问题。

8月16日，天职国际会计师事务所（特殊普通合伙）（以下简称“天职国际”）因在奇信股份年报审计中未勤勉尽责和伪造、篡改、毁损审计工作底稿，被证监会罚没逾2 000万元，同时被暂停从事证券服务业务6个月。

9月13日，财政部、证监会分别发布了对普华永道的行政处罚。因涉及恒大地产2018年审计项目的违法行为，财政部给予普华永道没收违法所得并处罚款共1.16亿元的行政处罚。同时，对普华永道警告、暂停经营业务6个月、撤销普华永道广州分所的行政处罚。证监会则没收普华永道案涉期间全部业务收入2 774万元，并处以顶格罚款2.97亿元，合计罚没3.25亿元。

财政部表示，将持续加大财会监督力度，严厉打击财务舞弊和审计造假行为，为维护社会公平正义、规范市场经济秩序、推动经济高质量发展提供有力支撑。

证监会指出，将继续坚决落实监管“长牙带刺”、有棱有角要求，突出严监严管，持续加大对资本市场财务造假以及审计机构未勤勉尽责行为的查处和打击力度，全力维护资本市场平稳运行，全力保护投资者合法权益，为资本市场高质量发展提供有力保障。

（资料来源：券商中国. 暂停证券业务6个月！这家会计师事务所遭重罚［EB/OL］.［2024-10-02］. https://baijiahao.baidu.com/s?id=1811740086020531210&wfr=spider&for=pc）

第一节　公民遵纪守法

一、依法治国

依法治国，就是指依照体现人民意志、反映社会发展规律的法律来治理国家，国家的政治、经济、社会活动以及公民在各个领域的行为都应依照法律进行。简言之，依法治国，就是依照表现为法律形式的人民意志来治理国家，即国家的立法机关依法立法，政府依法行政，司法机关依法独立行使审判权、检察权，公民的权利和自由受法律的切实保护。依法治国最基本的标志是，它必须建立体现人民意志、反映社会发展规律的完备的法律体系，同时法律又应当具有极大的权威，能够在国家和社会生活的各个方面得到普遍的切实的遵守。

“法者，治之端也。”1997 年，党的十五大把依法治国确立为党领导人民管理国家和社会事务、管理经济和文化事业的基本治国方略，把建设社会主义法治国家明确规定为治国理政的发展目标，实现了从“法制”向“法治”的历史性转变，标志着中国特色社会主义法治建设进入依法治国的新阶段。1999 年，第九届全国人民代表大会第二次会议通过的《中华人民共和国宪法修正案》规定：“中华人民共和国实行依法治国，建设社会主义法治国家。”这成为中国法治建设的里程碑。2014 年，党的第十八届中央委员会第四次全体会议通过《中共中央关于全面推进依法治国若干重大问题的决定》，全面推进依法治国总目标是建设中国特色社会主义法治体系，建设社会主义法治国家。在中国共产党的领导下，坚持中国特色社会主义制度，贯彻中国特色社会主义法治理论，形成完备的法律规范体系、高效的法治实施体系、严密的法治监督体系、有力的法治保障体系、完善的党内法规体系，坚持依法治国、依法执政、依法行政共同推进，坚持法治国家、法治政府、法治社会一体建设，实现科学立法、严格执法、公正司法、全民守法，促进国家治理体系和治理能力现代化。2017 年，党的十九大报告将“坚持全面依法治国”纳入新时代坚持和发展中国特色社会主义的基本方略中，明确了“建设中国特色社会主义法治体系、建设社会主义法治国家”的总目标，这标志着中国共产党对建设法治中国的理论探索和实践发展都达到了新的高度。

2018 年，中共中央印发《深化党和国家机构改革方案》，组建中央全面依法治国委员会，其主要职责是统筹协调全面依法治国工作，坚持依法治国、依法执政、依法行政共同推进，坚持法治国家、法治政府、法治社会一体建设，研究全面依法治国重大事项、重大问题，统筹推进科学立法、严格执法、公正司法、全民守法，协调推进中国特色社会主义法治体系和社会主义法治国家建设等。2019 年，党的十九届四中全会通过的《中共中央关于坚持和完善中国特色社会主义制度 推进国家治理体系和治理能力现代化若干重大问题的决定》进一步强调了坚持党的领导、人民当家作主、依法治国的有机统一，突出了法治在坚持和完善中国特色社会主义制度、推进国家治理体系和治理能力现代化中的重要作用。“坚持全面依法治国，建设社会主义法治国家，切实保障社会公平正义和人民权利”，是我国国家制度和国家治理体系的显著优势之一。2021 年年初，《法治中国建设规划（2020—2025 年）》提出：“建设法治中国，应当实现法律规范科学完备统一，执法司法公正高效权威，权力运行受到有效制约监督，人民合法权益得到充分尊重保障，法治信仰普遍确立，法治国家、法治政府、法治社会全面建成。”

2016 年 7 月 1 日，习近平总书记在《在庆祝中国共产党成立 95 周年大会上的讲话》中明确指出，改革和法治如鸟之两翼、车之两轮。我们要坚持走中国特色社会主义法治道路，加快构建中国特色社会主义法治体系，建设社会主义法治国家。全面依法治国，核心是坚持党的领导、人民当家作主、依法治国有机统一，关键在于坚持党领导立法、保证执法、支持司法、带头守法。要在全社会牢固树立宪法法律权威，弘扬宪法精神，任何组织和个人都必须在宪法法律范围内活动，都不得有超越宪法法律的特权。

二、遵纪守法

遵纪守法是每个公民应尽的义务，是构建社会主义和谐社会的基石。守法，是指任何机关、组织或公民个人都要依照法律规定办事，受法律的约束。《中华人民共和国宪法》规定，“一切国家机关和武装力量、各政党和各社会团体、各企业事业组织都必须遵守宪法和法律”，“任何公民享有宪法和法律规定的权利，同时必须履行宪法和法律规定的义务”，“中华人民共和国公民必须遵守宪法和法律”。在我国，公民是守法的主体，国家机关、武装力量、政党、团体组织同样是守法的主体；公民在法律面前人人平等，任何组织或者个人都不得有超越宪法和法律之外的特权。

守法是法律实施的基本形式之一，虽然不是以国家的名义进行的活动，并不直接伴随着国家强制力，但守法对法在社会生活中的具体运用和实现有非常重要的意义：第一，守法的主体十分广泛，包括其行为受法律调整的所有个人和组织。如此广泛的主体参与的活动，直接影响着法律实现的程度。第二，行政机关的执法行为，需要守法与之衔接和配合，即需要公民和其他社会主体接受行政机关的组织和管理，按法律所提供的行为模式做出行为，守法直接影响着执法的效果。第三，普遍守法是法运行力量最深厚的根源所在。社会主体能够自动运用法律来实现主体的利益要求，被动或者主动地用法律规范自己的行为，会为其他形式的法律实施创造条件，使法运行的渠道更加畅通。

各级领导干部在推进依法治国方面肩负着重要责任。领导干部要做尊法学法守法用法的模范，带动全党全国一起努力，在建设中国特色社会主义法治体系、建设社会主义法治国家上不断见到新成效。领导干部要做遵法的模范，带头尊崇法治、敬畏法律；做学法的模范，带头了解法律、掌握法律；做守法的模范，带头遵纪守法、捍卫法治；做用法的模范，带头厉行法治、依法办事。

三、法律责任

（一）法律责任概念

法律责任，有广、狭两义。广义上指任何组织和个人均负有的遵守法律、自觉维护法律尊严的义务。狭义上指违法者对违法行为所应承担的具有强制性的法律上的责任。

1. 责任的法定性

法律责任的性质、范围、大小、承担方式等都是由法律明文规定的，当法律责任需要司法机关去裁断和强制执行时，司法机关裁决的依据也是法律。

2. 责任的强制性

法律责任的履行由国家强制力保障，没有国家强制力，法律责任将失去其本身的威慑力。但并非一切法律责任的实现均依靠国家强制力，如民事违约责任，可由当事人自行协商，甚至免除。

法律责任的目的就在于：保障法律上的权利、义务、自由得以生效，在它们受到阻碍，从而法律所保护的利益受到侵害时，通过适当的救济，使对侵害发生有责任的人承担责任，消除侵害并尽量降低未来发生侵害的可能性。

（二）法律责任构成要件

法律责任的构成要件是指构成法律责任的各种必须具备的条件或必须符合的标准。

1. 主体

法律责任的主体，即承担法律责任的主体，必须符合相关法律的规定，必须是具有行为能力或责任能力的人。

2. 违法行为或违约行为

违法行为是指违反法律所规定的义务、超越权力的界限行使权力以及侵权行为的总称，一般认为违法行为包括犯罪行为和一般违法行为。违约行为是指不履行合同义务或履行合同义务不符合约定条件的行为。

3. 损害事实

损害事实，即受到损失和伤害的事实，包括对人身、财产、精神（或者三方面兼有）的损失和伤害。

4. 主观过错

主观过错，即承担法律责任的主观故意或者过失。

5. 因果关系

因果关系，即行为与损害之间的因果关系，它是存在于自然界和人类社会中的各种因果关系的特殊形式。

（三）法律责任分类

法律责任一般分为民事法律责任、行政法律责任和刑事法律责任。

1. 民事法律责任

民事法律责任，是由于违反民事法律规范、违约或者由于民法规定所应承担的一种法律责任。其特点如下：它更多地属于一种救济责任，主要目的是填补损失；主要是一种财产责任，也包括以人身行为、人格等为责任承担内容的非财产责任；由于私法自治，在法律允许的条件下，民事法律责任可由当事人协商甚至免除。民事法律责任通常可以分为两类：由违约行为（或不履行其他义务）产生的违约责任；由侵权行为产生的一般侵权责任和因法律规定所产生的特殊侵权责任。

2. 行政法律责任

行政法律责任，是指因违反行政法律规范或因行政法的规定而应承担的不利后果。这是现代社会发展起来后出现的一种公法责任。行政法律责任主体包括行政主体和行政相对方。由于行政法律关系主体的地位往往是不平等的，因此在行政主体作为责任主体时，通常实行过错推定的方法。

3. 刑事法律责任

刑事法律责任，是指行为人因其犯罪行为所必须承受的，由司法机关代表国家所确定的否定性法律后果。其特点是：行为具有严重社会危害性；它往往是一种惩罚性责任；遵循罪刑法定原则，实行罪责自负。

（四）法律责任认定

法律责任认定，是指由特定的国家机关或国家授权的机关依法对行为人的法律责任进行判断和确认。

1. 责任法定

（1）违法行为发生后，应当按照法律规定的性质、范围、程度、期限、方式追究违法者的责任；作为一种否定性法律后果，它应当由法律规范预先规定。

（2）排除无法律依据的责任，即责任擅断和“非法责罚”。

（3）在一般情况下要排除对行为人有害的既往追溯。

2. 因果联系

（1）在认定行为人违法责任之前，应当首先确认行为与危害或损害结果之间的因果联系，这是认定法律责任的重要事实依据。

（2）在认定行为人违法责任之前，应当首先确认意志、思想等主观方面因素与外部行为之间的因果联系，有时这也是区分有责任与无责任的重要因素。

（3）在认定行为人违法责任之前，应当区分这种因果联系是必然的还是偶然的，是直接的还是间接的。

3. 责任相称

（1）法律责任的性质与违法行为性质相适应。

（2）法律责任的轻重应当与违法行为的危害或者损害程度相适应。

（3）法律责任的轻重和种类还应当与行为人的主观恶性相适应。

4. 责任自负

（1）违法行为人应当对自己的违法行为负责。

（2）不能让没有违法行为的人承担法律责任，即反对株连或变相株连。

（3）要保证责任人受到法律追究，也要保证无责任者不受法律追究，做到不枉不纵。

【专栏 12-1】新的刑法大幅提高对资本市场虚假信息的处罚

阅读资料请扫描二维码。

第二节　会计法律责任

会计作为一项基础性制度安排，在调配生产与经济资源的过程中，发挥着举足轻重的作用。公司领域出现的最新观念是“现代公司治理结构的语言是会计”。1985 年，我国制定了第一部《会计法》，经过 30 多年的发展，虽然对会计违法行为的处罚力度在不断加大，但一些重大会计违法事件的金额却越来越大，手段越来越隐蔽，影响越来越广泛。法律对会计行为的规范作用，也主要体现在会计行为的法律责任上。《会计法》《公司法》等法律法规关于会计法律责任的规定仅包括行政责任与刑事责任两种。

依据现行会计法律规范规定，会计法律责任主体主要包括单位、单位负责人、会计人员、财政和有关行政部门工作人员等。单位负责人是指单位法定代表人或者法律、行政法规规定的代表单位行使职权的主要负责人。单位是国家机关、社会团体、公司、企业、事业单位和其他组织的统称。《会计法》第四条指出，单位负责人对本单位的会计工作和会计资料的真实性、完整性负责；同时又在第二十一条强调，单位负责人应当保证财务会计报告真实、完整；第二十六条规定，单位负责人应当保证会计机构、会计人员依法履行职责，不得授意、指使、强令会计机构、会计人员违法办理会计事项。在《公司法》的约束规范下，单位负责人则一般指公司的法定代表人。

一、会计行政法律责任

（一）单位的会计行政法律责任

《会计法》第四十、四十一条集中规定了单位应该承担的行政法律责任。

有下列行为之一的，由县级以上人民政府财政部门责令限期改正，可以对单位并处二十万元以下的罚款，情节严重的，对单位可以并处二十万元以上一百万元以下的罚款：不依法设置会计账簿的；私设会计账簿的；未按照规定填制、取得原始凭证或者填制、取得的原始凭证不符合规定的；以未经审核的会计凭证为依据登记会计账簿或者登记会计账簿不符合规定的；随意变更会计处理方法的；向不同的会计资料使用者提供的财务会计报告编制依据不一致的；未按照规定使用会计记录文字或者记账本位币的；未按照规定保管会计资料，致使会计资料毁损、灭失的；未按照规定建立并实施单位内部会计监督制度或者拒绝依法实施的监督或者不如实提供有关会计资料及有关情况的；任用会计人员不符合本法规定的。

伪造、变造会计凭证、会计账簿，编制虚假财务会计报告，尚不构成犯罪的，隐匿或者故意销毁依法应当保存的会计凭证、会计账簿、财务会计报告的，由县级以上人民政府财政部门责令限期改正，给予警告、通报批评，没收违法所得，违法所得二十万元以上的，对单位可以并处违法所得一倍以上十倍以下的罚款，没有违法所得或者违法所得不足二十万元的，可以并处二十万元以上二百万元以下的罚款。

（二）自然人的会计行政法律责任

1. 单位负责人

授意、指使、强令会计机构、会计人员及其他人员伪造、变造会计凭证、会计账簿，编制虚假财务会计报告或者隐匿、故意销毁依法应当保存的会计凭证、会计账簿、财务会计报告，尚不构成犯罪的，由县级以上人民政府财政部门给予警告、通报批评，可以并处二十万元以上一百万元以下的罚款；情节严重的，可以并处一百万元以上五百万元以下的罚款；属于公职人员的，还应当依法给予处分；构成犯罪的，依法追究刑事责任。

单位负责人对依法履行职责、抵制违反本法规定行为的会计人员以降级、撤职、调离工作岗位、解聘或者开除等方式实行打击报复的，依法给予处分；构成犯罪的，依法追究刑事责任。

2. 会计人员

有下列行为之一的，对其直接负责的主管人员和其他直接责任人员可以处五万元以上五十万元以下的罚款；属于公职人员的，还应当依法给予处分：不依法设置会计账簿的；私设会计账簿的；未按照规定填制、取得原始凭证或者填制、取得的原始凭证不符合规定的；以未经审核的会计凭证为依据登记会计账簿或者登记会计账簿不符合规定的；随意变更会计处理方法的；向不同的会计资料使用者提供的财务会计报告编制依据不一致的；未按照规定使用会计记录文字或者记账本位币的；未按照规定保管会计资料，致使会计资料毁损、灭失的；未按照规定建立并实施单位内部会计监督制度或者拒绝依法实施的监督或者不如实提供有关会计资料及有关情况的；任用会计人员不符合本法规定的。会计人员有以上行为，情节严重的，五年内不得从事会计工作。

伪造、变造会计凭证、会计账簿，编制虚假财务会计报告，隐匿或者故意销毁依法应当保存的会计凭证、会计账簿、财务会计报告的，由县级以上人民政府财政部门责令限期改正，给予警告、通报批评，对其直接负责的主管人员和其他直接责任人员，可以处十万元以上五十万元以下的罚款，情节严重的，可以处五十万元以上二百万元以下的罚款；属于公职人员的，还应当依法给予处分；其中的会计人员，五年内不得从事会计工作；构成犯罪的，依法追究刑事责任。

3. 其他人员

财政部门及有关行政部门的工作人员在实施监督管理中滥用职权、玩忽职守、徇私舞弊或者泄露国家秘密、工作秘密、商业秘密、个人隐私、个人信息的，尚不构成犯罪的，依法给予处分。

二、会计刑事法律责任

1995 年，第八届全国人民代表大会常务委员会第十二次会议通过《关于惩治违反公司法的犯罪的决定》，正式确立“提供虚假财务会计报告罪”。这标志着我国首次将纯粹的会计违法行为纳入刑法调整的范围。其后，为配合《会计法》等会计法律规范的修订或实施，全国人大常委会又分别对涉及会计刑事责任的罪名与条款进行了适当的补充和完善，极大丰富了会计刑事责任的认定。

例如，在 1997 年《刑法》分则第三章第三节“妨害对公司、企业的管理秩序罪”中增设了有关会计违法行为的罪名，包括第一百五十八条规定的“虚报注册资本罪”、第一百五十九条规定的“虚假出资、抽逃出资罪”、第一百六十一条规定的“提供虚假的财务会计报告罪”等。在 1999 年 12 月出台的《刑法修正案》中，对《刑法》分则第一百六十二条规定的“妨害清算罪”，又增加了“隐匿、故意销毁会计凭证、会计账簿、财务会计报告罪”。2006 年《刑法修正案（六）》扩充了对“应当依法披露的重要信息不按照规定披露”这一不作为方式的刑事处罚。同时，将原有的“提供虚假财务会计报告罪”改为“违规披露、不披露重要信息罪”。2020 年 12 月，第十三届全国人民代表大会常务委员会第二十四次会议通过的《刑法修正案（十一）》于 2021 年 3 月 1 日正式施行，对“违规披露、不披露重要信息罪”进行了修改。

（一）虚报注册资本罪

申请公司登记使用虚假证明文件或者采取其他欺诈手段虚报注册资本，欺骗公司登记主管部门，取得公司登记，虚报注册资本数额巨大、后果严重或者有其他严重情节的，处三年以下有期徒刑或者拘役，并处或者单处虚报注册资本金额百分之一以上百分之五以下罚金。单位犯前款罪的，对单位判处罚金，并对其直接负责的主管人员和其他直接责任人员，处三年以下有期徒刑或者拘役。

根据《最高人民检察院、公安部关于经济犯罪案件追诉标准的规定》规定，虚报注册资本涉嫌下列情形之一的，应予追诉：实缴注册资本不足法定注册资本最低限额，有限责任公司虚报数额占法定最低限额的百分之六十以上，股份有限公司虚报数额占法定最低限额的百分之三十以上的；实缴注册资本达到法定最低限额，但仍虚报注册资本，有限责任公司虚报数额在一百万元以上，股份有限公司虚报数额在一千万元以上的；虚报注册资本给投资者或者其他债权人造成的直接经济损失累计数额在十万元以上的；虽未达到上述数额标准，但具有下列情形之一的：因虚报注册资本，受过行政处罚二次以上，又虚报注册资本的；向公司登记主管人员行贿或者注册后进行违法活动的。

（二）虚假出资、抽逃出资罪

这是指公司发起人、股东违反公司法的规定未交付货币、实物或者未转移财产权，虚假出资，或者在公司成立后又抽逃其出资，数额巨大、后果严重或者有其他严重情节的行为。单位犯前款罪的，对单位判处罚金，并对其直接负责的主管人员和其他直接责任人员，处三年以下有期徒刑或者拘役。

（三）隐匿、故意销毁会计凭证、会计账簿、财务会计报告罪

这是指隐匿或者故意销毁依法应当保存的会计凭证、会计账簿、财务会计报告，情节严重的行为。《刑法》第一百六十二条规定：隐匿或者故意销毁依法应当保存的会计凭证、会计账簿、财务会计报告，情节严重的，处五年以下有期徒刑或者拘役，并处或者单处二万元以上二十万元以下罚金。单位犯前款罪的，对单位判处罚金，并对其直接负责的主管人员和其他直接责任人员，依照前款的规定处罚。

《最高人民检察院公安部关于公安机关管辖的刑事案件立案追诉标准的规定（二）》第八条规定：隐匿或者故意销毁依法应当保存的会计凭证、会计账簿、财务会计报告，涉嫌下列情形之一的，应予立案追诉：（一）隐匿、故意销毁的会计凭证、会计账簿、财务会计报告涉及金额在五十万元以上的；（二）依法应当向司法机关，行政机关、有关主管部门等提供而隐匿、故意销毁或者拒不交出会计凭证、会计账簿、财务会计报告的；（三）其他情节严重的情形。

（四）违规披露、不披露重要信息罪

这是指依法负有信息披露义务的公司、企业向股东和社会公众提供虚假的或者隐瞒重要事实的财务会计报告，或者对依法应当披露的其他重要信息不按照规定披露，严重损害股东或其他人利益，或者有其他严重情节的行为。《刑法》第一百六十一条规定：依法负有信息披露义务的公司、企业向股东和社会公众提供虚假的或者隐瞒重要事实的财务会计报告，或者对依法应当披露的其他重要信息不按照规定披露，严重损害股东或者其他人利益，或者有其他严重情节的，对其直接负责的主管人员和其他直接责任人员，处五年以下有期徒刑或者拘役，并处或者单处罚金；情节特别严重的，处五年以上十年以下有期徒刑，并处罚金。

《最高人民检察院公安部关于公安机关管辖的刑事案件立案追诉标准的规定（二）》

第六条规定：依法负有信息披露义务的公司、企业向股东和社会公众提供虚假的或者隐瞒重要事实的财务会计报告，或者对依法应当披露的其他重要信息不按照规定披露，涉嫌下列情形之一的，应予立案追诉：（一）造成股东、债权人或者其他人直接经济损失数额累计在五十万元以上的；（二）虚增或者虚减资产达到当期披露的资产总额百分之三十以上的；（三）虚增或者虚减利润达到当期披露的利润总额百分之三十以上的；（四）未按照规定披露的重大诉讼、仲裁、担保、关联交易或者其他重大事项所涉及的数额或者连续十二个月的累计数额占净资产百分之五十以上的；（五）致使公司发行的股票、公司债券或者国务院依法认定的其他证券被终止上市交易或者多次被暂停上市交易的；（六）致使不符合发行条件的公司、企业骗取发行核准并且上市交易的；（七）在公司财务会计报告中将亏损披露为盈利，或者将盈利披露为亏损的；（八）多次提供虚假的或者隐瞒重要事实的财务会计报告，或者多次对依法应当披露的其他重要信息不按照规定披露的；（九）其他严重损害股东、债权人或者其他人利益，或者有其他严重情节的情形。

【专栏 12-2】《最高人民法院关于审理涉及会计师事务所在审计业务活动中民事侵权赔偿案件的若干规定》

阅读资料请扫描二维码。

第三节　注册会计师审计的法律责任与遵纪守法

注册会计师作为“经济警察”，在市场经济中发挥着越来越重要的作用。但会计信息使用者对注册会计师及其审计工作的信用危机越来越深，以致出现了大量的审计诉讼与责任纠纷案件。为了发挥注册会计师在社会经济活动中的鉴证和服务作用，加强对注册会计师的管理，《中华人民共和国注册会计师法》第六章专门规定“法律责任”内容。另外，《公司法》《证券法》在各自领域范畴，明确了会计师事务所、注册会计师的法律责任。在司法实践中，最高人民法院于 2007 年制定《关于审理涉及会计师事务所在审计业务活动中民事侵权赔偿案件的若干规定》，进一步明确了注册会计师、会计师事务所民事侵权责任的具体规定。

【专栏 12-3】2019 年 10 月《中华人民共和国会计法修订草案（征求意见稿）》

阅读资料请扫描二维码。

一、会计师事务所对委托人的民事法律责任

会计师事务所与委托人之间通过订立业务合同而形成民事法律关系。《注册会计师法》第十六条第一款规定：注册会计师承办业务，由其所在的会计师事务所统一受理并与委托人签订委托合同。

（一）会计师事务所的缔约过失责任

缔约过失责任，是指在合同订立过程中，会计师事务所因不履行依据诚实信用原则所

应承担的义务致使委托人信赖利益受损而应承担的一种民事损害赔偿责任。缔约过失责任的构成要件包括：(1) 发生在会计合同订立阶段，合同尚未生效；(2) 会计师事务所不履行诚实信用原则所应负的义务。(3) 造成了委托人的信赖利益的损失。

(二) 会计师事务所的违约责任

违约责任，是指会计师事务所因没有按照约定向委托人提供适合法律和合同要求的业务报告，而需要向委托人承担的一种民事法律责任。会计师事务所的违约情形主要包括：(1) 没有依照合同的约定按时完成审计工作；(2) 没有按照会计准则和审计准则的要求出具合法的专业报告；(3) 会计师事务所违反为委托人保密的义务。

(三) 会计师事务所承担违约责任的方式

依据《民法典》的规定，承担违约责任的方式包括继续履行、采取补救措施、赔偿损失等。

1. 继续履行

继续履行，是指会计师事务所违反合同义务时，委托人仍然可以要求会计师事务所履行合同所规定的义务。但属于以下情形之一的，委托人不能要求会计师事务所继续履行：(1) 会计师事务所法律上或者事实上不能履行；(2) 会计师事务所继续履行的费用过高；(3) 委托人没有在合理期限内要求会计师事务所继续履行。

2. 采取补救措施

采取补救措施，是指会计师事务所出具的业务报告不符合同的约定时，委托人可以要求会计师事务所重做、减少报酬的一种承担违约责任方式。

3. 赔偿损失

赔偿损失，是指当会计师事务所违反合同义务时，委托人可以要求会计师事务所给付金钱以弥补其因此遭受的损害。如果双方之前已经约定违约金，则委托人可以要求会计师事务所向其给付的金钱即为该违约金。如果双方之前未约定违约金，委托人依然可以在会计师事务所违约的情况下要求其赔偿损失。

4. 免责事由

(1) 不可抗力。不可抗力是指不能预见、不能避免并不能克服的客观情况。因不可抗力不能履行合同的，根据不可抗力的影响，部分或者全部免除会计师事务所的责任，法律另有规定的除外。

(2) 委托人过错。委托人过错是指会计师事务所的违约行为是由委托人所导致的。《注册会计师法》第二十条规定，注册会计师执行审计业务，遇有下列情形之一的，应当拒绝出具有关报告：①委托人示意其作不实或者不当证明的；②委托人故意不提供有关会计资料和文件的；③因委托人有其他不合理要求，致使注册会计师出具的报告不能对财务会计的重要事项做出正确表述的。虽然会计师事务所不向委托人出具业务报告违反了合同的约定，但会计师事务所未履行合同是因为委托人的过错所造成的，因此，会计师事务所不需要承担违约责任。

(3) 免责条款。免责条款是指当事人在合同中排除或限制其未来责任的条款。具体来说：①免责条款是合同的组成部分，是一种合同条款，具有约定性；②免责条款的提出必须是明示的，不允许以默示方式做出；③免责条款旨在排除或限制未来的民事责任，具有免责功能。当发生违约行为时，会计师事务所可以根据事先约定的免责条款免除其违约责任。

（四）会计师事务所的侵权责任

会计师事务所因自己的违法行为，给委托人造成损失的，例如注册会计师在审计过程中遗失、毁坏委托人交付的账簿、电子数据，需要承担相应的赔偿责任。《注册会计师法》第四十二条规定，会计师事务所违反本法规定，给委托人、其他利害关系人造成损失的，应当依法承担赔偿责任。

二、会计师事务所对利害关系人的民事法律责任

利害关系人，是指因合理信赖或者使用会计师事务所出具的不实报告，与被审计单位进行交易或者从事与被审计单位的股票、债券等有关的交易活动而遭受损失的自然人、法人或者其他组织。会计师事务所对利害关系人的民事法律责任，是指会计师事务所对其出具不实报告、侵害利害关系人的合法权益所应承担的民事法律责任。

（一）连带责任与补充责任

利害关系人因使用会计师事务所出具的不实报告而遭受损失，委托人、会计师事务所均应当对利害关系人的损失承担赔偿责任，但两者之间如何分担责任，是连带赔偿责任，还是补充赔偿责任，现有立法并不明确。

《公司法》第二百五十七条第二款规定，承担资产评估、验资或者验证的机构因其出具的评估结果、验资或者验证证明不实，给公司债权人造成损失的，除能够证明自己没有过错的外，在其评估或者证明不实的金额范围内承担赔偿责任。《证券法》第一百六十三条规定，证券服务机构为证券的发行、上市、交易等证券业务活动制作、出具审计报告及其他鉴证报告、资产评估报告、财务顾问报告、资信评级报告或者法律意见书等文件，应当勤勉尽责，对所依据的文件资料内容的真实性、准确性、完整性进行核查和验证。其制作、出具的文件有虚假记载、误导性陈述或者重大遗漏，给他人造成损失的，应当与委托人承担连带赔偿责任，但是能够证明自己没有过错的除外。

最高人民法院为正确审理涉及会计师事务所在审计业务活动中的民事侵权赔偿案件，专门制定了《关于审理涉及会计师事务所在审计业务活动中民事侵权赔偿案件的若干规定》。注册会计师在审计业务活动中存在与被审计单位恶意串通；明知被审计单位对重要事项的财务会计处理与国家有关规定相抵触，而不予指明；明知被审计单位的财务会计处理会直接损害利害关系人的利益，而予以隐瞒或者作不实报告；明知被审计单位的财务会计处理会导致利害关系人产生重大误解，而不予指明；明知被审计单位的会计报表的重要事项有不实的内容，而不予指明；被审计单位示意其作不实报告，而不予拒绝。出具不实报告并给利害关系人造成损失的，应当认定会计师事务所与被审计单位承担连带赔偿责任。

会计师事务所在审计业务活动中因过失出具不实报告，并给利害关系人造成损失的，人民法院应当根据其过失大小确定其赔偿责任。在确定会计师事务所承担与其过失程度相应的赔偿责任时，应按照下列情形处理：（1）应先由被审计单位赔偿利害关系人的损失。被审计单位的出资人虚假出资、不实出资或者抽逃出资，事后未补足，且依法

强制执行被审计单位财产后仍不足以赔偿损失的，出资人应在虚假出资、不实出资或者抽逃出资数额范围内向利害关系人承担补充赔偿责任；（2）对被审计单位、出资人的财产依法强制执行后仍不足以赔偿损失的，由会计师事务所在其不实审计金额范围内承担相应的赔偿责任。（3）会计师事务所对一个或者多个利害关系人承担的赔偿责任应以不实审计金额为限。

（二）过失认定

依据《关于审理涉及会计师事务所在审计业务活动中民事侵权赔偿案件的若干规定》，注册会计师在审计过程中未保持必要的职业谨慎，并导致报告不实的，人民法院应当认定会计师事务所存在过失的情形包括：（1）违反注册会计师法第二十条第（二）、（三）项的规定；[①]（2）负责审计的注册会计师以低于行业一般成员应具备的专业水准执业；（3）制订的审计计划存在明显疏漏；（4）未依据执业准则、规则执行必要的审计程序；（5）在发现可能存在错误和舞弊的迹象时，未能追加必要的审计程序予以证实或者排除；（6）未能合理地运用执业准则和规则所要求的重要性原则；（7）未根据审计的要求采用必要的调查方法获取充分的审计证据；（8）明知对总体结论有重大影响的特定审计对象缺少判断能力，未能寻求专家意见而直接形成审计结论；（9）错误判断和评价审计证据；（10）其他违反执业准则、规则确定的工作程序的行为。

（三）归责原则

会计师事务所对利害关系人侵权责任，适用过错推定责任的归责原则。过错推定责任归责原则，是指在法律有特别规定的场合，从损害事实的本身推定加害人有过错，并据此确定造成他人损害的行为人赔偿责任的一种归责原则。

依据《最高人民法院关于审理涉及会计师事务所在审计业务活动中民事侵权赔偿案件的若干规定》规定，会计师事务所因在审计业务活动中对外出具不实报告给利害关系人造成损失的，应当承担侵权赔偿责任，但其能够证明自己没有过错的除外。会计师事务所在证明自己没有过错时，可以向人民法院提交与该案件相关的执业准则、规则以及审计工作底稿等。

（四）免责事由

依据《最高人民法院关于审理涉及会计师事务所在审计业务活动中民事侵权赔偿案件的若干规定》，会计师事务所的免责事由主要包括：（1）已经遵守执业准则、规则确定的工作程序并保持必要的职业谨慎，但仍未能发现被审计的会计资料错误；（2）审计业务所必须依赖的金融机构等单位提供虚假或者不实的证明文件，会计师事务所在保持必要的职业谨慎下仍未能发现其虚假或者不实；（3）已对被审计单位的舞弊迹象提出警告并在审计业务报告中予以指明。（4）已经遵照验资程序进行审核并出具报告，但被验资单位在注册登记后抽逃资金。（5）为登记时未出资或者未足额出资的出资人出具不实报告，但出资人在登记后已补足出资。

如果利害关系人明知会计师事务所出具的报告为不实报告而仍然使用的，人民法院应

---

① 《注册会计师法》第二十条规定，注册会计师执行审计业务，遇有下列情形之一的，应当拒绝出具有关报告：（一）委托人示意其作不实或者不当证明的；（二）委托人故意不提供有关会计资料和文件的；（三）因委托人有其他不合理要求，致使注册会计师出具的报告不能对财务会计的重要事项做出正确表述的。

当酌情减轻会计师事务所的赔偿责任。

三、行政法律责任

《注册会计师法》针对会计师事务所、注册会计师以及其他人员设定了行政处罚的具体条款，处罚的种类包括警告、没收违法所得、罚款、暂停经营业务、撤销、暂停执行业务、吊销注册会计师证书等。另外，《证券法》《公司法》在相关业务领域范围内，对会计师事务所、注册会计师设定了特定处罚。

1. 会计师事务所的行政法律责任

会计师事务所违反《注册会计师法》第二十、二十一条的规定，由省级以上人民政府财政部门给予警告，没收违法所得，可以并处违法所得一倍以上五倍以下的罚款；情节严重的，可以由省级以上人民政府财政部门暂停其经营业务或者予以撤销。

根据《证券法》第二百一十三条的规定，证券投资咨询机构违反本法第一百六十条第二款的规定擅自从事证券服务业务，或者从事证券服务业务有本法第一百六十一条规定行为的，责令改正，没收违法所得，并处以违法所得一倍以上十倍以下的罚款；没有违法所得或者违法所得不足五十万元的，处以五十万元以上五百万元以下的罚款。对直接负责的主管人员和其他直接责任人员，给予警告，并处以二十万元以上二百万元以下的罚款。会计师事务所、律师事务所以及从事资产评估、资信评级、财务顾问、信息技术系统服务的机构违反本法第一百六十条第二款的规定，从事证券服务业务未报备案的，责令改正，可以处二十万元以下的罚款。证券服务机构违反本法第一百六十三条的规定，未勤勉尽责，所制作、出具的文件有虚假记载、误导性陈述或者重大遗漏的，责令改正，没收业务收入，并处以业务收入一倍以上十倍以下的罚款，没有业务收入或者业务收入不足五十万元的，处以五十万元以上五百万元以下的罚款；情节严重的，并处暂停或者禁止从事证券服务业务。对直接负责的主管人员和其他直接责任人员给予警告，并处以二十万元以上二百万元以下的罚款。

根据《公司法》第二百五十七条第一、二款的规定，承担资产评估、验资或者验证的机构提供虚假材料的，由有关部门依照《中华人民共和国资产评估法》、《中华人民共和国注册会计师法》等法律、行政法规的规定处罚。承担资产评估、验资或者验证的机构因其出具的评估结果、验资或者验证证明不实，给公司债权人造成损失的，除能够证明自己没有过错的外，在其评估或者证明不实的金额范围内承担赔偿责任。

2. 注册会计师的行政法律责任

注册会计师违反《注册会计师法》第二十、二十一条规定的，由省级以上人民政府财政部门给予警告；情节严重的，可以由省级以上人民政府财政部门暂停其执行业务或者吊销注册会计师证书。

根据《证券法》第二百一十四条的规定，发行人、证券登记结算机构、证券公司、证券服务机构未按照规定保存有关文件和资料的，责令改正，给予警告，并处以十万元以上一百万元以下的罚款；泄露、隐匿、伪造、篡改或者毁损有关文件和资料的，给予警告，并处以二十万元以上二百万元以下的罚款；情节严重的，处以五十万元以上五百万元以下的罚款，并处暂停、撤销相关业务许可或者禁止从事相关业务。根据《证券法》第二百二十一条第一款的规定，违反法律、行政法规或者国务院证券监督管理机构的有关规定，情节严重的，国务院证券监督管理机构可以对有关责任人员采取证券市场禁入的措施。

3. 其他单位的行政法律责任

对未经批准承办《注册会计师法》第十四条规定的注册会计师业务的单位，由省级以上人民政府财政部门责令其停止违法活动，没收违法所得，可以并处违法所得一倍以上五倍以下的罚款。

财政部于1998年颁布了《违反注册会计师法处罚暂行办法》①，其中第四条规定，对注册会计师的处罚种类包括：（1）警告；（2）没收违法所得；（3）罚款；（4）暂停执行部分或全部业务，暂停执业的最长期限为12个月；（5）吊销有关执业许可证；（6）吊销注册会计师证书。第五条规定，对会计师事务所的处罚种类包括：（1）警告；（2）没收违法所得；（3）罚款；（4）暂停执行部分或全部业务，暂停执业的最长期限为12个月；（5）吊销有关执业许可证；（6）撤销事务所。2005年1月，财政部颁布《会计师事务所审批和监督暂行办法》（以下简称《暂行办法》），同时废止了《违反注册会计师法处罚暂行办法》。《暂行办法》对会计师事务所规定了警告、没收违法所得、罚款、暂停其经营业务、撤销等处罚方式；对注册会计师规定了警告、暂停执行业务、吊销注册会计师证书、公告等处罚方式。

四、刑事法律责任

会计师事务所、注册会计师违反《注册会计师法》第二十、二十一条的规定，故意出具虚假的审计报告、验资报告，构成犯罪的，依法追究刑事责任。注册会计师刑事法律责任的真正诞生始于1995年2月施行的《全国人民代表大会常务委员会关于惩治违反公司法的犯罪的决定》（以下简称《决定》），第六条规定，承担资产评估、验资、验证、审计职责的人员故意提供虚假证明文件，情节严重的，处五年以下有期徒刑或者拘役，可以并处二十万元以下罚金。1997年《刑法》修订，同时废止了《决定》，以《刑法》第二百二十九条规定的提供虚假证明文件罪、出具证明文件重大失实罪与注册会计师的刑事责任关联最紧密。

1. 提供虚假证明文件罪

提供虚假证明文件罪，是指承担资产评估、验资、验证、会计、审计、法律服务等职责的中介组织的人员故意提供虚假证明文件，情节严重的行为。依照《刑法》的规定，承担资产评估、验资、验证、会计、审计、法律服务等职责的中介组织的人员故意提供虚假证明文件，情节严重的，处五年以下有期徒刑或者拘役，并处罚金。索取他人财物或者非法收受他人财物，犯本罪的，处五年以上十年以下有期徒刑，并处罚金。单位犯本罪的，采取双罚制，即对单位判处罚金，同时对其直接负责的主管人员和其他直接责任人员，依

① 事实上，1998年《违反注册会计师法处罚暂行办法》规定可以对注册会计师进行罚款处罚，该规定与《行政处罚法》是相冲突的。《行政处罚法》明确规定：国务院部门规章可以在法律、行政法规规定的给予行政处罚的行为、种类和幅度的范围内做出具体规定。尚未制定法律、行政法规的，国务院部门规章对违反行政管理秩序的行为，可以设定警告或者一定数量罚款的行政处罚。罚款的限额由国务院规定。《注册会计师法》没有规定对注册会计师的违法行为可以进行罚款的情况下，财政部的部门规章不能针对注册会计师的违法行为设定罚款。

照前述规定处罚。

2. 出具证明文件重大失实罪

出具证明文件重大失实罪，是指承担资产评估、验资、验证、会计、审计、法律服务等职责的中介组织的人员严重不负责任，出具的证明文件有重大失实，造成严重后果的行为。依照《刑法》的规定，构成出具证明文件重大失实罪，处三年以下有期徒刑或者拘役，并处或者单处罚金。单位犯本罪的，对单位判处罚金，并对其直接负责的主管人员和其他直接责任人员，依照前述规定处罚。

第四节　国家审计中的法律责任与遵纪守法

1982 年，《中华人民共和国宪法》正式确立国家审计制度。1985 年 8 月，国务院制定了《国务院关于审计工作暂行规定》，简要规定了审计的法律责任；①1988 年 11 月，《中华人民共和国审计条例》较全面地完善了审计法律责任的规定；1994 年 8 月，《中华人民共和国审计法》专章明确了“法律责任”；2006 年 2 月，第十届全国人大常委会第二十次会议修订的《审计法》，细化了被审计单位和有关人员应当承担行政责任的情形。此外，相关地方性法规和规章也涉及审计法律责任的规范。

国家审计中的法律责任，一般是指在国家审计监督过程中产生的相关法律责任，主要包括两个方面：第一，审计机关及相关人员，包括中介机构，在审计过程中出现的因违法违规、过失、违反合同约定等而应承担的不利后果；第二，被审计单位（被审计人员）因违法违规而应承担的不利后果。现有国家审计法律责任主要针对行政法律责任和刑事法律责任进行规定。其中，针对刑事法律责任，地方性法规等基本无其他拓展；针对行政法律责任，地方根据具体情况在上位法的基础上进行了细化。另外，部分地方立法延伸了《审计法》《审计法实施条例》的规定，确立了民事法律责任制度。

【专栏 12-4】《全国人大常委会法工委对地方性法规中以审计结果作为政府投资建设项目竣工结算依据有关规定的研究意见》

阅读资料请扫描二维码。

（一）行政法律责任

根据《审计法》《审计法实施条例》的规定，行政法律责任包括多种形式：责令改正、通报批评、警告、责令限期执行、罚款、没收违法所得、处分建议。地方立法对行政责任形式的规定，除了上述几种以外，还规定了治安处罚法律责任。

1. 责令改正、通报批评、警告

被审计单位拒绝或者拖延提供与审计事项有关的资料的，或者提供的资料不真实、不完整的，或者拒绝、阻碍检查的，由审计机关责令改正，可以通报批评，给予警告；拒不改正的，依法追究责任。

2. 责令限期执行

对本级各部门（含直属单位）和下级政府违反预算的行为或者其他违反国家规定的财

① 《国务院关于审计工作暂行规定》第十四条规定：对违反本规定的单位和个人，按照情节轻重，分别给予经济制裁、政纪处分；触犯刑律的，对直接责任人员，提请司法机关依法惩处。

政收支行为，审计机关在法定职权范围内，依照法律、行政法规的规定，可以采取责令限期缴纳应当上缴的款项、责令限期退还被侵占的国有资产、责令限期退还违法所得、责令按照国家统一的会计制度的有关规定进行处理等处理措施。

3. 没收违法所得、罚款、处分建议

被审计单位转移、隐匿、篡改、毁弃会计凭证、会计账簿、财务会计报告以及其他与财政收支、财务收支有关的资料，或者转移、隐匿所持有的违反国家规定取得的资产，审计机关认为对直接负责的主管人员和其他直接责任人员依法应当给予处分的，应当提出给予处分的建议，被审计单位或者其上级机关、监察机关应当依法及时做出决定，并将结果书面通知审计机关。

对被审计单位违反国家规定的财务收支行为，审计机关在法定职权范围内，依照法律、行政法规的规定，可以通报批评，给予警告；有违法所得的，没收违法所得，并处违法所得一倍以上五倍以下的罚款；没有违法所得的，可以处五万元以下的罚款；对直接负责的主管人员和其他直接责任人员，可以处两万元以下的罚款，审计机关认为应当给予处分的，向有关主管机关、单位提出给予处分的建议。

4. 降低资质或者吊销资格建议

审计机关建议降低资质或者吊销资格，在地方性立法中有所体现。例如，《海南省审计监督条例》第六十二条规定，审计机关聘请的具有专业技术资格的人员和委托的法定专业鉴定机构、中介机构及其工作人员在履行审计监督职责中，有隐瞒审计发现的重要问题，与违法违纪者合谋串通舞弊，违反国家有关廉政规定，违反回避规定，应当回避而未回避的，泄露国家秘密和商业秘密等情形的，审计机关可建议发证机关降低资质等级或者取消、吊销执业资格与资质证书。

5. 治安管理处罚

治安管理处罚，是指公安机关依照治安管理法规对扰乱社会秩序，妨害公共安全，侵犯公民人身权利，侵犯公私财产，情节轻微尚不够刑事处罚的违法行为所实施的行政处罚。例如，《北京市审计条例》第三十六条明确，威胁、打击报复审计人员的，依法给予行政处分；违反治安管理规定的，由公安机关依法给予治安管理处罚。《海南省审计监督条例》第六十一条明确，对审计人员依法执行职务进行威胁、陷害、打击报复，违反《中华人民共和国治安管理处罚法》的，由公安机关依法给予治安处罚，构成犯罪的，依法追究刑事责任。。

（二）刑事法律责任

在审计法律法规体系中，刑事法律责任规定并不详细，未规定罪名和刑罚内容，需依据具体的刑法规范来确定责任。《审计法》第四十八、五十五、五十六、五十七条以及《审计法实施条例》第四十七、四十九、五十五条的内容均列示“依法追究刑事责任”，并且责任主体主要限定为被审计单位、审计人员。

刑事法律责任的适用类型包括：（1）被审计单位拒绝、拖延提供与审计事项有关的资料，或者提供的资料不真实、不完整，或者拒绝、阻碍检查，构成犯罪的，依法追究刑事责任。（2）被审计单位转移、隐匿、篡改、毁弃会计凭证、会计账簿、财务会计报告以及其他与财政收支、财务收支有关的资料，或者转移、隐匿所持有的违反国家规定取得的资产，构成犯罪的，依法追究刑事责任。(3) 被审计单位的财政收支、财务收支违反法律、行政法规的规定，构成犯罪的，依法追究刑事责任。(4) 报复陷害审计人员，构成犯罪的，依法追究刑事责任。(5) 审计人员滥用职权、徇私舞弊、玩忽职守或者泄露所知悉的国家秘密、商业秘密，构成犯罪的，依法追究刑事责任。

针对以上需要追究刑事责任的情形，需要援引刑法规范中与审计法规相联系的规定。

(三) 民事法律责任

《审计法》《审计法实施条例》未出现关于民事法律责任的规定，部分地方性立法中有涉及，分为赔偿责任和违约责任。

【关键概念】

依法治国 (rule of law)

法律责任 (legal liability)

民事法律责任 (civil legal liability)

行政法律责任 (administrative legal liability)

刑事法律责任 (criminal legal liability)

【复习思考题】

1. 依法治国的含义是什么？
2. 法律责任的构成要件有哪些？
3. 注册会计师应承担哪些民事法律责任？
4. 注册会计师应承担哪些行政法律责任？
5. 注册会计师应承担哪些刑事法律责任？
6. 国家审计中的法律责任有哪些？
7. 单位负责人应承担哪些会计法律责任？

【练习题】

一、单项选择题

1. 下列关于责任相称表述正确的是 (　　)。

A. 在认定行为人违法责任之前，应当区分这种因果联系是必然的还是偶然的，是直接的还是间接的

B. 法律责任的性质与违法行为性质相适应

C. 法律责任的轻重和种类应当与违法行为的危害或者损害相适应

D. 法律责任的轻重和种类还应当与行为人主观恶性相适应

2. 会计法律责任主体不包括 (　　)。

A. 单位负责人　　B. 会计从业人员

C. 财政和有关行政部门　　D. 单位

3. 会计师事务所出具不实报告并给利害关系人造成损失的，不与被审计单位承担连带

赔偿责任的情形是（　　）。

A. 注册会计师在审计业务活动中存在与被审计单位恶意串通

B. 明知被审计单位对重要事项的财务会计处理与国家有关规定相抵触，而不予指明

C. 明知被审计单位的财务会计处理会直接损害利害关系人的利益，而予以隐瞒或者作不实报告

D. 明知被审计单位的会计报表的重要事项有不实的内容，而不予指明

4. 注册会计师在审计过程中未保持必要的职业谨慎，并导致报告不实的，人民法院应当认定会计师事务所存在过失的情形不包括（　　）。

A. 制订的审计计划存在明显疏漏

B. 未依据执业准则、规则执行必要的审计程序

C. 在发现可能存在错误和舞弊的迹象时，未能追加必要的审计程序予以证实或者排除

D. 明知对总体结论有影响的特定审计人员缺少判断能力，未能寻求专家意见而直接形成审计结论

5. 下列关于国家审计的法律责任表述正确的是（　　）。

A. 被审计单位转移、隐匿、篡改、毁弃会计凭证、会计账簿、财务会计报告以及其他与财政收支、财务收支有关的资料，或者转移、隐匿所持有的违反国家规定取得的资产，审计机关认为对直接负责的主管人员和其他直接责任人员依法应当给予处分的，应当提出给予处分的建议

B. 对被审计单位违反国家规定的财务收支行为，审计机关在法定职权范围内，依照法律、行政法规的规定，应当通报批评，给予警告

C. 对被审计单位违反国家规定的财务收支行为，审计机关在法定职权范围内，依照法律、行政法规的规定，有违法所得的，没收违法所得，并处违法所得两倍以上五倍以下的罚款

D. 对被审计单位违反国家规定的财务收支行为，审计机关在法定职权范围内，依照法律、行政法规的规定，没有违法所得的，可以处五万元以下的罚款

二、多项选择题

1. 下列关于法律责任表述正确的有（　　）。

A. 行为人因违法行为承受的某种不利法律后果，除此之外在特定场合下，仅仅因法律规定而应承受的不利法律后果

B. 法律责任的性质、范围、大小、承担方式等都是由法律明文规定的，当法律责任需要司法机关去裁断和强制执行时，司法机关裁决的依据也是法律

C. 法律责任的履行由国家强制力保障，没有国家强制力，法律责任将失去其本身的威慑力

D. 法律责任的目的就在于保障法律上的权利、义务、权力、自由得以生效

2. 有下列（　　）行为之一的，由县级以上人民政府财政部门责令限期改正，可以对单位并处三千元以上五万元以下的罚款。

A. 不依法设置会计账簿的

B. 私设会计账簿的

C. 未按照规定填制、取得原始凭证或者填制、取得的原始凭证不符合规定的

D. 变更会计处理方法的

3. 会计师事务所承担违约责任的方式有（　　）。

A. 继续履行　　B. 采取补救措施　　C. 赔礼道歉　　D. 赔偿损失

4. 下列属于国家审计中刑事法律责任的有（　　）。

A. 被审计单位拒绝、拖延检查，构成犯罪的，依法追究刑事责任

B. 被审计单位转移、隐匿、篡改、毁弃会计凭证、会计账簿、财务会计报告以及其他与财政收支、财务收支有关的资料，或者转移、隐匿所持有的违反国家规定取得的资产，构成犯罪的，依法追究刑事责任

C. 被审计单位的财政收支、财务收支违反法律、行政法规的规定，构成犯罪的，依法追究刑事责任

D. 审计人员滥用职权、徇私舞弊、玩忽职守或者泄露所知悉的国家秘密、商业秘密，构成犯罪的，依法追究刑事责任

5. 会计师事务所的免责事由包括（　　）。

A. 已经遵守执业准则、规则确定的工作程序并保持必要的职业谨慎，但仍未能发现被审计的会计资料错误

B. 审计业务所必须依赖的金融机构等单位提供虚假或者不实的证明文件，会计师事务所未能发现其虚假或者不实

C. 已对被审计单位的舞弊迹象提出警告并在审计业务报告中予以指明

D. 已经遵照验资程序进行审核并出具报告，但被验资单位在注册登记后抽逃资金

三、判断题

1. 党的十九届四中全会通过的《中共中央关于坚持和完善中国特色社会主义制度　推进国家治理体系和治理能力现代化若干重大问题的决定》强调了坚持党的领导、人民当家作主、依法治国的有机统一，突出了法治在坚持和完善中国特色社会主义制度、推进国家治理体系和治理能力现代化中的重要作用。（　　）

2. 国家审计中的行政法律责任包括责令改正、通报批评、警告、责令限期执行、罚款、没收违法所得、党内处分。（　　）

3. 对注册会计师的处罚种类包括：暂停执行部分或全部业务，暂停执业的最长期限为6个月。（　　）

4. 隐匿或者故意销毁依法应当保存的会计凭证、会计账簿、财务会计报告，尚不构成犯罪的，由省级以上人民政府财政部门予以通报，对其直接负责的主管人员和其他直接责任人员，可以处三千元以上五万元以下的罚款。（　　）

5. 会计师事务所因在审计业务活动中对外出具不实报告给利害关系人造成损失的，应当承担侵权赔偿责任，但其能够证明自己没有过错的除外。（　　）

【案例分析题】

立信会计师事务所如何承担赔偿责任?

金亚科技股份有限公司（以下简称“金亚科技”）为了扭转公司的亏损，通过虚构客户、伪造合同、伪造银行单据、伪造材料产品收发记录、隐瞒费用支出等方式虚增利润，2014 年年报虚增利润总额 80 495 532.40 元，并使利润由亏损变为盈利。金亚科技披露的 2014 年年度报告虚假记载的行为，违反了《中华人民共和国证券法》有关规定。中国证券监督管理委员会对金亚科技及周旭辉等人做出行政处罚。

立信会计师事务所（以下简称立信所）对金亚科技股份有限公司 2014 年度财务报表审计时，未勤勉尽责，出具了存在虚假记载的审计报告：（1）2015 年 1 月 20 日，审计人员对金亚科技基本账户函证时，未对询证函保持控制，未对询证函是否加盖银行公章事项给予充分关注，导致未能发现银行回函系金亚科技伪造，金亚科技因此虚增银行存款 2.179 亿元。（2）销售与收款循环函证程序不当，未关注重大合同的异常情况。①应收账款函证程序不当。立信所未对存在不确定性的发函地址实施进一步审计程序，导致未能发现错误及不存在的发函地址，且审计底稿未记录发函和回函过程，现有证据无法证实对函证保持控制；同时未关注回函中的异常情况，未正确填写被询证者地址。现有证据未能证实其对未收到回函的客户实施了进一步替代程序，以证实应收账款是否真实存在，计价是否正确。②对金亚科技 2014 年前 20 大客户及金额较大合同进行查验时，其中 7 份合同存在异常情况，审计人员未保持职业怀疑，未充分关注重大合同中的异常情况，未实施进一步审计程序。（3）采购与付款函证程序不当。28 份函证中 13 份存在发函地址与发票地址不一致等异常情况，立信所未关注上述异常情况。审计工作底稿未记录收发函物流信息，也未记录应付款的函证结论。（4）3.1 亿元预付工程款的审计程序不当。金亚科技与四川宏山建设工程有限公司签订的《建设工程施工合同》上均未盖章签字，立信所取得的 3.1 亿元预付工程款的银行对账单系金亚科技伪造并提供。在合同形式不完备的情况下，立信所未特别关注，未保持合理的职业怀疑。中国证券监督管理委员会对立信所、邹军梅、程进做出行政处罚。

季燕华于 2015 年 4 月 17 日到 2015 年 5 月 20 日之间多次买入卖出金亚科技股票，于 2015 年 5 月 20 日持有 13 700 股，于 2015 年 6 月 10 日分红入账 4 110 股。季燕华于 2016 年 4 月 7 日卖出金亚科技股票 17 000 股，卖出均价 22.42 元，季燕华于 2016 年 4 月 8 日基准日之后继续持有全部金亚科技股票 810 股。金亚科技股价于 2015 年 6 月 4 日收于 47.36 元，2016 年 4 月 8 日收于 23.90 元，股价累计下跌 49.54%。创业板指数于 2015 年 6 月 4 日收于 3 943.47 点，2016 年 4 月 8 日收于 2 229.93 点，指数累计下跌 43.45%。根据相对比例法，应当扣除系统性风险为 87.71%（43.45%÷49.54%×100%），金亚科技虚假陈述行为造成季燕华投资损失的比例为 12.29%，应当赔偿因虚假陈述行为给原告季燕华造成的投资损失 56 191.25 元（457 211.17 元×12.29%）。

（资料来源：会计雅苑．金亚科技虚假陈述案 立信一审败诉［EB/OL］．［2019-04-16］．https://news.esnai.com/2019/0416/188417.shtml）

讨论问题：

（1）季燕华的损失与金亚科技的虚假陈述行为是否存在因果关系？

（2）立信所是否应当对季燕华的损失承担连带赔偿责任？

第十三章　会计审计职业道德范畴与机制

【经典名言与感悟】

君子曰：学不可以已。

青，取之于蓝而青于蓝；冰，水为之而寒于水。

故不登高山，不知天之高也；

不临深溪，不知地之厚也；

不闻先王之遗言，不知学问之大也。

荀子

（约公元前 313—公元前 238 年）

吾尝终日而思矣，不如须臾之所学也；吾尝跂而望矣，不如登高之博见也。登高而招，臂非加长也，而见者远；顺风而呼，声非加疾也，而闻者彰。

积土成山，风雨兴焉；积水成渊，蛟龙生焉；积善成德，而神明自得，圣心备焉。故不积跬步，无以至千里；不积小流，无以成江海。骐骥一跃，不能十步；驽马十驾，功在不舍。锲而舍之，朽木不折；锲而不舍，金石可镂。

故学至乎礼而止矣。夫是之谓道德之极。

——《荀子·劝学篇》

治理国家、治理社会必须一手抓法治、一手抓德治，既重视发挥法律的规范作用，又重视发挥道德的教化作用，实现法律和道德相辅相成、法治和德治相得益彰。

——习近平总书记 2014 年 10 月 23 日在党的十八届四中全会第二次全体会议上的讲话

法律是成文的道德，道德是内心的法律。法律和道德都具有规范社会行为、调节社会关系、维护社会秩序的作用，在国家治理中都有其地位和功能。法安天下，德润人心。

——习近平总书记 2016 年 12 月 9 日在中共中央政治局第三十七次集体学习时的讲话

伦理道德是法律基础，诚实守信是制度条例核心，道德诚信比法律制度更重要！

——叶陈刚感悟

【学习目的与要求】

1. 了解开展会计审计职业道德教育。
2. 明白履行会计审计职业道德义务。
3. 知道珍惜会计审计职业道德良心。
4. 重视提高会计审计职业道德荣誉；
5. 能够坚守会计审计职业道德节操。
6. 自觉实践会计审计职业道德行为。
7. 努力推广会计审计职业道德评价。
8. 切实提升会计审计职业道德品质。
9. 健全推进会计审计职业道德机制。
10. 逐渐升华会计审计职业道德境界。

【导读】

新时代会计职业道德建设的动因分析

（一）社会需求动因

在新时代下，我国社会主要矛盾已转化为人民日益增长的美好生活需要和不平衡不充分的发展之间的矛盾。“美好生活需要”体现了社会对于法治精神、道德文明等方面的“软需求”，会计的法治与德治亦包含在其中。在社会活动多样化、经济主体多元化、利益关系复杂化的背景下，会计工作不仅要为国家治理、企业经营、投融资活动等提供高质量的决策信息，而且要评价有关政府人员、企业管理者之于社会公众、广大投资者的受托责任履行情况。会计人员能否坚守职业道德，做好会计本职工作将直接影响国家、社会和公众的利益。

尽管单纯意义上的会计法治能够在一定程度上通过强制手段限制会计人员的违规行为，但社会学的观点认为，信任是在不确定性系统中维持社会良性运转的纽带。党的二十大报告也特别提到，提高全社会文明程度，实施公民道德建设工程，弘扬诚信文化，健全诚信建设长效机制。也就是说，会计诚信建设对于促进会计人员自觉坚持职业操守、实现经济社会良性发展意义重大。此外，亚当·斯密在《道德情操论》中指出，“社会习惯、道德是经济活动的基础”；而会计恰恰贯穿了市场经济生产、消费、交换、分配始终，会计职业道德水平的高低深刻影响着经济社会的发展，会计造假、利益侵占、偷税漏税等行为会直接导致价值创造的不充分与财富分配的不平衡。因此，在新时代下解决经济社会中“不平衡不充分的发展”问题同样需要推进会计职业道德建设。

（二）职业生存动因

会计职业的社会属性意味着会计人员最终应当承担起服务公众的责任。会计人员凭借自己的会计知识与技能向利益相关者提供会计服务，同时也需要对服务质量提供相应的保证，这便形成了会计人员与社会公众的隐形契约。将会计服务视作会计人员生产的“产品”，由于服务过程具有不可观测性和酌量弹性，会计产品的质量很难采用统一明确的显性指标予以衡量，也就无法判断会计人员是否较好地履行了其与社会公众的契约责任。因此，契约双方的信息不对称为会计人员的私利行为提供了隐蔽空间，进而很可能形成低质量会计服务充斥的“柠檬市场”。加之近年来会计信息失真、财务欺诈事件时有发生，会计功能有异化迹象，会计执业声誉也相应受损。

社会公众对于会计服务与信息产品质量的担忧也随之加剧，其与会计人员之间的契约关系面临信任风险；一旦会计服务市场不再为社会公众所接受，会计职业将遭受重大的生存危机。在此情形下，会计职业道德建设作为一种非正式的会计治理机制，可以通过唤醒会计人员的职业初心、塑造会计人员的价值观念、强化会计人员的使命担当来向外界传递会计人员致力于提升会计服务质量的积极信号，使会计行业重拾社会公众的信心。《会计改革与发展“十四五”规划纲要》中强调的“筑牢执业道德底线，稳固诚信执业生命线”执业要求，也直接体现出会计职业的生存与健康发展离不开会计职业道德建设。

（资料来源：叶承辉，李嘉鑫．会计职业道德建设的动因、内涵与实现路径［J］．财务与会计，2023（18）：86-88）

会计审计职业道德范畴是反映会计审计领域职业活动中最普通、最本质的道德关系和道德行为调节方面的基本概念。会计审计职业道德原则和会计审计职业道德规范对会计审计职业道德范畴起着约束作用，制约着会计审计职业道德范畴的重要内容和主体要求。会计审计职业道德范畴主要包括开展会计审计职业道德教育、履行会计审计职业道德义务、珍惜会计审计职业道德良心、提高会计审计职业道德荣誉、加强会计审计职业道德修养、实践会计审计职业道德行为、推广会计审计职业道德评价和提升会计审计职业道德品质八个方面。

第一节　开展会计审计职业道德教育

会计审计职业道德教育是根据会计审计工作的特点，有目的、有组织、有计划地对会计审计人员施加系统的会计审计职业道德影响，促使会计审计人员形成会计审计职业道德、履行会计审计职业道德义务的活动。会计审计职业道德教育的作用在于：它把社会意识中得到反映和论证的一定的会计审计职业道德原则、会计审计职业道德规范和会计审计职业道德观念灌输到会计审计人员的意识之中，引导会计审计人员既能够实行自我监督，调整自身行为，也能够参与社会行为的调整过程；对其他会计审计人员提出会计审计职业道德要求和进行会计审计职业道德评价。会计审计人员的道德品质需要会计审计职业道德教育来培养，社会道德风尚也需要包括会计审计职业道德教育在内的整个社会道德教育来造就。可见，开展会计审计职业道德教育有利于提高会计审计人员的道德水平，促使会计审计人员形成会计审计职业道德品质，开展会计审计职业道德实践活动。

一、会计审计职业道德教育的特征

会计审计职业道德教育是塑造或改造会计审计人员道德面貌的工作。由于会计审计人员与社会实践、生产经营等活动有广泛的联系，而且有高度的自觉性和能动性，因此会计审计职业道德教育是一个极为复杂的矛盾运动过程。但是，会计审计职业道德教育并非不可捉摸、无规律可循。根据优秀会计审计人员的感人事迹，结合其会计审计职业道德思想和会计审计职业道德行为，我们可以看出会计审计职业道德教育具有如下特征：

（一）会计审计职业道德教育的整体性

由于会计审计职业道德品质是会计审计职业道德认识、会计审计职业道德情感、会计审计职业道德意志、会计审计职业道德信念和会计审计职业道德习惯等基本因素有机统一的集合体，因此不能将会计审计职业道德教育机械地确定一个序列、单一地进行，而必须注意各个基本因素的整体培养。整体性要求把会计审计职业道德教育看作有机的体系，做到各因素间齐头并进、相互协调、共同发展。也就是说，我们应该在提高会计审计人员道德认识的同时，培养会计审计人员的道德情感和道德意志；在教育会计审计人员确立、坚定和增强自己的道德信念的同时，促使其养成自然而然地实践会计审计职业道德原则和规范的习惯。当然，在进行会计审计职业道德教育的时候，可以而且应该根据实际情况侧重于其中的某个方面，切不可因有侧重点而不兼顾其他方面。总之，整体性是由会计审计职业道德本身形成和发展的客观过程所决定的，也是构成会计品质的各要素相互依赖、相互制约的必然要求。

（二）会计审计职业道德教育的针对性

会计审计职业道德教育要着眼于构成会计审计人员道德品质的诸要素的平衡，使其全面发展，因而要对各要素施加积极的道德影响。但在现实的会计审计工作中，往往难以实现各个要素发展的完全平衡，各要素在发展方面和发展水平上常常不一致。这是因为每个会计审计人员的生活经历、受教育程度、知识水平和实践状况不同，他们的社会公德素质和职业道德素质不同，客观上会计审计人员的职业活动又与许多方面产生联系。这种情况决定了进行会计审计职业道德教育不能采取单一的形式，死扣一环，只采取一个固定不变的模式，而是要从实际出发，在充分调查的基础上，针对不同的教育对象，选择最需要、最迫切、最能见效的方面进行会计审计职业道德教育。譬如，对于刚参加工作的会计审计人员，由于他们对会计审计职业道德知识知之甚少，因此应该从会计审计职业道德认识着手开展教育；对于某些意志薄弱的会计审计人员，要从增强会计审计职业道德意志入手开展教育；对于空谈会计审计职业道德而不实行者，要从要求言行一致开始开展教育。总之，会计审计职业道德教育要因人而异，灵活多样。会计审计职业道德教育的针对性，是会计审计职业道德教育灵活性和生动性的体现。

（三）会计审计职业道德教育的复杂性

培养会计审计职业道德品质是一个极为艰巨复杂的过程，需要不断地反复进行。即使是比较单纯地传授会计审计职业道德知识，也必须经过反复教育才能逐步为会计审计人员所了解和掌握。因此，会计审计职业道德感情的培养、会计审计职业道德意志的锻炼、会计审计职业道德观念的树立和会计审计职业道德习惯的养成要困难得多、艰巨得多、深刻得多，不可能一蹴而就、一次生效。例如，就培养会计审计职业道德情感来说，真正要使会计审计人员做到爱憎分明、从善如流、疾恶如仇，是很不容易的。这种情感必须在实践的基础上经过反复认识、反复浸染、长期熏陶才能产生，要使其稳定，还需要更长期的教育。可见，复杂性是会计审计职业道德教育的又一规律性特征，它表明会计审计职业道德教育是一项长期的艰巨性的工作。

（四）会计审计职业道德教育的实践性

会计审计职业道德本身就是知和行的统一，离开了实际的会计审计职业道德行为就会变得毫无意义。不仅会计审计职业道德认识、会计审计职业道德情感、会计审计职业道德信念和会计审计职业道德习惯需要在社会实践中培养和训练，而且由“知”转化为“行”，也必须在实践的基础上实现。会计审计职业道德教育的实践性意味着这种教育既要从会计审计实际工作出发，适应社会的实践情况和实际需要；同时，又要引导会计审计人员遵循会计审计职业道德规范。实践是进行会计审计职业道德教育的基础，也是检查会计审计职业道德成效的唯一标准。离开了实践，会计审计职业道德教育就会变成美妙的空谈和说教，也就不能称其为会计审计职业道德教育。

（五）会计审计职业道德教育的渐进性

会计审计人员的道德品质不是先天就有的，也不是自发产生的，只有经过后天的长期学习和反复磨炼才能形成。这种反复磨炼的过程实际上也是会计审计职业道德品质渐进形成的过程。荀子云：“积土成山，风雨兴焉；积水成渊，蛟龙生焉；积善成德，而神明自得，圣心备焉。故不积跬步，无以至千里；不积小流，无以成江海。”此话表明，一种良好的品质要经历积小善为大善的长期过程，只有通过平时细微的、不断的道德进步的量的积累，才能实现道德面貌的根本变化。刘备说得更明确："勿以善小而不为，勿以恶小而为之。"因此，会计审计职业道德教育不能操之过急、急于求成，而要循序渐进、日积月累。会计审计职业道德教育要给会计审计人员以道德理想，要实现这种理想必须经过无数的阶梯。只有立足会计实践，从自我做起，千锤百炼，才有可能成为一个具有高尚道德情操的会计审计人员。

会计审计职业道德教育是一个培养和塑造会计审计人员的灵魂的系统工程，特别需要遵循会计审计职业道德教育的客观规律。会计教育工作者要不断地研究各种新的会计问题，总结新经验，揭示新规律，使会计审计职业道德教育更丰富、生动、深刻，更富有成就。

二、会计审计职业道德教育的方法

会计审计职业道德教育的方法是以会计审计职业道德教育客观过程的特征及其规律性为依据的，是会计审计职业道德实践经验的总结。会计审计职业道德教育究竟应采取怎样的方法，只能根据会计审计职业道德本身的特点和教育对象的实际情况来确定。这里简要介绍如下：

（一）传授会计审计职业道德知识与进行道德锻炼相结合的方法

传授会计审计职业道德知识，就是通过讲授，向会计审计人员灌输会计审计职业道德规范等知识，帮助会计审计人员提高会计审计职业道德认识，并在职业活动中自觉进行会计审计职业道德实践。但对会计审计职业道德知识的深入理解，离不开会计实践和会计审计职业道德的锻炼。会计审计人员只有亲身实践，通过自身的锻炼体验和总结，才能更深刻、更全面地认识和理解会计审计职业道德知识，更自觉地从事会计实践活动。可以说，传授会计审计职业道德知识和进行会计审计职业道德锻炼，是加强会计审计职业道德教育两个同等重要的方面。

（二）个人示范和集体影响相配合的方法

对于个人示范，其一，要求会计领域的各级负责人在会计审计工作中以身示范、以身作则，严格要求自己，成为全体会计审计人员的表率；其二，要求表彰先进模范人物，树立正气，抨击不良倾向，通过个人示范起到影响大众的作用。同时，要加强集体教育，扩大集体影响。集体是许多个体成员集合组成的。集体影响一般表现为集体成员的相互学习、相互感染、相互激励、相互监督和相互促进等。发挥每个成员的长处，克服各自的不足，促使大家一道提高道德水平，从而取得良好的会计审计职业道德教育效果。

（三）典范诱导和舆论扬抑相统一的方法

榜样的力量是无穷的。会计领域的榜样，是指在会计审计工作中做出了巨大成绩的英雄、模范人物。他们具有高尚的会计审计职业道德品质，善于从日常小事做起，不断地对自己进行道德品质的锻炼，全心全意地为国家、为人民、为集体工作。他们闪光的行为和事迹，对其他会计审计人员起着潜移默化的作用；他们在社会上尤其是在会计领域的道德风尚，可以启发、诱导和激励会计审计人员践行会计审计职业道德。与此同时，还要重视舆论的作用。舆论对会计审计人员的道德行为起着扬抑作用。在会计领域，只有形成了扬正抑邪、褒善贬恶的社会舆论，会计审计职业道德教育才能收到好的效果。

会计审计职业道德教育的方法除了上述三种以外，还有其他多种，如说服教育的方法、道德行为反馈的方法等。具体运用会计审计职业道德教育方法时，要视会计审计职业道德教育的任务、内容和教育对象的实际情况而定。

第二节　履行会计审计职业道德义务

义务指的是人们在道义上应当履行的对社会、集体与他人的责任。当今社会是一个相互联系的整体，个人离开与社会、与他人的联系就不可能生存。因此，从社会角度讲，每个人都有对社会、对集体、对他人应承担的责任。凡有人群存在的地方，就有必要也应该存在着义务。由于人类社会存在的关系错综复杂，因此人们在社会生活中承担着多种多样的义务，如政治义务、法律义务、经济义务、道德义务等。本书研究的是会计审计人员在会计审计行为中的道德义务。

什么是会计审计职业道德义务呢？会计审计职业道德义务是指会计审计人员在一定的信念和会计审计职业道德责任感的支配下，在会计审计行为中自觉履行的对社会、对他人的责任，是社会主义会计审计职业道德原则和规范对会计审计人员的要求。在道德关系中，道德义务是不可缺少的因素，通常与使命、职责、责任有同等的含义。而道德义务是由社会物质生活条件和人们在社会关系中所处的地位决定的。在阶级社会里，道德义务总是和一定的阶级利益相联系；在同一社会的不同历史发展阶段，道德义务所包含的内容不尽相同。

道德义务与政治义务、法律义务既有区别，也有联系。从联系的角度看，它们都反映了对他人、对国家、对社会的责任。从区别的角度看，首先表现为政治、法律等义务总是与一定的权利相联系，尽一份义务就可以享受一份权利，也就是平常我们所说的“没有无义务的权利，也没有无权利的义务”。道德义务则有其特点，它不以享受某种权利为前提，而以或多或少地牺牲个人利益为前提。道德义务是一种有利于他人或社会的行为。其次，政治、法律义务是靠一定的强制力发生作用的，拒绝尽义务就会受到组织纪律和相应法律的追究。尽道德义务则是自觉自愿的，不需要外力的强制作用。在现实生活中，一部分道德义务同政治、法律义务是重合的，从而使这一部分道德义务和一定的权利相联系。对有道德的人来说，尽管社会在他履行一定的道德义务之后，可能会给他一定的权利，但他绝不会为追求一定的权利才去履行某种道德义务。如果一个会计审计人员为了追求某种私利去履行某种道德义务，那么他的行为本身就不道德。

一、会计审计职业道德义务的作用

会计审计人员自觉履行道德义务，在调节与他人、集体和社会的关系上发挥着重要作用，主要表现在：

第一，会计审计职业道德义务加强，会计审计人员就会把实行科学管理、讲究经济效益视为义不容辞的责任，就能够使自己的管理工作从过去的守业型变为创业型，进而在自己的工作岗位上更加努力学习和更新自己的专业管理知识，熟练地掌握现代化的管理技能。加强会计审计职业道德义务感，有助于会计审计人员把当前的会计改革视为己任，欢迎改革、拥护改革、参与改革，积极开动脑筋，研究新问题，解决新矛盾，探索新路子。尽管改革本身会给会计审计人员的习惯性工作方法和工作秩序带来冲击，会计审计人员会有一个不适应的过程，但有会计审计职业道德义务感的会计审计人员不会因此而成为改革的阻力。这种道德义务感能促使会计审计人员自觉地抵制那股趁会计改革之机为个人或小集团谋利益，慷国家之慨，占国家便宜的不正之风。会计审计人员的特性决定了他们对不正之风的抵制作用和影响是非常大的，不仅可以控制自己在经济上不拿不该拿的钱财，而且可以阻止一个单位、一个系统拿不该拿的钱财和物资。

第二，会计审计职业道德义务感能够促使会计审计人员正确处理个人专业兴趣、愿望和会计审计职业道德之间的矛盾。在目前以及今后相当长的一段时期内，我们的社会需要、个人志愿和兴趣爱好还不能做到完全一致，这使得某些会计审计人员的实际工作与个人的专业爱好和愿望之间会产生一些矛盾。即使社会组织的安排使一些会计审计人员的专业基本对口，也会出现安排的工作与本人的兴趣特长不一致、存在矛盾的地方。尽管这些情况通过人事制度的改革会逐步改善，但应看到，由于不可能很快就具备消除上述矛盾的物质条件和手段，即使经过了会计改革，这种矛盾也不可能完全消除，因此，无论是现在还是将来，在对待具体工作的安排上，会计审计人员都要把服从社会需要、工作需要作为自己的道德义务而放在首位，并在实践中努力培养自己的兴趣和爱好，使个人愿望与应尽的义务统一起来。可见，义务在处理一些矛盾时的作用是显而易见的。当然，改变自己的兴趣或工作方向，把工作需要作为义务，就需要做出一定的牺牲。从这一角度讲，它又具有重大的道德价值。当自己的工作安排得不合理，在同一单位又有合适的去向时，也可大胆说明自己的思想，提出合理的建议，亦可毛遂自荐。这样做非但与尽义务不相矛盾，反而是在间接地为建设和改革尽义务。社会、单位则应尽量避免让人们去做这些无谓的牺牲。具体地说，部门领导和负责同志应尽量了解会计审计人员的兴趣、爱好和专业特长，了解他们的意向，尽最大努力安排得当，因才施用，使他们能以更高的积极性贡献自己的聪明才智。用人之长、安排得当，也是这些部门和同志的道德义务，设身处地地为他人着想，本身就是一种美德。那些不尊重会计科学，不爱惜会计人才，自己不懂专业，又不去了解具体情况，胡乱安排，在别人提出合理安排时还要固执己见，以不安心工作的帽子压制人才，则是缺乏对革命事业和本职工作承担道德义务的行为。

第三，在会计审计职业道德行为选择中，会计审计职业道德义务起着指令作用。会计审计职业道德义务观念，同会计审计人员的道德情感、信念和意志等联系在一起，特别是要同会计审计人员的职业良心、内心需要结合在一起。会计审计人员在会计审计行为中尽义务是发自内心的要求，如果不尽义务，就会受到良心的谴责；尽了义务，就会感到内心的满足。从这个意义上讲，义务又是发自内心的“道德指令”。对会计审计人员来说，为了保持自己的会计审计行为的道德性，在内心发出某种义务指令之前，首先应对实际情况做一番理智的思考，不能不假思索地绝对信奉上级和他人的旨意，且将其当作义务盲目行为；否则，就会使自己成为精神上的奴隶和不道德行为的工具。例如，会计审计人员在处理本单位奖金发放问题时，把明显违反有关政策规定的只属于个别领导的决定当作义务去执行，结果肥了个人，损害了国家、集体的利益。这样做，不仅不能获取道德上的自由，反而要为自己的不抵制行为承担道德上的责任。

二、履行会计审计职业道德义务的内容要求

那么，会计审计人员到底有哪些道德义务呢？我们应该看到，会计审计职业道德义务的内容是客观的，它所表现的是社会不断发展的客观上已经成熟的需要。即使这种客观需要在初期不能被人们广泛、自觉地意识到，但它仍然是客观存在的，并且必将为后人所认识、所理解。社会主义会计审计职业道德义务，本质上是社会主义社会对会计审计人员的会计审计行为提出的客观要求。这种客观要求只有被会计审计人员自觉、正确地认识以后，才能变成真正意义上的会计审计职业道德义务。作为社会主义道德义务的内容，会计审计职业道德义务包括以下几个方面的要求：

其一，努力学习马克思列宁主义、毛泽东思想、邓小平理论、“三个代表”重要思想、科学发展观、习近平新时代中国特色社会主义思想，学习党的路线、方针、政策和各项决议，并结合经济理论的学习，着重研究社会主义经济建设和会计改革中的新情况、新问题，积极投身改革。

要建设有中国特色的会计理论和方法体系，需要学习的知识很多，这要求我们努力针对新情况，掌握马列主义基本原理，以提高解决新问题的本领，加强工作中的原则性、系统性、预见性和创造性。我们必须牢记：“马克思主义理论从来不是教条，而是行动的指南，它要求人们根据它的基本原则和基本方法，不断结合变化着的实际，探索解决新问题的答案，从而也发展马克思主义理论本身。”党在社会主义建设中根据实际情况提出的一系列方针、政策，是对马克思主义的丰富和发展，是指导会计当事人职业行动的政策依据，应结合会计管理的实际情况学习、领会；同时，应在贯彻中不断有所创新、有所发展。

其二，刻苦学习现代会计管理知识，掌握和应用现代化会计管理手段，以便在会计审计工作实践中广泛应用。

其三，尽职尽责，全心全意为人民理财，坚持人民的利益高于一切，个人利益服从集体利益，局部利益服从全局利益，克己奉公，勤俭理财。对会计审计人员来说，尽职尽责地对待会计审计工作是最起码的道德义务，如果做不到这一点，就不可能履行其他义务。

其四，遵守党纪国法，严守国家机密，特别是自觉遵守和维护财经纪律及会计制度，不泄露会计信息和经济机密。

总之，会计审计职业道德的义务范畴反映了社会发展的必然性。会计审计人员只有认识到这种必然性，自觉地适应社会发展要求去履行自己的职责，才可能获得自由，成为道德高尚的人。

【专栏 13-1】新会计聚焦企业价值提升　打造“四位一体”财务——中国石油在全国会计管理工作会议上经验交流材料

阅读资料请扫描二维码。

第三节　珍惜会计审计职业道德良心

良心是指人们在履行对社会、对他人的义务的过程中形成的道德责任感和自我评价能力，是一定的道德观念、道德情感、道德意志和道德信念在个人意识中的统一。会计审计

职业道德良心，指的是会计审计人员在履行对社会、对单位、对他人的义务的过程中形成的会计审计职业道德责任感和自我评价能力，是会计审计职业道德观念、会计审计职业道德情感、会计审计职业道德情绪在会计审计人员意识中的内在统一，是会计审计职业道德原则、会计审计职业道德规范体现为会计审计人员内心的动机、信念和情感的一种自我审度的能力。

一、培育会计审计职业道德良心的内容要求

会计审计职业道德良心的基本内容包括以下三个方面：

（一）会计审计职业道德良心和会计审计职业道德义务紧密相连

会计审计职业道德义务是会计审计人员对他人、对社会应尽的责任；会计审计职业道德良心则是会计审计人员对自己行为应负的道德责任感，形成并表现在尽义务的过程中。会计审计职业道德良心有自觉性，是内心的道德活动，不是外部强加的影响。会计审计人员的良心表现为发自内心的尽心尽力为社会、为企业管好账，理好财。当舆论评价自身的行为履行了应尽的义务和责任时，就会感到道德良心上的满足；一旦会计审计工作出现差错和失误，内心就会感到不安并对自己的行为进行谴责，进而自觉地改正错误的行为。

（二）会计审计职业道德良心是会计审计人员对自己的道德要求的集中表现

相对于客观世界而言，会计审计职业道德良心是主观的东西；而其内容是客观的，是一定的社会关系和生活实践在会计审计人员意识上的反映，是社会对会计审计人员的义务要求转化为会计审计人员内心的道德要求，并体现在自己的职业生活中而成为个人品德的结果。

（三）会计审计职业道德良心具有不同的地位和阶级

这是因为人们在一定的社会关系中所处的地位不同。马克思说："共和党人的良心不同于保皇党人的良心，有产者的良心不同于无产者的良心，有思想的人的良心不同于没有思想的人的良心。"人类历史告诉我们：一切剥削阶级的良心，都以维护自己的财产和特权为界限，是"财产化""特权化"了的良心。社会主义社会的会计审计职业道德良心以维护人民的财产利益为界限，是无产阶级的良心，以社会主义会计审计职业道德的基本原则为自我评价的出发点。凡是自己的职业行为符合会计审计职业道德原则，就会感到良心上的满足和欣慰；反之，会感到内疚和不安，就会受到良心上的谴责。此外，会计审计职业道德良心客观存在于会计审计人员的意识之中。正如马克思所说的："良心是由人的知识和全部生活方式来决定的。"会计审计人员的职业道德良心，是在会计管理的实践活动及所处的社会地位中，在学习科学文化、接受教育的过程中逐渐形成的。

在社会主义社会，会计审计人员的职业道德良心属于无产阶级良心的范畴。正因为这样，会计审计人员的会计审计职业道德良心不仅包括无产阶级的是非感，以及自珍、自爱、自重等，而且包括对党、对共产主义事业的热爱，还包括对社会主义社会管理事业的热爱和努力搞好会计管理工作的使命感。列宁曾明确指出："我们相信党，我们把党看成我们时代的智慧、荣誉和良心。"作为一个会计审计人员，没有对党、对社会主义、对自己所从事的会计管理工作的真挚热爱，也就没有树立起起码的会计审计职业道德良心观念。

二、会计审计职业道德良心的功能

会计审计职业道德良心在会计审计职业道德活动中具有十分重要的功能。它主要表现在：

（一）会计审计职业道德良心是会计审计职业道德行为选择的尺度

在会计审计工作中，当会计审计人员做出某种行为之前，会计审计职业道德良心将依据会计审计职业道德义务的要求对行为动机进行自我检查，严肃反复地思考“我的会计审计行为将引起什么后果？假如我处在他人的位置上，对此会有什么看法”等问题，经过慎重的权衡，对符合会计审计职业道德要求的动机予以肯定，对不符合会计审计职业道德要求的动机加以否定。因为会计审计人员的职业道德良心是不允许自己的行为违背会计审计职业道德观念的。具有高尚会计审计职业道德的会计审计人员在会计审计职业道德良心的支配下，必然会对本职工作产生强烈的责任感，以及为国家、为人民理财的使命感，自觉承担对社会、对他人应尽的会计审计职业道德义务。

（二）会计审计职业道德良心对会计管理行为发挥着监督作用

会计审计职业道德良心对符合会计审计职业道德要求的会计审计职业道德情感、会计审计职业道德意志、会计审计职业道德信念予以坚持和激励，对不符合会计审计职业道德要求的情感、意志和冲动予以克服。特别是对会计审计行为进行过程中产生的异常情感、私欲邪念，会计审计职业道德良心能及时制止，并做出行为上的改变，避免产生不良后果，造成不良影响。这种监督作用就是我们所说的“良心上的发现”。对会计审计人员来说，这种“良心上的发现”可以使自己的会计审计职业道德品质达到较高的境界。

（三）会计审计职业道德良心对会计审计人员的行为后果和影响起评价作用

由于道德观念不同，对行为的内心体验和评价就不同。作为一名社会主义的会计审计人员，当他意识到自己履行了会计审计职业道德义务，自己的行为符合会计审计职业道德要求，其结果是提高了社会经济效益，给人民带来幸福和利益的时候，就会感到良心上的满足；反之，就会感到羞愧和不安，进而产生一种强烈的、持久的要求改变自己的行为的内在欲望。良心上得到满足，能够给会计审计人员带来安宁；良心上受谴责，会给会计审计人员带来痛苦。

总之，会计审计职业道德良心的功能是客观存在着的，而且是巨大的。因此，培养会计审计人员的会计审计职业道德良心就成为加强会计管理、健全会计审计职业道德建设的重要环节。从根本上讲，培养会计审计人员的会计审计职业道德良心，就是培养他们的无产阶级良心。关于无产阶级良心的基本内容，刘少奇同志在《论共产党员的修养》一书中作了简短的论述。这就是，要有能爱人、能恶人的严格立场。能爱人，就是对同志、对人民忠诚热爱，平等地对待他们，无条件地帮助他们，决不为个人的利益去危害大众，做到“忠诚”“将心比心”“已所不欲，勿施于人”。能恶人，就是对敌人以及各种危害人民利益的行为进行坚决的斗争。在患难之时，挺身而出，分忧解愁；在困难之际，能表现出自己的责任心和克服困难的勇气，无产阶级的这种良心相对于剥削阶级来说，是真正的良心。这是因为：

其一，这种良心是真正的大公无私，没有私人打算和目的，所以是高尚的；

其二，这种良心支配着无产阶级革命者的一切思想行为，所以是完美的。

培养会计审计人员的会计审计职业道德良心感，就是要把社会主义会计审计职业道德原则、会计审计职业道德规范变成会计审计人员内心的会计审计职业道德信念，并且用信念自觉指导自己在会计审计工作中的言行；把外在要求变成内在信念，变成个人内在的会计审计职业道德品质。社会主义会计审计人员之所以把献身于会计管理工作视为理所当然的义务，视为自己道德良心的需要，正是因为他们深信自己所从事的工作是社会主义建设事业的一部分，具有正确性和正义感。

目前，会计审计人员应把全面建成社会主义现代化强国的历史使命变成自己内心的会计审计职业道德信念，并以此指导自己的会计审计职业道德行为，审查、评价会计领域中的是非善恶，这也是培养会计审计人员无产阶级良心的可行途径。

第四节 提高会计审计职业道德荣誉

荣誉大体包括两方面的内容：

其一，荣誉是指一定社会或阶级用以评价人们行为的社会价值的尺度，即对履行社会义务的道德行为的公认和褒奖；

其二，荣誉是指个人对行为的社会价值的自我意识，即在良心中所包含的知耻和自尊的意向。

上述荣誉范畴所包括的两方面内容是相互联系、相互影响的。前者，即从荣誉范畴的客观角度讲，荣誉是道德行为的价值体现或价值尺度；后者，即从荣誉范畴的主观角度讲，荣誉是人们良心中的知耻心、自尊心、自爱心、进取心的表现。可见，关于荣誉的社会舆论是荣誉的客观基础，个人的知耻和自尊的主观意向是人们内心对社会舆论、评价的感受和反映。一个人在受到社会或他人的赞扬、褒奖时，他会感到光荣、自豪；而受到他人的谴责、唾弃时，他就会感到羞耻、自卑。一般来说，人们会自觉地按照社会的要求去履行义务甚至做出牺牲，以维护自己的尊严，争取和保持社会给予的荣誉，追求人格的完善。因此，荣誉，就是人们对道德行为的社会价值所做出的公认的客观评价和主观意向。

社会主义会计审计职业道德范畴中的荣誉，是共产主义道德的一般荣誉范畴在会计审计职业道德方面的体现和补充，它与一般荣誉范畴的关系是个性和共性的关系。作为会计审计职业道德范畴的荣誉同样有两个方面的内容：一方面是党和人民对会计审计人员的职业行为的社会舆论，也就是对会计审计人员在会计审计行为中履行了社会义务的公认和奖赏；另一方面是会计审计人员在工作中的自我意向，也就是由于在会计审计工作中履行了社会义务所产生的道德情感上的满足和自我意识。会计审计职业道德荣誉对衡量和调节会计审计人员在会计管理实践中的行为，培养和发扬共产主义思想品德，具有十分重要的作用。只有树立正确的荣誉观，才能在会计管理过程中更好地判别出什么样的言论和行为是正确的、光荣的，什么样的言论和行为是错误的、可耻的，并坚持和发扬正确、光荣的方面，反对和改正错误、可耻的方面。

与其他荣誉表现形式一样，会计审计职业道德荣誉有物质奖励和精神奖励两种表现形式。会计审计职业道德荣誉的这两种表现形式是由荣誉的客观基础决定的。良好的社会舆论是社会对会计审计人员道德行为的公认和褒奖。会计审计职业道德行为的社会价值尺度，是荣誉的客观基础。而社会对会计审计人员职业道德行为的公认、褒奖与价值尺度的表现形式是可以区分的。以前，我们有时会自觉或不自觉地不承认或不敢承认荣誉有这两种表现形式，认为荣誉仅有精神奖励这一种形式，把物质奖励视为物质刺激，并错误地加以批判、放弃。历史的经验表明：不承认或忽视荣誉两种表现形式中的任何一种都是片面的、有害的。两种形式相互联系，相互依赖，相互促进，共同提高。

由于社会性质和阶级利益的不同，荣誉的标准在不同的时代、不同的社会、不同的阶级或阶层有着不同的质的规定性。在奴隶社会，奴隶主以拥有奴隶的多少、特权的大小为衡量荣誉的标准；在封建社会，封建贵族的荣誉标准是他们的门第权势；在资本主义社会，资产阶级则以财产、金钱的多寡决定荣誉的大小。总之，一切剥削阶级的荣誉观都把个人特权和利益放在首位，并将其看作荣誉的主要内容。

无产阶级衡量荣誉的标准不是财产、权势和门第，而是对人民、对国家、对党的事业的无私奉献。社会主义的会计审计人员应把全心全意为人民理财，促进经济繁荣，为发展会计科学做出贡献看作最大的荣誉。因为这些无私的奉献必然会受到党和人民的赞扬、尊重，自己也会获得良心上的满足和欣慰。当前，“全国每个地区、每个部门、每个单位乃至个人，对他们工作的评价和他们应得的荣誉，都要以对现代化建设直接或间接的贡献如何作为衡量的标准”。会计改革的成败关系到现代化能否顺利实现，因此会计审计人员衡量荣誉的标准是对会计改革所做贡献的大小。

一、会计审计职业道德荣誉发挥着鼓励和社会评价作用

一方面，会计审计职业道德荣誉通过社会舆论力量表达社会对会计审计人员职业行为的愿望与要求，明确表示支持什么，反对什么，使他们对自己的会计审计行为所造成的社会后果加以关注。它迫使会计审计人员通过调整自己的职业行为，从社会评价中得到肯定和赞扬，避免受到否定或责备。它要求会计审计人员树立正确的荣誉观，争取荣誉、珍惜荣誉，努力按照社会主义会计审计职业道德的基本原则和规范支配自己的行为，决不弄虚作假、不择手段地骗取个人荣誉。在实际工作中，剥削阶级以财富和特权为主要标准的荣誉观在一部分人的心目中还有影响，还在毒害他们的思想。所以，发挥会计审计职业道德荣誉的社会评价作用就成为会计审计人员树立正确的荣誉观、自觉与剥削阶级荣誉观做斗争的有力措施。

另一方面，会计审计职业道德荣誉是一种巨大的精神力量，对社会物质生产的发展具有积极的影响。社会主义会计审计职业道德所表现出的荣誉感是以集体主义思想为基础的，体现着会计审计人员对人民工作的高度责任感，是一种发自内心的强烈自爱心。作为一名具有共产主义道德荣誉感的会计审计人员，如果能够忠实地、全心全意地在会计管理工作中履行自己对社会、对集体、对人民的义务，注重集体和个人的荣誉，勤奋工作，做出成绩，那么他必将受到社会的赞扬和肯定。而社会对他的赞扬和肯定又会增强他对自己工作的光荣感和自尊感，进一步激励其奋发努力地工作，为社会主义经济建设贡献力量。因而，会计审计职业道德荣誉是会计管理工作中一种巨大的精神力量，是会计审计人员履行会计审计职业道德义务的强大动力。

对于会计审计职业道德荣誉，每一个会计审计人员都会面对怎样正确对待的问题：毫无疑问，每一个会计审计人员都可以而且应该努力争取获得荣誉，争取广大群众的更高信赖、领导和组织的更多褒奖。因为这有利于会计审计工作，有利于促进社会生产。过去，在“左”的思想影响下，人们把争取荣誉和讲道德对立起来，认为两者是矛盾的。实践证明，这种观点是错误的，它不利于提高会计审计人员对社会的责任感，理论上更说不通，因为荣誉是会计伦理道德的范畴之一。在我们这个社会里，会计审计人员崇高的荣誉感和高尚的道德品质从来都是紧密联系的。

二、集体会计审计职业道德荣誉和个人会计审计职业道德荣誉的关系

会计审计人员要正确认识集体会计审计职业道德荣誉和个人会计审计职业道德荣誉的关系问题。会计管理工作是国民经济管理工作的重要组成部分，会计各岗位的管理工作组成整个会计管理系统，而其中的个人工作融合于集体工作之中。个人所取得的荣誉，不仅是人民和集体对其会计审计职业道德行为的赞赏和奖励，而且为整个会计管理事业增添了新的荣誉。

一般来说，会计审计工作人员的个人荣誉和集体荣誉是一致的、统一的。会计审计职业道德中个人荣誉和集体荣誉的关系反映了个人利益和集体利益的关系。在社会主义条件下，个人荣誉和集体荣誉从主要方面看是一致的。当然，也有不一致的情况。当个人荣誉与集体荣誉发生矛盾时，会计审计人员必须按照社会主义会计审计职业道德原则的要求牺牲个人荣誉，服从集体荣誉。对集体荣誉和个人荣誉的深刻认识，使会计审计人员不仅善于关心集体利益和荣誉，而且敢于关心个人利益和荣誉。从荣誉的精神形式上讲，会计审计人员要视其他同志的荣誉为自己的荣誉；对集体荣誉要自觉维护，而不应该嫉妒、挖苦、讽刺、打击、损害他人的荣誉；在荣誉面前，要讲究“礼让”，要有“豁达”的态度。从会计审计职业道德荣誉的物质形式上讲，结合会计管理工作的实际，会计审计人员应通过自身的努力，坚决实行按劳分配的原则，打破平均主义的分配、奖励制度，关心他人的劳动绩效、贡献大小和劳动所得，促进整个社会劳动生产的发展、荣誉程度的提高。

会计审计人员还应明确会计审计职业道德荣誉感和虚荣心的界限。荣誉感和自尊心是积极的心理品质，是推动会计审计人员在本职工作中履行会计审计职业道德义务的巨大精神力量。它们使会计审计人员把履行一定的道德义务变成内心信念和自觉要求，并促使其转化为相应的会计审计职业道德行为，从而在会计管理工作中发挥巨大的作用。虚荣心则是一种不良的心理品质，是个人主义的表现。虚荣心作为内在的心理品质，企图不通过自己的艰苦努力和出色工作也能获取荣誉，驱使人去干沽名钓誉、欺世盗名、损人利己的勾当，诱使个别人从不讲道德、人格而走上违法乱纪的道路。虚荣心在会计实践中的突出表现是会计审计工作上的浮夸自吹和会计信息上的弄虚作假。这方面，我们有过惨痛的历史教训，国家和人民的财产也因此遭受了相当大的损失。对荣誉感和虚荣心界限的正确辨别，能使会计审计人员在荣誉面前树立正确的态度，并能表现出极高的积极性、主动性和创造性。会计审计人员要主动发挥创造性，发扬拼搏精神，积极地争取并努力地保持会计审计职业道德荣誉。无论是集体荣誉还是个人荣誉，会计审计人

员对它们的争取都意味着对社会、对国家做出更大的创造性贡献，服务于社会主义初级阶段的市场经济建设。

【专栏 13-2】华为公司集团财务管理模式（上）
阅读资料请扫描二维码。

第五节　坚守会计审计职业道德节操

“节操”一词可先分字加以解释。节就是气节、品质，是人们的道德行为中表现出来的较稳定的特征和倾向；操就是操守、操行，是人们的道德行为中一贯坚持的原则规范。节操，指的就是人们在政治行为、道德行为上的坚定性和勇敢性。

节操是一个历史范畴。不同的社会、不同的阶级，有不同的节操思想。我国奴隶社会、封建社会的剥削阶级把忠、孝、仁、义作为节操的主要内容。而每个剥削阶级在上升时期，他们的代表人物也曾提出过进步意义的节操观，如孟子“富贵不能淫，贫贱不能移，威武不能屈”的节操思想。

无产阶级的节操，是共产主义会计审计职业道德觉悟和品质的集中表现。它为社会主义会计审计职业道德规范体系中的节操范畴确定了方向，规定了范围。会计审计职业道德节操，就是会计审计人员在会计审计工作中表现出来的政治上的坚定性和高尚的道德品质。从一般意义上讲，能够扎根会计岗位，立足会计实践，热爱会计审计工作，投身会计改革，努力建设有中国特色的会计体系，就是会计审计人员在本职工作中体现出来的最高节操。社会主义会计审计职业道德规范体系中的节操充分体现了无产阶级节操的特征。

一、会计审计职业道德节操的表现形式

具体来说，会计审计人员高尚的会计审计职业道德节操应表现在以下三个方面：

（一）社会主义会计审计职业道德节操包括有坚定正确的政治信仰

坚定正确的政治信仰就是要坚持四项基本原则，坚信社会主义制度的优越性，坚信共产主义最终一定能够实现。它要求会计审计人员明确认识到会计管理工作是社会主义事业的重要组成部分。对会计审计人员来说，有了坚定正确的政治信仰，就有了行动的方向和准则，也就是在会计审计行为中自觉履行对社会的义务，坚持并实现为人民理财这一原则。

（二）社会主义会计审计职业道德节操体现着强烈的爱国主义精神

在改革开放的今天，会计审计职业道德节操的爱国主义精神有了新的内容。从对内工作看，具有高尚会计审计职业道德节操的会计审计人员能充分发挥主人翁精神，以国家利益为重，以社会主义现代化建设大局为重，注重管理的经济效益，为祖国的繁荣富强、文明昌盛贡献自己的会计管理才能。在涉外工作中，具有高尚会计审计职业道德节操的会计审计人员能保持民族气节，维护民族尊严。特别要注意在涉外谈判、贸易、账务结算等活动中，与行贿、受贿、索贿、大收回扣，慷国家之慨，利用工作之便谋取私利等丧失国格、丢人格、失节操的行为进行坚决的斗争。同时，要切实提高涉外工作的水平和质量，维护国家和人民的利益。

（三）社会主义会计审计职业道德节操包含有高尚的会计审计职业道德品质

这里指要有会计审计职业道德的坚定性，要坚持廉洁奉公的原则和刚正不阿的精神。会计审计工作岗位与钱物相联系，但具有高尚节操的会计审计人员不会为钱物所引诱而动私心，他们始终以毫不利己的动机，坚持为人民的利益和社会主义建设服务，做到“吃苦在前，享乐在后”。在会计审计工作中，那种“近水楼台先得月”的行为是不道德的，那种“常在河边走，哪有不湿鞋”的思想是不健康的，是有失社会主义会计审计职业道德节操的表现。

还要看到，会计审计职业道德节操具有时代特征。在不同的时代，会计审计职业道德节操的表现和要求也有所不同。譬如，20 世纪五六十年代，我国会计审计人员在工作中不贪污就是有会计审计职业道德节操的表现。而在 21 世纪的今天，会计审计人员的会计审计职业道德节操不仅表现为不贪污，而且表现为讲究科学管理、参与决策、提高经济效益，以及有勇气、有胆量，不畏权势的压力和打击，不怕落后意识的干扰和阻挠，不怕错误潮流的冲击，为民理财，廉洁奉公，自始至终讲求实效。

二、会计审计职业道德节操在会计审计职业道德行为选择中的重要作用

会计审计职业道德节操在会计审计职业道德行为选择中发挥着重要作用。

其一，会计审计职业道德节操能够调整会计审计人员的行为方向，使他们在会计实践活动中保持清醒的头脑；其二，会计审计职业道德节操还能通过内心信念，使会计审计人员更加自觉地贯彻会计审计职业道德原则、规范，加强会计审计职业道德修养，抵制各种错误思想、行为，提高会计审计职业道德境界，全心全意地做好会计审计工作。

三、会计审计职业道德节操的培养

会计审计职业道德节操的作用十分重大，每个会计审计人员都应该具备良好的会计审计职业道德节操。那么，会计审计人员应如何培养他们的会计审计职业道德节操呢？

第一，坚持四项基本原则。四项基本原则是会计审计人员树立高尚节操的首要前提和根本保证。因为坚持四项基本原则反映了会计审计人员在政治和道德上的坚定性，是会计审计职业道德节操的根本表现和培养会计审计职业道德节操最根本的要求。

第二，在会计实践活动中逐步锤炼会计审计职业道德节操。对会计审计人员来说，培养和树立高尚的会计审计职业道德节操必须紧密结合会计实践活动。离开了具体的会计实践活动，会计审计职业道德节操不仅是空洞的，而且是脆弱的。特别是在当前的会计改革中，将会出现过去从未出现过的新情况和新问题，这正是培养高尚会计审计职业道德节操的好机会。会计审计人员必须联系会计改革实践，不怕流言蜚语，冲破重重束缚，坚持开拓创新，不断完善并锤炼会计审计职业道德节操。

第三，坚持会计审计职业道德修养。这里要求会计审计人员必须联系会计改革实践活动，始终按照会计审计职业道德原则、规范的要求，自觉、经常地进行反省、自我解剖和自我批评，培养和提高会计审计职业道德品质，选择会计审计职业道德行为。只有这样，会计审计人员才能培养和树立高尚的会计审计职业道德节操，在物质文明和精神文明建设中发挥积极作用，做出较大的贡献。

【专栏 13-3】华为公司集团财务管理模式（下）

阅读资料请扫描二维码。

第六节　实践会计审计职业道德行为

一、行为的本质和一般规律

"行为"，长期以来有多种解释。按中国古代通行的说法，"行"指的是走，"为"指的是做。《墨子》把"行""为"二字连同，认为行即为，"行，为也"，"志行而悬于欲谓之为"，明确指出人的行为受欲望和意志支配。荀子说："虑积焉，能习焉，而后成谓之伪。"他认为行为是人经过思考之后，在理智指导下通过做而实现的活动。被称为行为科学"鼻祖"的亚里士多德指出："人的行为是根据理性原则而具有的理性生活。"这里的"理性生活"是指"人的心灵遵循着或包含着一种理性原则的主动作用"，也就是有目的、有意志的"具有主动意义的生活"。这种阐述有其合理因素。一些资产阶级伦理学家用生理学、生物学理论去解释人类的行为。他们把人的行为看成生物对外界刺激做出的反射动作，是生物的本能活动。英国著名哲学家毕尔生说："行为的改变要根据刺激—反应情境来研究，完全不需要涉及意识伴随物和精神学假设。"这种行为观显然是失之偏颇的。

马克思主义伦理学认为，人的行为是在改造周围环境的社会实践中发生并通过一定的社会关系表现出来的能动活动，是人类特有的生存方式。由于人是处于社会中的人，不能脱离社会而存在，因此人的行为要受到包括自然需要在内的社会需要的目的和意志的支配。人类在不断改变自己所处的环境的过程中得以生存和发展，人类的行为就由此产生，并在这一过程中通过实践活动表现出来。没有改造客观世界的实践活动，也就不会有人的行为。在阶级社会里，人的实践活动是受一定阶级关系制约的，并表现出一定阶级利益和要求的倾向性。

影响人们行为的因素有哪些呢？美国社会心理学家卢因（K. Lewin）提出了著名的公式：

$$B=f\ (P\times E) \tag{13-1}$$

式中：B（Behavior）代表行为，P（Person）代表人；E（Environment）代表环境；f代表函数符号。

卢因认为，人的行为是人与环境交互作用的函数，是人的内在需要以及与环境相互影响的结果。美国著名行为科学家麦格雷戈（D.McGregor）提出了另一个公式，指出人的工作绩效是个人特性和环境特性两个变量相互影响的结果，是这两个变量的函数。其公式为：

$$P=f\ (I_{a,\ b,\ c,\ d\cdots},\ E_{m,\ n,\ o,\ p\cdots}) \tag{13-2}$$

式中：P（Performance）代表工作绩效；E（Environment）代表环境特性；I（Individual）代表个人特性；a、b、c、d 等是反映个人特性的具体因素；m、n、o、p 等是反映环境特性的具体因素。

上述两个公式概括了人们行为的一般规律，具有普遍的适用性。具体来说，影响个体行为的因素不外乎五个方面：生理因素、心理因素、文化因素、自然因素和社会因素。人的行为是很复杂的，是在理智的指导下由很多因素共同作用的结果。

二、会计审计职业道德行为的特性

人的行为有复杂的表现形式和多重的层次结构，其行为的特性各不一样。依据人类社会实践活动的主要形式，人的行为可划分为经济行为、政治行为、法律行为、艺术行为、道德行为、日常生活行为等。上述每类行为还可划分为若干层次的行为类型，分别由不同的科学或学科研究。本书研究的是人类社会行为中会计审计职业道德行为以及各种社会行为的会计审计职业道德意义。

会计审计行为按照道德标准可划分为会计审计职业道德行为和会计不道德行为两大类。前者是一种有利于他人、集体及社会的行为，是善行；后者简称会计败德行为，是一种有害于他人、集体及社会的行为，是恶行，会计假账就是典型的会计败德行为。在今天的会计实践活动中，会计审计行为绝大多数情况下表现为会计审计职业道德行为，但会计败德行为也时有发生，前文已专门分析介绍。会计审计职业道德行为的基本特征在于，它是会计审计人员对他人与社会的利益关系的自觉认识和自由选择的表现。揭示会计审计职业道德行为、会计审计职业道德品质形成及发展的规律性，是科学培养会计审计人员的社会主义会计审计职业道德品质的理论基础，也是丰富和完善社会主义会计审计职业道德规范、正确进行会计审计职业道德检查与评价、开展会计审计职业道德教育的必要前提。

（一）会计审计职业道德行为是自觉认识的行为

会计审计职业道德行为是基于会计审计人员对他人和社会的利益关系的自觉认识而表现出来的行为，不管这种认识是正确的认识还是错误的认识，它们都是构成会计审计行为的前提。当会计审计人员对上述利益关系有了正确的认识，并因此付诸行动时，就表现为会计审计职业道德行为；如果他们对这种利益关系有了错误的认识，这种错误的认识就会支配他们的会计审计职业道德意识，一旦付诸行动，就表现为会计败德行为。

（二）会计审计职业道德行为是自愿选择的结果

会计审计职业道德行为是会计审计人员在其会计审计职业道德意识的支配下所做出的抉择，是他们自愿选择的结果，这是道德行为区别于其他行为的重要特征。只要是道德行为，不管在任何时候、任何情况下，就一定要受道德意识的支配，否则就没有道德意义。会计审计职业道德行为也不例外，在付诸行动之前，会计审计职业道德意识的活动主要表现为对动机的确立、对行为方案的选择和决定；在行动之后，会计审计职业道德意识的活动则表现为行为主体对自身行为的检查与评价和对社会检查与评价所采取的态度。

（三）会计审计职业道德行为是会计审计人员意志坚定、高度负责的正义行为

一个具有高度会计审计职业道德责任感和义务感的会计审计人员，选择和践行自己的行为时，无论面临多么艰难险恶的环境，都会坚持会计审计职业道德观念，不屈服于外来压力，“泰山压顶而不弯腰”，始终对自己应尽的会计审计职业道德义务高度负责。在平凡的会计岗位上做出不平凡成绩的财会人员在今日之中国大有人在，还有很多无名英雄。他们选择和践行会计审计职业道德行为，为国家繁荣和民族振兴默默地工作。

三、会计审计职业道德行为的激励和选择

为了激励会计审计职业道德行为，必须懂得激励理论。国外学者尤其是美国学者对激励理论做了大量深入的研究。其中，影响最大的当推美国心理学家马斯洛（A.H.Maslow）。1943 年，他在《人的动机理论》一书中提出了“需要层次论”，马斯洛认为人有五种基本需要（Basic Needs）：①生理的需要（Physiological Needs）；②安全的需要（Safety Needs）；③爱的需要（Love Needs）；④尊重的需要（Esteem Needs）；⑤自我实现的需要（the Needs for Self-actualization）。

1954 年，马斯洛在《激励与个性》一书中补充了两个层次，即在“尊重的需要”之后，增加“求知的需要”和“求美的需要”。

麦格雷戈于 1970 年在其名著《企业的人性方面》一书中对马斯洛“需要层次论”做了进一步发挥，他提出人的基本需要层次是：

生理的需要——层次虽低，但重要性却极大。

安全的需要——针对危害、威胁和剥削等的保护的需要。

社交的需要——包括归属、结社、为他人接受、接纳、友谊和爱的需要。

自我的需要——自尊的需要（包括自重、自信、自主、成就、具有能力和知识的需要）和声望的需要（包括地位、赞颂、赏识与受人尊重的需要）。

自我实现的需要——包括个人潜力发挥、不断自我发展及发挥创造性的需要。

我国学者冬青在上述“需要层次论”的基础上，结合我国现实情况，提出了“C 型需要层次图”。

在我国，会计审计人员的生理需要、安全需要基本上得到了满足。会计审计职业道德行为是满足会计审计人员社交需要的手段、获得尊重的前提、自我实现需要的途径，最终以实现理想社会为方向和目的。

如何激励会计审计职业道德行为，充分调动会计审计人员的积极性和创造性呢？一方面，社会、政府、领导和组织要关心会计审计人员，应用激励理论，在符合社会主义道德规范的原则下，尽量满足他们的五种基本需要；另一方面，通过会计审计职业道德检查与评价、会计审计职业道德教育，启发、引导会计审计人员的思想和行为，并为之奋斗终身。两者结合就是会计审计人员积极性充分发挥的最佳模式。我们称为“会计审计职业道德行为的激励模式图”，如图 13-1 所示。

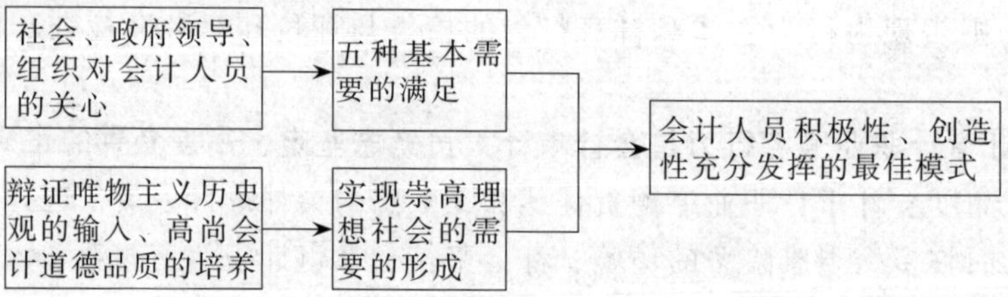

图 13-1　会计审计职业道德行为的激励模式图

现在，我们分析会计审计职业道德行为的选择问题。在这里，应明确会计审计职业道德行为的选择中自由与必然的联系。

根据马克思主义伦理学原理我们知道，会计审计职业道德行为的选择虽然表面上看起

来是主观随意的，实际上，它总在受客观必然性的制约。正如恩格斯所说，“如果他要进行选择，他也总是必须在他的生活范围里面，在绝不由他的独自性所造成的一定的事物中间去进行选择的”。这表明，会计审计人员不可能超越客观环境提供的可能性，去随心所欲地选择会计审计职业道德行为。首先，应该看到，客观必然性对人们的会计审计职业道德行为选择具有制约作用，制约着人们行为的动机，也制约着会计审计人员职业道德行为选择的标准和内容，还规定着会计审计人员行为的道德责任。其次，也应该看到，人们在选择会计审计职业道德行为时有相对的自由，人的主观能动性在会计审计职业道德行为中发挥着重要作用。

会计审计职业道德行为选择的自由，是指人们对以会计审计职业道德必然性形式出现的历史必然性的认识，从而获得的决定采取某种会计审计职业道德行为的能力。会计审计职业道德必然性，则是指人们应当遵守的那些符合历史发展要求的会计审计职业道德原则和会计审计职业道德规范。一句话，人们对会计审计职业道德行为的选择应谨慎细心，要对自己的行为负责。

如何选择会计审计职业道德行为呢？杜春明在《会计十戒》一文（《四川财会》，1984）中提出的“会计十戒”，就某种角度而言有助于解决这一问题。“会计十戒”的要求如下：①对账目戒敷衍；②对原则戒歪曲；③对领导戒迁就；④对亲朋戒徇私；⑤对恭维戒忘形；⑥对私利戒谋求；⑦对威胁戒怯懦；⑧对信赖戒自傲；⑨对决策戒失误；⑩对艰难戒退缩。

第七节　推广会计审计职业道德评价

一、会计审计职业道德评价的作用

在会计审计工作中，会计审计人员会自觉或不自觉地根据自己的政治观点和道德观点去评判别人的行为，衡量自己的行为，相应地会计审计人员自身的职业行为也会受到其他社会成员的评判。这种评定和判断人们会计审计职业道德行为的价值活动，就是会计审计职业道德评价。它是调整会计审计人员之间，会计审计人员与其他社会成员及与集体、国家之间的关系，维护财经制度和财经纪律的重要形式。

会计审计职业道德评价的对象是会计审计行为。会计审计职业道德评价包括两方面内容：①会计审计人员之间和社会对会计审计行为的评价，对符合会计审计职业道德的行为给予充分的肯定、支持和赞扬，对不道德的行为给予严厉的否定、批评和谴责，使会计审计人员逐步形成共产主义道德。②会计审计人员对自身行为的评价，使会计审计人员认识到自己的哪些职业行为是道德的，哪些行为是不道德的，从而扬善弃恶，履行会计审计人员的社会职责，特别是要坚定善恶的内在信念，形成相应的行为品质，使自己观念形态的道德思想，转化为现实的会计审计职业道德行为。

会计审计职业道德的职能和作用的发挥，主要是靠会计审计职业道德评价来实现的。会计审计职业道德评价越是正确和广泛，会计审计职业道德的职能、作用越能得到发挥，会计审计职业道德对社会的影响就越强而有力。离开了会计审计职业道德评价，会计审计职业道德就失去了它存在的价值和意义，就会变成无生命力的东西。会计审计职业道德评价的作用主要表现在：

（一）会计审计职业道德评价是会计审计职业道德原则和规范的捍卫者

会计审计职业道德的有效性和权威性并不是靠其宣言，而是靠对人们的行为的实际约束力量，这种力量是由会计审计职业道德评价来表现的。人们该做什么，不该做什么，什么是善行，什么是恶行，会计审计职业道德评价起着仲裁作用。在现实经济生活中，会计审计人员之间、会计审计人员与其他社会成员之间的关系的调整离不开会计审计职业道德评价，它为人们传递会计审计职业道德评价价值的信息，行使着会计审计职业道德命令的职能，是共产主义道德的忠实卫士。

（二）会计审计职业道德评价是原则和规范转化为行为和品质的“杠杆”

会计审计人员的道德品质不是自发形成的，会计审计职业道德评价是会计审计职业道德品质形成必不可少的因素。这是因为无论是会计审计职业道德教育，还是会计审计职业道德修养，都离不开会计审计职业道德评价。实际上，对会计审计人员行为善恶的判断过程，也就是对其进行会计审计职业道德教育的过程；而会计审计人员对自身行为善恶的判别过程，则是自我的会计审计职业道德修养过程。同时，会计审计职业道德评价所形成的会计审计职业道德环境和社会风尚，也为会计审计人员道德品质的形成提供了良好的条件。可见，会计审计职业道德评价是推动人们把一定的会计审计职业道德原则和规范转化为会计审计职业道德信念和习惯的精神力量，没有会计审计职业道德评价就没有会计审计职业道德。

二、会计审计职业道德评价的标准

判断会计审计人员职业行为的善与恶，是会计审计职业道德评价的基本任务。为此，我们首先要明确会计审计职业道德评价的标准，即善恶的标准问题。

善与恶是道德评价中最基本的范畴，用来对人们的思想和行为进行肯定和否定。在现实生活中，人们总是从一定的立场出发，把一切道德行为都称作善行，把一切不道德的行为都称作恶行。就会计审计职业道德评价的范围而言，符合会计审计职业道德原则和会计审计职业道德规范的行为才称得上善行；反之，则是恶行。在判断会计审计人员行为的善与恶时，我们应该认识到：会计审计人员在职业生活上的善恶观与社会上的善恶观一样，是客观存在的观念。会计审计人员职业生活的善恶观随经济关系和阶级关系的变化而变化。善恶观的变化是绝对的，但有其相对的客观标准。

我国会计审计职业道德评价的最高标准就是反映无产阶级利益的善恶标准。具体来说，我国现阶段会计审计职业道德评价的标准有：是否有利于国家经济建设和社会生产力的发展；是否有利于会计审计工作的顺利进行和会计科学的发展；是否有利于财务会计制度的贯彻落实；是否有利于人民生活水平的提高。其中，最后一点是最根本的评价标准，也是终极标准。

三、会计审计职业道德评价的依据

会计审计职业道德评价的依据是什么？这涉及会计审计职业道德行为的动机与效果的关系问题。通常情况下，动机与效果是相吻合的，但有时也不一致，甚至相互矛盾。因此，在对会计审计职业道德行为进行评价时，是以动机为根据还是以效果为根据？对此，伦理学界展开了长期的争论，形成了唯动机论和唯效果论两个派别。唯动机论者认为，道德评价的唯一标准是行为动机，至于效果好坏不予考虑；唯效果论者则认为，评价道德行为只能看效果，不能看动机。实践表明，以上两种观点都不能解决行为善恶评价的依据问题。

马克思主义伦理学以动机和效果的辩证统一作为道德评价的依据，揭示了动机和效果的辩证关系。毛泽东同志说："唯心论者是强调动机否认效果的，机械唯物论者是强调效果否认动机的，我们和这两者相反，我们是辩证唯物主义的动机和效果的统一论者，为大众的动机和被大众欢迎的效果，是分不开的，必须使二者统一起来。"这一论断为我们正确地进行道德评价指明了方向。因此，社会主义会计审计职业道德必须将行为动机和效果的辩证统一作为判断善恶的根据。

在社会实践的基础上，动机和效果既是统一的，又是对立的。动机和效果的统一，首先是因为两者相互依存、相互包含，动机总是包含着潜在的效果。在行为的整个过程中，动机总要受到它所指向的预期效果的限制；效果则是在一定动机的指引下形成的，效果中体现着动机。其次是因为两者在一定的条件下能相互转化。人们在社会生活中总要吸取自己以前、同时代人或前辈的行为的经验而行动，这些行为所取得的效果，成为人们新的动机产生的基础，新的动机又产生新的效果，这样循环往复，周而复始，一次比一次提高，人类的认识就这样不断升华，社会实践就这样不断向前发展。动机和效果对立，表现在人们行为的主观动机和客观效果有时不一致。由于客观事物非常复杂，而人们的认识能力有限，无法完全预料自己行为过程中可能会出现的各种意想不到的情况，因而在实践中"好心办坏事"、好的动机产生坏的效果这些情况也常常存在。不过，这种对立是统一的基础上的对立。

动机和效果的对立统一，决定了在进行会计审计职业道德评价时，既要考虑产生会计审计行为的动机，又要考虑会计审计行为带来的效果，在会计审计实践的基础上把动机和效果统一起来，最终将实践及效果作为评价的标准。也就是毛泽东同志所说的"社会实践及其效果是检验主观愿望或动机的标准"。之所以这样是因为：一方面，人的动机总是从实践中产生和发展的，总要表现为实践活动，而实践的效果最终又是动机的客观表现；另一方面，实践是在主观动机指导下力图取得一定效果的整个过程，效果是整个行为实践过程的最终结果和归宿。一般来说，会计审计人员在工作中，其动机和效果会表现为如下两种情况：

（1）好的动机产生好的效果，坏的动机导致坏的效果。譬如，一位优秀的会计师本着为国家、为人民负责的高度责任感，总是做到账面清楚、核算准确、监督严格、收支相符、参与经营、参与管理；相反，动机不纯的会计审计人员一定会在账目上做手脚，满足私欲。

（2）好的动机产生坏的效果或坏的动机引出好的效果。在会计审计工作中，这类现象时有发生。例如，刚参加会计审计工作的新手，尽管有做好工作的动机，但由于缺乏必要的经验和知识技能而在工作中难以取得好的结果。不过，通过总结经验，在随后的工作实践中钻研业务、纠正错误，最终会使动机与效果一致起来。此外，个别会计审计人员的不良动机有时也会带来好的效果，这种坏心办好事，常常是道德的伪善者达到其不道德目的的手段，用假象迷惑人，以求一逞。但他们所做的"好事"是为了达到不良的目的，这必然会在他们的行为中留下痕迹，随着时间的推移，他们的不道德动机也必然同最后的效果趋于一致。正如列宁所指出的，“实践的发展必须把事情的现象和本质区别开来，假的毕竟是假的，真相终会大白”。这告诉我们只要坚持实践的观点，就能对动机、效果的道德性质做出正确的判断。

所以，在会计审计职业道德评价中，我们要坚持动机与效果辩证统一的观点，在会计实践的基础上把动机和效果结合起来，通过效果来看动机，联系动机来看效果。只有这样，我们对会计审计人员的行为才能做出客观、准确的评价。

四、会计审计职业道德评价的方式

会计审计职业道德评价的方式有三种：社会舆论、传统习俗和内心信念。前两者是会计审计职业道德评价的客观方式；后者是对人们的会计审计职业道德行为进行善恶判定，从而对会计审计人员的思想和行为产生重大影响。

（一）社会舆论

社会舆论就是众人的议论，是人们用语言或文字对所关心的社会生活中的事件或现象所发表的某种倾向性意见。社会舆论可分为政治舆论、文艺舆论、宗教舆论和道德舆论等。会计职业的社会舆论是指道德舆论，也就是人们依据会计审计职业道德评价的标准，对会计审计人员的思想、行为所做的褒贬，如光荣或耻辱、公正或偏私、正义或非正义。社会舆论具有两个显著特点：

（1）范围广泛性。凡是存在人群的地方，任何人都要受到社会舆论的制约。

（2）外在强制性，也就是舆论的压力。

正是因为社会舆论存在上述特点，所以它成为影响人们意识的强大力量，成为会计审计职业道德评价的主要方式。社会舆论就其产生来说，有的通过自觉的途径，有的则通过自发的途径。就会计领域而言，自觉的社会舆论是指各级人民政府和国家会计管理机关（财政部门），利用各种宣传工具（如报纸、杂志、广播、电视等），表彰和肯定优秀会计审计人员的道德行为，谴责和否定少数会计审计人员的不道德行为，对会计审计人员进行宣传教育，从而形成一种精神力量，使会计审计人员接受、遵循社会主义道德规范。近几年来，我国有关单位在这方面做了大量工作，报纸和杂志宣传、报道了许多优秀会计审计人员的事迹，不少省市，如四川、湖北、吉林、上海等，组织召开了优秀会计审计人员表彰大会。这些工作对鼓励会计审计人员认真负责、提高会计审计人员的社会地位、促成良好的会计审计职业道德秩序等产生了积极深远的影响；同时，不少报纸和杂志对深原野、琼民源、闽福发、红光实业、棱光实业、银广夏、四砂股份、黎明股份、猴王股份、方正科技、兰州黄河等公司的各种舞弊造假案件进行了披露，这些案件令人触目惊心、愤怒万分，而其中没有一个案件与会计脱得了干系，人们自然把会计与假账联系起来，会计的社会公信力降至低谷。

有鉴于此，“不做假账”是会计审计人员的基本职业道德和行为准则，所有会计审计人员都必须以诚信为本、操守为重，遵循准则，不做假账，保证会计信息的真实、可靠。其实，诚信对任何人都很重要，如果我们每个人都以诚信要求自己，都以诚信对待他人，我们的社会就会成为诚信的社会、和睦的社会。

（二）传统习俗

传统习俗，即传统习惯和社会风俗，是人们在长期社会生活中形成的一种稳定的、习以为常的行为倾向。它具有稳定性和群众性两个特点。传统习俗也称自发的社会舆论，是会计审计职业道德评价的另一种方式。会计领域的传统习俗是长期以来在会计审计工作实践过程中形成的习以为常的职业行为倾向，它表现为一定的工作情绪和工作方式。这些会计职业习惯世代相传，具有历史稳定性，是会计审计人员之间不言自明的道德常规，即“习惯成自然”。风俗习惯可一分为二：新习惯和新风俗、旧习惯和旧风俗。对于前者，要大力支持、肯定、宣传；对于后者，合理部分可加以改造，消极、落后部分则应予以清除。

（三）内心信念

内心信念是道德评价借以调整人们行为的内在方式，是一种内在力量。会计审计职业道德的内心信念，是指会计审计人员发自内心的对会计审计职业道德原则、会计审计职业道德规范或会计审计职业道德理想的真诚信服和高度责任感，是会计审计人员职业道德情感、职业道德观念和职业道德意志的内在统一，是会计审计人员对自身应负会计审计职业道德义务的一种责任感。对会计审计人员来说，内心信念是其会计审计职业道德活动的理性基础，它使人们对会计审计职业道德行为的必然性和正当性做出合理的解释，使会计审计人员在道德评价中形成一种自知、自尊、自戒的精神，从而成为会计审计人员对行为进行自我调整的巨大精神支柱。

上述三种会计审计职业道德评价方式中，社会舆论和传统习俗是其社会方式，它们反映道德评价的广泛性和群众性，对人们的会计审计行为具有外部约束作用；内心信念则是其自我方式，它反映会计审计职业道德评价的自觉性和深刻性，对自我会计审计行为具有内控作用。两者有机结合在一起，才能使会计审计职业道德评价发挥巨大的积极作用。

五、良心、荣誉在会计审计职业道德评价中的作用

（一）良心在会计审计职业道德评价中发挥着十分重要的作用

首先，良心是会计审计人员对自己的行为进行善恶评价和批判的重要力量。在良心的支配下，当会计审计人员意识到自己的行为给他人和社会带来利益时，就会感到精神上的满足和慰藉；当会计审计人员做了危害他人和社会的不道德行为时，就会感到羞愧和不安，甚至内心感到痛苦和悔恨，这就是“良心上的谴责”。

其次，良心是会计审计人员精神生活的道德向导，它引导会计审计人员遵循会计审计职业道德规范，做出会计审计职业道德行为。当一个会计审计人员想做某件违反职业道德的事情的时候，良心会呼唤他欲行辄止；当一个会计审计人员做了不道德的事情而受到良心的谴责时，即使别人不知道，他也会决心改正自己的行为，甚至不惜一切代价纠正自己行为所造成的后果。假如某个会计审计人员的行为给社会造成了危害，给他人带来了痛苦，而自己未受到良心的谴责，表明他是一个不讲道德的人。总之，培养会计审计职业道德良心是很重要的，是充分发挥会计审计职业道德评价作用的重要环节。

（二）荣誉对评价会计审计人员的会计审计行为发挥着重要作用

首先，荣誉通过社会舆论力量来表现社会对会计审计人员职业行为的愿望和要求，使

会计审计人员关心自己的行为给社会造成的后果和带来的影响，从而迫使他们调整自己的行为，以得到社会的肯定和赞扬，避免受到社会的否定和谴责。

其次，会计审计职业道德中的荣誉感是会计管理工作中一种巨大的精神力量，它体现着会计审计人员的强烈自爱心。会计审计人员在本职工作中注重集体和个人的荣誉，并通过自身创造性工作履行对社会的义务，一定会受到社会的称赞和肯定。而社会对他们的肯定和表扬，又会提升他们对自己工作的光荣感和自尊感，进一步激励他们勤奋工作，为社会主义市场经济建设贡献力量。

【专栏 13-4】眼界决定你的世界，格局决定你的结局（上）

阅读资料请扫描二维码。

第八节　提升会计审计职业道德品质

一、会计审计职业道德品质的特征

会计审计职业道德作为会计审计人员行为原则和规范的总和，不仅体现在会计审计职业道德关系中，还体现在社会成员的个人品质方面，形成个人的会计审计职业道德品质。会计审计职业道德品质同会计审计职业道德行为一样，都是会计审计职业道德检查与评价的对象。会计审计职业道德品质具有稳定性和一贯性，表现为行为习惯或习性，但习惯和习性并不都具有道德意义。因此，评价会计审计人员的会计审计职业道德品质，不仅要看会计审计职业道德行为某一方面的表现，还要看其他方面的表现；不仅要看其一时一事的会计审计职业道德行为表现出来的倾向，还要看其一系列的会计审计职业道德行为所表现出来的一贯倾向，从而全面把握会计审计人员的会计审计职业道德品质，揭示会计审计职业道德品质的基本特征和发展规律。

如何定义会计审计职业道德品质呢？会计审计职业道德品质，是会计审计职业道德规范在会计审计人员的个人思想以及会计审计行为中的体现，是在一系列会计审计职业道德行为中表现出来的比较稳定的特征和倾向。会计审计职业道德品质具有如下特点：

（一）会计审计职业道德品质是客观存在的会计审计职业道德行为的综合表现

会计审计职业道德行为是会计审计职业道德品质的外在表现，会计审计职业道德品质是会计审计职业道德行为的内在动因。离开一定的会计审计职业道德行为，就无法体现会计审计职业道德品质。会计审计职业道德行为持续不断地进行，会形成一定的会计审计职业道德习惯，表现为会计审计职业道德品质，会计审计职业道德品质只有通过会计审计职业道德行为才能表现出来。会计审计职业道德品质是会计审计职业道德心理、会计审计职业道德意识和会计审计职业道德行为的统一。

（二）会计审计职业道德品质是一种自觉的道德习惯或习性

会计审计职业道德品质不仅是一种会计审计职业道德习惯或习性，其形成还是一个自觉的意志行动过程，是凭借意志的审慎选择而养成的习性。在会计审计行为的每一个场合和每一个时期，会计审计人员都能凭借一定的判断、选择和自觉意志控制，处理情感和会计审计行为的结果，会计审计职业道德品质是会计审计人员自觉意志的凝结。这是会计审计职业道德品质不同于一般习惯、习性的突出特点。

（三）会计审计职业道德品质具有稳定特征和一贯倾向

会计审计职业道德品质是在会计审计职业道德行为整体中表现出来的稳定特征和一贯倾向。这里的“会计审计职业道德行为整体”有两方面的含义：一方面，它是构成个别会计审计职业道德行为的主观和客观两方面的统一，是会计审计职业道德意志和由这种意志所支配的会计审计职业道德行为的统一；另一方面，它是一系列会计审计职业道德行为的统一，是某一时期或某一活动阶段的行为乃至一生全部会计审计职业道德行为的总合。会计审计职业道德品质不仅体现在会计审计人员某一个持续进行的会计审计行为中，而且充分地体现在其一系列行为所构成的会计审计行为整体中。黑格尔曾深刻地指出，“人就是由他的一串行为所构成的”“主体就等于他的一连串的行为”。这两句话阐述了会计审计职业道德行为和会计审计职业道德品质深刻的辩证统一思想，体现了会计审计职业道德品质不仅是会计审计人员内部意志和外部行为的统一，而且是个别行为和整体行为的统一。

二、会计审计职业道德品质的形成和发展

会计审计职业道德品质，从其构成内容上来讲，包括会计审计职业道德认识、会计审计职业道德情感、会计审计职业道德意志、会计审计职业道德信念和会计审计职业道德习惯等基本要素，它们相互联系、相互依存、相互促进。那么，会计审计职业道德品质是如何形成和发展的呢？

一方面，会计审计职业道德品质是会计审计职业道德现象在会计审计人员身上的表现，是现实社会关系和会计审计职业道德关系的反映，因而它的形成和发展必然要受到一定社会环境和物质生活条件的制约；另一方面，会计审计职业道德品质绝不是对客观物质生活条件的具体会计环境消极适应的结果，它是在会计实践的基础上，经过个人的主观努力所形成的。对会计审计人员来说，它是一个自觉认知和行为选择的过程，是逐步提高会计审计职业道德认识、培养会计审计职业道德情感、锻炼会计审计职业道德意志、树立会计审计职业道德信念和养成会计审计职业道德习惯的综合过程。其具体内容为：

（一）提高会计审计职业道德认识

会计审计人员应有目的、有组织、有计划地学习社会主义道德知识，提高自身对社会主义会计审计职业道德的认识。会计审计人员的任何道德行为都是对其个人与他人、与社会之间的关系的自觉认识和自由选择的结果。会计审计人员的道德认识越全面、越深刻，就越能指导他们正确处理和解决各种道德矛盾，形成明确的道德判断，增强履行社会主义会计审计职业道德义务的自觉性，自觉进行会计审计职业道德行为的选择。在现实生活中，少数会计审计人员做出违反会计审计职业道德要求的事情，往往与他们的糊涂认识有关。因此，提高会计审计职业道德认识是培养会计审计职业道德品质的第一步，也是最关键的一步。

（二）培养会计审计职业道德情感

会计审计职业道德情感是会计审计人员按照一定的会计审计职业道德观念，在心理上对会计审计职业道德要求和会计审计职业道德义务所产生的各种体验、所抱有的善恶态度

的情绪。可以说，没有会计审计职业道德情感，就没有也不可能有遵从会计审计职业道德原则和会计审计职业道德规范的自觉行为。因为会计审计人员从理论上认识了一定的会计审计职业道德义务后，并不一定就能按此行动。

只有当会计审计职业道德认识转化为会计审计职业道德情感时，会计审计职业道德才会对会计审计人员的行为和举止产生深刻影响，推动会计审计人员主动趋善避恶，追求自己情感所向往的美德，反对情感上所不能接受的恶行。同时，会计审计职业道德情感较会计审计职业道德认识具有更强的稳定性。有了这种会计审计职业道德情感，会计审计人员就能正确对待会计审计职业，热爱会计审计工作，正确处理与同事、与集体的关系，摆正个人利益与国家利益的位置，认清自己肩负的责任，顺利完成国家和人民交给的会计核算和监督的任务。

（三）锻炼会计审计职业道德意志

会计审计职业道德意志是指会计审计人员为了履行会计审计职业道德义务而克服各种困难和障碍的能力和毅力。会计审计职业道德意志突出体现会计审计职业道德行为的意图，表现会计审计职业道德行为中坚韧不拔的精神，它是在精神上对会计审计人员行为的指导和支持，比会计审计职业道德情感更进一步。会计审计职业道德认识和会计审计职业道德情感的结合，如果没有会计审计职业道德意志的支撑，就不可能巩固和持久。当会计审计人员具有坚强的会计审计职业道德意志时，就会忠于职守，秉公理财，不徇私情，不计较个人得失，克服各种困难，做好本职工作。如果没有会计审计职业道德意志，就难以抵制某些领导和群众违反纪律的行为，就不可能忠实地履行职责。所以培养和锻炼会计审计职业道德意志，是会计审计人员践行道德行为的重要条件，是形成会计审计职业道德品质的重要环节。

（四）树立会计审计职业道德信念

会计审计职业道德信念是会计审计人员发自内心地对会计审计职业道德义务和道德理想的真诚信仰和强烈责任感。相对于会计审计职业道德认识、会计审计职业道德情感和会计审计职业道德意志，会计审计职业道德信念具有综合性、稳定性和持久性的特点。会计审计职业道德信念表现为坚定地相信社会主义会计审计职业道德原则和会计审计职业道德规范的正确性，坚定地相信按照社会主义会计审计职业道德原则和会计审计职业道德规范行为的正义性。当某个会计审计人员树立了会计审计职业道德信念时，他就能自我调动、自我命令，长期、自觉、全面地根据自己的信念选择会计审计行为，从事会计审计工作。可以说，会计审计职业道德信念是会计审计职业道德品质的核心。

（五）养成会计审计职业道德习惯

会计审计职业道德习惯，是根植于会计审计人员心理中的一种行为。它已经成为会计审计人员内心的需要，成为一种定型化的自然行为。养成会计审计职业道德习惯的目的是使会计审计人员对会计审计职业道德原则和规范的认识真正深入自己的血肉里，真正地、完全地变成生活的组成部分，变成会计审计人员的性格特征。可见，养成良好的会计审计职业道德习惯是会计审计职业道德教育的归宿。只有当会计审计人员养成了会计审计职业道德习惯，才能说他具备了会计审计职业道德品质。

在会计审计职业道德品质形成的过程中，以上五个环节相互影响，有机地构成一个整体。其中，会计审计职业道德认识是前提，会计审计职业道德情感和会计审计职业道德意志是两个必要条件，会计审计职业道德信念是核心，会计审计职业道德习惯是归宿。由会计审计职业道德认识转化为会计审计职业道德品质，不是简单地、自然地进行的，而是由会计审计职业道德认识、情感、意志、信念和习惯在发展水平或发展方向上不断地由不平衡到平衡、由不适应到相互适应的矛盾运动过程。同时，社会经济不断向前发展，劳动生产率不断提高，必然在客观上要求对会计审计人员进行会计审计职业道德教育。只有持之以恒、反复不断地解决构成会计审计职业道德品质的各要素之间的矛盾，才能促成社会主义会计审计职业道德不断向前发展和会计审计职业道德品质的形成。

第九节　健全会计审计职业道德机制

一、自律在会计审计职业道德建设中的作用

建立会计审计职业道德自律机制是会计审计职业道德形成和发展的高级形态，对培养和造就从业者的自律精神具有极其重要的意义。

第一，会计职业活动首先是人的创造性劳动，始终离不开会计审计人员主观能动性的发挥。要有效组织人力资源挖掘个体的潜能，使会计审计人员积极主动地从事会计审计工作，没有一种敬业、乐业、勤业的自律自觉精神显然是不可想象的。

第二，会计审计职业生活是会计审计人员个体社会化的重要载体，会计审计人员在劳动中创造着社会的物质文明和精神文明，也正是在劳动中实现着包括职业荣誉感和职业成就感在内的精神需要的满足。在这里，个体找到了自我与社会的接洽点，没有一种发自内心的自主自觉，个体是难以在创造社会价值中实现自我价值的。

第三，会计审计职业道德自律作为会计审计人员道德践行的发动机制，在解决当前社会转型期，由于价值观嬗变和理想信念失落等引起的职业道德领域的道德混乱，乃至道德“真空”等方面的问题时具有风向标的作用，通过自律提高会计审计人员的自我辨识能力，促使会计审计人员的职业道德素质和社会道德风貌趋于健全和完善。

二、会计审计职业道德自律机制的组成

会计审计职业道德自律机制，是指会计审计职业道德自律的一种结构和活动原理。它是会计审计职业道德规范的具体要求、标准和内容转化为职业会计组织和会计审计人员内在目标、标准和需要，并且会计审计人员自觉承担起职业行为选择的结果。在这种机制下，会计审计职业道德规范的执行不是受制于外力，而是通过会计审计人员的自我调节、自我约束、自我判断和自我“立法”来体现会计审计职业道德规范的内容及要求的一种制度安排。

会计审计职业道德自律机制的内容是指保证会计审计职业道德自律机制正常运行、发挥其职能作用的基本构成要件和因素。其主要包括会计审计职业道德自律管理组织机构、自律管理规范机制、自律目标机制、自律环境机制等。例如，根据作者组织的会计审计职业道德问卷分析（2018），在发挥会计审计职业道德自律作用的各主要措施中，加强会计审计职业道德教育占 25.16%，加大会计审计人员激励力度占 13.97%，提高单

位负责人素质占 23.87%，加强会计审计职业道德监管、建立完善的会计审计职业道德自律机制占 37%。这说明了会计审计人员对建立会计审计职业道德自律组织、加大监管力度的认可和要求。

（一）自律管理组织机制

会计审计职业道德自律，不仅仅是会计审计人员个体的事情，还是职业整体的自律，因此，要实现这种集体自律，建立健全相应的自律管理机构就成为首要的、基本的任务和内容。它是实现自律的基本组织保证。

按照我国《会计法》的有关规定，“国务院财政部门主管全国的会计审计工作”，这明确了会计审计工作由财政部门主管，当然也包括对会计审计职业道德的管理。由于这种管理兼有政府管理和会计行业自律管理的双重性，这种管理体制安排具有明显的权威性和强制性等优点；但是从过去的工作情况看，其主要进行了会计审计职业道德的建章立制和在职教育，自律性不强，仍有待进一步完善。

（二）自律规范机制

会计审计职业道德自律组织如何建立及如何开展工作、会计审计人员如何进行职业道德自律，都需要有规章制度可遵循，因此，会计审计职业道德自律需要有一系列相应的法律、法规和制度。自律实际上是会计审计人员的自我约束，没有规章制度，自律作用是极其有限的。

会计审计职业道德自律管理的法规及制度应包括会计审计职业道德自律规范和要求、自律组织建设规章制度、自律检查规章制度等内容。例如，1996 年财政部发布的《会计基础工作规范》中专门规定了会计审计人员职业道德，包括敬业爱岗、熟悉法规、依法办事、客观公正、搞好服务、保守秘密六个方面，分别就会计审计人员的职业品质、工作作风和工作纪律等做出了全面的规定。

（三）自律目标机制

会计审计职业道德自律目标是指会计审计职业道德自律机制运行的预定目的或结果。

会计审计职业道德自律机制的基本运行目标是完善整体会计审计职业道德和会计审计人员个体职业道德，并使二者有机统一。在不同时期或不同地区、不同单位，会计审计职业道德自律目标，无论是整体还是个体，都存在不同价值取向、较高级次目标和较低级次目标等方面的矛盾。要保证会计审计职业道德自律机制基本目标的实现，目标机制需要发挥以下功能：

第一，目标决策功能，即保证会计审计职业道德自律运行目标对各个不同取向的目标的绝对支配作用和主导作用。

第二，目标控制功能，即通过自律机制的基本目标的分解和具体化，使其内涵于各个个体、级次的具体目标中，并随这些目标的实现而最终得以实现。

第三，目标协调功能，即在某个具体目标因过度膨胀或冲动而有悖于总体目标时适时施加影响和干扰。

第四，目标应变功能，即保证预定自律目标的实现值，能顺应外部条件和自律运行过程本身的变化而得到有效校正。

（四）自律环境机制

会计审计职业道德自律机制的效应，不仅同其内部机制是否优化有关，同其外部机制是否优化也有关。也就是说，会计审计职业道德自律机制作用的发挥在一定程度上依赖于其所处的外部会计及经济机制环境，如全社会的道德教育状况、会计审计人员普遍的职业道德水准等。

会计审计工作是社会经济管理工作，会计资料是社会资源，会计审计人员是社会人、经济人中的一部分，只有在从事会计工作时，他才是一个会计审计人员。因此，会计审计职业道德自律机制的建立一方面要尽可能适应特定环境的要求，另一方面要求社会尽可能地为会计审计职业道德自律制造、提供更适宜的内部、外部环境条件。按照《会计法》的要求，在发挥会计审计人员及组织职业道德自律主导作用的同时，还要充分发挥业务主管部门、政府财政部门以及其他管理部门的监管作用，动员全社会都来支持、关心、理解会计审计工作，营造一种良好的社会氛围，这样会计审计职业道德自律机制才能真正发挥其应有作用。

三、他律在会计审计职业道德建设中的作用

首先，会计审计职业道德建设的过程可以说是一个职业道德规范由他律到自律的个体职业道德的生成过程，也即通过会计职业义务的他律灌输才逐渐提升到形成会计职业良心的自律自觉，这是道德形成和发展的一般规律在会计审计职业道德建设中的体现。在这里，他律灌输及其制约是不可逾越的，道德的实践性决定了他律灌输的必要性。

其次，职业活动至今尚是人们用以谋生的手段，会计职业也不例外。会计职业活动中的道德建设必须针对现实中的会计审计人员个体，会计审计人员个体的特点及其矛盾性决定了会计审计职业道德建设必须运用他律机制。在我国目前体制转型引发道德真空的情况下，良心的自我约束力大为减弱，他律的运用就显得尤为紧迫和必要。

最后，职业活动作为一项社会性生产活动，由于其社会分工的复杂化和利益主体的多元化，其需要多种社会规范进行调控。规范最终是通过自律来达到社会控制目的的，但社会存在决定社会意识，正视我国目前的社会现状就会发现会计审计职业道德建设至今仍以他律型为主。

针对目前的会计审计职业道德现状，通过建章立制，辅之以必要的社会舆论监督，尤其是会计行业协会监督和行政监督、党纪监督乃至司法监督，从较低层次的规范入手强化他律，会计职业活动中存在的不良现象会大为改观。在道德形成与发展的过程中，他律灌输阶段无法超越；在道德运作实践中，他律还是自律不可或缺的保障，离开他律则难以形成自律，即便形成也难以持久稳固。古人在论及个人修养时强调“慎独”，但是就目前的社会存在而言，真正能达到慎独境界的毕竟只是部分人。试想在一个利益重组、改革深入的时期，他律的手段远未完备，与其忧心如焚地呼唤自律，毋宁实事求是地建设并加强他律制约机制，促使个体的行为选择符合社会职业规范，再经过长期不懈的培育过程实现主体的自觉升华；否则只能是欲速则不达，超越社会现实和历史阶段的道德建设往往事倍功半。

四、会计审计职业道德他律机制的形式

会计审计职业道德建设要遵循道德形成和发展的一般规律，重在培养、造就会计从业人员自律自觉的精神。我们之所以强调他律向自律的转化，是因为自律是他律的基础，他律最终通过自律起作用，离开自律的他律难以从根本上改变人，无法唤起会计从业人员的自我修养与自我改造的热情，治标不治本。会计审计职业道德他律机制的形式主要包括：

（一）行业自律组织机制

建立行业自律组织机制，广泛开展会计审计职业道德评议讨论。为了切实有效地促使会计审计人员遵守职业道德，保护会计审计人员不受打击报复，应顺应时代发展，借鉴国际惯例，建立一个权威性的会计行业自律组织，实行会计审计人员自律组织管理。我国的会计审计职业道德在管理体制上应实行行业自律与政府行为的统一、协调，政府管制应在坚持行业自律原则的前提下明确管理的范围和形式，同时加大执法力度。行业自律管理应由各级会计学会、总会计师协会实施。其主要任务是：在政府与企业之间发挥桥梁与纽带作用，把国家宏观经济调控目标、政策取向传达给会计审计人员，把会计审计人员的意见和行业的要求传达给政府，维护行业利益。

（二）社会舆论监督机制

长期以来，社会舆论监督在职业活动中一直发挥着他律制约作用，其运作成本较高并要以全民的文化素质和社会参与能力的相当水准为前提，多半属事后监督；况且这种舆论监督难以为被监督者所接受，如从业者对此种舆论充耳不闻抑或闻而不动，即使最终有所动也莫过于慈悲为怀，那么这种监督必定是软弱无力的。

为了配合社会信用建设，我们认为建立会计审计人员的诚信档案势在必行，从而大力发挥社会舆论监督机制的作用。

（三）法律制度机制

我国十分重视会计立法，已经拥有独立于其他法律之外的《会计法》，颁布后经过实践又对其进行了修订，这在国际上并不多见，与之配套的会计法规则更多。这些法律、法规明确规定了与会计相关的单位、部门、个人在会计审计行为中的权利、责任；强调加强各单位内部监督及单位负责人、会计机构、会计审计人员会计监督的法定职责；对违反《会计法》的法律责任特别是对单位负责人法律责任的规定是前所未有的。但是在会计法律执行过程中尚存在许多问题：一是会计法规的社会认知度不高；二是“有法不依，执法不严，违法不纠”的问题普遍存在。在会计领域，人超越法律控制会计的现象也比比皆是。因此，加大对违反会计法规行为的惩治与处罚力度是根治会计造假的良药，也是促使会计自律最强有力的外力。

（四）财经审计监督机制

当企业的财务行为与会计法规制度发生抵触时，往往片面强调搞活经营，而放松了对违纪违规行为的监督。目前，会计监督、财政监督、审计监督、税务监督等形式上的监督很多，但存在监督标准不统一，各部门在管理上各自为政、功能上相互交叉的问题，造成各种监督不能有机结合，不能从整体上有效地发挥监督的作用。例如，虽然有关部门每年

都要进行税收财务物价大检查，会计师事务所每年都要对会计报表进行审计验证，但其经常性、规范性以及广度、深度、力度都不能给企业内部会计监督提供有力的支持，进而难以形成有效的再监督机制。内部审计作为国家监督体系的组成部分之一，代表国家利益，通过对企业经济活动的监督和控制，保证国家财经法规的贯彻执行。但这种不同企业设置的内部审计机构往往不能被企业真正接纳，基本上起不到监督作用。

（五）内部控制机制

内部控制机制是指企业各级管理部门在内部相互制约、相互联系的基础上，采取的一系列具有控制功能的方法、措施和程序，并进行规范化、标准化和制度化而形成的一整套严密的控制体系，如组织机构控制机制、职务分离控制机制、授权批准控制机制、预算控制机制、财产安全控制机制、会计业务程序控制机制等。通过这些机制，我们可以及时发现、纠正可能出现的偏差，防范财务造假，避免把潜在的危机转变为现实的损失，使凭证有效、记录完整正确、稽核有力，从而有效地堵塞漏洞，防止或减少损失，防止和查处贪污、盗窃等违法乱纪行为。内部控制机制是遏制会计造假的重要工具，是实施自动防错、查错和纠错，实现自我约束、自我控制的重要他律手段。

（六）会计监督机制

会计审计人员道德水准不高，可能会受诱惑而失职。一支低素质的会计审计职业队伍是很难适应市场经济发展要求的。因此，应对现有会计审计职业队伍作一次清理，对会计审计人员的水平作一次确认，不符合条件的下岗，空缺岗位向社会公开招聘。可以预见，随着会计审计职业队伍整体素质的提高，会计审计职业道德水平将会提高，也将有助于会计监管等各项工作的开展。

【专栏 13-5】眼界决定你的世界，格局决定你的结局（下）

阅读资料请扫描二维码。

第十节　升华会计审计职业道德境界

“境界”一词，在我国西汉时期就开始使用，首先是指“疆界”“地域”，以后引申为人们所处的境况。“境界”作为一个思想修养的概念，始于佛教传入中国以后。佛教把境界理解为每个人在佛经上的造诣和对其理解的不同程度。“斯义宏深，非我境界”，就是这个意思。魏晋时期，人们开始把诗文的立意和造诣的高低、深浅也称为境界。“境界”这一概念由此被广泛运用于文学、艺术、政治和伦理道德等各个领域。

一、会计快乐指数的设计

2002 年 1 月 14 日，国家会计学院诚信教育教材开发组在深圳召开了会计师事务所负责人座谈会，敬业所的 CPA 杨淑琴说了一段朴实的话：“钱是赚不完的，关键是人要快乐。到一个企业去做审计，企业的账目清楚，审计报告真实，所得的审计费用适当，心里踏实，心情舒畅。人生的价值在于快乐地生活着，只要作假心里就不踏实，老是担心出问题，即使还没有出问题，心里也还是不愉快，这样的钱，还是不赚为好。”

2002 年 4 月 15 日，在由中共中央组织部和国家会计学院联合举办的中央管理的国有重要骨干企业总会计师培训班上，提到“会计快乐指数”，引起与会人员的极大兴趣。

参加会议的中国人民大学的一位博士提出，应当研究快乐、诚信、人的寿命三者之间的关系，总结归纳出一个计算“快乐指数”的具体表达公式。大量事实告诉我们，诚信与市场占有成正比，诚信与人的寿命成正比。因此，诚信不仅在注册会计师行业，而且在全社会都有巨大的经济价值，对整个人类也都有巨大的延续生命的社会价值。如杨淑琴所说：不诚信的钱，拿了不愉快，会让人“愁煞”，缩短生命；诚信的钱，拿了开心，延长寿命。

开心就是快乐，其计算公式为：诚信×市场=快乐²

我们设计了一个诚信与快乐相联系的关系指数，即快乐指数：

$$T \times M = H^2 \quad (13\text{-}3)$$

式中，H（Happiness）表示快乐指数，T（Trust）表示诚信，M（Market）表示市场。

根据会计审计人员对待本职工作的不同态度，参照不同级次的快乐指数，会计审计职业道德境界大致可分为如下三个层次：“雇佣型”、“尽职型”与“献身型”。

二、“雇佣型”的会计审计职业道德境界

在雇佣型的会计审计职业道德境界下，会计审计人员用雇佣的观点来对待自己的会计审计工作，看待本职工作中人与人之间的关系。他们一般将从事会计审计工作看作谋生的手段，不主动发挥自己的知识和技能，只求得到理想的工作和报酬，道德上也就满足了。此时他们处于初级快乐指数层次，亟待提高。在雇佣型会计审计人员的道德意识和行为中，社会的道德检查与评价和道德自我检查与评价存在着矛盾。社会对会计审计人员的道德期望较高，而这些会计审计人员对自身的道德要求较低。

三、“尽职型”的会计审计职业道德境界

处在“尽职型”道德境界的会计审计人员以做好分派给自己的会计审计工作为最高追求。他们缺乏远大的道德理想，不能自觉地认识到自己从事的工作是社会主义事业的一部分。当个人利益与国家、人民的整体利益一致时，他们会认真工作；一旦二者的利益出现矛盾，就会动摇、退却，这时正好可以检验他们会计审计职业道德修养的深浅程度。“尽职型”的会计审计人员在开展会计审计职业道德自我检查与评价时，会考虑公众的利益，但更多考虑的是个人利益，他们会尽可能做到让自我的道德要求符合社会的（道德）要求，并且力争使个人的会计审计行为受到社会道德检查与评价的肯定、鼓励和表扬。这类会计审计人员处于中级快乐指数层次，有待提高与升华。

四、“献身型”的会计审计职业道德境界

献身型，是指会计审计人员在本职工作中始终做到工作第一、他人第一，全心全意为人民服务。在这种道德境界下，会计审计人员能从大局出发，能摆正并正确处理个人与集体的关系，能从他人的利益和社会利益角度出发，提出会计审计职业道德的自我要求，全身心投入会计审计工作中，自觉地使自己的会计审计职业道德行为符合社会和公众的要求。在这里，会计审计职业道德的自我检查与评价和社会检查与评价达到了统一，会计审

计职业道德教育收到了成效。这类会计审计人员处于高级快乐指数层次。

以上分析表明，三个层次的会计审计职业道德境界是递进的，而不是并列的。每个会计审计人员的道德境界都可以从较低层次向较高层次转化。会计审计职业道德评价、教育和修养的目的是推动会计审计人员的职业道德境界从“雇佣型”境界向“尽职型”境界转化，从“尽职型”境界向“献身型”境界转化、升华。

应该看到，会计审计职业道德境界既是有止境的，又是无止境的。因为一方面它要受历史条件和会计实践的限制，另一方面它又要随历史条件、社会生产力和会计实践的不断发展而发展。因此，每个会计审计人员都不能满足已经达到的道德境界，而要在社会生活和会计实践中不断提高自己的会计审计职业道德修养，向更高的会计审计职业道德境界迈进。

【关键概念】

会计审计职业道德教育（education of professional ethics for accounting and auditing）

会计审计职业道德良心（conscience of professional ethics for accounting and auditing）

会计审计职业道德修养（quality of professional ethics for accounting and auditing）

会计审计职业道德评价（evaluating of professional ethics for accounting and auditing）

【复习思考题】

1. 会计审计人员如何履行会计审计职业道德义务？
2. 怎样提高会计审计职业道德荣誉？
3. 会计审计人员怎样实践会计审计职业道德行为？
4. 会计审计人员如何提升职业道德品质？
5. 如何理解会计审计职业道德境界？

【练习题】

一、单项选择题

1. 下列做法中，符合会计审计职业道德范畴的是（　　）。

A. 以企业利益为会计审计工作标准　　B. 以国家利益为会计审计工作标准

C. 以股东利益为会计审计工作标准　　D. 以客观、公允为会计审计工作标准

2. 会计审计职业道德教育的形式是（　　）。

A. 接受教育和自我教育　　B. 正规学历教育和单位培训

C. 岗位轮换和技能培训　　D. 岗位转换和自我学习

3. 下列各项中，属于首次以法律的形式明确了会计审计人员需要遵守会计审计职业道德，将我国会计审计职业道德提高到法律规范高度的是（　　）。

A.《中华人民共和国会计法》　　B.《会计基础工作规范》

C.《企业会计制度》　　D.《中华人民共和国审计法》

4. 以下各项中，（　　）是会计信用的核心。

A. 制度伦理　　B. 公司治理　　C. 政府管制　　D. 媒体监督

5. 下列各项中，属于财政部门会计监督检查对象的是（　　）。

A. 各单位的经济活动　　B. 各单位的会计审计行为

C. 各单位会计机构和会计审计人员　　D. 各单位的内部会计监督制度

6. 下列选项中，不符合会计审计职业道德品质特点的是（　　）。

A. 会计审计职业道德品质是一种自觉的道德习惯或习性

B. 会计审计职业道德品质具有稳定特征和一贯倾向

C. 会计审计职业道德品质是客观存在的会计审计职业道德行为的综合表现

D. 会计审计职业道德品质是会计审计职业道德行为的外在表现

7. 职业道德的出发点和归宿是（　　）。

A. 秉公执法　　B. 服务社会　　C. 奉献社会　　D. 有法可依

8. 下列关于会计审计职业道德表述正确的是（　　）。

A. 相对于会计法律制度而言，会计审计职业道德是对会计从业人员行为的最低限度要求

B. 会计审计职业道德对会计审计人员基本上是非强制执行的，具有很强的自律性

C. 会计审计职业道德具有强制性

D. 会计审计职业道德在时间和空间上对会计审计人员的影响没有会计制度广泛、持久

9. 会计审计人员在独立工作、无人监督时，仍能坚持自己的道德信念，依据一定的道德原则去行事，坚持准则，不做任何对国家、对社会、对他人不道德的事情。这种教育方法属于（　　）。

A. 自我解剖法　　B. 自重自省法　　C. 自律慎独法　　D. 自警自励法

二、多项选择题

1. 会计审计职业道德教育的特征包括（　　）。

A. 整体性　　B. 针对性　　C. 复杂性　　D. 实践性

2. 会计审计职业道德教育的方法有（　　）。

A. 传授会计审计职业道德知识与进行道德锻炼相结合

B. 个人示范和集体影响相配合

C. 典范诱导和舆论扬抑相统一

D. 根据不同的会计舞弊案例进行例证

3. 会计审计职业道德良心的基本内容包括（　　）。

A. 会计审计职业道德良心和会计审计职业道德义务紧密相联

B. 会计审计职业道德良心是会计审计人员对自己的道德要求的集中表现

C. 会计审计职业道德良心具有不同的地位和阶级

D. 会计审计职业道德良心是共产主义事业，不包括无产阶级

4. 会计审计职业道德良心的功能体现在（　　）。

A. 会计审计职业道德良心是会计审计职业道德行为选择的尺度

B. 会计审计职业道德良心对会计管理行为具有监督作用

C. 会计审计职业道德良心对会计审计人员的行为后果和影响起评价作用

D. 会计审计职业道德良心会使会计审计人员对行为动机进行自我检查

5. 社会主义会计审计职业道德节操表现为（　　）。

A. 社会主义会计审计职业道德节操要有坚定正确的政治信仰

B. 社会主义会计审计职业道德节操体现着强烈的爱国主义精神

C. 社会主义会计审计职业道德节操有高尚的会计审计职业道德品质

D. 社会主义会计审计职业道德节操具有时代特征

6. 会计审计职业道德行为的特性包含（　　）。

A. 会计审计职业道德行为是自觉认识的行为

B. 会计审计职业道德行为是自愿选择的结果

C. 会计审计职业道德行为是会计审计人员意志坚定、高度负责的正义行为

D. 会计假账是典型的会计败德行为

7. 会计审计职业道德评价的方式有（　　）。

A. 社会舆论　　B. 传统习俗　　C. 内心信念　　D. 法律制度

8. 履行会计审计职业道德义务的要求包括（　　）。

A. 努力学习马列主义、毛泽东思想、邓小平理论

B. 刻苦学习现代会计管理知识，掌握和应用现代化会计管理手段

C. 尽职尽责，全心全意为人民理财，坚持人民的利益高于一切

D. 遵守党纪国法，严守国家机密

9. 下列关于会计审计职业道德和会计法律制度的区别，不正确的说法有（　　）。

A. 会计法律制度具有很强的自律性，会计审计职业道德具有很强的他律性

B. 会计审计职业道德与会计法律制度一样，都是靠国家强制力保障实施的

C. 会计法律制度有成文规定，会计审计职业道德没有具体的表现形式

D. 违反会计法律制度可能会受到法律制裁

10. 当对企业的忠诚与更高的社会正义发生冲突时，下面说法不正确的有（　　）。

A. 选择对企业的忠诚　　B. 选择对更高的社会正义的忠诚

C. 选择对职业的忠诚　　D. 选择听从单位负责人的指挥

三、判断题

1. 会计审计职业道德教育是塑造或改造会计审计人员道德面貌的工作。（　　）

2. 不同历史时期、不同阶段、不同民族、不同国家都有不同的道德标准，因此人类没有共同的道德。（　　）

3. 判断会计审计人员职业行为的善与恶是会计审计职业道德评价的基本任务。（　　）

4. 我国会计审计职业道德评价的最高标准就是反映无产阶级的利益的善恶标准。（　　）

5. 是否遵守会计审计职业道德是衡量会计审计人员荣誉的标准。（　　）

6. 四项基本原则是会计审计人员树立高尚节操的首要前提和根本保证。（　　）

7. 会计审计职业道德评价是原则和规范转化为行为和品质的“杠杆”。（　　）

8. 会计审计职业道德习惯是根植于会计审计人员心中的一种行为。（　　）

9. 会计审计职业道德荣誉感能促使会计审计人员正确处理个人专业兴趣、愿望和职业道德之间的矛盾。 ( )

10. 会计审计人员的职业道德良心是指会计审计人员在履行对社会、对单位、对他人的义务过程中形成的会计审计职业道德责任感和自我评价能力。 ( )

【案例分析题】

文化引领厚德载物——山西天元集团坚持绿色发展的启示

从2002年改制到2016年在“新三板”挂牌上市，天元集团走出了一条独特的绿色发展之路，并在绿色发展的道路上越走越远、越走越宽！“资金可以做大，技术可以做强，但文化才能做久”。对此，天元集团董事长李景春一句话直击关键点。他说，公司多年来发展壮大，选择绿色环保事业，坚持走绿色道路，最重要的原因就是企业文化的引领，是企业文化为天元插上了腾飞的翅膀，带动企业快速健康发展。

一、以德立世，以善修身，以德待人，以善处事

德善，是做人做事的万源之本，是修身齐家立命之根。

多年来，李景春饱读圣贤诗书，如“四书”“五经”等中国传统文化典籍，“学而时习之”，对他深有触动。在日复一日的学习中，他意识到，传统文化对企业发展有着长远而深刻的影响。做企业就像做人一样，首先要扎好“德”和“善”的根。

在李景春的讲述中，2002年的天元还是供销社家电门市部，经营面临着重重困境：工资分配大锅饭，员工没有积极性……李景春清醒地意识到，企业要想走下去，必须彻底改制，可是改制的压力也是前所未有的。李景春明确提出，天元的企业精神就是“帮助人成功”！改制后的天元，销售业绩逐年递增，企业规模日益壮大，员工收入持续增长，天元发生了日新月异的变化。

“为天地立心，为生民立命。”李景春从中华优秀传统文化中感悟到，天元应该传承并弘扬古圣先贤的思想精华，以德、善、孝、和为基础，在企业发展的同时，承担更多的社会责任，用仁爱感恩、公益慈善回报社会。“穷则独善其身，达则兼济天下。”他个人先后资助80余名贫困女童；援助地震灾区，捐资希望工程，慰问社会福利院孤寡老人，为患病儿童捐款捐物……这样的善行，他坚持了十几年。

李景春的德行和善举深深触动了每一位天元人，感召着员工们说好话，做好事，做善人，做善事，自发组织成立了天元义工队，前往张庄镇敬老院帮助老人洗头洗脚、打扫卫生、奉献爱心；前往困难员工的家中帮助秋收；主动利用空余时间清洁城市的交通护栏。

二、以孝为美，以和为贵，行孝行善，和谐家企

“百善孝为先，家和万事兴。”正如《弟子规》中说：首孝悌，次谨信。

李景春的母亲已近耄耋之年，李景春几十年来在商场打拼，无论工作多么繁忙，每周都要抽出时间亲自给母亲做饭，陪母亲一起吃饭、聊天。

孟子说：“孝子之至，莫大乎尊亲。”在一次传统文化论坛学习中，讲师问道：“长这么大，有谁没有和父母顶过嘴、吵过架？”全场千余名学员，只有李景春和另一位新加坡人举手。“百善孝为先”在李景春身上得到了充分的体现。

在企业经营发展的过程中，李景春特别重视孝悌文化，在《论语》、《弟子规》、《三字

经》和《孝经》中，他提炼中华孝悌文化的思想精华，在公司内部持续落实孝悌文化的学习和实践。在公司的会议上，他多次提出，天元录用员工的首要标准就是孝顺。孝心一开，百善皆来。

孝心使家庭和睦，孝行使企业和谐。在天元，没有董事长，只有大家长；没有上下级关系，只有亲人关系；没有员工，只有家人。天元有这样一段“同事歌”：“同事不会错，如果同事错，一定是因为我看错，如果不是我看错，那一定是因为我的错，才使同事有了错，如果不是同事错，我们的日子一定过得很不错。”

天元就是一个大家庭，所有的员工都是天元的家人。所有家人的父母都是天元人的父母，所有家人的孩子都是天元人的孩子。以德善润物细无声，以孝和育人家企谐。天元重视德善孝和，并落实在每个具体的行动中，员工收获了身心和谐、家庭和谐，企业实现了和谐发展。

“积善之家必有余庆。今天的天元，我们不讲业绩，但业绩在持续稳增；我们不讲管理，但员工全部自发自觉地做好工作；我们不谋名誉，但天元收获了‘全国模范劳动关系和谐企业’‘全国双爱双评先进企业工会’‘模范职工之家’等16项国家级荣誉和上百项省市级荣誉。这就是忘我才能有我，这就是天元，天元的文化兴企、品牌增值、健康发展，是德善的积累，是传统文化和企业文化的积淀。”李景春如是说。

李景春表示：“为天地立心，为生民立命，为往圣继绝学，为万世开太平，是企业家的使命和责任。天元集团将弘扬和践行优秀传统文化作为企业的精神源泉，致力于用中华优秀传统文化打造百年幸福企业，用仁爱之心打造家乡的一片净土，用积德之心造福一方百姓，为生态环境的可持续发展贡献自己的力量。”

（资料来源：张玉珍．文化引领　厚德载物——山西天元集团坚持绿色发展的启示［N］．阳泉日报，2017-02-23）

讨论问题：

（1）山西天元集团是怎样践行习近平总书记提出的绿水青山就是金山银山”的？

（2）怎样理解“资金可以做大，技术可以做强，但文化才能做久”这句话？

主要参考文献

［1］习近平．高举中国特色社会主义伟大旗帜 为全面建设社会主义现代化国家而团结奋斗——在中国共产党第二十次全国代表大会上的报告[M]．北京：人民出版社，2022.

［2］新华社．中国共产党第二十届中央委员会第三次全体会议公报［EB/OL］．［2024-07-18］．https://www.gov.cn/yaowen/liebiao/202407/content_6963409.htm?sid_for_share.

［3］中共中央文献研究室．习近平关于社会主义文化建设论述摘编［M］．北京：中央文献出版社，2017.

［4］习近平．习近平谈治国理政（第二卷）［M］．北京：外文出版社，2017.

［5］曾仕强．胡雪岩的启示［M］．西安：陕西师范大学出版社，2008.

［6］陈毓圭．诚信之路［M］．上海：立信会计出版社，2013.

［7］丁平准．中国第一合伙所——大信会计师事务所［M］．北京：经济科学出版社，2017.

［8］弗里切．企业伦理学［M］．杨斌，石坚，郭阅，译．北京：机械工业出版社，1999.

［9］兰顿，瓦特肯森．公司董事指南——职责、责任和法律义务［M］．李维安，牛建波，译．北京：中国财政经济出版社，2004.

［10］李维安．公司治理学［M］．北京：高等教育出版社，2019.

［11］厉以宁．超越市场与超越政府——论道德力量在经济中的作用［M］．北京：经济科学出版社，1999.

［12］刘光明．新商业伦理学［M］．北京：经济管理出版社，2008.

［13］刘军，黄少英．儒家伦理思想与现代企业伦理［M］．北京：科学出版社，2010.

［14］刘清．低碳经济下的废弃物管理［J］．经营与管理，2010（10）：24-25.

［15］马连福．公司内部治理研究［M］．北京：高等教育出版社，2005.

［16］蒙克斯，米诺．公司治理［M］．李维安，周建，译．北京：中国财政经济出版社，2004.

［17］全国工商管理硕士教育指导委员会．工商管理硕士教学大纲［M］．北京：机械工业出版社，2011.

［18］施密特．全球化与道德重建［M］．柴方国，译．北京：社会科学文献出版社，2001.

［19］斯密．道德情操论［M］．韩巍，译．北京：西苑出版社，2005.

［20］宋希仁．西方伦理思想史［M］．北京：中国人民大学出版社，2004.

［21］苏勇．现代管理伦理学［M］．北京：石油工业出版社，2006.

［22］魏杰．中国经济之变局［M］．北京：中国发展出版社，2009.

［23］叶陈刚，崔婧，王莉婕．大股东资产评估操纵的影响因素研究——基于资产收购关联交易的实证检验［J］．证券市场导报，2018（4）：4-12.

［24］叶陈刚，韩燕，胡咏华．内部控制与风险管理［M］．北京：经济科学出版社，2019．

［25］叶陈刚，刘凤鸣，栾广斌．会计职业道德［M］．北京：经济科学出版社，2019．

［26］叶陈刚，吴卫星，张建军．商业伦理与会计职业道德［M］．大连：东北财经大学出版社，2019．

［27］叶陈刚，谢泽敏，连远强．商业伦理［M］．大连：东北财经大学出版社，2020．

［28］叶陈刚，叶康涛．商业伦理与会计职业道德［M］．北京：清华大学出版社，2020．

［29］叶陈刚，张林．商业伦理学［M］．2版．北京：清华大学出版社，2021．

［30］叶陈刚．公司内部治理机制研究述评与启示［J］．审计与经济研究，2011（1）：90-97．

［31］叶陈刚．企业风险评估与控制［M］．北京：机械工业出版社，2013．

［32］叶陈刚．企业伦理与社会责任［M］．北京：中国人民大学出版社，2012．

［33］叶陈刚．企业伦理与文化［M］．北京：清华大学出版社，2013．

［34］叶陈刚．企业文化［M］．北京：外语教学与研究出版社，2012．

［35］叶陈刚．商业伦理学［M］．北京：清华大学大学出版社，2023．

［36］叶陈刚．商业伦理与企业责任［M］．北京：高等教育出版社，2016．

［37］叶陈刚．审计学［M］．北京：机械工业出版社，2019．

［38］叶陈刚．推行职业道德守则 提升注册会计师公信力［J］．中国注册会计师，2010（6）：52-54．

［39］叶陈云，叶陈刚．基于国家审计视角的国家监察委制度创新的动因、障碍与路径研究［J］．审计与经济研究，2018，33（3）：8-18．

［40］赵汀阳．论道德金规则的最佳可能方案［J］．中国社会科学，2005（3）：70-79．

［41］周祖城，张漪杰．企业社会责任相对水平与消费者购买意向关系的实证研究［J］．中国工业经济，2007（9）：111-118．

［42］AKRAM R，MAJEED M T，FAREED Z，et al．Asymmetric effects of energy efficiency and renewable energy on carbon emissions of BRICS economies：evidence from nonlinear panel autoregressive distributed lag model［J］．Environmental Science and Pollution Research，2020（5）：1-15．

［43］ANDRIANARIVO A R N A，YE C G，TSIMISARAKA T R S，et al. Examining the impact of e-government on corporate social responsibility performance：the mediating effect of mandatory corporate social responsibility policy，corruption，and information and communication technologies development during the COVID era［J］．Frontiers in Psychology，2021，12: 1-14．

［44］COASE R H．The nature of the firm［J］．Economica，1937，4（16）：386 405．

[45] KOSTOVA T, KENDALL R. Social capital in multinational corporations and a micro-macro model of its formation [J]. The Academy of Management Review, 2003, 28 (2): 297-317.

[46] OECD. G20/OECD Principles of Corporate Governanc [EB/OL]. [2005-10-15]. http: // www.oecd.org.

[47] QADRI S U, YE C G, JAMIL M F, et al. Corporate governance and disclosure quality: evidence from the Listed non-financial firms of Pakist [J]. International Journal of Managerial Studies and Research, 2018, 6 (11): 116-127.

[48] SHAHAB Y, NTIM C G, YE C G, et al. Environmental policy, environmental performance and financial distress in China: do top management team characteristics matter? [J]. Business Strategy and the Environment, 2018 (27): 1635-1652.

[49] SHAHAB Y, YE C G, ARBIZU A D, et al. Entrepreneurial self-efficacy and intention: do entrepreneurial creativity and education matter? [J]. International Journal of Entrepreneurial Behavior & Research, 2019, 25 (2): 259-280.

[50] SHAHAB Y, YE C G. Corporate social responsibility disclosure and corporate governance: empirical insights on neo-institutional framework from China [J]. International Journal of Disclosure and Governance, 2018, 15 (2): 87-103.

[51] WHITE T I. Socrates comes to Wall Street [M]. Boston: Pearson Press, 2015.

[52] WILKS T J, MARK F Z. Using game theory and strategic reasoning concepts to prevent and detect fraud [J]. Accounting Horizons, 2004, 18 (3): 173-184.

[53] YE C G. Discussion on accounting revolution in the time of network [J]. International Finance and Accounting, 2001 (2): 28-35.

[54] YE C G. Research on guarding against financial fraud of enterprise's branches [J]. USA-China Business Review, 2002 (2): 24-27.

[55] YE C G. Research on the evaluation system of CPA's social responsibility [C]. 5th International Symposium for Corporate Governance, 2009-10-23.

[56] YE C G, WANG Y Y, WU Y M, et al. Confucianism and auditor changes: evidence from China [J]. Managerial Auditing Journal, 2022, 37 (6): 625-656.